高等学校计算机专业系列教材

面向对象程序设计
——Java

(第三版)

张白一　崔尚森　张辰　编著

西安电子科技大学出版社

内 容 简 介

本书将面向对象的理论与 Java 语言程序设计技术相结合，意在培养读者正确运用面向对象的思维方法分析问题和解决问题的能力。全书共分 16 章。第 1 章介绍了编程语言的发展、Java 语言的特点和 NetBeans 集成开发环境。第 2 章～第 6 章主要介绍了面向对象的基本理论、原理、技术方法和 Java 语言基础知识，阐述了面向对象程序设计的基本原则和特点。从第 7 章开始的以后各章介绍了 Java 的常用标准类库及编程技巧，主要包括字符串类、集合类、GUI 设计、Swing 组件、异常处理、多线程技术、输入/输出技术、网络编程技术和 JDBC 数据库应用编程技术等。

本书可作为高等院校计算机类、软件工程类、信息类专业相关课程的教材，也可作为对面向对象编程技术和 Java 语言感兴趣的读者的自学用书。

为方便教学和实践，西安电子科技大学出版社网站上提供了可免费使用的电子教案和示例程序源代码。

图书在版编目(CIP)数据

面向对象程序设计：Java/张白一，崔尚森，张辰编著. —3 版.
—西安：西安电子科技大学出版社，2013.7　(2021.11 重印)
ISBN 978-7-5606-3063-2

Ⅰ. ①面…　Ⅱ. ①张…　②崔…　③张…　Ⅲ. ①JAVA 语言—程序设计—高等学校—教材　Ⅳ. ①TP312

中国版本图书馆 CIP 数据核字(2013)第 127297 号

责任编辑　买永莲　云立实　薛英英
出版发行　西安电子科技大学出版社（西安市太白南路 2 号）
电　　话　(029)88202421　88201467　　　邮　编　710071
网　　址　www.xduph.com　　　　电子邮箱　xdupfxb001@163.com
经　　销　新华书店
印刷单位　陕西天意印务有限责任公司
版　　次　2013 年 7 月第 3 版　2021 年 11 月第 18 次印刷
开　　本　787 毫米×1092 毫米　1/16　印张 25
字　　数　589 千字
印　　数　77 001～79 000 册
定　　价　54.00 元
ISBN 978 - 7 - 5606 - 3063 - 2 / TP

XDUP 3355003-18

***　如有印装问题可调换　***

前　言

承蒙读者厚爱，我们于 2006 年修订的《面向对象程序设计——Java》一书已经使用了多年并多次重印。在此期间，Java 语言又有了长足的发展，尤其是多种可视化的编程开发工具已广为使用。为适应这种变化，我们在该书第二版的基础上又进行了一些必要的增删和修改。

首先，在本次改版中，我们启用了可视化的集成开发环境 NetBeans，介绍了 NetBeans IDE 的安装和使用方法。

其次，我们将第二版新增的第 8 章"链表"更换为更实用也更能体现"复用"思想的"集合类"。这是因为我们都知道，软件的设计与数据的逻辑结构有关，而软件的程序实现依赖于数据的存储结构。数据的逻辑结构主要有线性结构、树结构、图结构和集合四大类。基本的存储结构是顺序存储和链接存储。而 java.util 包中的集合类就是专门解决线性结构和集合结构问题的容器类，其中最基本的容器有 List(列表)、Set(集)、Queue(队列)、Map(映射)等。因此，在第 8 章中，我们在扼要地介绍了数据的逻辑结构、存储结构等相关基本概念后，讲述了应用 java.util 包中的集合类解决线性结构和集合结构问题的编程技术。这样，Java 程序员在开发软件时，就不必过多地考虑相关数据结构和算法的实现细节，只需创建相应的集合对象，然后直接引用该对象提供的方法完成相应的操作，从而轻松地实现所需的数据结构和高性能、高质量的算法，不仅可以大大提高编程效率，提高程序的质量和运行速度，而且还可以实现软件的重用。

第三，对第 9 章至第 11 章的内容进行了必要的调整和增改。

第四，对书中所附全部例题程序在 NetBeans 环境下进行了重新调试和改写，增加了注释与图解等。

希望这些修改能为学习 Java 语言的读者提供更好的帮助。

本书的编写和修改过程，是笔者不断学习 Java 并向同行学习、向学生学习的过程。在此，对使用该书的教师、学生，以及热心向我们提出宝贵意见和建议的读者深表谢意！希望继续得到大家的支持和帮助。对于本书的各种意见和建议可直接发送 E-mail 到 byzhang@chd.edu.cn。

编　者
2012 年 12 月

第二版前言

Java 语言推出至今已有 10 个年头了，在这 10 年中，尤其是近几年来，网络编程技术的飞速发展使得 Java 语言受到了广泛的欢迎并得到迅速的发展，许多网络软件开发人员将 Java 语言作为首选的开发工具，国内许多高校也相继开设了 Java 编程方面的课程。承蒙读者厚爱，我们于 2002 年编写并出版的《面向对象程序设计——Java》一书已多次印刷，许多读者借助该书学会了 Java 编程，同时也提出了一些宝贵的意见和建议。此外，随着 Java 版本的升级换代，书中的一些内容也需要更新。为适应这种变化，我们对该书进行了修改和补充。

与第一版相比，首先，我们在开发环境上使用了运行于 Windows XP 操作系统上的最新版本 jdk-1_5_0_04 对各个章节进行了修改，对书中所附算法和示例程序全部进行了重新调试和改写，增加了注释与图解等。其次，根据 Java 2D API 的特性，对与 GUI 设计有关的章节进行了彻底的更新。第三，为了使读者对面向对象技术有一个更深入的理解，我们在本书中新增了"链表"一章，介绍了链接存储结构的概念和特点以及在没有指针类型的 Java 语言中进行链表操作的技术。

全书共分 16 章。第 1 章介绍 Java 的特点和运行环境。第 2 章和第 3 章讲述程序设计的基本语法规则和程序流程控制。第 4 章和第 5 章全面讲述面向对象的理论和程序设计技术，包括类与对象、抽象与封装、消息、继承、多态等诸多概念及其在程序设计中的具体应用。第 6 章和第 8 章介绍数组和链表这两种常用的数据结构在 Java 中的应用技术。第 7 章介绍字符串类。从第 9 章开始的以后各章介绍 Java 的常用标准类库及其编程技巧。其中，第 9～11 章以最新的 Java 2D API 和 Swing GUI 组件为主讲述 Java 图形用户界面的设计与编程实现技术；第 12 章介绍 Java 的异常处理；第 13 章讲述多线程技术；第 14 章讲述程序的输入与输出技术；第 15 章和第 16 章分别介绍 Java 的网络编程技术和数据库应用编程技术。

本书在第一版的基础上，由张白一完成了原第 1～7 章的改写和完善工作，由崔尚森完成了原第 8～15 章(本版为第 9～16 章)的改写和完善工作，新增的第 8 章由张白一编写。

虽然这已是该书的第二版，但因为 Java 开发环境的不断发展及作者水平有限，书中仍难免有疏漏之处，我们热诚地欢迎各位同行和广大读者批评指正。对于本书的各种意见和建议可直接发送 E-mail 到 byzhang@chd.edu.cn。

作　者
2005 年 10 月

第一版前言

面向对象技术引起了程序设计方法学的一场革命，它已经替代面向过程的程序设计技术，成为当今计算机应用开发领域的主流技术。其原因主要在于面向对象技术能够比较客观地模拟现实世界，能够使软件开发人员运用人类认识事物所采用的一般思维方法进行软件开发；其次是在面向对象的程序设计中将数据与操作捆绑在一起，符合现代大规模软件开发的高可靠性和易维护性等方面的要求。计算机网络的发展，要求程序设计语言具有安全性强、可移植性好、与具体的操作平台无关等特性。Java 语言正是为满足这些要求而设计与研发的，并以网络为发展方向，随着网络的发展而兴盛。

1995 年 Java 语言刚一推出，便以其纯面向对象、平台无关性、多线程、高安全性、良好的可移植性和可扩展性等特征，受到了计算机界的普遍欢迎，并得到了广泛的应用和发展。近几年来，Java 的应用已经扩展到各个应用领域，加上各种功能配件的推陈出新，使得 Java 能够满足产品开发的需求，成为网络时代最流行的程序设计语言。利用 Java 来开发软件，具有跨平台、易整合、易扩展的优点。有人预言，不久的将来全世界 90% 的程序代码将用 Java 语言书写或改写。

本书是为大专院校的学生及其他对面向对象编程技术和 Java 语言感兴趣的读者编写的，意在培养读者正确使用面向对象的思维方法分析问题和解决问题的能力，让读者学会利用当今最先进的软件开发工具开发软件产品，以适应网络时代社会对人才的需求。根据作者多年来讲授"面向对象程序设计"及其相关课程的经验，本书在内容的取舍上作了精心的选择，确保有一定的深度和广度；在内容的编排上体现了由浅入深、循序渐进的学习规律；在写作风格上立足于理论与实践相结合，将复杂的面向对象理论融会于众多的实例之中，使读者学会面对一个具体的问题时，能够用面向对象的思维方法分析问题，并利用面向对象的语言编写解决实际问题的计算机程序。本书可作为大专院校相关课程的教材，也可作为对面向对象编程技术和 Java 语言感兴趣的读者的自学用书。

全书共分 15 章。第 1 章介绍 Java 的特点和运行环境。第 2 章和第 3 章讲述程序设计的基本语法规则和程序流程控制。第 4 章和第 5 章全面讲述面向对象的理论和程序设计技术，包括类与对象、抽象与封装、消息、继承、多态等诸多概念及其在程序设计中的具体应用。第 6 章则介绍数组这种在各种程序设计语言中常用的数据结构在 Java 中的应用技术。从第 7 章开始介绍 Java 的常用标准类库及其编程技巧。第 7 章介绍字符串类。第 8~10 章讲述 Java 图形用户界面的设计与编程实现技术，并以最新的 Swing GUI 组件为主。第 11 章介绍 Java 的异常处理。第 12 章讲述多线程技术。第 13 章讲述程序的输入与输出技术。第 14 章和第 15 章分别介绍 Java 的网络编程技术和数据库应用编程技术。

要想很好地掌握面向对象技术，学习用 Java 程序设计语言编写出高质量的程序，先要学习其语法规则，这是编写 Java 程序的基本功；还要学习使用类库，这是提高编程效率和质量的必由之路，甚至从一定程度上来说，是否能熟练自如地掌握尽可能多的 Java 类库，决定了一个 Java 程序员编程能力的高低。此外，计算机学科是注重实践的学科，优秀的软件人员无不经过了大量的上机实践的磨练，因此，读者只有在学习书本内容的同时辅以相应的实际练习，才能真正掌握书中介绍的知识和技能。

本书第 1～7 章由张白一编写，第 8～15 章由崔尚森编写。在本书的编写过程中，参考了许多相关书籍和网站，得到了许多同仁和同事的支持与帮助，在此我们一并表示感谢。首先应该感谢支持和参与本课程教学的长安大学的同学们，正是他们活跃的思维和永无止境的求知欲帮助作者发现内部试用版的错误，鞭策作者不断改进与完善书稿。同时，特别感谢赵文静教授在百忙之中仔细审阅了本书全稿，并提出了许多宝贵的修改意见，使本书更趋完善。此外，还要衷心感谢陕西省计算机教育学会、西安电子科技大学出版社以及长安大学的领导和同事们，正是由于他们的大力支持，才使得本书与广大读者见面。

尽管书稿几经修改，但由于作者水平所限，书中难免有疏漏之处，我们热诚地欢迎各位同行和广大读者批评指正。

作　者
2002 年 8 月

目　　录

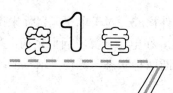

Java 系统环境概述

Java 语言是美国加州 Sun Microsystem 公司于 1995 年正式推出的纯面向对象 (Object-Oriented，OO)的程序设计语言。由于它很好地解决了网络编程语言中的诸多问题，因此一经推出，便受到了计算机界的普遍欢迎和接受，并得到了广泛的应用和发展，成为目前网络时代最为流行的程序设计语言。

面向对象的编程语言使程序能够比较直观地反映客观世界的本来面目，并且使软件开发人员能够运用人类认识事物所采用的一般思维方法进行软件开发，是当今计算机领域中软件开发和应用的主流技术。所有面向对象的程序设计语言都支持对象、类、消息、封装、继承、多态等诸多概念，而这些概念是人们在进行软件开发、程序设计的过程中逐渐提出来的。因此，要弄清面向对象及其相关概念，就得先从程序设计语言的发展谈起。

☞ 1.1 编程语言的发展

自从 1946 年第一台电子计算机问世以来，人们一直在探索着自然语言与计算机语言之间的映射问题。我们知道，人类的任何思维活动都是借助于人们所熟悉的某种自然语言进行的。若希望借助计算机完成人类的一种思维活动，就需要把用自然语言表达的东西转换成计算机能够理解和执行的语言形式，这便是编程语言或程序设计语言。毫无疑问，电子计算机毕竟是一种机器，它能够理解和执行的编程语言和自然语言之间存在着较大的差距，这种差距被人们称做"语言的鸿沟"。这一鸿沟虽不可彻底消除，但可以使其逐渐变窄。事实上，从计算机问世至今，各种编程语言的发展变迁，其目的就是为了缩小这一鸿沟。图 1.1 引自参考文献[3]，笔者稍作修改，该图展示了从机器语言发展到面向对象的语言使"语言的鸿沟"变窄的情形。

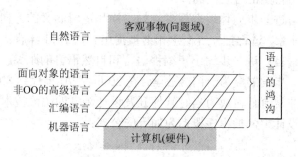

图 1.1　编程语言的发展与"语言的鸿沟"的变化

1.1.1　机器语言

电子计算机是一种机器，这种机器主要由电子元器件构成。对于电子元器件来说，最容易表达的是电流的通/断或电位的高/低两种状态。因此，在电子计算机问世之初，人们首先想到的是用"0"和"1"两种符号来代表电路的通和断两种状态，这便是最早的编程语言——机器语言。

机器语言是计算机能够理解并直接执行的唯一语言，整个语言只包含"0"和"1"两种符号。用机器语言编写的程序，无论是它的指令、数据还是其存储地址，都是由二进制的"0"和"1"组成的。这种语言离计算机最近，机器能够直接执行它。然而，由"0"和"1"组成的二进制串没有丝毫的形象意义，因此，它离人类的思维最远，"语言的鸿沟"最宽。所以，用机器语言编写程序的效率最低，并且在编写程序时很容易发生错误。

1.1.2　汇编语言

为了克服机器语言的缺陷，人们设想用一些易于理解和记忆的符号来代替二进制码，这便是汇编语言。由于汇编语言用符号构成程序，而这些符号表示指令、数据、寄存器、地址等物理概念，因而，使用汇编语言编程在适合人类形象思维的道路上前进了一步。但是，使用汇编语言编写程序时，编程人员依然需要考虑寄存器等大量的机器细节，即汇编语言仍然是一种与具体机器硬件有关的语言，是一种面向机器的语言，因此，人们也把它称为符号化的机器语言。

1.1.3　高级语言

由于机器语言和汇编语言都离不开具体的机器指令系统，用它们编程时要求程序员必须熟悉所用计算机的硬件特性，因而，用它们编写程序的技术复杂、效率不高，且可维护性和可移植性都很差。为了从根本上摆脱语言对机器的依附，人们经过多年的潜心研究，终于在 1956 年推出了一种与具体机器指令系统无关、表达方式接近自然语言的计算机语言——FORTRAN 语言。在 FORTRAN 语言程序中，采用了具有一定涵义的数据命名和人们容易理解的执行语句，屏蔽了机器细节，使得人们在书写和阅读程序时可以联系到程序所描述的具体事物。所以，人们把这种"与具体机器指令系统无关，表达方式接近自然语言"的计算机语言称为高级语言。高级语言的出现是编程语言发展史上的一大进步，它缩小了编程语言与自然语言之间的鸿沟。

此后，高级语言进一步向体现客观事物的结构和逻辑涵义的方向发展。结构化数据、结构化语句、数据抽象、过程抽象等概念相继被提出。以 1971 年推出的 Pascal 为典型代表的结构化程序设计语言，进一步缩小了编程语言和自然语言的距离。在此后的十几年中，结构化程序设计进一步发展成为一门方法学。在 20 世纪 70 年代到 80 年代，各种结构化程序设计语言及方法非常流行，成为当时软件开发设计领域的主流技术。

在结构化程序设计中，把程序概括为如下的公式：

$$程序 = 数据结构 + 算法$$

其中，数据结构是指利用计算机的离散逻辑来量化表达需要解决的问题，而算法则研究如何高效、快捷地组织解决问题的具体过程。可见，以结构化程序设计为代表的高级语言是一种面向数据/过程的程序设计语言，人们把这类语言也称为面向过程的语言。

面向过程的语言可以精确地用计算机所理解的逻辑来描述和表达待解决问题的具体解决过程。然而，它把数据和过程分离为相互独立的实体，使程序中的数据和操作不能有效地组织成与问题域中的具体事物相对应的程序成分，所以它很难把一个具有多种相互关系的复杂事物表述清楚。程序员在编写算法时，必须时刻考虑所要处理问题的数据结构，如果数据结构发生了轻微的变化，那么对处理这些数据的算法也要做出相应的修改，甚至完全重写，否则这个算法就不可再用。因而，用这种程序设计方法编写的软件，其重用性较差。为了较好地解决软件的重用性问题，使数据与程序始终保持相容，人们又提出了面向对象的程序设计方法。

1.1.4　面向对象的语言

面向对象的编程语言(Object-Oriented Programming Language，OOPL)的设计出发点是为了能更直接地描述问题域中客观存在的事物(即对象)以及它们之间的关系。面向对象技术追求的是软件系统对现实世界的直接模拟，是将现实世界中的事物直接映射到软件系统的解空间。它希望用户最大程度地利用软件系统，花费少量的编程时间来解决需要解决的问题。

在面向对象的程序设计语言中，可以把程序描述为如下的公式：

$$程序 = 对象 + 消息$$

面向对象的语言对现实世界的直接模拟体现在下面几个方面：

(1) 对象(object)。只要我们仔细研究程序设计所面对的问题域——客观世界，就可以看到，客观世界是由一些具体的事物构成的，每个事物都具有自己的一组静态特征(属性)和一组动态特征(行为)。例如，一辆汽车有颜色、型号、马力、生产厂家等静态特征，又具有行驶、转弯、停车等动态特征。要把客观世界的这一事实映射到面向对象的程序设计语言中，则需把问题域中的事物抽象成对象，用一组数据描述该对象的静态特征(即属性，在 Java 中称之为数据成员)，用一组方法来刻画该对象的动态特征(即行为)。

(2) 类(class)。客观世界中的事物既具有特殊性又具有共同性。人类认识客观世界的基本方法之一就是对事物进行分类，即根据事物的共同性把事物归结为某些类。考虑一下所有的汽车和一辆汽车之间的关系就很容易理解这一点。OOPL 很自然地用类(class)来表示一组具有相同属性和方法的对象。

(3) 继承(inheritance)。在同一类事物中，每个事物既具有同类的共同性，又具有自己的特殊性。OOPL 用父类与子类的概念来描述这一事实。在父类中描述事物的共性，通过父类派生(derive)子类的机制来体现事物的个性。考虑同类事物中每个事物的特殊性时，可由这个父类派生子类，子类可以继承父类的共同性，又具有自己的特殊性。

(4) 封装(encapsulation)。客观世界中的事物是一个独立的整体，它的许多内部实现细节是外部所不关心的。例如，对于一个只管开车的驾驶员来说，他可能根本不知道他所驾驶的这辆汽车内部用了多少根螺钉或几米导线，以及它们是怎样组装的。OOPL 用封装机制把对象的属性和方法结合为一个整体，并且屏蔽了对象的内部细节。

(5) 关联(association)。客观世界中的一个事物可能与其他事物之间存在某种行为上的联系。例如，一辆行驶中的汽车遇到红色信号灯时要刹车停止，OOPL 便通过消息连接来表示对象之间的这种动态联系，也称之为关联。

(6) 组合体(composite)。拥有其他对象的对象被称为组合体。客观世界中较为复杂的事物往往是由其他一些比较简单的事物构成的。例如，一辆自行车是由车架、车轮、把手等构件构成的。OOPL 也提供了描述这种组合体的功能。

综上所述，面向对象的编程语言使程序能够比较直接地反映客观世界的本来面目，并且使软件开发人员能够运用人类认识事物所采用的一般思维方法来进行软件开发。面向对象的语言和人类认识、理解客观世界所使用的自然语言之间的差距是比较小的。当然，二者之间仍然存在着一定的差距，自然语言的丰富多样和借助人脑的联想思维才能辨别的语义，仍是目前任何一种计算机编程语言无法相比的。

1.1.5　面向对象语言的发展

面向对象的语言是在软件开发的实践中逐步提出并不断得到完善的。1967 年由挪威计算中心开发的 Simula 67 语言首先引入了类的概念和继承机制，被认为是面向对象语言的鼻祖。

20 世纪 70 年代出现的 CLU、并发 Pascal、Ada 和 Modula-2 等编程语言，对抽象数据类型理论的发展起到了重要作用。这些语言支持数据与操作的封装。

1980 年提出的 Smalltalk-80 是第一个完善的、能够实际应用的面向对象语言。它在系统的设计中强调对象概念的统一，并引入和完善了类、方法、实例等概念和术语，应用了继承机制和动态链接。它被认为是一种最纯粹的面向对象的程序设计语言。

从 20 世纪 80 年代中期到 90 年代，是面向对象语言走向繁荣的阶段。其主要表现是大批比较实用的 OOPL 的涌现，例如 C++、Objective-C、Object Pascal、COLOS(Common Lisp Object System)、Eiffel、Actor 及 Java 等。

综观所有的面向对象程序设计语言，我们可以把它们分为两大类：

(1) 纯粹的面向对象语言，如 Smalltalk、Java。在这类语言中，几乎所有的语言成分都是"对象"。这类语言强调的是开发快速原型的能力。

(2) 混合型的面向对象语言，如 C++、Object Pascal。这类语言是在传统的过程化语言中加入了各种面向对象的语言机构，它们强调的是运行效率。

☞ 1.2　网络时代的编程语言——Java

Internet 将世界各地成千上万的计算机子网连接成一个庞大的整体，而这些子网是由各种各样不同型号、不同规模、使用不同操作系统、具有不同应用软件平台的计算机组成的。这就很自然地提出了一个问题：有没有一种语言，使得程序员用这种语言编写的程序可以在不同的计算机上运行，从而减少编程工作量，提高程序的可移植性，使 Internet 能够发挥更多、更大的作用呢？Java 正是顺应了这种需求，因而得到了广泛的使用。它以其平台无关性、面向对象、多线程、半编译半解释等特点而成为网络时代的编程语言。

1.2.1　Java 的产生

1991 年初，美国加州的 Sun Microsystem 公司(以下简称 Sun 公司)成立了一个以 James Gosling 为首、名为 Green 的项目研发小组，其目标是开发一个面向家用电器市场的软件产品，用软件实现一个对家用电器进行集成控制的小型控制装置。他们首先注意到这个产品必须具有平台独立性，即让该软件在任何 CPU 上都能运行。为达到此目的，Gosling 首先从改写 C++ 语言的编译器着手。但是，他们很快便意识到这个产品还必须具有高度的简洁性和安全性，而 C++ 在这方面显然无法胜任。因此，Gosling 决定自行开发一种新的语言，并将该语言命名为 Oak(橡树)。

Oak 是 Green 项目小组开发的名为 "*7"(StarSeven)产品中的一个组成部分。StarSeven 是一个集成了 Oak、GreenOS(一种操作系统)、用户接口模块和硬件模块四个部分的类似于 PDA(Personal Digital Assistant，个人数字助理)的设备。StarSeven 的第一个原型于 1992 年 8 月问世。尽管这个原型非常成功，但在竞争激烈的家用电器市场上却败给了竞争对手。失败的原因固然是多方面的，但笔者认为这与 Sun 公司的主业是计算机产品而不是家用电器产品这一因素密切相关。

"有心栽花花不开，无心插柳柳成荫。"有趣的是，在这段时间里，WWW 的发展却如日中天。1993 年 7 月，伊利诺斯大学的 NCSA 推出了一个在 Internet 上广为流行的 WWW 浏览器 Mosaic 1.0 版。然而，这时的 WWW 页面虽然内容丰富，声、图、文并茂，但它却是静态的，若想增强 WWW 的动感，需要通过一种机制来使它具有动态性。其解决方案显然是嵌入一种既安全可靠，又非常简练的语言。Oak 完全能满足这一要求，但是要将它推向市场，为人们所广泛接受，还必须采用一种合适的策略。在这种情况下，1994 年，Sun 公司的创始人之一 Bill Joy 的介入，促成 Oak 成为 Java 并得以走红。

Bill Joy 早年曾参与过 UNIX 的开发，深知网络对 UNIX 的推广所起的作用。因此，他不仅指定 Gosling 继续完善 Oak(发布时改名为 Java)，同时要求 Naughton 用 Oak 编写一个真正的应用程序——WebRunner，也就是后来被命名为 HotJava 的 WWW 浏览器。1994 年底，两人均出色地完成了各自的任务。这时，在这个产品的发布问题上，Bill Joy 力排众议，采取了"让用户免费使用来占领市场份额"的策略，促成了 Java 与 HotJava 于 1995 年初在 Internet 上的免费发布。由于 Java 确实是一种分布式、安全性高、内部包含编译器又非常小的适合网络开发环境的语言，因而一经发布，立即得到包括 Netscape 在内的各 WWW 厂商的广泛支持。工业界一致认为："Java 是(20 世纪)80 年代以来计算机界的一件大事。"微软总裁 Bill Gates 认为："Java 是长期以来最卓越的程序设计语言。"而今，Java 已成为最流行的网络编程语言。

Java 名称的由来：由于 Oak 这个名称与其他产品的名称雷同，因此开发小组后来为这个新语言取了一个新名称——Java(爪哇)。据说取这个名称的灵感来自于这样一个故事：研发小组的成员经常在公司附近的一家咖啡厅喝咖啡，而咖啡的原产地是 Java，于是就将这一新语言取名为 Java。

1.2.2　Java 的特点

Sun 公司在"Java 白皮书"中对 Java 的定义是："Java: A simple, object-oriented, distributed, interpreted, robust, secure, architecture-neutral, portable, high-performance, multi-threaded, and dynamic language.". 按照这个定义, Java 是一种具有"简单、面向对象的、分布式、解释型、健壮、安全、与体系结构无关、可移植、高性能、多线程和动态执行"等特性的语言。下面我们简要叙述 Java 的这些特性。

1. 简单性

Java 语言简单而高效,基本 Java 系统(包含编译器和解释器)所占空间只有 250 KB 左右。当然, 这与 Java 的起源有很大关系。前已述及, Java 最初是为了对家用电器进行集成控制而设计的一种语言, 因此它必须具有简单明了的特性。

我们注意到, Gosling 等人在设计 Java 之初, 是从改写 C++ 编译器入手的, 这就使 Java 具有了以下特点: 其语言风格类似于 C++, 保留了 C++ 语言的优点; 摈弃了 C++ 中不安全且容易引发程序错误的指针; 消除了 C++ 中可能给软件开发、实现和维护带来麻烦的地方, 包括其冗余、二义性和存在安全隐患之处, 如操作符重载、多重继承和数据类型自动转换等; 简化了内存管理和文件管理——Java 提供了 C++ 中不具备的自动内存垃圾搜集机制, 从而减轻了编程人员进行内存管理的负担, 有助于减少软件错误。从这些方面看, Java 是 C++ 的简化和改进, 因而 C++ 程序员可以很快掌握 Java 编程技术。

Java 的简单性是以增加运行时系统的复杂性为代价的。以内存管理为例, 自动内存垃圾处理减轻了面向对象编程的负担, 但 Java 运行时系统却必须内嵌一个内存管理模块。虽然如此, 对编程人员而言, Java 的简单性只会是一个优点, 它可以使我们的学习曲线更趋合理化, 加快我们的开发进度, 减少程序出错的可能性。

2. 面向对象

Java 语言是纯面向对象的, 它不像 C++ 那样既支持面向对象的技术, 又支持面向过程的程序设计技术(对象及其相关概念请参阅第 4 章)。这里只从一个侧面说明面向对象的编程语言与面向过程的编程语言之间的区别。

传统的面向过程的编程语言把程序概括为

$$程序 = 数据结构 + 算法$$

而面向对象的编程语言把程序概括为

$$程序 = 对象 + 消息$$

在面向对象的技术中, 可以把现实世界中的任何实体都看做对象。对象其实就是现实世界模型的一个自然延伸。现实世界中的对象均具有属性和行为, 映射到计算机程序上, 属性用数据表示, 行为用程序代码实现。可见, 对象实际上就是数据和算法(程序代码)的封装体, 它用一个自主式框架把代码和数据结合在一起。面向对象的程序设计技术较传统的面向过程的程序设计技术更能真实地模拟现实世界。

Smalltalk 的发明人 Alan Kay 对第一个成功的面向对象语言——Smalltalk 总结出的五个基本特征如下(当然, 这些特征也是 Java 语言所具备的):

(1) 万物皆对象。理论上讲, 我们可以抽取待解问题的任何概念化成分, 将其表示为程序中的对象。可以将对象视为奇特的变量, 它既可以存储数据, 也可以执行操作。

(2) 程序是对象的集合, 它们通过发送消息实现调用。消息就是对某个特定对象的方法的调用请求。具体地说, 要想请求一个对象, 就必须向该对象发送一条消息。

(3) 每个对象都有自己的由其他对象所构成的存储。换句话说，可以通过创建包含现有对象的包的方式来创建新的对象。因此，可以在程序中构建复杂的体系，同时将其复杂性隐藏在对象的简单性背后。

(4) 每个对象都拥有其类型。按照通用的说法，"每个对象都是某个类(class)的一个实例(instance)"，这里的"类"是"类型"的同义词。每个类区别于其他类的最重要特性就是"可以发送什么样的消息给它"。

(5) 某个特定类型的所有对象都可以接收同样的消息。例如：因为"圆形"类型的对象同时也是"几何形"类型的对象，所以，一个"圆形"对象必定能够接收发送给"几何形"对象的消息。这也意味着可以编写与"几何形"交互并自动处理所有与"几何形"性质相关的事物的代码。

Java 语言是纯面向对象的，它的设计集中于对象及其接口，提供了简单的类机制以及动态的接口模型。对象中封装了它的属性和行为，实现了模块化和信息隐藏；而类则提供了一类对象的原型，并且通过继承机制，子类可以使用父类所提供的方法，实现了代码的复用。

3. 可移植性(平台无关性)

程序的可移植性指的是程序不经修改就能在不同硬件或软件平台上运行的特性，即"一次编写，到处运行"的特性。可移植性在一定程度上决定了程序的可应用性。可移植性分为两个层次：源代码级可移植性和二进制代码级可移植性。C 和 C++ 只具有一定程度的源代码级可移植性，其源程序要想在不同平台上运行，必须重新编译。而 Java 不仅是源代码级可移植的，甚至经过编译之后形成的二进制代码——字节码，也同样是可移植的。

Java 采用了多种机制来保证可移植性，其中最主要的有两条：

第一，Java 既是编译型的，又是解释型的。Java 语言与传统语言的不同运行机制如图1.2 所示。

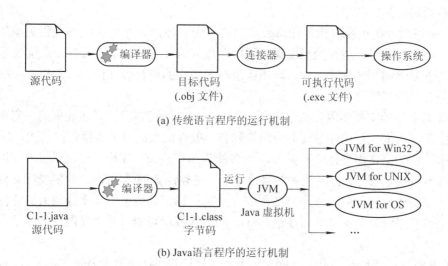

(a) 传统语言程序的运行机制

(b) Java语言程序的运行机制

图 1.2　Java 语言与传统语言的不同运行机制

图 1.2(a)是传统语言的运行机制，其特点是：源程序经过编译生成的目标代码(.obj 文

件)是为在某个特定的操作系统上运行而产生的，该文件中包含了对应处理机的本机代码，所以，不能移植到其他的操作系统上运行。图 1.2(b)是 Java 语言的运行机制，它的特点是：源程序经过编译生成的字节码代码(class 文件)是在 Java 虚拟机(Java Virtual Machine，JVM)平台上运行的，而不是直接在操作系统平台上运行的。JVM 在任何平台上都提供给编译程序一个共同的接口，编译程序只需要面向 JVM，生成 JVM 能够理解的字节码代码，然后由 JVM 的解释器负责解释执行即可。JVM 把 Java 字节码代码与具体的软/硬件平台分隔开来，保证了字节码的可移植性。关于 JVM 的更详细叙述请参阅 1.4.1 节。

第二，Java 采用的是基于国际标准——IEEE 标准的数据类型。Java 的数据类型在任何机器上都是一致的，它不支持特定于具体的硬件环境的数据类型。它还规定同一种数据类型在所有实现中必须占据相同的空间大小(C++ 的数据类型在不同的硬件环境或操作系统下占据的内存空间是不同的)。通过在数据类型的空间大小方面采用统一标准，Java 成功地保证了其程序的平台独立性。

此外，Java 的可移植性还体现在 Java 的运行环境上。Java 编译器是用 Java 语言本身编写的，而其他编程语言运行的环境则是用 ANSI C(美国标准 C 语言)编写的，Java 的整个运行环境体现了一个定义良好的可移植性接口。Java 语言规范还遵循 POSIX(可移植操作系统接口)标准，这也是 Java 具有良好可移植性的重要原因。

4. 高性能

一般情况下，可移植性、稳定性和安全性几乎总是以牺牲性能为代价的，解释型语言的执行效率一般也要低于直接执行源码的速度。但 Java 所采用的措施却很好地弥补了这些性能差距。这些措施包括：

(1) 高效的字节码。Java 字节码格式的设计充分考虑了性能因素，其字节码的格式非常简单，这使得经由 Java 解释器解释执行后可产生高效的机器码。Java 编译器生成的字节码和机器码的执行效率相差无几。据统计，Java 字节码的执行效率非常接近于由 C 和 C++ 生成的机器码的执行效率。

(2) 多线程。线程是现代操作系统提出的一个新概念，是比传统的进程更小的一种可并发执行的执行单位。线程的概念提高了程序执行的并发度，从而可提高系统效率。C 和 C++ 采用的是单线程的体系结构，均未提供对多线程的语言级支持。与此相反，Java 却提供了完全意义的多线程支持。

Java 的多线程支持体现在两个方面：首先，Java 环境本身就是多线程的，它可以利用系统的空闲时间来执行诸如必要的垃圾清除和一般性的系统维护等操作；其次，Java 还提供了对多线程的语言级支持，利用 Java 的多线程编程接口，编程人员可以很方便地编写出支持多线程的应用程序，提高程序的执行效率。必须注意的是，Java 的多线程支持在一定程度上可能会受其运行时支撑平台的限制，并且依赖于其他一些与平台相关的特性。比方说，如果操作系统本身不支持多线程，Java 的多线程就可能只是"受限"的或不完全的多线程。

(3) 及时编译和嵌入 C 代码。Java 的运行环境还提供了另外两种可选的性能提高措施：及时编译和嵌入 C 代码。及时编译是指在运行时把字节码编译成机器码，这意味着代码仍然是可移植的，但在开始时会有一个编译字节码的延迟过程。嵌入 C 代码在运行速度方面效果当然是最理想的，但会给编程人员带来额外的负担，同时将降低代码的可移植性。

5．分布式

分布的概念包括数据分布和操作分布两个方面。数据分布是指数据可以分散存放于网络上不同的主机中，以解决海量数据的存储问题；操作分布则是指把计算分散到不同的主机上进行处理，这就如同由许多人协作共同完成一项大而复杂的工作一样。

Java 是面向网络的语言。它拥有广泛的能轻易地处理 TCP/IP 协议的运行库，例如 HTTP 与 FTP 类库等等。这使得在 Java 中比在 C 或 C++ 中更容易建立网络连接。对于数据分布，Java 应用程序可以利用 URL 通过网络开启和存取对象，就如同存取一个本地文件系统一样简单。对于操作分布，Java 的客户机/服务器模式可以把计算从服务器分散到客户端，从而提高整个系统的执行效率，避免瓶颈制约，增加动态可扩充性。

6．动态特性

多数面向对象程序设计语言在系统设计和编程阶段都能充分体现 OO 思想，但却很难将其延伸到系统运行和维护阶段。这主要是因为多数语言都采用静态链接机制。一个系统是由多个模块组成的，若采用静态链接机制，则在编译时就会将系统的各模块和类链接组合成一个整体，即一个目标文件。如果某个类进行了修改，则整个系统就必须重新编译，这对大型分布式系统(例如，交通信息处理系统、金融机构信息处理系统等)的修改、维护或升级是不利的。如何在系统运行阶段动态地进行系统的修改或升级便成为迫切需要解决的问题。

Java 采用"滞后联编"机制，即动态链接机制，解决了上述问题。Java 的"滞后联编"技术将 OO 特点延伸到系统的运行阶段。Java 程序的基本组成单位是类，若一个系统是由多个类模块组成的，则编译时每个类被分别编译成相应的类文件，即字节码文件。一个字节码系统由若干个字节码文件组成，使得系统的类模块性得以保留。在系统运行时，字节码文件按程序运行的需要而动态装载(也可以通过网络来载入)。因此，如果在一个系统中修改了某一个类，只需要对此类重新编译，而系统中的其他类不必重新编译。这就保证了系统在运行阶段可以动态地进行类或类库的修改或升级。"滞后联编"机制使得 Java 程序能够适应不断变化的运行环境，使用户能够真正拥有"即插即用"(plug-and-play)的软件模块功能。

此外，Java 的动态性还表现在支持动态数据类型和动态协议方面。通过编写协议句柄，Java 可以支持新的、自定义的传输协议。编写内容句柄可以支持新的数据类型。

7．健壮性和安全性

Java 设计的目的是用于网络/分布式计算环境。为此，Java 提供了一系列安全检查机制，使得 Java 更具健壮性和安全性。Java 的安全检查机制分为多级，主要包括 Java 语言本身的安全性设计、严格的编译检查、运行检查和网络接口级的安全检查等。

(1) Java 语言本身的安全性设计。Java 去掉了 C++ 中许多复杂的、冗余的、有二义性的概念，例如操作符重载、多继承、窄化类型转换等，去掉了 C++ 语言中的指针运算、结构体或联合、需要释放内存等功能，而提供了数组下标越界检查机制、异常处理机制、自动内存垃圾收集机制等，使 Java 语言功能更精练、更健壮。其主要特点说明如下：

● 不支持窄化类型转换。在 C++ 中可以进行窄化类型转换，例如，将一浮点值赋予整型变量，这样有可能面临信息丢失的危险。Java 不支持窄化类型转换，如果需要则必须显式地进行类型转换。

● 不支持指针数据类型。C++ 程序在安全性方面的最大问题在于指针的使用。使用指针的一个危险是它能够访问任意内存空间，如果病毒利用指针进入操作系统的内存空间，并在其中执行特权指令，它就能随心所欲地进行破坏。Java 语言不支持指针数据类型，一切对内存的访问都必须通过对象的实例变量来实现，从而杜绝了内存的非法访问，程序员便不再能够凭借指针在任意内存空间中"遨游"。

● 数组下标越界检查机制。Java 提供的数组下标越界检查机制，使网络"黑客"们无法构造出不进行数组下标越界检查的 C 和 C++ 语言所支持的那种指针。

通过类型检查、Null 指针检测、数组边界检测等方法，可以在开发的早期发现程序中的错误。

● 完善的异常处理机制。异常情况可能经常由"被零除"、"数组下标越界"、"文件未找到"等原因引起。如果没有异常处理机制，则必须编写一大堆既繁琐又难理解的指令来进行管理。Java 语言中通过提供异常处理机制来解决异常的处理问题，简化了异常处理任务，增强了程序的可读性和系统容错能力。

● 自动内存垃圾收集机制。C++ 程序缺乏自动的内存管理机制，在 C++ 中，必须手工分配、释放所有的动态内存。如果忘记释放原来分配的内存，或是释放了其他程序正在使用的内存，就会出错。Java 提供垃圾收集器，可自动收集闲置对象占用的内存，防止程序员在管理内存时容易发生的错误。

(2) 编译检查。Java 编译器对所有的表达式和参数都要进行类型相容性的检查，以确保类型是兼容的。在编译时，Java 会指出可能出现但未被处理的例外，帮助程序员正确地进行选择以防止系统的崩溃。另外，Java 在编译时还可捕获类型声明中的许多常见错误，防止动态运行时不匹配问题的出现。在编译期间，Java 编译器并不分配内存，而是推迟到运行时由解释器决定，这样编程人员就无法通过指针来非法访问内存。

(3) 运行检查。在运行期间，Java 的运行环境提供了字节码校验器、运行时内存布局、类装载器和文件访问限制四级安全保障机制。

● 字节码校验器(Byte Code Verifier)。当 Java 字节码进入解释器时，即使 Java 编译器生成的是完全正确的字节码，解释器也必须再次对其进行检查，这是为了防止正确的字节码在解释执行前可能被改动。

● 运行时内存布局和类装载器(Class Loader)。Java 解释器将决定程序中类的内存布局，这意味着"黑客"们将无法预先得知一个类的内存布局结构，从而也就无法利用该信息来"刺探"或破坏系统。随后，类装载器负责把来自网络的类装载到其单独的内存区域，避免应用程序之间的相互干扰或破坏。

● 文件访问限制。客户机端还可以限制网络上装载的类只能访问某些允许的文件系统。

(4) 网络接口级的安全检查。在网络接口级，用户可按自己的需要来设置网络访问权限。

上述机制综合在一起，使得 Java 成了最安全的编程语言和环境之一，并且保证了 Java

代码无法成为类似特洛伊木马和蠕虫等具有潜在破坏作用病毒的宿主。

☞ 1.3　Java 的开发运行环境

目前有许多为快速开发 Java 程序提供的集成开发环境(IDE)，它们将编辑、编译、构造、调试和在线帮助集成在一个用户图形界面中，有效地提高了编程速度。例如 Oracle 公司的 NetBeans、Borland 公司的 JBuilder、Eclipse 联盟的 Eclipse 等。

NetBeans IDE 是开源的软件开发集成环境，是一个开放框架、可扩展的开发平台，可以用于 Java、C/C++、PHP 等语言的开发，还可以通过扩展插件来扩展功能。它极大地简化了软件的开发过程。因此，本书选用 NetBeans IDE 作为开发工具。在此环境下开发 Java 应用程序，需要下载两个软件：JDK 6 和 NetBeans IDE。本书就是以 Oracle 公司提供的 Windows 环境下的捆绑软件包为开发环境的。

1.3.1　下载和安装 JDK 与 NetBeans

JDK(Java Development Kit，Java 开发工具)是一个编写 Java Applet 和应用程序的开发环境。下载 JDK 6 和 NetBeans 7.1.2 捆绑软件包(简体中文)的 URL 为 http://www.oracle.com/ technetwork/java/javase/downloads/jdk-netbeans-jsp-142931.html。在图 1.3 所示的界面中找到 "jdk-6u33-nb-7_1_2-windows-ml.exe" 后(图中粗箭头所指项)，点击下载，并指明存放位置。本书存放在 E:/Java 文件夹中。下载完成后，双击图 1.4 中的 "热咖啡" 图标(图中粗箭头所指项)进行安装，同样要指明安装位置。本书安装到 E:/Java 文件夹中。

安装完成后，系统会在桌面产生 NetBeans IDE 7.1.2 运行文件的快捷方式。

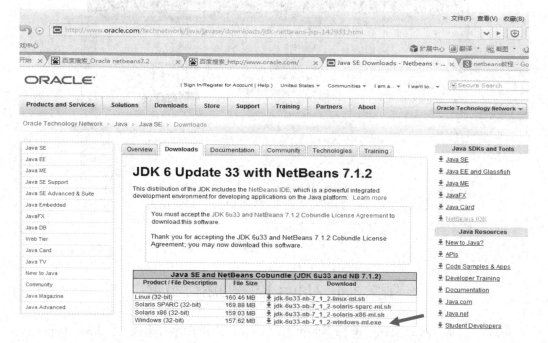

图 1.3　ORACAL 中国的官方网站

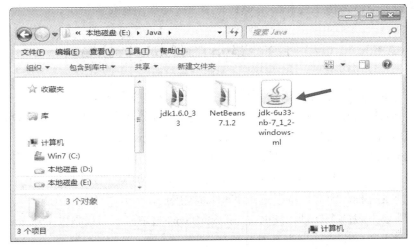

图 1.4　下载的文件

1.3.2　运行 NetBeans IDE

　　双击运行桌面上的 NetBeans IDE 7.1.2 快捷方式，出现如图 1.5 所示的界面，表明 NetBeans 集成开发环境启动成功。

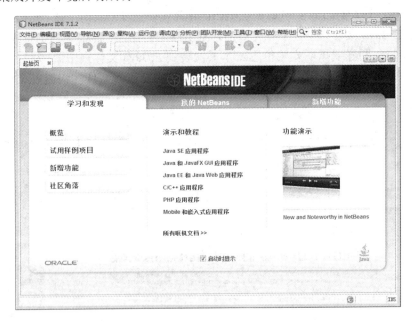

图 1.5　启动 NetBeans IDE 后的界面

☞　1.4　Java 程序的运行步骤

　　Java 语言是一种半编译半解释型的语言。Java 的用户程序分为两类：Java Application 和 Java Applet。这两类程序在程序结构和执行机制上都有一定的差异。Java Application 是完整的程序，需要独立的 Java 解释器来解释运行。Java Applet 程序不能单独运行，必须嵌入到用 HTML 语言编写的 Web 页面中，通过与 Java 兼容的浏览器来控制执行。

1.4.1　JVM 的体系结构及工作原理

一个由 Java 语言编写的源程序，经过 Java 编译器编译，生成 Java 虚拟机上的字节码，再由 Java 虚拟机上的执行引擎(解释器)执行，并产生执行结果。一个 Java 语言程序的编译、解释和执行过程如图 1.6 所示。

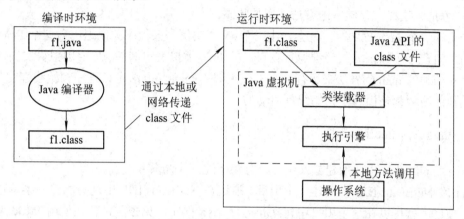

图 1.6　Java 语言程序的编译、解释和执行过程

Java 虚拟机(JVM)是可以运行 Java 字节码的假想计算机，是 Java 面向网络的核心，支持 Java 面向网络体系结构三大支柱(平台无关性、安全性和网络移动性)的所有方面。其主要任务是装载 .class 文件并且执行其中的字节码。JVM 的内部体系结构如图 1.7 所示，主要分为三部分：类装载器子系统、运行时数据区和执行引擎。

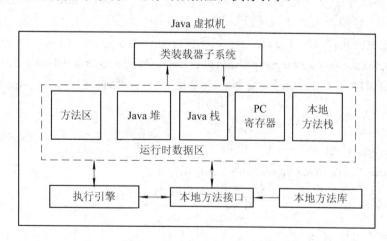

图 1.7　JVM 的内部体系结构

(1) 类装载器子系统：负责装载所有由用户自己编写生成的 .class 文件以及这些 .class 文件引用的 JDK API。

(2) 执行引擎：负责将字节码翻译成适用于本地机系统的机器码，然后再送硬件执行。

(3) 运行时数据区：主要包括方法区、Java 堆、Java 栈、PC 寄存器、本地方法栈等。

● 每个 JVM 实例都有一个方法区和堆。方法区主要存放类装载器加载的 .class 文件、类的静态变量。堆主要存放所有程序在运行时创建的对象或数组。方法区和堆由所有线程共享。

● 每个线程都有自己的 PC 寄存器和 Java 栈。PC 寄存器的值指示下一条将被执行的指令。Java 栈记录存储该线程中 Java 方法调用的状态。每当启动一个新线程，JVM 都会创建一个新的 Java 栈，用于保存线程的运行状态，包括局部变量、参数、返回值、运算的中间结果。

● 本地方法栈：存储本地方法调用的状态。

当启动一个 Java 程序时，就会产生一个 JVM 实例。该程序关闭退出后这个 JVM 实例也就随之消亡。每个 Java 程序都运行在自己的 Java 虚拟机实例中。Java 虚拟机实例通过调用某个初始类的 main( ) 方法来运行一个 Java 程序。main( ) 方法是该程序初始线程的起点，任何其他的线程都是由这个初始线程启动的。

1.4.2　Java Application 程序的建立及运行

Java Application 程序的建立及运行可分为下述三个步骤：

(1) 在 NetBeans IDE 中创建一个项目。通过在 NetBeans IDE 中选择相应的菜单项来创建一个项目，就可以在这个项目中建立和运行 Java 程序，免去了许多在使用 Javac 编译器和 Java 解释器时需做的配置工作。

(2) 建立 Java 源程序文件，产生 .class 字节码文件。通过选择 IDE 中相应的菜单生成一个 Java 框架源文件，然后修改、添加自己的 Java 源程序，并存储。IDE 会自动调用 Javac 编译器将该源程序编译为字节码文件，并存储在该项目的 build 文件夹中。

(3) 解释器解释字节码文件，完成该程序的运行。通过选择 IDE 中相应的菜单，IDE 会自动调用 Java 解释器来解释该项目 build 中的字节码文件，产生运行结果。

下面通过示例程序 C1_1.java 的建立和执行来详细讲述这一过程。当然，也可以在 http://docs.oracle.com/javase/tutorial/getStarted/cupojava/netbeans.html 网站中学习。

🖩【示例程序 C1_1.java】 编写一个输出字符串 "My first Java Application!" 的 Application 程序。

```
package ch1;
public class   C1_1
{   public   static   void   main(String   args[ ])
    {   System.out.println("My first Java Application!");    }
}
```

1. 创建一个 IDE 项目

启动 NetBeans IDE 后，单击图 1.8 所示菜单栏中的"文件"选项，在出现的下拉菜单中单击选择"新建项目"菜单项，弹出如图 1.9 所示的"新建项目"对话框。在这个对话框中依次选择"Java"文件夹、"Java 应用程序"。然后，点击"下一步"按钮，弹出如图 1.10 所示的"新建 Java 应用程序"对话框。

图 1.8　建立一个项目的操作界面

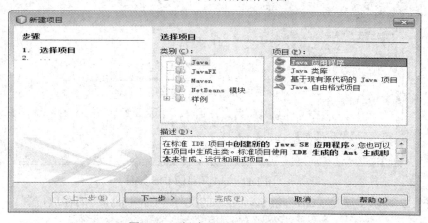

图 1.9　"新建项目"对话框

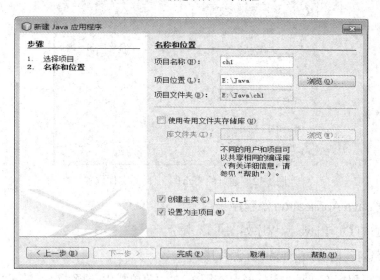

图 1.10　"新建 Java 应用程序"对话框

　　在"新建 Java 应用程序"对话框输入项目名称、项目存放位置、主类名等。本例给出的项目名为"ch1"，项目的存放位置为"E:\Java"，项目文件夹为"E:\Java\ch1"，主类名(也是文件名)是"ch1.C1_1"。注意：文件的扩展名在此界面中不需输入，系统会自动取默认的".java"。

完成上述输入后，单击"完成"按钮，弹出如图 1.11 所示的编程界面。

在图 1.11 的界面中显示了所创建项目"ch1"的有关信息和程序文件"C1_1.java"的空框架。在此界面中进行 Java 程序编写，实际上就是在空框架的基础上进行编辑工作。

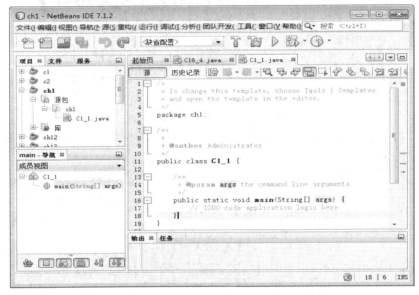

图 1.11　ch1 项目的 IDE 界面

图 1.12 显示了项目"ch1"和该项目中的文件"C1_1.java"的存放位置。

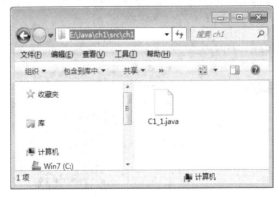

图 1.12　建好的"ch1"项目的文件位置

2. 建立 Java Application 源程序

本例建立的 C1_1.java 源程序如图 1.13 所示。

3. 编译运行 Java Application 源程序

运行 C1_1 程序有两种方法：一是在图 1.13 的菜单栏中选择"运行"→"运行主项目"；二是在图 1.13 右侧的程序窗口中单击右键，在出现的快捷菜单中选择"运行文件"。此时，IDE 会自动调用 Javac 编译器将该程序编译成字节码文件，并存储在该项目的 build 文件夹中，见图 1.13 左上窗口所示。如果编译 Java Application 源程序没有错误，则在右下的"输出"窗口中显示结果。如果编译 Java Application 源程序有错误，则在程序指令行左侧可以看到错误信息，可修改源程序后再编译运行。

图 1.13　程序 C1_1 的运行结果

4．程序分析

(1) package ch1 这一行定义了一个名为 ch1 的包。注意：这个包名就是我们建立的项目名，同时它也是一个文件夹名(见图 1.13)。在这个包中，系统会自动创建几个文件夹，并将我们建立的源程序文件 C1_1.java 存放在 src 文件夹下的 ch1 项目(文件夹)中。关于包的更详细解释请参阅第 5 章。

(2) public class C1_1 这一行声明此程序要创建一个名为 C1_1 的类。public 指出这个类是公共类，而这个类定义的内容就在后面紧跟的花括号内。

任何 Java 程序都必须以类的形式出现，一个程序中可以定义若干个类，但只能定义一个 public 类。定义类必须用关键字 class 作为标志。如果在一个程序中只定义了一个 public 类，那么这个类名也一定是文件名，否则编译会出错。

(3) public static void main(String[ ] args)表明这是 C1_1 类的 main 主方法。在 Java 编程中，每一个应用程序都必须包含一个 main 主方法，当程序执行时，解释器会找主方法，它是程序的入口点，若无此方法,解释器会显示错误信息。在定义main 方法时 public static void 不可缺少，String[ ] args 是传递给 main 方法的参数(见第 7 章)，其中 String 是参数的类型，args 是参数名(可自定义)。main 后面紧跟的花括号是 main 方法的实现内容。本例中只含一条语句:

```
System.out.println("My first Java Application!");
```

此语句的功能是使用 JAVA API 的 System.out.println( )方法把消息"My first Java Application!"发送到标准输出设备(这里是显示器)上。

JAVA API(Java Application Interface，即 Java 的应用编程接口)是 Sun 公司开发的类库，用于应用程序的开发。System 是 Java 类库 lang 包中的一个类，System.out 是 Java 类库 io 包中 PrintStream 类的一个对象，该对象提供了 println( )方法，此方法的作用是向标准输出设备输出参数指定的字符串的内容，输出完成后光标定位在下一行。

1.4.3　Java Applet 程序的建立及运行

建立及运行 Java Applet 程序与建立及运行 Java Application 类似，也可分为下述三个步骤：

(1) 创建一个 IDE 项目。

(2) 建立 Java 源程序文件，产生 .class 字节码文件。

(3) 解释器解释字节码文件，完成该程序的运行。

下面以示例程序 C1_2.java 为例，说明 Java Applet 程序的建立及运行步骤。

🔲【程序示例 C1_2.java】 编写一个 Applet 程序，输出字符串"Java Now!"。

```
package    ch1;
import    java.applet.*;
import    java.awt.*;
public    class   C1_2   extends   Applet
{
    public   void   paint(Graphics   g)
    {   g.drawString("Java Now!",25,25);      }
}
```

1.　建立一个项目

建立项目的过程与上一节建立 ch1 项目的过程类似，不再重复。需要说明的是，一个项目中可以包含若干个相同或不同类型的文件。本例 Applet 程序就是在 ch1 项目中创建的，所以不用另建项目。

2.　建立 Java Applet 源程序

在图 1.14 中选定"ch1"项目窗口，右键单击项目节点，从出现的快捷菜单中选择"新建"→"Applet"菜单项(若没有 Applet，则选择"其他/Applet")，弹出如图 1.15 所示的对话框。

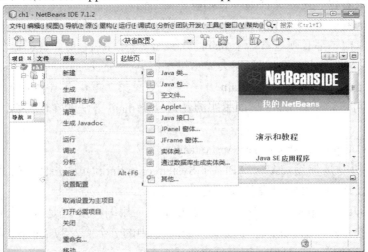

图 1.14　在建好的"ch1"项目中建立 Java 源程序

图 1.15 "新建 Applet"对话框

在图 1.15 所示对话框中的"类名"标签后的文本框中输入"C1_2",在"包"标签后的下拉列表框中选择"ch1"。然后单击"完成"按钮,弹出如图 1.16 所示的对话框。

图 1.16 空的 Java Applet 程序框架

图 1.16 所示界面的右上部是一个 Java Applet 框架文件,可在此处编写或修改程序。本例编写的 C1_2.java 源程序如图 1.17 所示。

图 1.17 编写的"C1_2.java"源程序

3. 编译运行 Java Applet 源程序

由于 IDE 提供了保存 Java 源文件时自动编译该文件的功能，因此，保存 C1_2.java 文件时，则产生 C1_2.class 文件。

运行 C1_2 程序的方法是：在左窗口的 C1_2.java 文件节点上单击右键或在源程序窗口中单击右键，从出现的快捷菜单中选择"运行文件"。运行结果如图 1.18 所示。

图 1.18　程序 C1_2 的运行结果

注意：我们编写的 Java Applet 程序被放在了称为"小程序查看器(appletviewer)"的界面中输出。小程序查看器是 Sun 公司提供的专门用于测试和运行"Java Applet"程序的小应用程序浏览器。如果编写的 Java Applet 不能有类似的输出，就表明源程序中有错误，需要修改源程序后再编译运行。

此外，对于 Java Applet 程序，在运行文件时，NetBeans IDE 会自动在 build 文件夹中创建嵌入 Applet 的同名的 .html 文件(见图 1.18 左上窗口中的 C1_2.html)。有了这个 HTML 文件，也可以双击这个 C1_2.html 完成运行，如图 1.19 所示。

图 1.19　C1_2.html 程序位置

4. 程序分析

(1) import 语句。Java 的类库中存储了许多已编写好的类，将这些类按照功能分为许多包，供编程人员使用。编写 Java 程序时，若要使用 Java 类库中的类，则必须先用 import

语句将其引用。程序中：

```
import   java.awt.*;
import   java.applet.*;
```

两条语句说明该程序要使用 Java 类库的类。其中，"awt"为 Abstract Windowing ToolKit 的缩写，表示该程序要使用抽象窗口工具集中的类；"applet"向编辑器说明该程序要使用 applet 包中的类。

(2)　"public class C1_2 extends Applet"行声明此程序要建立一个名为 C1_2 的新类。public 指出这个类是公共类；extends Applet 说明该类(C1_2)继承自 Applet，是 Applet 的子类；这个类的内容就在后面紧跟的花括号内。所有的 Java Applet 程序中都必须有一个 Applet 的子类，因为 Applet 类具有处理图形用户接口(GUI)的功能，其中定义的数据成员和方法规定了 WWW 浏览器如何解释 Java Applet 程序。根据子类继承父类的原则，可使 WWW 浏览器顺利地实现用户程序的功能。

(3)　"public void paint(Graphics g)"行定义了一个名为 paint 的方法，该方法是 Java 类库 awt 包下 Componet 类所提供的方法，该方法只有一个参数 g，它是指向 awt 包下 Graphics 类的对象。

(4)　"g.drawString("Java Now!",25,25);"语句中的 g.drawString( )是 Graphics 类的对象的方法，用于将字符串"Java Now!"显示在 Applet 窗口。g.drawString( )方法有三个参数：第一个参数是以双引号引起的字符串，它便是窗口中显示的内容；第二个参数和第三个参数分别是 Applet 窗口的 x 和 y 坐标(以像素点为单位)。关于 Java Applet 的更多知识，将在后面章节陆续介绍。

习　题　1

1.1　计算机编程语言由机器语言发展到面向对象的语言，给程序员带来了什么好处？

1.2　为什么说 Java 语言是网络时代的语言？

1.3　Java 语言有什么特点？

1.4　Java 语言与传统的高级语言的运行机制有何不同？

1.5　开发 Java 语言程序需要什么样的软/硬件环境？

1.6　Java 工具集中的 Javac、Java、Appletviewer 各有什么作用？

1.7　怎样建立和运行 Java Application 程序？

1.8　试编写一个显示"I Love Internet"的 Java Application 程序并运行之。

1.9　怎样建立和运行 Java Applet 程序？

1.10　试编写一个显示"Hello Internet"的 Java Applet 程序并运行之。

1.11　什么是 Java 虚拟机？它对 Java 程序的执行有什么作用？

Java 语言基础

本章讨论 Java 语言程序设计中最基本的问题，即标识符、关键字、数据类型、常量、变量、表达式、声明语句、赋值语句、数据的输入与输出等。

☞ 2.1 Java 符号集

符号是构成语言和程序的基本单位。Java 语言不采用通常计算机语言系统所采用的 ASCII 代码集，而是采用更为国际化的 Unicode 字符集。在这种字符集中，每个字符用两个字节即 16 位表示。这样，整个字符集中共包含 65 535 个字符。其中，前面 256 个字符表示 ASCII 码，使 Java 对 ASCII 码具有兼容性；后面 21 000 个字符用来表示汉字等非拉丁字符。但是，Unicode 只用在 Java 平台内部，当涉及打印、屏幕显示、键盘输入等外部操作时，仍由计算机的具体操作系统决定其表示方法。例如，使用英文操作系统时，仍采用 8 位二进制表示的 ASCII 码。Java 编译器接收到用户程序代码后，可将它们转换成各种基本符号元素。

Java 符号按词法可分为如下五类：

(1) 标识符(Identifiers)。它唯一地标识计算机中运行或存在的任何一个成分的名称。不过，通常所说的标识符是指用户自定义的标识符，即用户为自己程序中的各种成分所定义的名称。

(2) 关键字(Keyword)。关键字也称为保留字，是 Java 系统本身已经使用且被赋予特定意义的一些标识符。

(3) 运算符(Operands)。表示各种运算的符号，它与运算数一起组成运算式，以完成计算任务，如表示算术运算的 +、−、*、/ 等算术运算符以及其他一些运算符号。

(4) 分隔符(Separator)。分隔符是在程序中起分隔作用的符号，如空格、逗号等。

(5) 常量(Literals)。这里主要是指标识符常量。为了使用方便和统一，Java 系统对一些常用的量赋予了特定的名称，这种用一个特定名称标记的常量便称为标识符常量。例如，用 Integer.MAX_VALUE 代表最大整数 2 147 483 647(请参阅表 2.7 和表 2.8)。用户也可以把自己程序中某些常用的量用标识符定义为标识符常量。

2.1.1 标识符及其命名

在计算机中运行或存在的任何一个成分(变量、常量、方法和类等)，都需要有一个名字以标识它的存在和唯一性，这个名字就是标识符。用户必须为自己程序中的每一个成分取一个唯一的名字(标识符)。在 Java 语言中对标识符的定义有如下规定：

(1) 标识符的长度不限，但在实际命名时其长度不宜过长，过长会增加录入的工作量。

(2) 标识符可以由字母、数字、下划线 "_" 和美元符号 "$" 组成，且必须以字母、下划线或美元符号开头。

(3) 标识符中同一个字母的大写或小写被认为是不同的标识符，即标识符区分字母的大小写。例如：C1_1 和 c1_1 代表不同的标识符。

通常情况下，为提高程序的可读性和可理解性，在对程序中的任何一个成分命名时，应该取一个能反映该对象含义的名称作为标识符。此外，作为一种习惯，标识符的开头或标识符中出现的每个单词的首字母通常大写，其余字母小写，例如 TestPoint、getArea。

2.1.2 关键字

关键字通常也称为保留字，是程序设计语言本身已经使用且被赋予特定意义的一些标识符。它们主要是类型标识符(如 int、float、char、class 等)或控制语句中的关键字(如 if、while)等。表 2.1 列出了 Java 语言的关键字。需要特别注意的是：由于程序设计语言的编译器在对程序进行编译的过程中，对关键字特殊对待，因此，编程人员不能用关键字作为自己定义程序成分的标识符。

表 2.1 Java 的关键字

abstract	boolean	break	byte	byvalue *	case
cast	catch	char	class	const*	continue
default	do	double	else	extends	false
final	finally	float	for	future	generic
goto*	if	implements	import	inner	instanceof
int	interface	long	native	new	null
operator	outer	package	private	protected	public
rest	return	short	static	super	switch
synchronized	this	throw	throws	transient	true
try	var	void	volatile	while	

注：有 ∗ 标记的关键字是被保留但当前尚未使用的。

2.1.3 运算符

运算符与运算数一起组成运算式，以完成计算任务。Java 的运算符列于表 2.2 中。

表 2.2 Java 的运算符

+	+=	−	−+	*	*=
/	/=	|	|=	^	^=
&	&=	%	%=	>	>=
<	<=	!	!=	++	−−
>>	||	==	=	~	?:
.	instanceof	[ ]			

2.1.4　分隔符

　　分隔符将程序代码组织成编译器所理解的形式，它构造了语句的结构和程序的结构。Java 的分隔符如表 2.3 所示。

表 2.3　Java 的分隔符

( )　　 { }　　 [ ]　　 ;　　　 ,　　　　 空格符

2.1.5　注释

　　注释是程序中的说明性文字，是程序的非执行部分。在程序中加注释的目的是使程序更加易读、易理解，有助于修改程序以及他人阅读。程序(软件)的易读性和易理解性是软件质量评价的重要指标之一，程序中的注释对于学术交流和软件维护具有重要的作用。Java 语言中使用如下三种方式给程序加注释：

　　(1) //注释内容。表示从 "//" 开始直到此行末尾均作为注释。例如：

　　　　//comment　　line

　　(2) /*注释内容*/。表示从 "/*" 开始直到 "*/" 结束均作为注释，可占多行。例如：

　　　　/* comment　 on one

　　　　　or more line　*/

　　(3) /**注释内容*/。表示从 "/**" 开始直到 "*/" 结束均作为注释，可占多行。例如：

　　　　/** documenting　 comment

　　　　　having　many　line　*/

　　在编程时，如果只注释一行，则选择第一种；若注释内容较多，一行写不完时，既可选择第一种方式，在每行注释前加 "//"，也可选择第二种方式，在注释段首尾分别加 "/*" 和 "*/"；第三种方式主要用于创建 Web 页面的 HTML 文件，Java 的文档生成器能从这类注释中提取信息，并将其规范化后用于建立 Web 页。

☞　2.2　数据类型、常量与变量

　　任何一种程序设计语言，都要使用和处理数据，而数据又可以区分为不同的类型。例如，我们在中学时已经将数值区分为自然数、小数、有理数、虚数等。用计算机进行数据处理时，同样要将数据区分为不同的类型，即通过指明变量所属的数据类型，将相关的操作封装在数据类型中。

　　熟练地掌握常量、变量、数据类型等基本概念，可为程序设计奠定坚实的基础。

2.2.1　数据类型的概念

　　数据以某种特定的格式存放在计算机的存储器中，不同的数据占用存储单元的多少不同，而且，不同数据的操作方式也不尽相同。在计算机中，将数据的这两方面的性质抽象为数据类型的概念。因此，数据类型在程序中就具有两个方面的作用：一是确定了该类型数据的取值范围，这实际上是由给定数据类型所占存储单元的多少来决定的；二是确定了允许对这些数据所进行的操作。例如，整数类型和浮点类型都可以进行加、减、乘、除四则运算，而字符型和布尔型就不能进行这类运算。同样，整数类型可以进行求余运算，而浮点类型就不能进行这种运算。

表 2.4 列出了 Java 语言所使用的数据类型。我们将在介绍了常量、变量等基本概念之后，再结合实例对各种数据类型作具体讲解。

表 2.4　Java 数据类型及其在定义时使用的关键字

名　称			使用的关键字	占用字节数
数据类型	基本类型	整数类型 字节型	byte	1
		短整型	short	2
		整型	int	4
		长整型	long	8
		浮点类型 单精度型	float	4
		双精度型	double	8
		字符类型	char	2
		布尔类型	boolean	
	引用类型	字符串	string	
		数组	[ ]	
		类	class	
		接口	interface	

2.2.2　常量

常量是指在程序的整个运行过程中其值始终保持不变的量。在 Java 系统中，常量有两种形式：一种是以字面形式直接给出值的常量；另一种则是以关键字 final 定义的标识符常量。不论哪种形式的常量，它们一经建立，在程序的整个运行过程中其值始终不会改变。按照由浅入深的学习规律，这里只讨论以字面形式直接给出值的常量，至于以关键字 final 定义的标识符常量，将在第 4 章讨论 final 修饰符时专门论述。

Java 中常用的常量，按其数据类型来分，有整数型常量、浮点型常量、布尔型常量、字符型常量和字符串常量等 5 种。下面逐一介绍。

1．整数型常量

整数型常量有 3 种表示形式：

(1) 十进制整数。由数字 0～9 构成，如 56、–24、0。

(2) 八进制整数。以零开头后继由数字 0～7 构成，如 017、0、0123。

(3) 十六进制整数。以 0x 开头后继由数字 0～9、字母 a～f 或 A～F 构成，如 0x17、0x0、0xf、0xD。

整数型常量在计算机内使用 4 个字节存储，适合表示的数值范围是 –2 147 483 648～

2 147 483 647。若要使用更大的数值，则应在数据末尾加上大写的 L 或小写的 l(即长整型数据)，这样可使整数型常量在计算机内使用 8 个字节存储。

2. 浮点型常量

浮点型常量又称实型常量，用于表示有小数部分的十进制数，它有两种表示形式：

(1) 小数点形式。它由数字和小数点组成，如 3.9、-0.23、-23.、.23、0.23。

(2) 指数形式。如 2.3e3、2.3E3，都表示 2.3×10^3；.2e-4 表示 0.2×10^{-4}。

浮点型常量在计算机内的存储方式又为分两种：单精度与双精度。在浮点型常量后不加任何字符或加上 d 或 D，表示双精度，如 2.3e3、2.3e3d、2.3e3D、2.4、2.4d、2.4D。在计算机内用 8 个字节存放双精度浮点型常量。在浮点型常量后加上 f 或 F，表示单精度，如 2.3e3F、2.4f、2.4F。在计算机内用 4 个字节存放单精度浮点型常量。

3. 布尔型常量

布尔型常量只有两个：true 和 false。它代表一个逻辑量的两种不同的状态值，用 true 表示真，而用 false 表示假。

4. 字符型常量

字符型常量有 4 种形式：

(1) 用单引号括起的单个字符。这个字符可以是 Unicode 字符集中的任何字符。例如：'b'、'F'、'4'、'*'。

注意：在程序中用到引号的地方(不论单引号或双引号)，应使用英文半角的引号，不要写成中文全角的引号。初学者往往容易忽视这一问题，造成编译时的语法错误。

(2) 用单引号括起的转义字符。ASCII 字符集中的前 32 个字符是控制字符，具有特殊的含义，如回车、换行等，这些字符很难用一般方式表示。为了清楚地表示这些特殊字符，Java 中引入了一些特别的定义：用反斜线 "\" 开头，后面跟一个字母来表示某个特定的控制符。这便是转义字符。Java 中的转义字符如表 2.5 所示。

表 2.5　Java 中的转义字符

引用方法	对应 Unicode 码	标准表示法	意　义
'\b'	'\u0008'	BS	退格
'\t'	'\u0009'	HT	水平制表符 tab
'\n'	'\u000a'	LF	换行
'\f'	'\u000c'	FF	表格符
'\r'	'\u000d'	CR	回车
'\"'	'\u0022'	"	双引号
'\''	'\u0027'	'	单引号
'\\'	'\u005c'	\	反斜线

(3) 用单引号括起的八进制转义序列，形式为 '\ddd'。此处，ddd 表示八进制数中的数字符号 0～7，如 '\101'。

八进制表示法只能表示 '\000'～'\377' 范围内的字符，即表示 ASCII 字符集部分，不能表示全部的 Unicode 字符。

(4) 用单引号括起的 Unicode 转义字符，形式为 '\uxxxx'。此处，xxxx 表示十六进制数，如 '\u3a4f'。

5. 字符串常量

字符串常量是用双引号括起的 0 个或多个字符串序列。字符串中可以包括转义字符，如 "Hello"、"two\nline"、"\22\u3f07\n A　　B　　1234\n"、" "。

在 Java 中要求一个字符串在一行内写完。若需要一个大于一行的字符串，则可以使用连接操作符 "+" 把两个或更多的字符串常量串接在一起，组成一个长串。

例如，"How　do" + "you　do? \n" 的结果是 "How　do　you　do? "。

2.2.3　变量

变量是在程序的运行过程中其值可以被改变的量。变量除了区分为不同的数据类型外，更重要的是每个变量都具有变量名和变量值两重含义。变量名是用户自己定义的标识符，这个标识符代表计算机存储器中存储一个数据的位置的名字，它代表着计算机中的一个或一系列存储单元。变量名一旦定义便不会改变。变量的值则是这个变量在某一时刻的取值，它是变量名所表示的存储单元中存放的数据，它是随着程序的运行而不断变化的。变量名与变量值的关系，恰似宾馆的房间号与这个房间中住的客人的关系，房间号不变而客人随时都有可能改变。变量之所以称为变量，是因为在这个固定的名字下的取值可以随时发生变化。

Java 中的变量遵从先声明后使用的原则。声明的作用有两点：一是确定该变量的标识符(即名称)，以便系统为它指定存储地址并识别它，这便是 "按名访问" 原则；二是为该变量指定数据类型，以便系统为它分配足够的存储单元。因此，声明变量包括给出变量的名称和指明变量的数据类型，必要时还可以指定变量的初始值。变量的声明是通过声明语句来实现的。

变量的声明格式如下：

　　　　类型名　变量名 1[，变量名 2][，…]；

或

　　　　类型名　变量名 1[=初值 1][，变量名 2[=初值 2]，…]；

其中，方括号括起来的部分是可选的。

变量经声明以后，便可以对其进行赋值和使用。作为方法内的变量(局部变量)经声明之后，若在使用前没有赋值，则在编译时会指出语法错误。例如，下面均是一些合法的变量声明语句：

```
char  ch1, ch2;            // char 是类型名，ch1、ch2 是变量名(标识符)
int   i, j, k=9;           // int 为类型名，i、j、k 为变量名，并且 k 的初值为 9
float  x1=0, x2, y1=0, y2; // float 是类型名，x1、x2、y1、y2 是变量名
```

1. 整数型变量

整数型变量用来表示整数。Java 中的整数类型，按其取值范围之不同，可区分为如表2.6 所示的四种。

表 2.6 整 数 型 变 量

类型	存储需求	取 值 范 围
byte	1 字节	$-128 \sim 127(-2^7 \sim 2^7-1)$
short	2 字节	$-32\ 768 \sim 32\ 767(-2^{15} \sim 2^{15}-1)$
int	4 字节	$-2\ 147\ 483\ 648 \sim 2\ 147\ 483\ 647(-2^{31} \sim 2^{31}-1)$
long	8 字节	$-9\ 223\ 372\ 036\ 854\ 775\ 808 \sim 9\ 223\ 372\ 036\ 854\ 775\ 807(-2^{63} \sim 2^{63}-1)$

整数型变量的定义方法是在自己定义的变量名(标识符)前面加上 Java 系统关键字 byte、short、int、long 中的某一个，则这个标识符所代表的变量就属于该关键字类型的整数型变量了，它的存储需求和取值范围就限定在表 2.6 所示的范围内。此外，Java 允许在定义变量标识符的同时给变量赋初值(初始化)。例如：

    int i, j, k=9; //声明标识符分别为 i、j、k 的变量为整数型变量，并且 k 的初值为 9

此外，在 Java 程序中，int 型和 long 型的最小值和最大值可用符号常量表示，如表 2.7 所示。

表 2.7 整数类型的最小值和最大值的符号常量表示

符号常量名	含 义	十 进 制 值
Integer.MIN_VALUE	最小整数	$-2\ 147\ 483\ 648$
Integer.MAX_VALUE	最大整数	$2\ 147\ 483\ 647$
Long.MIN_VALUE	最小长整数	$-9\ 223\ 372\ 036\ 854\ 775\ 808$
Long.MAX_VALUE	最大长整数	$9\ 223\ 372\ 036\ 854\ 775\ 807$

【程序示例 C2_1.java】 常用数制的输入与输出。

```
package ch2;
public class  C2_1
{   public  static  void  main(String  args[])
    {    byte   a1=071;                        //八进制数
         byte   a2=10;                         //十进制数
         byte   a3=0x21;                       //十六进制数
         int    b1,b2,i1=4;
         short  c1=0x1E2;
         long   d=0x10EF,d1=1234567;
         b1=b2=15;
         System.out.println("sum="+(1+5));
         System.out.print("a1=0"+Integer.toOctalString(a1)+"(八进制输出) ");
         System.out.print("\ta1="+a1);         //按十进制值输出
         System.out.print("\ta2="+a2);
         System.out.print("\ta3=0x"+Integer.toHexString(a3)+"(十六进制输出)");
         System.out.println("\ta3="+a3);        //按十进制值输出
```

```
        System.out.print("i1="+Integer.toBinaryString(i1)+"(二进制输出)");
        System.out.print("\ti1="+i1);
        System.out.print("\tb1="+b1);
        System.out.println("\tb2="+b2);
        System.out.format("c1=0x"+ "%x ", c1);
        System.out.print("\tc1="+c1);          //按十进制值输出
        System.out.print("\td="+d);             //按十进制值输出
        System.out.print("\td1="+d1);
    }
}
```

该程序的运行结果如下：

```
    sum=6
    a1=071(八进制输出)      a1=57       a2=10       a3=0x21(十六进制输出)      a3=33
    i1=100(二进制输出)      i1=4        b1=15       b2=15
    c1=0x1e2    c1=482      d=4335      d1=1234567
```

本书约定：为调试程序方便，本书为每章建立一个项目，项目名和包名取章的英文单词 chapter 的前两个字母 ch，后跟章号。例如，第 2 章的项目名是 ch2，对应的包名也是 ch2；第 3 章的项目名是 ch3，对应的包名是 ch3，依此类推。此外，为节省篇幅，在第 2 章 C2_1.java 程序之后，书中例题如无特别说明，就不再写包的定义语句(例如：package ch2;)了，而 NetBeans IDE 的实际程序中是有的。

2. 浮点型变量

浮点型变量用来表示小数。Java 中的浮点型变量按其取值范围之不同，可区分为 float 型(浮点型)和 double 型(双精度型)两种，如表 2.8 所示。

表 2.8　浮 点 型 变 量

类型	存储需求	取 值 范 围
float	4 字节	$-3.402\ 823\ 47E+38F \sim 3.402\ 823\ 47E+38F$ (7 位有效数据)
double	8 字节	$-1.797\ 693\ 134\ 862\ 315\ 7E+308 \sim 1.797\ 693\ 134\ 862\ 315\ 7E+308$ (15 位有效数据)

浮点型变量的定义方法与整型变量的定义方法类似，区别仅在于在自己定义的变量名(标识符)前面加的 Java 系统关键字是 float、double 中的一个。例如：

```
    double   b;
    float    a1=3.4f,a2=3.4f,a3;
```

第一行声明标识符 b 为双精度(double)型变量，第二行声明标识符分别为 a1、a2、a3 的变量为浮点(float)型变量，并且 a1、a2 的初值都为 3.4。

应注意两点：第一，不能写成 float a1=a2=3.4f；第二，常量值后的 f 不可省略。

Java 还提供了代表 float 型和 double 型最小值和最大值的符号常量，见表 2.9。

表 2.9　浮点类型的特定值的符号常量表示

符　号	含　义
Float.MIN_VALUE	1.4e − 45
Float.MAX_VALUE	3.402 823 47E + 37
Float.NEGATIVE_INFINITY	小于 − 3.402 823 47E + 38
Float.POSITIVE_INFINITY	大于 Float.MAX_VALUE 的数
Double.MIN_VALUE	5e − 324
Double.MAX_VALUE	1.797 693 134 862 315 7E+308
Double.NEGATIVE_INFINITY	小于 − 1.797 693 134 862 315 7E + 308 的数
Double.POSITIVE_INFINITY	大于 Double.MAX_VALUE 的数
NaN	无意义的运算结果

【程序示例 C2_2.java】　float 型数据的输入与输出。

```
public  class  C2_2
{
    public  static  void  main(String  args[ ])
    {
        float  x,y,z;
        x=94.3f;      y=32.9f;      z=x/y;
        System.out.println(x+"/"+y+"="+z);
    }
}
```

注意：C2_2.java 中省略了包的定义语句 package ch2。后续程序也是如此，不再赘述。
该程序的运行结果如下：

```
94.3/32.9=2.8662612
```

3. 字符型变量

Java 提供的字符型变量如表 2.10 所示。

表 2.10　字 符 型 变 量

类　型	存储需求	取值范围
char	2 字节	Unicode 字符集

字符型变量的定义方法是在变量标识符前加上系统关键字"char"。例如：

```
char    c1,c2='A';
```

即声明标识符分别为 c1、c2 的变量为字符型变量，并且 c2 的初值为字符 A。

【程序示例 C2_3.java】　字符型数据的输入与输出。

```
public  class  C2_3
{
    public  static  void  main(String  args[ ])
```

```
    {    char    c1, c2, c3;             //声明变量 c1、c2、c3 为字符型变量
         c1='H';                         //在以 c1 标识的存储单元中存入字符 H
         c2='\\';                        //在以 c2 标识的存储单元中存入字符\
         c3='\115';                      //在 c3 中存入八进制数 115 代表的 ASCII 字符 M
         System.out.print(c1);           //输出字符型变量 c1 的值
         System.out.print(c2);           //输出字符型变量 c2 的值
         System.out.print(c3);           //输出字符型变量 c3 的值
    }
}
```

该程序的运行结果如下：

```
    H\M
```

4. 布尔型变量

Java 提供的布尔型变量如表 2.11 所示。

表 2.11　布 尔 型 变 量

类　　型	取 值 范 围
boolean	true 或 false

布尔型变量的定义方法是在变量标识符前加上系统关键字 boolean。例如：

```
    boolean    f1=true,  f2=false;
```

该行声明变量 f1、f2 为布尔型变量，并且 f1 取初值为 true，f2 取初值为 false。

需要指出的是，这种数据类型表示 1 位信息，但它所占存储空间的大小没有明确指定，仅定义为能够存储字面值 true 或 false。

【示例程序 C2_4.java】 布尔型数据的运算。

```
    public    class    C2_4
    {    public    static    void    main(String    args[ ])
    {    boolean    x, y, z;               //声明变量 x、y、z 为布尔型变量
         int    a=89, b=20;
         x=(a>b);                         //对布尔型变量赋值(这里涉及的关系运算请参阅表 2.15)
         y=(a!=b);                        //对布尔型变量赋值
         z=(a+b==43);                     //对布尔型变量赋值
         System.out.println("x="+x);      //输出布尔型变量的值
         System.out.println("y="+y);      //输出布尔型变量的值
         System.out.println("z="+z);      //输出布尔型变量的值
    }
}
```

该程序的运行结果如下：

```
    x=true
    y=true
    z=false
```

2.2.4　引用类型

Java 语言中除基本数据类型以外的数据类型称为引用类型。引用类型的特点是:

(1) 引用类型数据以对象的形式存在;

(2) 引用类型变量的值是某个对象的句柄,而不是对象本身;

(3) 声明引用类型变量时,系统只为该变量分配引用空间,并未创建一个具体的对象。

详细内容在本书第 3 章以后介绍。

☞　2.3　表达式和语句

表达式是用运算符把操作数(变量、常量及方法等)连接起来表达某种运算或含义的式子。表达式通常用于简单地计算或描述一个操作条件。系统在处理表达式后将根据处理结果返回一个值,该值的类型称为表达式的类型。表达式的类型由操作数和运算符的语义确定。Java 语言的运算符很丰富,因此,表达式的种类也很多。根据表达式中所使用的运算符和运算结果的不同,可以将表达式分为算术表达式、关系表达式、逻辑表达式、赋值表达式、条件表达式等。本节将逐一介绍各类表达式。

2.3.1　算术表达式

算术表达式是由算术运算符和位运算符与操作数连接组成的表达式。表达式的类型由运算符和操作数确定。算术表达式的运算与我们在中、小学学过的知识基本相同。本节只讨论算术运算符所组成的算术表达式,位运算符组成的表达式在后面单独讨论。

1. 算术运算符

算术运算符根据所需要操作数的个数,可分为双目运算符和单目运算符,见表 2.12 所示。

表 2.12　算 术 运 算 符

运算符		运算	举例	等效的运算
双目运算符	+	加法	a+b	
	−	减法	a−b	
	*	乘法	a*b	
	/	除法	a/b	
	%	取余数	a%b	
单目运算符	++	自增 1	a++ 或 ++a	a = a + 1
	——	自减 1	a—— 或 ——a	a = a − 1
	−	取反	−a	a = −a

双目运算符需要两个操作数,这两个操作数分别写在运算符的左右两边。单目运算符只需要一个操作数,它可以位于运算符的任意一侧,但是分别有不同的含义。

需要注意的是：

(1) 两个整数类型的数据做除法时，结果只保留整数部分。如 2/3 的结果为 0。

(2) 只有整数类型才能进行取余运算，其结果是两数整除后的余数。例如：9%2 的结果为 1。

(3) 自增与自减运算符只适用于变量，且变量可以位于运算符的任意一侧，但各有不同的效果。例如，下面的三条语句：

```
int   a1=2,a2=2;
int   b=(++a1)*2;   //等价于 a1 = a1 + 1; b = a1 * 2;
int   c=(a2++)*2;   //等价于 c = a2 * 2; a2 = a2 + 1;
```

尽管 a1 和 a2 的原值都为 2，但执行后 b 的值是 6，而 c 的值是 4，这是因为 ++a1 表示在使用变量 a1 之前，先使 a1 的值加 1，然后再使用其新值，即先加 1 后使用；而 a2++ 表示先使用 a2 的原值，待使用完之后，再使 a2 的值加 1，即先使用后加 1。当然，这三个语句执行完后，a1 和 a2 的值都为 3。

2. 算术运算符的优先级

所谓运算符的优先级，是指当一个表达式中出现不同的算术运算符时，执行运算的优先次序。表 2.13 列出了算术运算符的优先级。

表 2.13　算术运算符的优先级

优先级	分　组	操作符	规　　则
高　↓　低	子表达式	( )	若有多重括号，则首先计算最里面的子表达式的值；若同一级有多对括号，则从左到右计算
	单目操作符	+，−	表示正号和负号
	乘法操作符	*，/，%	若一个表达式中有多个乘法操作符，那么从左到右计算
	加法操作符	+，−	若一个表达式中有多个加法操作符，那么从左到右计算

图 2.1 为算术运算符的优先次序示例。

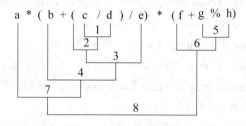

图 2.1　算术运算符的优先次序示例

在书写表达式时，应该注意以下几点：

(1) 写表达式时，若运算符的优先级记不清，可使用括号改变优先级的次序。

(2) 过长的表达式可分为几个表达式来写。

(3) 在一个表达式中最好不要连续使用两个运算符,例如 a+++b。这种写法往往使读者弄不清到底是 a+(++b),还是(a++)+b。如果一定要表达这种含义,则最好用括号进行分组或者用空隔符分隔,例如 a+ ++b。

【示例程序 C2_5.java】 ++ 和 −− 运算符的使用。

```java
public    class    C2_5
{
    public    static    void    main(String    args[])
    {
        int    x,y,z,a,b;
        a=9;
        b=2;
        x=a%b;
        y=2+ ++a;    //等价于 a=a+1; y=2+a;
        z=7+−−b;
        System.out.print("\tx="+x);
        System.out.print("\ty="+y);
        System.out.println("\tz="+z);
    }
}
```

该程序的运行结果如下:

```
x=1        y=12        z=8
```

3. 强制类型转换

强制类型转换是指当一个表达式中出现的各种变量或常量的数据类型不同时,所进行的数据类型转换(casting conversion)。Java 程序中的类型转换(不含布尔型)可分为隐式类型转换和显式类型转换两种形式。

(1) 隐式类型转换。对于由双目运算中的算术运算符组成的表达式,一般要求运算符两边的两个操作数的类型一致,如果两者的类型不一致,则系统会自动转换为较高(即取值范围较大)的类型,这便是隐式数据类型转换。根据操作数的类型,隐式转换的规则如下:

● (byte 或 short 型)与 int 型运算,转换为 int 型;
● (byte 或 short 或 int 型)与 long 型运算,转换为 long 型;
● (byte 或 short 或 int 或 long 型)与 float 型运算,转换为 float 型;
● (byte 或 short 或 int 或 long 或 float 型)与 double 型运算,转换为 double 型;
● char 型与 int 型运算,转换为 int 型。

C++ 的隐式类型转换允许"窄化转换",即允许将能容纳更多信息的数据类型转换为无法容纳这些数据的类型。例如,可以将 double 型数据赋给 int 型变量。而 Java 的隐式类型转换不允许窄化转换操作,如果要做,必须进行显式类型转换,是一种比较安全的操作。

例如:

```
int    i;
```

```
short    j=3;
float    a=5.0f;
```
则 i+j+a 的值为 float 型。

(2) 显式类型转换。隐式类型转换只能由较低类型向较高类型转换，但是在实际工作中，有时也可能需要由较高类型向较低类型转换。例如，我们在计算数值时为了保证其精度，为某些变量取了较高的数据类型(如 double 型)，但在输出时，往往只需要保留两、三位小数或者只输出整数，这时只能进行显式类型转换。显式类型转换需要人为地在表达式前面指明所需要转换的类型，系统将按这一要求把某种类型强制性地转换为指定的类型，其一般形式如下：

```
(<类型名>)<表达式>
```
例如：
```
int  i;
float    h=9.6F;
i=(int)h;
```
则 i 的值为 9。

需要注意的是：使用显式转换会导致精度下降或数据溢出，因此要谨慎使用。此外，显式类型转换是暂时的。

例如：
```
int   i=98,m;
float    h;
h=3.4F+(float)i;
m=2+i;
```
在 h=3.4F+(float)i 表达式中，通过显式类型转换将整型变量 i 的类型转换为 float 型，而在其后的表达式 m=2+i 中，i 仍为 int 型。可见，显式类型转换是暂时的。

🖫【示例程序 C2_6.java】 强制类型转换的使用。
```
public   class   C2_6
{
    public   static   void   main(String   args[ ])
    {
        int    x,y;
        x=(int)82.5;
        y=(int)'A'+(int)'b';   //等价于 65+98
        System.out.print("\tx="+x);
        System.out.println("\ty="+y);
    }
}
```
该程序的运行结果如下：
```
x=82    y=163
```

2.3.2　赋值表达式

由赋值运算符组成的表达式称为赋值表达式。

1. 赋值运算符

Java 语言中，赋值运算符是"="。赋值运算符的作用是将赋值运算符右边的数据或表达式的值赋给赋值运算符左边的变量。注意：赋值号左边必须是变量。例如：

```
double   s=6.5+45;   //将表达式 6.5+45 的值赋给变量 s
```

2. 赋值中的类型转换

在赋值表达式中，如果运算符两侧的数据类型不一致，但赋值符左边变量的数据类型较高，则系统会自动进行隐式类型转换，当然也可以人为地进行显式类型转换；如果赋值符左边变量的数据类型低于右边表达式值的类型，则必须进行显式类型转换，否则编译时会报错。例如：

```
int   a=65602;
float   b;
char   c1, c2='A';
b=a;          //正确的隐式类型转换，运算时先将 a 的值转换为 b 的类型，再赋给 b
b=c2;         //正确的隐式类型转换
c1=a;         //不正确的隐式类型转换，编译器会报错
c2=(char) a;  //正确的显式类型转换，运算时 Java 将 a 的值按 char 类型的宽度削窄
              //(抛弃高位的两个字节)再赋给 c2，使 c2 的值为字符'B'
```

3. 复合赋值运算符

在赋值运算符"="之前加上其他运算符，则构成复合赋值运算符。Java 的复合赋值运算符见表 2.14。

表 2.14　Java 中的复合赋值运算符

复合赋值运算符	举例	等效于
+=	x+=y	x=x+y
*=	x*=y	x=x*y
%=	x%=y	x=x%y
&=	x&=y	x=x&y
<<=	x<<=y	x=x<<y
>>>=	x>>>=y	x=x>>>y
–+	x–=y	x=x–y
/=	x/=y	x=x/y
^=	x^=y	x=x^y
l=	xl=y	x=xly
>>=	x>>=y	x=x>>y

【示例程序 C2_7.java】　复合赋值运算符的使用。

```java
public    class    C2_7
{
    public    static    void    main(String    args[ ])
    {
        int    x,y,z;
        x=1;
        y=2;     z=3;
        x+=y;           //等价于 x=x+y;
        y%=x;           //等价于 y=y%x;
        z/=x;           //等价于 z=z/x;
        System.out.print("\tx="+(x+=y));
        System.out.print("\ty="+y);
        System.out.println("\tz="+z);
    }
}
```

该程序的运行结果如下：

　　x=5　　y=2　　z=1

2.3.3　表达式语句

　　前已述及，计算机程序是通过语句向计算机系统发出操作指令的，而最基本的语句便是表达式语句。在 Java 程序中，只要在一个表达式的末尾加上一个分号"；"，就构成了表达式语句。最典型的例子是在一个赋值表达式的末尾加上一个分号，就可以构成赋值语句。例如：

　　　　x=8

是一个赋值表达式，而

　　　　x=8;

是一个赋值语句。

　　可见，分号是 Java 语句中不可缺少的一部分，一个语句必须在末尾带一个分号。在学习本节的同时，请读者务必区分表达式和表达式语句两个联系紧密又有区别的概念。简单地说，表达式是一个数学上的概念，而表达式语句是程序设计中的概念。

2.3.4　关系表达式

　　利用关系运算符连接的式子称为关系表达式。关系运算实际上就是我们常说的比较运算，它有 6 个运算符号，列于表 2.15 中。

　　关系运算容易理解，但需注意两点：

① 关系表达式的运算结果是一个逻辑值"真"或"假"，在 Java 中用 true 表示"真"，用 false 表示"假"；

② 注意区分等于运算符"=="和赋值运算符"="。

表 2.15　Java 中的关系运算符

运算符	含义	示例(设 x=6,y=8)	
		运算	结果
==	等于	x==y	false
!=	不等于	x!=y	true
>	大于	x>y	false
<	小于	x<y	true
>=	大于等于	x>=y	false
<=	小于等于	x<=y	true

【示例程序 C2_8.java】　关系表达式的使用。

```java
public  class  C2_8
{
    public  static  void  main(String  args[])
    {
        boolean  x,y;
        Double  a,b;
        a=12.897;
        b=345.6;
        x=(a!=b);
        y=(a==b);
        System.out.println("(a>b)="+(a>b));
        System.out.println("x="+x);
        System.out.println("y="+y);
    }
}
```

该程序的运行结果如下：

```
(a>b)=false
x=true
y=false
```

2.3.5　逻辑表达式

利用逻辑运算符将操作数连接起来的式子称为逻辑表达式，逻辑表达式的运算结果是布尔型值。逻辑运算符如表 2.16 所示。

表 2.16　Java 中的逻辑运算符

运算符	运算	举例	运 算 规 则
&	与	x&y	x、y 都为 true 时，结果为 true，其余为 false
|	或	x|y	x、y 都为 false 时，结果为 false，其余为 true
!	非	!x	x 为 true 时，结果为 false；x 为 false 时，结果为 true
^	异或	x^y	x、y 都为 true 或都为 false 时，结果为 false
&&	条件与	x&&y	x、y 都为 true 时，结果为 true，其余为 false
||	条件或	x||y	x、y 都为 false 时，结果为 false，其余为 true

注意：在执行“&”和“|”运算时，运算符左右两边的表达式首先被运算执行，然后再对两表达式的结果进行与、或运算。而利用“&&”和“||”执行操作时，如果从左边的表达式中得到的操作数能确定运算结果，就不再对右边的表达式进行运算。采用“&&”和“||”的目的是加快运算速度。

【示例程序 C2_9.java】　逻辑表达式的使用。

```
public  class   C2_9
{
    public   static   void   main(String   args[])
    {
        boolean    x,y,z,a,b;
        a='b'>'N';
        b='A'!='A';
        x=(!a);
        y=(a&&b);
        z=(a&b);
        System.out.print("\ta="+a);
        System.out.print ("\tb="+b);
        System.out.print("\tx="+x);
        System.out.print("\ty="+y);
        System.out.println("\tz="+z);
    }
}
```

该程序的运行结果如下：

```
a=true   b=false   x=false   y=false   z=false
```

2.3.6　位运算

位运算是对整数的二进制表示的每一位进行操作。位运算的操作数和结果都是整型量。位运算符如表 2.17 所示。

表 2.17　　Java 中的位运算符

运算符	含义	示例表达式	运算 规 则 (设 x=11010110，y=01011001，n=2，则运算结果见右边)	运算结果
~	位反	~x	将 x 按比特位取反，原来的 1 变为 0，原来的 0 变为 1	00101001
&	位与	x&y	x、y 的对应位均为 1 时结果为 1，其余结果为 0	01010000
|	位或	x|y	x、y 的对应位只要有 1 结果便为 1，均为 0 时结果为 0	11011111
^	位异或	x^y	x、y 的对应位只有 1 个 1 时结果为 1，其余结果为 0	10001111
<<	左移	x<<n	x 各比特位左移 n 位，右边的空位补 0	01011000
>>	右移	x>>n	x 各比特位右移 n 位，左边的空位按符号位补 0 或 1	11110101
		y>>n		00010110
>>>	无符号右移	x>>>n	x 各比特位右移 n 位，左边的空位一律补 0	00110101
		y>>>n		00010110

注：Java 的位运算通常是对 32 位二进制整数的运算，这里为了简单只列出了 8 位。

📄【示例程序 C2_10.java】　位运算的使用。

```
public  class  C2_10
{
    public  static  void  main(String  args[])
    {   int   x,y,z,a,b;
        a=22;    b=3;
        x=a>>>b;
        y=a^b;
        z=~a;
        System.out.print("\ta&b="+(a&b));
        System.out.print("\ta|b="+(a|b));
        System.out.println("\ta<<b="+(a<<b));
        System.out.print("\ta>>b="+(a>>b));
        System.out.print("\tx="+x);
        System.out.print("\ty="+y);
        System.out.println("\tz="+z);
    }
}
```

该程序的运行结果如下：

```
a&b=2     a|b=23     a<<b=176
a>>b=2    x=2        y=21  z=-23
```

2.3.7 运算符的优先级

运算符的优先级决定了表达式中不同运算执行的先后次序，优先级高的先进行运算，优先级低的后进行运算。在优先级相同的情况下，由结合性决定运算的顺序。表 2.18 中列出了 Java 运算符的优先级与结合性。

表 2.18　Java 运算符的优先级与结合性

运　算　符	描　　述	优先级		结合性
.　[]　()	域运算，数组下标，分组括号	1	最高	自左至右
++　--　-　!　~	单目运算	2	单目	右/左
new　(type)	分配空间，强制类型转换	3		自右至左
*　/　%	算术乘、除、求余运算	4	双目	自左至右 (左结合性)
+　-	算术加、减运算	5		
<<　>>　>>>	位运算	6		
<　<=　>　>=	小于、小于等于、大于、大于等于	7		
==　!=	相等、不等	8		
&	按位与	9		
^	按位异或	10		
|	按位或	11		
&&	逻辑与	12		
||	逻辑或	13		
?:	条件运算符	14	三目	自右至左 (右结合性)
=　*=　/=　%=　+= -=　<<=　>>= >>>=　&=　^=　|=	赋值运算	15	赋值 最低	

　　对于运算符的优先级，最基本的规律是：域和分组运算优先级最高，接下来依次是单目运算、双目运算、三目运算，赋值运算的优先级最低。

习 题 2

2.1　什么是标识符？Java 语言对用户自定义标识符有哪些要求？
2.2　什么是关键字？关键字与标识符有什么区别？
2.3　下列的符号中哪些不能作为 Java 程序的标识符？说明理由。
　　$98　　x7.8　　_wi　　-wi　　5ag
　　\ar　　true　　(key)　p1　　a( )
2.4　为什么要对程序做注释？在 Java 语言中如何书写注释？
2.5　什么是数据类型？为什么要将数据区分为不同的数据类型？
2.6　Java 语言中有哪些数据类型？
2.7　在下列符号中找出不属于整数常量的符号，并说明理由。

–51　　67f　　045　　0xab　　　0.75　　4.0

2.8　在下列符号中找出不属于字符常量的符号，并说明理由。

　　　'\101\'　　'\b'　　'\%'　　'\u0030'　　'+'　　N　　'\a'　　s　　'\–'

2.9　什么是变量？变量名与变量值有什么根本性区别？声明变量有什么作用？

2.10　使整型变量 x 加 1 的 Java 语句有 4 种形式，试分别写出这 4 种表示形式。

2.11　说明 "x=3+++a;" 与 "x=3+a++;" 的区别。

2.12　若 x=4、y=2，计算 z 值：

(1) z=x&y　　　　　(2) z=x|y　　　　　(3) z=x^y　　　　　(4) z=x>>y

(5) z=~x　　　　　(6) z=x<<y　　　　　(7) z=x>>>y

2.13　陈述下面 Java 语句中操作符的计算顺序，并给出运行该语句后 x 的值。

(1) x=5+3*5/3–2;

(2) x=4%4+4*4–4/4;

(3) x=(2*4*(2+(4*2/(2))–3));

2.14　假设 x 为 10、y 为 20、z 为 30，求下列布尔表达式的值。

(1) x<10 || x>10

(2) x>y && y>x

(3) (x<y+z) && (x+10<=20)

(4) z–y==x && (y–z)==x

(5) x<10 && x>10

(6) x>y || y>x

(7) !(x<y+z) || !(x+10<=20)

(8) (!(x==y)) && (x!=y) && (x<y || y<x)

2.15　什么是表达式？什么是语句？

2.16　设 z 的初始值为 3，求下列表达式运算后的 z 值。

(1) z+=z　　　　(2) z–=2　　(3) z*=2*6　　(4) z/=z+z　　(5) z+=z–=z*=z

2.17　说明在数据类型转换中，什么是隐式类型转换，什么是显式类型转换。

2.18　写出下列程序的运行结果。

```java
class   TestP{
    public   static   void   main(String   args[ ]){
        int    x=5,    y=32;
        float   a=8.6f,    b=4.0F;
        System.out.println("x="+x+"y="+y);
        System.out.println("\ta="+a+"\tb="+b);
        System.out.println("\nx+y="+x+y+"\ta*b="+a*b);
    }
}
```

2.19　试编写一个计算圆面积和圆周长的 Java Applet 程序。

程序流程控制

在上一章的示例程序中，语句是按它们的书写顺序一句接一句地执行的，这样的程序称为顺序结构程序。顺序结构程序只能解决简单的问题。本章讲述的流程控制语句，是用来控制程序的流程或走向的。使用流程控制语句，使得程序在执行时可以跳过某些语句或反复执行某些语句。编写解决复杂问题的程序时，都会用到流程控制语句。Java 的流程控制语句有三种：分支语句、循环语句和转移语句。使用分支语句编写的程序称为选择结构程序，使用循环语句编写的程序称为循环结构程序。

☞ 3.1 选择结构程序设计

Java 语言提供了两条基本的分支选择语句：if 语句和 switch 语句。用这两条语句可以形成以下三种形式的选择结构：

(1) 双分支选择结构。由 if/else 语句构成，用来判定一个条件(布尔表达式)，当条件为真(true)时执行一个操作，当条件为假(false)时执行另一个操作。

(2) 单分支选择结构。由省略了 else 的 if 语句构成，在条件为真时执行一个操作，在条件为假时则跳过该操作。

(3) 多分支选择结构。由 switch 语句构成，根据表达式的值来决定执行许多不同操作中的某一个操作。当然，使用嵌套的 if 语句也可以实现多分支选择结构。

3.1.1 if 语句

if 语句是构造分支选择结构程序的基本语句。使用 if 语句的基本形式，可构造双分支选择结构程序；使用省略了 else 的 if 语句可构造单分支选择结构程序；使用嵌套的 if 语句可构造多分支选择结构程序。下面分别讲述这几种形式。

1. if 语句的基本形式

if 语句的基本形式如下：

```
if(布尔表达式)
    语句区块 1
else
    语句区块 2
```

其执行流程如图 3.1 所示。

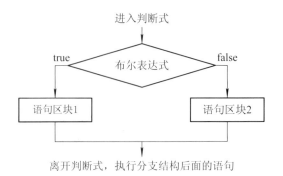

图 3.1　if 语句的基本形式

说明：

(1) 这里的"布尔表达式"为关系表达式或逻辑表达式(下同)。

(2) "语句区块"是指一条语句或多条语句。当为多条语句时，一定要用一对花括号("{"和"}")将其括起，使之成为一条复合语句。例如，在下面程序的 if 语句中，关系表达式 grade>=60 为 true 时，执行"语句区块 1"，它由两条语句构成，所以使用了一对花括号使其构成一条复合语句，否则，编译时会指出语法错误；而当关系表达式 grade>=60 为 false 时，执行"语句区块 2"，它只有一条语句，所以可以省去花括号。

【示例程序 C3_1.java】　判断给出的一个成绩，输出"通过"或"不及格"。

```java
public  class  C3_1
{ public  static  void  main(String[ ]  args)
  {
      int   grade;
      grade=86;   //读者在调试时也可赋一个小于 60 的成绩试试看
      /* 此处最好使用一个数据输入语句。但 Java 从键盘读取整数或浮点数时要使用类、对象、
         方法等知识。限于我们目前所学，此处用了一个赋值语句，待读者学习了第 4 章后，可
         对该程序进行相应的修改，使其适用于各种情况 */
      if(grade>=60)
      {
          System.out.print("通过，成绩是：");
          System.out.println(grade);
      }
      else
          System.out.println("不及格");
  }
}
```

该程序的运行结果如下：

通过，成绩是：86

请注意该程序的缩进格式。这种缩进格式虽然不是必须的，但由于它突出了程序的结

构，大大提高了程序的清晰度和可读性，故国际上提倡和推荐这种程序书写风格。

⊞【示例程序 C3_2.java】　比较两个数的大小。

```java
import    java.applet.Applet;
import    java.awt.Graphics;
public    class    C3_2    extends    Applet
{
    public    void    paint(Graphics    g)
    {
        double    d1=43.4;
        double    d2=85.3;
        if(d1>=d2)
            g.drawString(d1+" >= "+d2,25,25);
        else
            g.drawString(d1+" < "+d2,25,25);
    }
}
```

该程序的运行结果如下：

```
43.4<85.3
```

2. 省略了 else 子句的 if 语句

在 if 语句中，可以省略 else 子句以形成单分支结构。其形式如下：

```
if(布尔表达式)语句区块
```

其执行流程如图 3.2 所示。

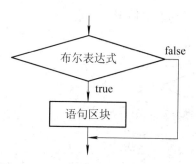

图 3.2　if 语句中省略了 else 子句的形式

⊞【示例程序 C3_3.java】　判断给出的一个成绩，当成绩小于 60 时，输出"未通过"及具体成绩，其他情况时什么也不输出。

```java
public    class    C3_3
{ public    static    void    main(String[ ]    args)
    {
        int    grade;
        grade=56;          //读者在调试时也可赋一个等于或大于 60 的成绩试试看
        if(grade<60)
```

```
        {   System.out.print("未通过, 成绩是: ");
            System.out.println(grade);
        }
      }
    }
```

该程序的运行结果如下:

　　未通过, 成绩是: 56

3. if 语句的嵌套

在实际问题中, 往往并不是由一个简单的条件就可以决定执行某些操作, 而是需要由若干个条件来决定执行若干个不同的操作。例如, 将百分制转换为 5 分制的问题就是一个典型代表。Java 语言对于这一类问题提供了多种处理方法: 可以用逻辑运算符构成复杂的布尔表达式, 也可以在 if 语句中嵌套 if 语句, 还可以使用 switch 语句。这里主要讨论嵌套的 if 语句。

读者也许已经注意到, 在 if 语句中的"语句区块"可以是任何合法的 Java 语句, 当然也包括 if 语句本身。因此, 如果在 if 语句的"语句区块"中仍然是 if 语句, 则构成 if 语句的嵌套结构, 从而形成多分支选择结构的程序。当然, if 语句既可以嵌套在 if 语句后, 也可以嵌套在 else 语句后, 其形式如下:

```
if(布尔表达式 1)语句区块 1
else  if(布尔表达式 2)语句区块 2
       else  if(布尔表达式 3)语句区块 3
                   ⋮
              else  语句区块 n+1
```

图 3.3 展示了嵌套在 else 语句后的情形。

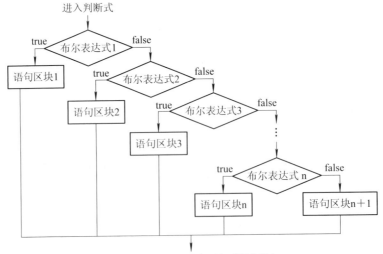

图 3.3　if 嵌套结构的一种形式

🖫【示例程序 C3_4.java】　使用 if 嵌套将百分制转换为 5 分制。

```
public   class   C3_4
{
    public   static   void   main(String[ ]   args)
    {
        int    grade=76;
        if(grade>=90)System.out.println("成绩:优");
        else if(grade>=80)System.out.println("成绩:良");
            else if(grade>=70)System.out.println("成绩:中等");
                else if(grade>=60)System.out.println("成绩:及格");
                    else System.out.println("成绩:不及格");
    }
}
```

该程序的运行结果如下：

　　成绩: 中等

4. 使用 if 嵌套时的注意事项

(1) Java 编译器将 else 与离它最近的 if 组合在一起，除非用花括号"{ }"才能指定不同的匹配方式。例如，某编程者的意图是当 x 和 y 都大于 6 时，输出"设备正常"的信息；而当 x 不大于 6 时，输出"设备出错"的信息。为此，他写出了如下所示的程序。

🖫【示例程序 C3_5.java】　if 嵌套的使用。

```
public   class   C3_5
{
    public   static   void   main(String[ ]   args)
    {
        int    x,y;
        x=3;y=14;
        if(x>6)
          if(y>6)
                System.out.println("设备正常");
        else
          System.out.println("设备出错");
    }
}
```

该程序在执行时，只有当 x>6 且 y≤6 时才输出"设备出错"的信息，而当 x 不大于 6 时什么信息也不输出。这是因为该程序中有两个 if 而只有一个 else，这时，这个 else 将与离它最近的 if 配对，而与书写中的对齐方式无关。实际上，该程序的 if 嵌套结构图如图 3.4 所示，且由于 x=3，故程序运行后没有输出，与编程者的意图相悖。如果希望 if 嵌套按

编程者的意图执行，则必须用花括号将内嵌的 if 结构括起来，即写为

```
if(x>6)
{   if(y>6)
        System.out.println("设备正常");
}
else
        System.out.println("设备出错");
```

这样的 if 嵌套结构图如图 3.5 所示。用花括号将第二个 if 结构括起，即可向编译器表明它是一个省略了 else 的 if 语句，而程序中的 else 与第一个 if 结构相对应。

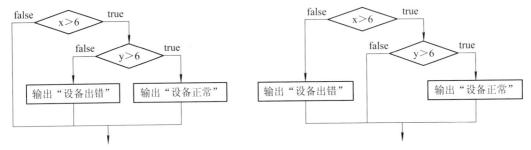

图 3.4　程序 C3_5 的 if 嵌套结构图　　　　图 3.5　程序 C3_5 改写后的 if 嵌套结构图

(2) 在嵌套的 if 语句中，同样要注意每个"语句区块"只能是"一个语句或一个复合语句"，当"语句区块"中包含多条语句时，必须用花括号将这些语句括起来，使其构成一条复合语句，否则会导致语法错误或输出错误。例如，下面两个程序片段中左侧的嵌套 if 语句在 x>6 时，不论 y 的值如何，总会执行第二条输出语句；而右侧的嵌套 if 语句只有当 x 和 y 都大于 6 时，才执行两条输出语句，否则，一条输出语句也不执行。这两个程序片段的 if 嵌套结构如图 3.6 所示。

```
if(x>6)                              if(x>6)
{   if(y>6)                            if(y>6)
        System.out.print("x="+x);       {   System.out.print("x="+x);
        System.out.print("y="+y);           System.out.print("y="+y);
}                                        }
```

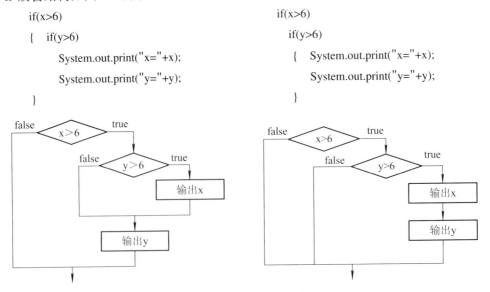

图 3.6　上述两个程序片段的 if 嵌套结构

3.1.2　switch 语句

当要从多个分支中选择一个分支去执行时，虽然可用 if 嵌套语句来解决，但当嵌套层数较多时，程序的可读性大大降低。Java 提供的 switch 语句可清楚地处理多分支选择问题。switch 语句根据表达式的值来执行多个操作中的一个，其格式如下：

```
        switch(表达式)
        {       case    值 1：语句区块 1；break；        //分支 1
                case    值 2：语句区块 2；break；        //分支 2
                        ⋮
                case    值 n：语句区块 n；break；        //分支 n
                [ default ：      语句区块 n+1；]        //分支 n+1
        }
```

switch 语句的执行流程如图 3.7 所示。

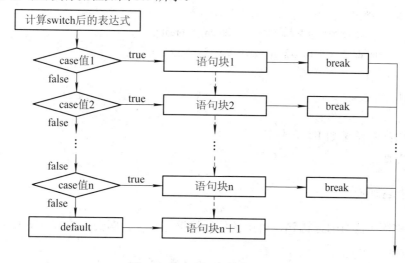

图 3.7　switch 语句的执行流程

说明：

(1) switch 后面表达式的类型可以是 byte、char、short 和 int(不允许是浮点数类型和 long 型)。

(2) case 后面的值 1、值 2、…、值 n 是与表达式类型相同的常量，但它们之间的值应各不相同，否则就会出现相互矛盾的情况。case 后面的语句块可以不用花括号括起。

(3) default 语句可以省去不要。

(4) 当表达式的值与某个 case 后面的常量值相等时，就执行此 case 后面的语句块。

(5) 若去掉 break 语句，则执行完第一个匹配 case 后的语句块后，会继续执行其余 case 后的语句块，而不管这些语句块前的 case 值是否匹配。

🖫【示例程序 C3_6.java】 判断成绩等级。

```
    import    java.applet.Applet;
    import    java.awt.Graphics;
```

```
public class   C3_6   extends   Applet
{
    public   void   paint(Graphics   g)
    { int   k;
        int   grade=86;
        k=grade/10;
        switch(k) {
          case 10:
          case 9:
            g.drawString("成绩:优",25,25);   break;
          case 8:
          case 7:
            g.drawString("成绩:良",25,25);   break;
          case 6:
            g.drawString("成绩:及格。",25,25);   break;
          default:   g.drawString("成绩:不及格。",25,25);
        }
    }
}
```

该程序的运行结果如下:

成绩:良

3.1.3　条件运算符

对于一些简单的 **if/else** 语句,可用条件运算符来替代。例如,若有以下 if 语句:

if (x>y)   m=x;

else   m=y;

则可用下面的条件运算符来替代:

m=(x>y)? x ： y

其中,"? ："被称为条件运算符;"(x>y)？ x ： y"被称为条件表达式。条件表达式的语义是：若(x>y)条件为 true,则表达式的值取 x 的值,否则表达式的值取 y 的值。条件表达式的一般形式为:

布尔表达式 1? 表达式 2 ： 表达式 3

在条件表达式中:

(1) 表达式 2 和表达式 3 的类型必须相同。

(2) 条件运算符的执行顺序是：先求解表达式 1,若值为 true 则执行表达式 2,此时表达式 2 的值将作为整个条件表达式的值;否则求解表达式 3,此时表达式 3 的值将作为整个条件表达式的值。

在实际应用中,常常将条件运算符与赋值运算符结合起来,构成赋值表达式,以替代比较简单的 if/else 语句。条件运算符的优先级高于赋值运算符，因此，其结合方向为"自右至左"。

🔲【示例程序 C3_7.java】 条件运算符的使用。

```java
public    class    C3_7
{
    public   static   void   main(String   args[ ])
    {  int   x,y,z,a,b;
        a=1;
        b=2;
        x=(a>b) ? a : b;
        y=(a!=b) ? a : b;
        z=(a<b) ? a : b;
        System.out.print("\tx="+x);
        System.out.print("\ty="+y);
        System.out.println("\tz="+z);
    }
}
```

该程序的运行结果如下：

```
x=2   y=1   z=1
```

☞ 3.2 循环结构程序设计

循环语句的作用是反复执行一段程序代码，直到满足终止条件为止。Java 语言提供的循环语句有 while 语句、do-while 语句和 for 语句。这些循环语句各有其特点，用户可根据不同的需要选择使用。

3.2.1 while 语句

while 语句的一般格式为：

```
while(布尔表达式)
{
        循环体语句区块
}
```

while 语句中各个成分的执行次序是：先判断布尔表达式的值，若值为假，则跳过循环体，执行循环体后面的语句；若布尔表达式的值为 true，则执行循环体中的语句区块，然后再回去判断布尔表达式的值，如此反复，直至布尔表达式的值为 false，跳出 while 循环体为止。其执行流程如图 3.8 所示。

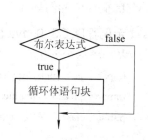

图 3.8 while 语句的执行流程

📖【示例程序 C3_8.java】 打印数字 1～5。

```java
public  class  C3_8
{
    public  static  void  main(String[]  args)
    {   int   counter=1;           //循环变量及其初始值
        while(counter<=5)          //循环条件
        {  System.out.println("counter="+counter);
            counter++;             //循环变量增值
        }
    }
}
```

该程序的运行结果如下：

```
counter=1
counter=2
counter=3
counter=4
counter=5
```

3.2.2　do-while 语句

do-while 语句的一般格式为：

```
do{
        循环体语句区块
    }while(布尔表达式)
```

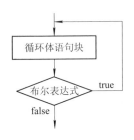

图 3.9　do-while 语句的执行流程

do-while 语句中各个成分的执行次序是：先执行一次循环体语句区块，然后再判断布尔表达式的值，若值为 false，则跳出 do-while 循环，执行后面的语句；若值为 true，则再次执行循环体语句区块。如此反复，直到布尔表达式的值为 false，跳出 do-while 循环为止。其执行流程如图 3.9 所示。

do-while 循环语句与 while 循环语句的区别仅在于 do-while 循环中的循环体至少执行一次，而 while 循环中的循环体可能一次也不执行。

📖【示例程序 C3_9.java】 计算从 1 开始的连续 n 个自然数之和，当其和值刚好超过 100 时结束，求这个 n 值。

```java
import  java.applet.Applet;
import  java.awt.Graphics;
public  class  C3_9  extends  Applet
{
    public  void  paint(Graphics  g)
```

```
    {
        int   n=0;                     //计数器变量
        int   sum=0;                   //循环变量及其初始值
        do{
            n++;                       //计数器变量增 1
            sum+=n;                    //循环变量增值
        }while(sum<=100);              //循环条件
        g.drawString("sum="+sum,25,25);
        g.drawString("n="+n,100,25);
    }
}
```

该程序的运行结果如下：

```
    sum=105      n=14
```

3.2.3　for 语句

for 语句的一般格式为：

```
    for(初值表达式；布尔表达式；循环过程表达式)
    {
        循环体程序语句区块
    }
```

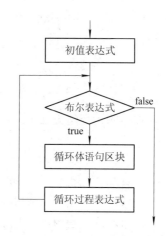

图 3.10　for 语句的执行流程

其中："初值表达式"对循环变量赋初值；"布尔表达式"用来判断循环是否继续进行；"循环过程表达式"完成修改循环变量、改变循环条件的任务。

for 语句的执行流程见图 3.10。其执行过程是：

(1) 求解初值表达式。

(2) 求解布尔表达式，若值为真，则执行循环体语句区块，然后再执行第(3)步；若值为假，则跳出循环语句。

(3) 求解循环过程表达式，然后转去执行第(2)步。

🖦 【示例程序 C3_10.java】　求自然数 1～100 之间所有奇数之和。

```
    public   class   C3_10
    {   public   static   void   main(String[]   args)
        {   int   sum=0,odd;
            for(odd=1;odd<=100;odd+=2)
                {   sum +=odd;   }
            System.out.println("sum="+sum+"    odd="+odd);
        }
    }
```

该程序的运行结果如下：

sum=2500　　odd=101

请考虑输出的 odd 值为什么是 101，而不是 99，sum 的输出值中是否加上了 101。

【示例程序 C3_11.java】　求解 Fibonacci 数列 1,1,2,3,5,8,…的前 36 个数。

分析该数列可以得到构造该数列的递推关系是：

$$\begin{cases} F_1 = 1 & (n = 1) \\ F_2 = 1 & (n = 2) \\ F_n = F_{n-1} + F_{n-2} & (n \geqslant 3) \end{cases}$$

将其写成如下的 Java 程序：

```
public   class   C3_11
{   public   static   void   main(String[ ]   args)
    {
        int   f1=1, f2=1;               // f1 为第一项，即奇位项；f2 为第二项，即偶位项
        for( int   i=1;   i<38/2;   i++)
        {
            System.out.print("\t"+f1+"\t"+f2);       //每次输出两项
            if(i%2==0)System.out.println("\n");       //每输出两次共 4 项后换行
            f1=f1+f2;                 //计算下一个奇位项
            f2=f2+f1;                 //计算下一个偶位项
        }
    }
}
```

该程序的运行结果如下：

1	1	2	3
5	8	13	21
34	55	89	144
233	377	610	987
1597	2584	4181	6765
10946	17711	28657	46368
75025	121393	196418	317811
514229	832040	1346269	2178309
3524578	5702887	9227465	14930352

3.2.4　for 语句头的变化与逗号运算符

　　需要注意的是，在 for 语句中，for 头的构件——括号内的三个表达式，均可省略，但两个分号不可省略。当在 for 头的构件中省略了任何一个表达式时，应该注意将其写在程序中的其他位置，否则会出现"死循环"等问题。请读者务必牢记，如果不是万不得已，最好不要使用省略表达式的形式，因为使用省略表达式的形式实际上已经失去了使用 for 语句的意义。下面通过一个例子来说明省略这些表达式时的情况。

【示例程序 C3_12.java】 编写求解 $\sum\limits_{n=1}^{10} n$(即 $1+2+3+\cdots+9+10$)的程序。

```java
public   class   C3_12
{
    public   static   void   main(String[ ]   args)
    {   int   i=1;                //初值表达式写在循环语句之前
        int   sum=0;
        for(;;)                   //for 头的三个构件全部省略
        {   sum +=i++;            //循环过程表达式 i++ 写在了循环体内
            if(i>10) break;       //布尔表达式写在了循环体内的 if 语句中
        }
        System.out.println("sum="+sum);
    }
}
```

该程序的运行结果如下：

sum=55

此外，在 for 语句头的构件中，"初值表达式"和"循环过程表达式"中还可以使用逗号运算符。这也是 Java 中唯一使用逗号运算符的地方。

【示例程序 C3_13.java】 在 for 循环的初值表达式中使用逗号运算符。

```java
public   class   C3_13
{
    public   static   void   main(String[ ]   args)
    {   int   i,sum;
        for(i=1,sum=0;i<=10;i++)   //初值表达式中使用了逗号运算符
            sum+=i;
        System.out.println("sum="+sum);
    }
}
```

该程序的运行结果如下：

sum=55

【示例程序 C3_14.java】 在"初值表达式"和"循环过程表达式"中都使用了逗号运算符，且省略了"布尔表达式"的情况。

```java
public   class   C3_14
{   public   static   void   main(String[ ]   args)
    {   int   i,sum;
        //下面的 for 循环中省略了布尔表达式，其余位置使用了逗号运算符
        for(i=1,sum=0;   ; i++,sum+=i)
            if(i>10)break;   //循环体改成了判定跳转语句
```

```
        System.out.println("sum="+sum);
    }
}
```
该程序的运行结果如下：

    sum=65

3.2.5　循环语句比较

前面通过示例程序讲述了三种循环语句的用法。一般情况下，Java 系统提供的三种循环语句是可以相互替代的，尤其是对于那些确切地知道所需执行次数的循环。然而，由于 for 语句头中包含了控制循环所需要的各个构件，因此，对于同样的问题，使用 for 循环编写的程序最简洁清晰。如果读者将求自然数 1～10 之和的问题分别用三种循环结构写出，就可以清楚地看到这一事实。对于那些只知道某些语句要反复执行多次(至少执行一次)，但不知道确切执行次数的问题，使用 do-while 循环会使程序更清晰。对于那种某些语句可能要反复执行多次，也可能一次都不执行的问题，使用 while 循环当然是最好了。

3.2.6　循环控制要点

进行循环控制主要有两种办法，一种是用计数器控制循环，另一种是用标记控制循环。大多数循环结构程序是利用计数器的原理来控制的。设计计数器控制循环的程序，需要把握下面几个要点：

(1) 循环控制变量(或循环计数器)的名字，即循环变量名。

(2) 循环控制变量的初始值。

(3) 每执行一次循环，循环控制变量的增量(或减量)。

(4) 测试循环控制变量的终值条件(即是否继续进行循环)。

通过仔细分析前面的示例程序可以看出，用三种不同的循环语句编写的程序都具有上述四个方面的内容，其中以 for 语句最为典型，它把所有这些构件都放在了 for 语句头中，图 3.11 明确地指出了这些方面。

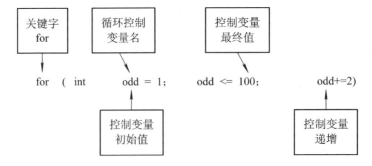

图 3.11　一个典型 for 语句头的组成构件

用标记控制循环主要适用于那些事先无法知道循环次数的事务处理。例如统计选票就是这样一类问题，只知道有许多人参加投票，但不能确切地知道选票数。在这种情况下可以使用一个叫做标记值的特殊值作为"数据输入结束"的标志，当用户将所有合法的数据都输入之后，可以输入这个标记值，表示最后一个数据已经输入完了。循环控制语句得到这个标记值后，结束循环。标记控制循环通常也称做不确定循环，因为在循环开始执行之前并不知道循环的次数。下面的程序使用"#"作为循环控制标记。

　　■【示例程序 C3_15.java】　设有李、王、张三人竞选领导，由群众投票表决，试设计一个统计选票的程序。

```java
import   java.io.BufferedReader;
import   java.io.IOException;
import   java.io.InputStreamReader;
public   class   C3_15
{ public   static   void   main(String[ ]   args) throws   IOException
  {
    BufferedReader keyin=new BufferedReader(new InputStreamReader(System.in));
    //上面一条语句是有关键盘输入数据流的处理，字符在各对象之间的流动过程如图 3.12 所示
    int    Ltotal=0,Wtotal=0,Ztotal=0;
    char    name;
    String   c1;
    System.out.print("enter letter L or W or Z name, # to end:");
    c1=keyin.readLine( );            //从键盘上读取一个字符串赋给 c1
    name=c1.charAt(0);              // charAt(0)是从一个字符串中截取第 0 个字符的方法
    while(name!='#')
    {
        switch(name)
        {
          case 'L':
          case 'l':                //李姓人的得票，列出两个 case 分别处理大、小写字母
              Ltotal=Ltotal+1; break;
          case 'W':
          case 'w':                //王姓人的得票
             Wtotal=Wtotal+1; break;
          case 'Z':
          case 'z':                //张姓人的得票
             Ztotal=Ztotal+1; break;
        }                         // switch 语句结束
        System.out.print("enter letter L or W or Z name ,# to end:");
        c1=keyin.readLine( );
        name=c1.charAt(0);
    }                             // while 循环结束
    System.out.println(" Ltotal="+Ltotal);
```

```
        System.out.println(" Wtotal="+Wtotal);
        System.out.println(" Ztotal="+Ztotal);
      }
  }
```

该程序运行时，可在 NetBeans IDE 的"输出"窗口中通过键盘输入数据，输入过程及运行结果如图 3.12 所示。

图 3.12　程序 C3_15 的运行结果

图 3.13 显示了从键盘输入直到最后一个对象得到一个字符，字符在 4 个对象之间的流动过程。这 4 个对象是 System.in、InputStreamReader 的对象(无名对象)、keyin 和 c1。除了对象 c1，其他 3 个对象都被画成了一个管道的形状，它们在系统中负责传递字节和字符。这些对象被称做流对象，数据在它们当中按照一定的顺序流动。InputStreamReader 的对象(无名对象)负责从键盘读入字节数据，这里读入了 4 个字节。对象 keyin 把无名对象的每个字节都转换成 char 类型的值。对象 keyin 的 readLine( )方法把换行符(/n)以前的所有字符都拷贝到 c1 字符串对象中，最后，对象 c1 的成员方法 charAt( )从字符串中取出第一个字符赋给 name 变量。

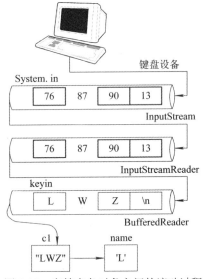

图 3.13　字符在各对象之间的流动过程

3.2.7　循环嵌套

循环嵌套是指在循环体内包含有循环语句的情形。Java 语言提供的三种循环结构可以自身嵌套，也可以相互嵌套。循环嵌套时应该注意的是：无论哪种嵌套关系都必须保证每一个循环结构的完整性，不能出现交叉。

下面几种循环嵌套都是合法的形式。

第一种：
```
while( )      //外循环开始
{
    while( )     //内循环开始
    {    }   //内循环结束
}            //外循环结束
```

第二种：
```
for( ;   ; )      //外循环开始
{
    for( ; ; )   //内循环开始
    {    } //内循环结束
}            //外循环结束
```

第三种：
```
do //外循环开始
{
    do         //内循环开始
    {
    }while( );  //内循环结束
}while( );       //外循环结束
```

第四种：
```
for(; ;)        //外循环开始
{
    while( )    //内循环开始
    {    } //内循环结束
}            //外循环结束
```

第五种：
```
while( )
{
    do
    {

    }while( );
}
```

第六种：
```
do
{

    for(; ;)
    {    }

} while( );
```

【示例程序 C3_16.java】 编程打印三角形数字图案。

```java
public    class C3_16
{   public   static   void   main(String[]   args)
    {   for(int   i=1;i<=10;i++)            //外层 for 循环
        {
            for(int    j=1;j<=11−i;j++)        //内嵌 for 循环
                System.out.print(" ");        //内嵌 for 循环的循环体
            for(int    j=1;j<=i;j++)          //并列的内嵌 for 循环
            {
                if(i>=10)    System.out.print(+i+" ");
                else            System.out.print(+i+"   ");
            }                                //并列的内嵌 for 循环结束
            System.out.println(" ");
        }                                    //外层 for 循环结束
    }
}
```

该程序的运行结果如下：

```
                    1
                  2  2
                3  3  3
              4  4  4  4
            5  5  5  5  5
          6  6  6  6  6  6
        7  7  7  7  7  7  7
      8  8  8  8  8  8  8  8
    9  9  9  9  9  9  9  9  9
 10 10 10 10 10 10 10 10 10 10
```

【示例程序 C3_17.java】 编写求解 $\sum_{n=1}^{8} n!$ (即 $1!+2!+3!+\cdots+7!+8!$)的程序。

```java
public class C3_17
{   public static void main(String[] args)
    {   int n=1,m,s,k=0;
        while(n<=8)
        {   for(s=1,m=1;m<=n;m++)
                s=s*m;              //计算 n!，结果存于 s 中
            k=k+s;                  //计算前 n 项阶乘之和，结果存于 k 中
            System.out.println(n+"!="+s+"  k="+k);
            n++;
        }
    }
}
```

该程序的运行结果如下：

```
1!=1      k=1
2!=2      k=3
3!=6      k=9
4!=24     k=33
5!=120    k=153
6!=720    k=873
7!=5040   k=5913
8!=40320  k=46233
```

☞ 3.3 break 和 continue 语句

Java 语言提供了 4 种转移语句：break、continue、return 和 throw。转移语句的功能是改变程序的执行流程。本节只介绍 break 和 continue 两个转移语句。break 语句可以独立使

用，而 continue 语句只能用在循环结构的循环体中。

3.3.1　break 语句

break 语句通常有不带标号和带标号两种形式：

　　break；

　　break　lab；

其中：break 是关键字，lab 是用户定义的标号。

break 语句虽然可以独立使用，但通常主要用于 switch 结构和循环结构中，控制程序的执行流程转移。break 语句的应用有下列三种情况：

(1) break 语句用在 switch 语句中，其作用是强制退出 switch 结构，执行 switch 结构后的语句。这一功能已在 3.1.2 节中陈述过。

(2) break 语句用在单层循环结构的循环体中，其作用是强制退出循环结构，如图 3.14 所示。若程序中有内外两重循环，而 break 语句写在内循环中，则执行 break 语句只能退出内循环，而不能退出外循环。若想要退出外循环，可使用带标号的 break 语句。

(3) break lab 语句用在循环语句中(必须在外循环入口语句的前方写上 lab 标号)，可使程序流程退出标号所指明的外循环，如图 3.15 所示。

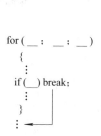
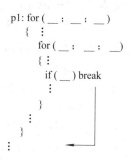

图 3.14　break 语句在单循环中的执行流程　　　　图 3.15　break 语句在双循环中的执行流程

【示例程序 C3_18.java】　求 1～100 间的素数。

素数也称为质数，是不能被从 2 开始到比它自身小 1 的任何正整数整除的自然数，如 3、5、7 等都是素数。解决该问题的算法可用伪代码描述如下：

(1) 构造外循环得到一个 1～100 之间的数 i，为减少循环次数，可跳过所有偶数；

(2) 构造内循环得到一个 2～$\sqrt{i}$ 之间的数 j，考察 i 是否能被 j 整除，若能整除则 i 不是素数，结束内循环；

(3) 内循环结束后判断 j 是否大于等于 m+1，若是，则 i 必为素数，打印输出之；否则，再次进行外循环。

将上述伪代码写成 Java 程序如下：

```
public  class  C3_18
{ public  static  void  main(String[]  args)
    {  int  n=0,m,j,i;
        for(i=3;i<=100;i+=2)                    //外层循环
```

```
    {   m=(int)Math.sqrt((double)i);
        for(j=2;j<=m;j++)                        //内嵌循环
          if((i%j)==0)   break;                  //内嵌循环结束
        if(j>=m+1)
        {
            if(n%6==0)System.out.println("\n");   //换行控制
            System.out.print(i+"   ");   n++;
        }
    }                                            //外层循环结束
  }
}
```

该程序的运行结果如下：

```
3    5    7    11   13   17
19   23   29   31   37   41
43   47   53   59   61   67
71   73   79   83   89   97
```

【示例程序 C3_19.java】 求自然数 1～50 间的素数。

解此题可改写示例程序 C3_18.java，外循环控制仍是 1～100，但当外循环执行到第 51 次时，在内循环中利用带标号的 break 语句使其终止。

```
public   class   C3_19
{   public   static   void   main(String[ ]   args)
  {   int   n=0,m,j,i;
      p1: for(i=3;i<=100;i+=2)              //外层循环，前面有标号 p1
      {   m=(int)Math.sqrt((double)i);
          for(j=2;j<=m;j++)                 //内嵌循环
          {   if((i%j)==0)break;
              if(i==51)break p1;            //条件成立时结束由标号 p1 所指明的循环
          }                                 //内嵌循环结束
          if(j>=m+1)
          {   if(n%6==0) System.out.println("\n");
              System.out.print(i+"   ");   n++;
          }
      }                                     //外循环结束
  }
}
```

该程序的运行结果如下：

```
3    5    7    11   13   17
19   23   29   31   37   41
43   47
```

3.3.2　continue 语句

continue 语句只能用于循环结构中，其作用是使循环短路。它有下述两种形式：

```
continue;
continue  lab;
```

其中：continue 是关键字，lab 为标号。

(1) continue 语句也称为循环的短路语句。在循环结构中，当程序执行到 continue 语句时就返回到循环的入口处，执行下一次循环，而使循环体内写在 continue 语句后的语句不执行。

(2) 当程序中有嵌套的多层循环时，为从内循环跳到外循环，可使用带标号的 continue lab 语句。此时应在外循环的入口语句前方加上标号。

【示例程序 C3_20.java】　使用 continue 语句改写示例程序 C3_16.java。

```java
public   class   C3_20
{
    public   static   void   main(String[ ]   args)
    {   int   j;
        p1: for(int    i=1;i<=10;i++)
        {   j=1;
            while(j<=11−i)
            {  System.out.print(" ");   j++;   }
            for(j=1;j<=i;j++)
            {   if(i==3) continue;        //当 i=3 时，不论 j 为何值，均不执行后面的两条语句
                if(j==9) continue p1;     //当 j=9 时，跳到外循环入口处
                System.out.print(+i+"   ");
            }
            System.out.println(" ");
        }
    }
}
```

该程序的运行结果如下：

```
                1
               2  2


            4  4  4  4
           5  5  5  5  5
          6  6  6  6  6  6
         7  7  7  7  7  7  7
        8  8  8  8  8  8  8  8
       9  9  9  9  9  9  9  9  9   10 10 10 10 10 10 10 10
```

请将此程序的运行结果与示例程序 C3_16.java 的执行结果比较，注意第三行与最后一行的变化。

习 题 3

3.1 下列 3 条语句中哪两条是等价的？

(1) if(a==b)

　　if(c==d)a=1;

　　　else　b=1;

(2) if(a==b)

　　{ if(c==d)a=1；}

　　　else b=1;

(3) if(a==b)

　　{if(c==d)a=1;

　　else b=1；}

3.2 在使用 switch 语句时应该注意哪些问题？

3.3 根据下列函数写一程序，给定 x 值，输出 y 值：

$$y=\begin{cases} x & (x<1) \\ 3x-2 & (1 \leqslant x<10) \\ 4x & (x \geqslant 10) \end{cases}$$

3.4 利用嵌套的 if 语句表示下列 switch 语句。

```
switch(grade)
{
    case    7:
    case    6:      a=11;
                    b=22;
                    break;
    case    5:      a=33;
                    b=44;
                    break;
    default:        a=55;
                    break;
}
```

3.5 说明 while 与 do-while 语句的差异。

3.6 读下面程序写出执行结果。

```
for(k=1;k<=5;k++)
    { if(k>4)break;
        System.out.println("k="+k);}
```

3.7 编程序，求 $\sum_{k=1}^{10} k^2$ 的值。

3.8　指出下列循环语句中的错误(包括死循环)。

(1) for(int i=1.0;i<=2.0;i+=0.1)

　　{ x=y;　a=b;}

(2) while(x==y);

　　{ x=y;　a=b;}

(3) for(int i=10;i>0;i++)

　　{x=y;　a=b;}

(4) while(x<1 && x>10)

　　{a=b; }

3.9　编写一个程序：输入 3 个数，将它们按从大到小的顺序输出。

3.10　分别用三种循环结构编写程序，求自然数 1～50 之和。

3.11　编写程序，求 $1+3+7+15+31+\cdots+(2^{20}-1)$ 的值。

3.12　已知 $S=1-\dfrac{1}{2}+\dfrac{1}{3}-\dfrac{1}{4}+\cdots+\dfrac{1}{n-1}-\dfrac{1}{n}$，试编写程序求解 n =100 时的 S 值。

3.13　编写输出如下图形的程序。

```
(1) #                    (2) * * * * *        (3)       $
    ##                       * * * *               $ $ $
    ###                      * * *              $ $ $ $ $
    ####                     * *                   $ $ $
    #####                    *                       $
```

3.14　编写输出"九九乘法口诀表"的程序。

类 与 对 象

人类在认识世界的漫长历史中，面对包罗万象、错综复杂的大千世界，形成了一些控制研究对象复杂性的原则，并运用这些原则来简化问题的复杂性，从而对客观世界产生了正确的、简明扼要的认识。这些原则主要有分类、抽象、封装和继承等。面向对象的方法论之所以具有强大的生命力，主要原因是它较全面地运用了这些原则。通过本章的学习，我们会看到，在一个面向对象的系统中：

- 对象是对现实世界中事物的抽象，是 Java 程序的基本封装单位，是类的实例；
- 类是对象的抽象，是数据和操作的封装体；
- 属性是事物静态特征的抽象，在程序中用数据成员加以描述；
- 操作是事物动态特征的抽象，在程序中用成员方法来实现。

☞ 4.1 类与对象的概念

程序设计所面对的问题域——客观世界，是由许多事物构成的，这些事物既可以是有形的(比如一辆汽车)，也可以是无形的(比如一次会议)。在面向对象的程序设计中，客观世界中的事物映射为对象。对象是面向对象程序设计中用来描述客观事物的基本单位。客观世界中的许多对象，无论其属性还是其行为常常有许多共同性，抽象出这些对象的共同性便可以构成类。所以，类是对象的抽象和归纳，对象是类的实例。

4.1.1 抽象原则

所谓抽象(abstraction)，就是从被研究对象中舍弃个别的、非本质的，或与研究主旨无关的次要特征，而抽取与研究工作有关的实质性内容加以考察，形成对所研究问题正确的、简明扼要的认识。例如，"马"就是一个抽象的概念，实际上没有任何两匹马是完全相同的，但是我们舍弃了每匹马个体之间的差异，抽取其共同的、本质性的特征，就形成了"马"这个概念。

抽象是科学研究中经常使用的一种方法，是形成概念的必要手段。在计算机软件开发领域，所有编程语言都提供抽象机制，人们所能够解决的问题的复杂性直接取决于抽象的层次和质量。编程语言的抽象是指求解问题时是否根据运行解决方案的计算机结构来描述问题，它是以"机器语言→汇编语言→面向过程的语言→面向对象的语言"这样的路径发展的。

随着不同抽象层次的进展，目前主要强调的是过程抽象和数据抽象。

1. 过程抽象

过程抽象(procedural abstraction)是指任何一个完成确定功能的操作序列,其使用者都可把它看做一个单一的实体,尽管这个操作可能是由一系列更低级的操作完成的。

过程抽象隐藏了过程的具体实现。例如,用于求一个正整数平方的过程可以有下面的不同实现方式。

方式 1:

```
int    square(int    k)
{    return    k*k;    }
```

方式 2:

```
int    square(int    k)
{
    int result=0;
    for(int i=0; i<k; i++)    result+=k;
    return    result;
}
```

以上两种实现方式代表了相同的抽象操作:当传递一个正整数调用 square 过程时,它们都返回输入值的平方,不同的实现方式并不影响任何一个调用 square 过程的程序的正确性。

面向过程的语言(如 Fortran、Pascal、C 等)的程序设计采用的是过程抽象。过程在 C 语言中称为函数,在其他语言中称为子程序等。当求解一个问题时,过程抽象的程序设计是将一个复杂的问题分解为多个子问题,如果子问题仍然比较复杂,可再分解为多个子问题,形成层次结构。每一个子问题就是一个子过程,高层的过程可以将它下一层中的过程当做抽象操作来使用,而不用考虑它下层过程的实现方法。最后,从最底层的过程逐个求解,合并形成原问题的解。

过程抽象有两个主要优点:① 通过将过程看做抽象操作,编程人员可以在无需知道过程是如何实现的情况下使用它们。② 只要抽象操作的功能是确定的,即使过程的实现被修改,也不会影响使用这个过程的程序。

然而,过程抽象只关注操作,没有把操作和被操作的数据作为一个整体来看待,存在一定的弊端。二十世纪七十年代,学者们提出了抽象数据类型的概念,后来进一步发展成数据抽象的概念。

2. 数据抽象

数据抽象(Data Abstraction)把系统中需要处理的数据和施加于这些数据之上的操作结合为一个不可分的系统单位(即对象),根据功能、性质、作用等因素把它们抽象成不同的抽象数据类型。每个抽象数据类型既包含了数据,也包含了针对这些数据的授权操作,并限定数据的值只能由这些操作来观察和修改。因此,数据抽象是相对于过程抽象的更为严格、更为合理的抽象方法。

在数据抽象中,一个抽象数据类型(值或对象)表示一组数据和一组公共操作,这些操作构成这些数据的接口。数据值的实现包括它的内部表示和基于这些表示的操作的实现。

数据抽象仅提供给编程人员数据值的接口而屏蔽了它的实现,编程人员通过接口访问数据。

使用数据抽象有很多优点。首先,用户不需要了解详细的实现细节就可使用它。其次,由于对用户屏蔽了数据类型的实现,因此,只要保持接口不变,数据实现的改变并不影响用户的使用。另外,由于接口规定了用户与数据之间所有可能的交互,因此,也就避免了用户对数据的非授权操作。

面向对象的程序设计就是采用数据抽象这一方法来构建程序中的类和对象的。它强调把数据和操作结合为一个不可分的系统单位——类/对象,对象的外部只需要知道这个对象能做什么,而不必知道它是如何做的。

3. 面向过程程序设计和面向对象程序设计的不同

下面通过编写求长方形面积的程序实例来说明面向过程的程序设计与面向对象的程序设计的不同。

(1) 在面向过程的程序设计中,把计算长方形的面积看成一个长方形过程,在过程中给出长和宽变量及求长方形面积的语句,将长和宽的值作为长方形过程的参数,通过调用该过程就可以得到该长方形的面积。

```
int    area(int l,int w)
{
    int    length=l;
    int    width=w;
    return    (length*width) ;
}
…
t= area(30,20);   //将长和宽的值作为长方形过程的参数,调用长方形的过程,得到长方形的面积
…
```

(2) 面向对象的程序设计。首先,把长方形看成一个长方形对象,将长方形对象的共性抽象出来设计成长方形类,定义类的属性(静态特征)和方法(动态特征)。然后,创建长方形类的对象,将长和宽的值的信息传递给对象的方法,引用对象的方法求对象的面积。

```
class    Rectangle //设计一个长方形类
{
    int    length;          ⎫
                            ⎬ 类的属性(静态特征)                    ⎫
    int    width;           ⎭                                        ⎪
    int    area(int    l,int    w)                                   ⎬ Rectangle 类
    {                                                                ⎪
        int    length=l;    ⎫                                        ⎪
                            ⎬ 类的方法(动态特征)                    ⎪
        int    width=w;     ⎪                                        ⎭
        return    (length*width) ;
    }
}
…
```

Rectangle rec=new Rectangle ( ); //创建 Rectangle 类 rec 的对象

rec. area(30,20); //将长和宽的值的信息传递给对象的方法，引用对象的方法求对象的面积

…

4.1.2 对象

只要仔细研究程序设计所面对的问题域——客观世界，就可以看到：客观世界是由一些具体的事物构成的，每个事物都具有自己的一组静态特征(属性)和一组动态特征(行为)。例如，一辆汽车有颜色、型号、马力、生产厂家等静态特征，又具有行驶、转弯、停车等动态特征。把客观世界的这一事实映射到面向对象的程序设计中，则是把问题域中的事物抽象成了对象(object)，把事物的静态特征(属性)抽象成了一组数据，把事物的动态特征(行为)抽象成了一组方法。因此，对象具有下述特征。

(1) 对象标识：即对象的名字，是用户和系统识别它的唯一标志。例如，汽车的牌照可作为每一辆汽车对象的标识。对象标识有"外部标识"和"内部标识"之分。外部标识供对象的定义者或使用者使用，内部标识供系统内部唯一地识别每一个对象。在计算机世界中，可以把对象看成计算机存储器中一块可标识的区域，它能保存固定或可变数目的数据(或数据的集合)。

(2) 属性：即一组数据，用来描述对象的静态特征，例如汽车的颜色、型号、马力、生产厂家等。在 Java 程序中，这组数据被称为数据成员。

(3) 方法：也称为服务或操作，它是对对象动态特征(行为)的描述。每一个方法确定对象的一种行为或功能。例如，汽车的行驶、转弯、停车等动作可分别用 move( )、rotate( )、stop( )等方法来描述。为避免混淆，本书把方法称为成员方法。

在 Java 程序中，类是创建对象的模板，对象是类的实例，任何一个对象都是隶属于某个类的。Java 程序设计是从类的设计开始的，所以，在进一步讲述对象的知识之前，必须先掌握类的概念。

4.1.3 类

对象是对事物的抽象，而类是对对象的抽象和归纳。人类在认识客观世界时经常采用的思维方法就是把众多的事物归纳成一些类。分类所依据的原则是抽象，即抽象出与当前目标有关的本质特征，而忽略那些与当前目标无关的非本质特征，从而找出事物的共性，把具有共同性质的事物归结为一类，得出一个抽象的概念——类。

在面向对象的编程语言中，类是一个独立的程序单位，是具有相同属性和方法的一组对象的集合。类的概念使我们能对属于该类的全部对象进行统一的描述。例如，"树具有树根、树干、树枝和树叶，它能进行光合作用"。这个描述适合于所有的树，从而不必对每棵具体的树都进行一次这样的描述。因此，在定义对象之前应先定义类。描述一个类需要指明下述三个方面的内容。

(1) 类标识：类的一个有别于其他类的名字。这是必不可少的。

(2) 属性说明：用来描述相同对象的静态特征。

(3) 方法说明：用来描述相同对象的动态特征。

例如，下面是对 Dog 类进行的描述：

```
class   Dog   // class 指出这是一个类，Dog 是类标识
{
    String   name;
    int   AverageWeight;          类的属性(静态特征)
    int   AverageHeight;
    public   void   move( )
        {  …  }                   类的方法(动态特征)         Dog 类
    public   void   ShowDog( )
        {  …  }
}
```

4.1.4   类与对象的关系

类给出了属于该类的全部对象的抽象定义，而对象则是符合这种定义的一个实体。类与对象之间的关系就如同一个模具与用这个模具铸造出来的铸件之间的关系一样。也就是说，可以把类与对象之间的关系看成是抽象与具体的关系。在面向对象的程序设计中，对象被称做类的一个实例(instance)，而类是对象的模板(template)。类是多个实例的综合抽象，而实例又是类的个体实物。图 4.1 所示为类与对象的关系。

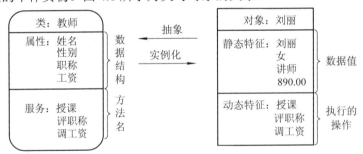

图 4.1   类与对象的关系

由于对象是类的实例，因此在定义对象之前应先定义类。在定义了类之后，才可以在类的基础上创建对象。

4.1.5   定义类的一般格式

进行 Java 程序设计，实际上就是定义类的过程。一个 Java 源程序文件往往是由许多个类组成的。从用户的角度看，Java 源程序中的类分为两种：

(1) 系统定义的类，即 Java 类库，是系统定义好的类。类库是 Java 语言的重要组成部分。Java 语言由语法规则和类库两部分组成。语法规则确定 Java 程序的书写规范；类库则提供了 Java 程序与运行它的系统软件(Java 虚拟机)之间的接口。Java 类库是一组由它的发明者 Sun 公司以及其他软件开发商编写好的 Java 程序模块，每个模块通常对应一种特定的基本功能和任务，且这些模块都是经过严格测试的，因而也总是正确有效的。当自己编写的 Java 程序需要完成其中某一功能的时候，就可以直接利用这些现成的类库，而不需要一

切从头编写，这样不仅可以提高编程效率，也可以保证软件的质量。关于 Java 类库的更多内容将在 4.1.6 节及以后的章节中讲述。

(2) 用户自己定义的类。系统定义的类虽然实现了许多常见的功能，但是用户程序仍然需要针对特定问题的特定逻辑来定义自己的类。用户按照 Java 的语法规则，把所研究的问题描述成 Java 程序中的类，以解决特定问题。进行 Java 程序设计，首先应学会怎样定义类。

在 Java 程序中，用户自己定义类的一般格式如下：

```
class 类名
{
        数据成员
        成员方法
}
```

可以看出，类的结构是由类说明和类体两部分组成的。类的说明部分由关键字 class 与类名组成，类名的命名遵循 Java 标识符的定义规则；类体是类声明中花括号所包括的全部内容，它又由数据成员(属性)和成员方法(方法)两部分组成。数据成员描述对象的属性；成员方法刻画对象的行为或动作，每一个成员方法确定一个功能或操作。图 4.2 为类的图形表示。

图 4.2 类的图形表示

【示例程序 C4_1.java】 定义一个有数据成员及成员方法的类。

```
import   java.awt.Graphics;              //引用系统类库中的 awt 包的类
import   java.applet.Applet;            //引用系统类库中的 applet 包的类
public   class   C4_1   extends   Applet   //由 Applet 类派生的 C4_1 类
{
    int   a=5;                         //数据成员 a
    double   b=23.4;                   //数据成员 b
    public   void   paint(Graphics g)   //成员方法 paint
    {   //以下使用 g 对象的 drawString 方法，该方法继承自 Graphics 类
        g.drawString("a="+a,25,25);
        g.drawString("b="+b,25,35);
    }
}
```

该程序的运行结果如图 4.3 所示。

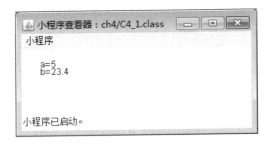

图 4.3　程序 C4_1 的运行结果

4.1.6　Java 类库

　　要想掌握好 Java 的面向对象编程技术，编写出高质量的程序，必须对 Java 的类库有足够的了解。Java 的类库是系统提供的已实现的标准类的集合，是 Java 编程的 API(Application Program Interface)，它可以帮助开发者方便、快捷地开发 Java 程序。Java 类库的主要部分是由它的发明者 Sun 公司提供的(这些类库称为基础类库(JFC))，也有少量则是由其他软件开发商以商品形式提供的。有了类库中的系统类，编写 Java 程序时就不必一切从头做起，避免了代码的重复和可能的错误，也提高了编程的效率。一个用户程序中系统标准类使用得越多、越全面、越准确，这个程序的质量就越高；相反，离开了系统标准类和类库，Java 程序几乎寸步难行。所以，学习 Java 语言程序设计，一是要学习其语法规则，即第 2～3 章中的基本数据类型、基本运算和基本语句等，这是编写 Java 程序的基本功；二是要学习使用类库，这是提高编程效率和质量的必由之路，甚至从一定程度上说，能否熟练自如地掌握尽可能多的 Java 类库，决定了一个 Java 程序员编程能力的高低。本书从第 7 章起主要讲述类库的使用。

　　在 Java 系统中，系统定义好的类根据实现功能的不同，可以划分成不同的集合。每个集合称为一个包，所有包合称为类库。根据功能的不同，Java 类库的每个包中都有若干个具有特定功能和相互关系的类和接口。例如，java.lang 包中包含了运行 Java 程序必不可少的系统类，它们包括基本数据类型、基本数学方法、字符串处理、线程、异常处理等类；java.awt 包中包括了 Java 语言用来构建图形用户界面(GUI)的类库。

　　对于类库中系统定义好的类，有三种使用方式：一种是直接使用系统类，例如在字符界面向系统标准输出设备输出字符串时使用的方法 System.out.println( )，就是系统类 System 的动态属性 out 的方法；另一种方式是继承系统类，在用户程序里创建系统类的子类，例如每个 Java Applet 的主类都是 java.applet 包中的 Applet 类的子类；最后一种方式是创建系统类的对象，例如当图形界面的程序要接受用户的输入时，就可以创建一个系统类 TextField 类的对象来完成这个任务。

　　无论采用哪种方式，使用系统类的前提条件是这个系统类应该是用户程序可见的类。为此用户程序需要用 import 语句引入它所用到的系统类或系统类所在的包。例如使用图形用户界面的程序，应该用语句：

```
        import    java.awt.*;
        import    java.awt.event.*;
```

引入 java.awt 包和 java.awt.event 包。

类库包中的程序都是字节码形式的程序，利用 import 语句将一个包引入到程序里，就相当于在编译过程中将该包中所有系统类的字节码加入到用户的 Java 程序中，这样用户的 Java 程序就可以使用这些系统类及其中的各种功能了。

下面列出一些在 Java 程序设计中经常使用的包。

1．java.lang 包

java.lang 包是 Java 语言的核心类库，包含了运行 Java 程序必不可少的系统类，如基本数据类型、基本数学函数、字符串处理、线程、异常处理类等。每个 Java 程序运行时，系统都会自动地引入 java.lang 包，所以这个包的加载是缺省的。

2．java.io 包

java.io 包中包含了实现 Java 程序与操作系统、用户界面以及其他 Java 程序之间进行数据交换所使用的类，如基本输入/输出流、文件输入/输出流、过滤输入/输出流、管道输入/输出流、随机输入/输出流等。凡是需要完成与操作系统有关的较底层的输入/输出操作的 Java 程序，都要用到 java.io 包。

3．java.awt 包

java.awt 包是 Java 语言用来构建图形用户界面(GUI)的类库，它包括了许多界面元素和资源。利用 java.awt 包，开发人员可以很方便地编写出美观、方便、标准化的应用程序界面。java.awt 包主要在三个方面提供界面设计支持：① 低级绘图操作，如 Graphics 类等；② 图形界面组件和布局管理，如 Checkbox 类、Container 类、LayoutManager 接口等；③ 界面用户交互控制和事件响应，如 Event 类。

4．java.awt.event 包

java.awt.event 包是对 JDK 1.0 版本中原有的 Event 类的一个扩充，它使得程序可以用不同的方式来处理不同类型的事件，并使每个图形界面的元素本身可以拥有处理它上面事件的能力。

5．java.awt.image 包

java.awt.image 包是用来处理和操纵来自于网上的图片的 Java 工具类库。

6．java.applet 包

java.applet 包是用来实现运行于 Internet 浏览器中的 Java Applet 的工具类库，它仅包含少量几个接口和一个非常有用的类 java.applet.Applet。

7．java.net 包

java.net 包是 Java 语言用来实现网络功能的类库。由于 Java 语言还在不停地发展和扩充，因此它的功能，尤其是网络功能，也在不断地扩充。目前已经实现的 Java 网络功能类主要有：底层的网络通信类，如实现套接字通信的 Socket 类、ServerSocket 类；编写用户自己的 Telnet、FTP、邮件服务等实现网上通信的类；用于访问 Internet 上资源和进行 CGI 网关调用的类，如 URL 等。利用 java.net 包中的类，开发者可以编写自己的具有网络功能的程序。

8．java.rmi 包、java.rmi.registry 包和 java.rmi.server 包

这三个包用来实现 RMI(Remote Method Invocation，远程方法调用)功能。利用 RMI 功能，用户程序可以在远程计算机(服务器)上创建对象，并在本地计算机(客户机)上使用这个对象。

9．java.util 包

java.util 包中包括了 Java 语言中一些低级的实用工具，如处理时间的 Date 类，处理变长数组的 Vector 类，实现栈的 Stack 类和实现哈希(散列)表的 HashTable 类等，开发者使用这些类可以更方便快捷地编程。

10．java.sql 包

java.sql 包是实现 JDBC(Java DataBase Connection)的类库，利用这个包可以使 Java 程序具有访问不同种类数据库(如 Oracle、Sybase、DB2、SQLServer 等)的功能。只要安装了合适的驱动程序，同一个 Java 程序不需修改就可以存取、修改这些不同数据库中的数据。JDBC 的这种功能，再加上 Java 程序本身具有的平台无关性，大大拓宽了 Java 程序的应用范围，尤其是商业应用的适用领域。

11．java.security 包、java.security.acl 包和 java.security.interfaces 包

这三个包提供了更完善的 Java 程序安全性控制和管理，利用它们可以对 Java 程序加密，也可以把特定的 Java Applet 标记为"可信赖的"，使它能够具有与 Java Application 相近的安全权限。

12．java.awt.peer 包

java.awt.peer 包是实现 Java 语言跨平台特性的手段之一。这个包虽然在程序中很少直接用到，但它的作用是将不同的平台包裹、隐藏起来，使这些平台在用户程序面前呈现基本相同的面貌。

13．java.util.zip 包

java.util.zip 包用来实现文件压缩功能。

14．java.awt.datatransfer 包

java.awt.datatransfer 包提供了处理数据传输的工具类，包括剪贴板、字符串发送器等。

15．java.lang.reflect 包

java.lang.reflect 包提供了用于反射对象的工具，反射允许程序监视一个正在运行的对象并获得它的构造函数、方法和属性。

16．java.corba 包和 java.corba.orb 包

这两个包将 CORBA(Common Object Request Broker Architecture，公共对象请求代理体系结构)嵌入到 Java 环境中，使得 Java 程序可以存取、调用 CORBA 对象，并与 CORBA 对象共同工作。这样，Java 程序就可以方便、动态地使用已经存在的由 Java 或其他面向对象语言开发的部件，简化软件的开发。

4.1.7　创建对象

创建对象通常包括声明引用变量、创建对象和初始化对象三步。

1．声明引用变量

引用变量通常也被称为对象。为了弄清这两者的区别与联系，有人曾以遥控器操纵电视机为例说明如下："在用遥控器操纵电视中，电视机是对象，遥控器是引用变量。"需要注意的是：强调引用变量与对象的不同是强调二者的存储关系，而从逻辑上看，引用变量是引用对象的变量，这个变量名在逻辑上指代着对象，否则，几句话说不清对象名是什么。因此，在此后的讲述中，在不强调二者的存储关系时，我们就把引用变量名简称为对象名或对象。

声明引用变量的格式如下：

　　　　类名　引用变量名表；

其中，"类名"是指对象所属类的名字，它是在声明类时定义的；"引用变量名表"是指一个或多个引用变量名，若为多个引用变量名时，用逗号进行分隔。例如：

　　　　class_name　object1，object2；

这条语句声明了两个引用变量 object1 和 object2，它们都属于 class_name 类。声明引用变量时，系统只为该变量分配引用空间，存放在 Java 定义的栈内存中，其值为 null，如图 4.4 所示。此时，并未创建具体的对象。

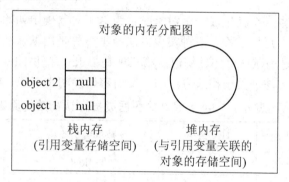

图 4.4　声明引用变量的内存分配图

2．创建对象

一旦声明了一个引用变量，就可以将它与一个创建的对象相关联。通常用 new 操作符来实现这一目的。创建对象的格式如下：

　　　　引用变量名=new 构造方法( )

例如：

　　　　object1=new　class_name();

　　　　object2=new　class_name();

也可以在声明引用变量的同时创建对象，格式如下：

　　　　类名　引用变量名=new 构造方法()

例如：

　　　　class_name　Object1=new　class_name();

　　　　class_name　Object2=new　class_name();

其中，new 是 Java 的关键字，也可将其称为运算符，因为 new 的作用是创建对象，为对象分配存储空间，并存放在 Java 定义的堆内存中。引用变量的值是该对象存储的地点，如图4.5 所示。执行 new class_name( )将产生一个 class_name( )类的实例，即对象。当确定了引用变量和对象时，则可用引用变量来操纵对象。

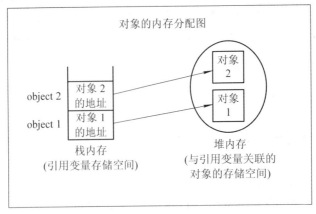

图 4.5　创建对象的内存分配图

3. 初始化对象

初始化对象是指由一个类生成一个对象时，为这个对象确定初始状态，即为它的数据成员赋初始值的过程。这一过程有三种实现方法：第一种是用默认初始化原则赋初值，如表 4.1 所示；第二种是用赋值语句赋初值；第三种是由 Java 提供的专用的方法来完成它，这个方法被称为构造方法。关于构造方法的详细内容请参阅本书 4.1.9 节。

表 4.1　Java 提供的数据成员默认初始化原则

数据成员类型	默认取值	数据成员类型	默认取值
byte	0	float	0.0f
short	0	double	0.0d
int	0	boolean	false
long	0	所有引用类型	null
char	'\u0000'		

4.1.8　使用对象

一个对象可以有许多属性和多个方法。在面向对象的系统中，一个对象的属性和方法被紧密地结合成一个整体，二者是不可分割的，并且限定一个对象的属性值只能由与它关联的引用变量或对象的方法来读取和修改。这便是封装和信息隐藏的一个方面。

当一个对象被创建后，这个对象就拥有了自己的数据成员和成员方法，我们可以通过与之关联的引用变量名来引用对象的成员，引用方式如下：

　　　　引用变量名.数据成员名

对象的成员方法的引用方式如下：

　　　　引用变量名.成员方法名(参数表)

【示例程序 C4_2.java】 定义一个 Dogs 类，使其包括 name、weight 和 height 三个数据成员和一个名为 showDog 的成员方法。为 Dogs 类创建与引用变量 dane 关联的对象和与引用变量 setter 关联的对象，确定两个对象的属性后引用 showDog 方法显示这两个对象的属性。

```java
import    java.applet.Applet;
import    java.awt.Graphics;
class    Dogs    //定义 Dogs 类
{
       //以下三行定义 Dogs 类的数据成员
    public    String    name;
    public    int    weight;
    public    int    height;
       //以下六行是 Dogs 类的成员方法 showDog()的定义
    public    void    showDog(Graphics    g,int    x,int    y)
    {
      g.drawString("Name:"+name,x,y);
      g.drawString("Weight:"+weight,x,y+20);
      g.drawString("Height:"+height,x,y+40);
    }    //成员方法 showDog()定义完成
}        // Dogs 类定义毕


public class C4_2    extends Applet
{
    public    void    paint(Graphics g)
    {
       //以下为创建对象
       Dogs    dane;                    //声明 dane 为属于 Dogs 类的引用变量
       dane=new    Dogs();              //创建由 dane 引用的 Dogs 对象
       Dogs setter=new    Dogs();       //创建引用变量 setter 引用的 Dogs 对象
       //以下六句是通过引用变量将一组值赋给对象的数据成员
       dane.name="Gread Dane";
       dane.weight=100;    dane.height=23;
       setter.name="Irish Setter";
       setter.weight=20;    setter.height=30;
       //以下两行是通过引用变量引用对象的成员方法
       dane.showDog(g,25,25);
       setter.showDog(g,25,120);
    }
}
```

该程序的运行结果见图 4.6。

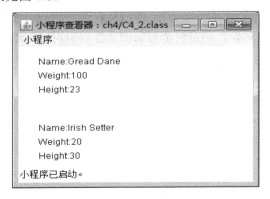

图 4.6　程序 C4_2 的运行结果

注意："Dogs　setter=new　Dogs();"语句执行后，则完成了下面三项工作。

(1) 声明 setter 为属于 Dogs 类的引用变量；

(2) 使用 new 操作符来创建一个 Dogs 类的对象与 setter 相关联。该对象有三个数据成员(Name、Weight 和 Height)及一个成员方法 showDog( )；

(3) 用默认初始化原则为对象的数据成员赋初值，如图 4.7 所示。

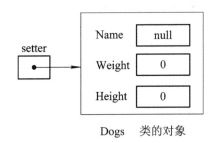

图 4.7　setter 关联对象示意图

4.1.9　对象的初始化与构造方法

创建对象后，要为对象的数据成员赋值(如上例中的"dane.name="Gread Dane";"等 6 条语句)，为简化这一操作，Java 系统提供了专用的方法——构造方法来完成这一操作。

构造方法是一个类的方法中方法名与类名相同的类方法。每当使用 new 关键字创建一个对象，为新建对象开辟了内存空间之后，Java 系统将自动调用构造方法初始化这个新建对象。构造方法是类的一种特殊方法，它的特殊性主要体现在以下几个方面：

(1) 构造方法的方法名与类名相同。

(2) 构造方法是类的方法，它能够简化对象数据成员的初始化操作。

(3) 不能对构造方法指定类型，它有隐含的返回值，该值由系统内部使用。

(4) 构造方法一般不能由编程人员显式地直接调用，在创建一个类的对象的同时，系统会自动调用该类的构造方法将新对象初始化。

(5) 构造方法可以重载，即可定义多个具有不同参数的构造方法。

(6) 构造方法可以继承，即子类可以继承父类的构造方法。

(7) 如果用户在一个自定义类中未定义该类的构造方法，系统将为这个类定义一个缺省的空构造方法。这个空构造方法没有形式参数，也没有任何具体语句，不能完成任何操作。但在创建一个类的新对象时，系统要调用该类的构造方法将新对象初始化。

【示例程序 C4_3.java】 将示例程序 C4_2 改写为定义了构造方法的程序。

```java
import   java.applet.Applet;
import   java.awt.Graphics;
class   Dogs1    //定义 Dogs1 类
{
    public   String   name;
    public   int   weight;
    public   int   height;
    public Dogs1(String   cName, int   cWeight, int   cHeight)    //构造方法
    {   name=cName;
        weight=cWeight;
        height=cHeight;
    }      //构造方法定义毕
    public   void   ShowDog(Graphics   g,int   x,int   y)
    {   g.drawString("Name:"+name,x,y);
        g.drawString("Weight:"+weight,x,y+20);
        g.drawString("Height:"+height,x,y+40);
    }
}         // Dogs1 类定义毕
public   class   C4_3   extends   Applet
{
    public   void   paint(Graphics g)
    {   Dogs1   dane=new   Dogs1("Gread Dane",100,23);
        Dogs1   setter=new   Dogs1("Irish Setter",20,30);
        dane.showDog(g,25,25);
        setter.showDog(g,25,120);
    }
}
```

该程序的运行结果与示例程序 C4_2.java 的运行结果相同。

注意：如果构造方法中的参数名与数据成员名相同，例如，

```java
public   Dogs1(String   name, int   weight, int   height)
{   name=name;      //左边的标识符与右边的标识符都为参数名。下同
    weight=weight;
    height=height;
}
```

则对同名数据成员名封闭,左边的标识符与右边的标识符都为参数名。可以使用代表本类对象的关键字 this 指出数据成员名之所在。例如,

```
    public  dogs(String  name, int  weight, int  height)
    {
        this.name=name;        //用 this 指出数据成员名
        this.weight=weight;
        this.height=height;
    }
```

关于 this，将在 5.4.4 节讲述。

☞ 4.2 封 装 机 制

封装是面向对象系统的一个重要特性，是数据抽象思想的具体体现。

4.2.1 封装的概念

在面向对象的程序设计中，封装就是把对象的属性和行为结合成一个独立的单位，并尽可能隐藏对象的内部细节(称为信息隐藏)。用户无需知道对象内部方法的实现细节，但可以根据对象提供的外部接口访问该对象。

封装反映了事物的相对独立性。封装在编程上的作用是使对象以外的部分不能随意存取对象的内部数据(属性)，从而有效地避免了外部错误对它的"交叉感染"。另一方面，当对象的内部做了某些修改时，由于它只通过少量的接口对外提供服务，因此大大减少了内部的修改对外部的影响。封装具有下述特征：

(1) 在类的定义中设置访问对象属性(数据成员)及方法(成员方法)的权限，限制本类对象及其他类的对象使用的范围。

(2) 提供一个接口来描述其他对象的使用方法。

(3) 其他对象不能直接修改本对象所拥有的属性和方法。

面向对象系统中类的概念本身具有封装的意义，因为对象的特性是由它所属的类说明来描述的。Java 提供四种访问控制级别对对象的属性和方法进行封装：公共(public)、保护(protected)、包(package)和私有(private)。其中，包是用来封装一组相关类的。

4.2.2 类的严谨定义

在 4.1.5 节中，我们已经给出了定义类的一般格式，那时我们给出的类的结构是：

```
    class 类名
    {  数据成员
       成员方法
    }
```

这一结构只给出了定义一个类所必不可少的内容，而忽略了类定义的许多细节。有了封装的概念后，就可以进一步来学习类的严谨定义了。类的严谨定义格式如下：

```
[类修饰符]   class  类名  [extends 父类名]  [implements  接口列表]
{
        数据成员
        成员方法
}
```

可以看出，在类的严谨定义格式中，类的说明部分增加了[类修饰符]、[extends 父类名]和[implements 接口列表]三个可选项。合理地使用这些可选项，可以充分地展示封装、继承和信息隐藏等面向对象的特性。由于这部分内容比较庞杂，在这里作一简要说明后，将分别在此后的章节中详细讨论。

- 类修饰符(qualifier)：用于规定类的一些特殊性，主要是说明对它的访问限制。
- 类名：遵从 2.1.1 节所述标识命名规则，但按惯例通常首字母大写。
- extends 父类名：指明新定义的类是由已存在的父类派生出来的。这样，这个新定义的类就可以继承一个已存在类——父类的某些特征。Java 只支持单继承，一个类只能有一个父类名。
- implements 接口列表：一个类可以实现多个接口，接口之间用逗号分隔。通过接口机制可以实现多重继承。
- 类体：包括花括号{ }括起来的所有内容。

4.2.3 类修饰符

类的修饰符用于说明对它的访问限制。一个类可以没有修饰符，也可以有 public、final、abstract 等几种不同的修饰符。它们的作用是不同的，下面分别予以介绍。

1. 无修饰符的情况

如果一个类前无修饰符，则这个类只能被同一个包里的类使用。Java 规定，同一个程序文件中的所有类都在同一个包中。这就是说，无修饰符的类可以被同一个程序文件中的类使用，但不能被其他程序文件中的类(即其他包中的类)使用。

🖫【示例程序 C4_4.java】 无修饰符类的使用。

```
class   Pp1                      //无修饰符的类 Pp1
{   int   a=45;                  // Pp1 类的数据成员 a
}


public   class   C4_4            //公共类 C4_4
{
    public   static   void   main(String[]   args)
    {   Pp1   p1=new   Pp1();     //类 C4_4 中创建了一个无修饰符类 Pp1 的对象
        System.out.println(p1.a);
    }
}
```

在这个程序中定义了两个类：无修饰符的类 Pp1 和公共类 C4_4。它们是同一个程序文件(即同一个包)中的两个类，所以，在类 C4_4 中可以创建 Pp1 类的对象，且 p1 可以引用这个对象的数据成员 a。关于数据成员的访问限制，将在 4.3 节中论述。

2．public 修饰符

如果一个类的修饰符是 public，则这个类是公共类。公共类不但可供它所在包中的其他类使用，也可供其他包中的类使用。在程序中可以用 import 语句引用其他包中的 public 类。Java 规定，在一个程序文件中，只能定义一个 public 类，其余的类可以是无修饰符的类，也可以是用 final 修饰符定义的最终类；否则，编译时系统会报错。

【示例程序 C4_5.java】 public 修饰符类的使用。

```java
class   Pp
{   C4_5    f1=new   C4_5();        //在 Pp 类中创建 C4_5 类的对象
    int    add()
    {   //下面的语句用引用变量 f1 引用 C4_5 类对象的数据成员 b 和 c
        return(f1.b+f1.c);
    }
}
public   class   C4_5              //定义公共类 C4_5
{   int   b=20,c=3;               // C4_5 类的数据成员 b 和 c
    public   static   void   main(String[]   args)
    {   Pp   p1=new   Pp();       //创建 Pp 类的对象
        System.out.println(p1.add());
    }
}
```

该程序的运行结果如下：

```
23
```

在程序 C4_5.java 中定义了两个类：无修饰符的默认类 Pp 和公共类 C4_5。它们是两个无继承关系的类，但由于类 C4_5 是公共类，因此，在类 Pp 中可以创建 C4_5 类的对象，引用变量 f1 可以引用该对象的数据成员 b 和 c。在公共类 C4_5 中创建了一个 Pp 类的对象，对象的数据成员 f1 是 C4_5 类的引用变量，如图 4.8 所示。p1 可以引用 Pp 类的成员方法 add()。关于数据成员的访问限制，将在 4.3 节中论述。

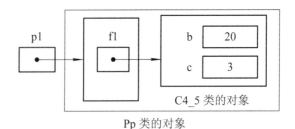

图 4.8　p1 关联对象示意图

3. final 修饰符

用 final 修饰符修饰的类被称为最终类。最终类是不能被任何其他类所继承的。定义最终类的目的有三：

(1) 用来完成某种标准功能。如 Java 系统定义好的用来实现网络功能的 InetAddress、Socket 等类都是 final 类。将一个类定义为 final 类，则可以将它的内容、属性和功能固定下来，与它的类名形成稳定的映射关系，从而保证引用这个类时所实现的功能是正确无误的。

(2) 提高程序的可读性。从父类派生子类，再从子类派生子类，使软件变得越来越复杂。而在必要的层次上设置 final 类，可以提高程序的可读性。

(3) 提高安全性。病毒的闯入途径之一是在一些处理关键信息的类中派生子类，再用子类去代替原来的类。由于用 final 修饰符定义的类不能再派生子类，截断了病毒闯入的途径，因而提高了程序的安全性。

【示例程序 C4_6.java】 final 修饰符类的使用。

```
import   java.applet.Applet;
import   java.awt.Graphics;
final   class   P1    //用 final 修饰的类 P1
{    int i=7;
     int j=1;
     void   f(Graphics   g)
     { g.drawString("OK ",20,50);    }
}
// public   class C4_6 extends P1    错，用 final 修饰的类 P1 不能有继承类
public   class   C4_6   extends   Applet
{
     public   void   paint(Graphics   g)
   {   P1 n=new   P1();
        n.f(g);
        n.i=40;    n.j++;
        g.drawString("i="+n.i,20,70);
        g.drawString("j="+n.j,20,90);
     }
}
```

该程序的运行结果见图 4.9。

图 4.9 程序 C4_6 的运行结果

4. abstract 修饰符

用 abstract 修饰符修饰的类称为抽象类。抽象类刻画了研究对象的公有行为特征，并通过继承机制将这些特征传送给它的派生类。其作用在于将许多有关的类组织在一起，提供一个公共的基类，为派生具体类奠定基础。此外，当一个类中出现了一个或多个用 abstract 修饰符定义的方法时，必须在这个类的前面加上 abstract 修饰符，将其定义为抽象类。有关

抽象类及抽象方法的详细内容将在 5.5 节介绍。

5. 类修饰符使用注意事项

可以同时使用两个修饰符来修饰一个类，当使用两个修饰符修饰一个类时，这些修饰符之间用空格分开，写在关键字 class 之前，修饰符的顺序对类的性质没有任何影响。

需要注意的是：一个类可以被修饰为 public abstract，也可以被修饰为 public final，但不能被修饰为 abstract final，这是因为 abstract 类自身没有对象，需要派生子类后再创建子类的对象，而 final 类不能派生子类，所以不存在用 abstract final 两个修饰符修饰的类。

☞ 4.3 数 据 成 员

数据成员在有些书中称为成员变量或变量。由于变量一词所包容的内容甚多，为了避免混淆，尤其是为了与成员方法体中定义的(局部)变量有所区分，我们将类中用来描述研究对象静态特征的变量称为数据成员。

4.3.1 数据成员的声明

数据成员是用来描述事物的静态特征的。一般情况下，声明一个数据成员时必须给出这个数据成员的标识符并指明它所属的数据类型。在这里要指出的是：声明一个数据成员除了这些必做的事情外，还可以用修饰符对数据成员的访问权限做出限制。这样一来，数据成员的声明就成了如下的形式：

    [修饰符]　数据成员类型　数据成员名表；

其中，修饰符是可选的，它是指访问权限修饰符 public、private、protected 和非访问权限修饰符 static、final 等；数据成员类型就是诸如 int、float 等 Java 允许的各种定义数据类型的关键字；数据成员名表是指一个或多个数据成员名，即用户自定义标识符，当同时声明多个数据成员名时，彼此间用逗号分隔。

关于数据成员类型、数据成员名表的内容，我们在前面的章节中已经多次讨论过，只有修饰符是新出现的内容。因此，本节只对修饰符中的非访问权限修饰符 static、final 做一些论述。有关访问权限修饰符的内容，将在 5.2.1 节中讲解。

4.3.2 用 static 修饰的静态数据成员

用 static 修饰符修饰的数据成员是不属于任何一个类的具体对象，而是属于类的静态数据成员的。其特点如下：

(1) 它被保存在类的内存区的公共存储单元中，而不是被保存在某个对象的内存区中。因此，一个类的任何对象访问它时，存取到的都是相同的数值。

(2) 可以通过类名加点操作符访问它。

(3) static 类数据成员仍属于类的作用域，还可以使用 public static、private static 等进行修饰。修饰符不同，可访问的层次也不同。

🔲【示例程序 C4_7.java】 特点(1)和(2)的示例。

```
import   java.applet.Applet;
import   java.awt.Graphics;
class   Pc
{   static   double   ad=8;   }
public   class   C4_7   extends   Applet
{   public   void   paint(Graphics   g)
    {   Pc m=new Pc( );
        Pc m1=new Pc( );
        m.ad=0.1;   //只对类的数据成员 ad 赋值
        g.drawString("m1="+m1.ad,20,50);
        g.drawString("Pc="+Pc.ad,20,70);
        g.drawString("m="+m.ad,20,90);
    }
}
```

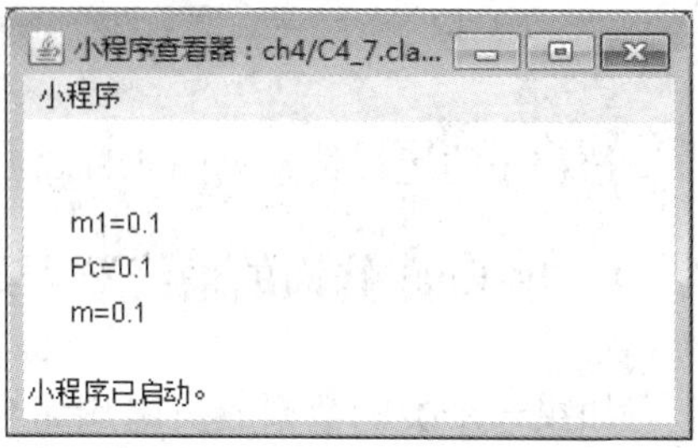

该程序的运行结果见图 4.10。

注意：m1、m 和 Pc 访问类的数据成员都具有相同的值。

图 4.10　程序 C4_7 的运行结果

4.3.3 静态数据成员的初始化

静态数据成员的初始化可以由用户在定义时进行，也可以由静态初始化器来完成。静态初始化器是由关键字 static 引导的一对花括号括起来的语句块，其作用是在加载类时，初始化类的静态数据成员。静态初始化器与构造方法不同，它有下述特点：

(1) 静态初始化器用于对类的静态数据成员进行初始化，而构造方法用来对新创建的对象进行初始化。

(2) 静态初始化器不是方法，没有方法名、返回值和参数表。

(3) 静态初始化器是在它所属的类加载到内存时由系统调用执行的，而构造方法是在系统用 new 运算符产生新对象时自动执行的。

🔲【示例程序 C4_8.java】 静态数据成员的初始化。

```
Import   java.applet.Applet;
Import   java.awt.Graphics;
Class   Cc
{   static   int   n;
    Int   nn;
    Static              //静态初始化器
    {   n=20;   }        //初始化类的静态数据成员 n
      Cc( )             //类 Cc 的构造方法
    {   nn=n++;   }
}
```

```
Public    class    C4_8    extends    Applet
{
    Public    void    paint(Graphics    g)
    {
        Cc    m=new    Cc( );
        Cc    m1=new    Cc( );
        G.drawstring("m1="+m1.nn,20,50);
        G.drawstring("m="+m.nn,20,90);
    }
}
```

该程序的运行结果见图 4.11。

图 4.11　程序 C4_8 的运行结果

4.3.4　用 final 修饰的最终数据成员

如果一个类的数据成员用 final 修饰符修饰,则这个数据成员就被限定为最终数据成员。最终数据成员可以在声明时进行初始化,也可以通过构造方法赋值,但不能在程序的其他部分赋值,它的值在程序的整个执行过程中是不能改变的。所以,也可以说用 final 修饰符修饰的数据成员是标识符常量。

用 final 修饰符说明常量时,需要注意以下几点:

(1) 需要说明常量的数据类型并指出常量的具体值。

(2) 若一个类有多个对象,而某个数据成员是常量,最好将此常量声明为 static,即用 static final 两个修饰符修饰它,这样做可节省空间。

【示例程序 C4_9.java】　用 final 修饰的最终数据成员。

```
import    java.applet.Applet;
import    java.awt.Graphics;
class    Ca
{    static    int    n=20;
    final    int    nn;                   //声明 nn,但没有赋初值
    final    int    k=40;                 //声明 k 并赋初值 40
    Ca( )
    {    nn= ++n; }                       //在构造方法中给 nn 赋值
}

public    class    C4_9    extends    Applet
{
    public void paint(Graphics g)
    {    Ca    m1=new    Ca( );          //创建 Ca 对象,使其静态数据成员 nn 的值为 21
        Ca    m2=new    Ca( );          //创建 Ca 对象,使其静态数据成员 nn 的值为 22
        // m1.nn=90;                     //这是一个错误的赋值语句,因为 nn 是标识符常量
```

```
            g.drawString("m2.nn="+m2.nn,20,30);
            g.drawString("m2.k="+m2.k,20,50);
            g.drawString("m1.nn="+m1.nn,20,70);
            g.drawString("m1.k="+m1.k,20,90);
        }
    }
```

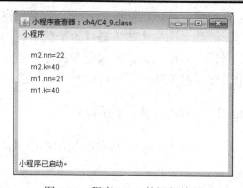

该程序的运行结果见图 4.12。

注意：程序中对两个静态数据成员 nn 和 k 采用了不同的初始化形式，因此 k 值保持不变，而 nn 值通过构造方法每次增 1。

图 4.12　程序 C4_9 的运行结果

☞ 4.4　成　员　方　法

成员方法描述对象所具有的功能或操作，反映对象的行为，是具有某种相对独立功能的程序模块。它与过去所说的子程序、函数等概念相当。一个类或对象可以有多个成员方法，对象通过执行它的成员方法对传来的消息作出响应，完成特定的功能。成员方法一旦被定义，便可在不同的程序段中被多次调用，故可增强程序结构的清晰度，提高编程效率。例如，下面的成员方法可完成两个整数的求和运算，一旦完成了它的编写和调试，便可在程序中随时调用该方法，传递不同的参数来完成任意两个整数的求和运算。

```
    int   add(int   x,int   y)
    {   int z;
        z=x+y;
        return(z);
    }
```

4.4.1　成员方法的分类

为了便于理解，我们先来看看成员方法的分类。我们可以从不同的角度出发，对成员方法进行分类。

从成员方法的来源看，可将成员方法分为以下两种：

(1) 类库成员方法。这是由 Java 类库提供的，用户只需要按照 Java 提供的调用格式使用这些成员方法。

(2) 用户自己定义的成员方法。这是为了解决用户的特定问题，由用户自己编写的成员方法。程序设计的主要工作就是编写用户自定义类及自定义成员方法。

从成员方法的形式看，可将成员方法分为以下两种：

(1) 无参成员方法。例如，

```
        void printStar(){ … }
```

(2) 带参成员方法。例如，

```
        int add(int x,int y){ … }
```

当然，还可以从成员方法的功能上将其分为数学运算方法、字符处理方法、图形方法等。介绍上面分类的主要目的是帮助我们理解类库成员方法、带参成员方法等几个最常用的名词。实际上，类库成员方法可以是无参成员方法，也可以是带参成员方法。同样，某个带参成员方法既可能是类库成员方法，也可能是用户自己定义的成员方法。

4.4.2　声明成员方法的格式

在 Java 程序中，成员方法的声明只能在类中进行，其格式如下：

　　　[修饰符]返回值的类型　成员方法名(形式参数表)　throw [异常表]

　　　{

　　　　　说明部分

　　　　　执行语句部分

　　　}

成员方法的声明包括成员方法头和方法体两部分。其中，成员方法头确定成员方法的名字、形式参数的名字和类型、返回值的类型、访问限制和异常处理等；方法体由包括在花括号内的说明部分和执行语句部分组成，它描述该方法功能的实现。

成员方法头中的各项说明如下：

(1) 修饰符。修饰符可以是公共访问控制符 public、私有访问控制符 private、保护访问控制符 protected 等访问权限修饰符，也可以是静态成员方法修饰符 static、最终成员方法修饰符 final、本地成员方法修饰符 native、抽象成员方法修饰符 abstract 等非访问权限修饰符。访问权限修饰符指出满足什么条件时该成员方法可以被访问。非访问权限修饰符指明成员方法的使用方式。

(2) 返回值的类型。返回值的类型用 Java 允许的各种数据类型关键字(例如 int、float 等)指明成员方法完成其所定义的功能后，运算结果值的数据类型。若成员方法没有返回值，则在返回值的类型处应写上 void 关键字，以表明该方法无返回值。

(3) 成员方法名。成员方法名也就是用户遵循标识符定义规则命名的标识符。按照惯例，方法名应该是一个小写的动词或多个单词，若为多个单词，则第一个动词小写，后续单词的第一个字母大写。

(4) 形式参数表。成员方法可分为带参成员方法和无参成员方法两种。对于无参成员方法来说，则无形式参数表这一项，但成员方法名后的一对圆括号不可省略；对于带参成员方法来说，形式参数表指明调用该方法所需的参数个数、参数的名字及参数的数据类型，其格式为：

　　　(形式参数类型 1　形式参数名 1，形式参数类型 2　形式参数名 2，…)

(5) throw [异常表]。它指出当该方法遇到方法的设计者未曾想到的一些问题时如何处理。这部分内容将在第 11 章专门介绍。

4.4.3　方法体中的局部变量

方法体描述该方法所要完成的功能，它由变量声明语句、赋值语句、流程控制语句、方法调用语句、返回语句等 Java 允许的各种语句成分组成，是程序设计中最复杂的部分，几乎会用到我们已经学习过的和将要学习的绝大多数内容。本着由浅入深、循序渐进的原则，这里先提请读者注意：

(1) 在方法体内可以定义本方法所使用的变量，这种变量是局部变量，它的生存期与作用域是在本方法内。也就是说，局部变量只在本方法内有效或可见，离开本方法后，这些变量被自动释放。

(2) 在方法体内定义变量时，变量前不能加修饰符。

(3) 局部变量在使用前必须明确赋值，否则编译时会出错。

(4) 在一个方法内部，可以在复合语句中定义变量，这些变量只在复合语句中有效，这种复合语句也被称为程序块。下面的示例程序 C4_11.java 中指出了这一问题。

【示例程序 C4_10.java】 局部变量及其用法。

```
public   class   C4_10
{
    public   static   void   main(String[]   args)
    {   int   a=2,b=3;
        int   f=add(a,b);              //调用 add 方法
        System.out.println("f="+f);
        // System.out.println("z="+z); 错，z 在 add 方法内，离开 add 则被清除
    }
    static   int   add(int   x,int   y)
    {   //public   int   zz;           //错误的语句，在局部变量 zz 前误加了 public 修饰符
        int   z,d;                     //本方法中定义的变量 z 和 d
        z=x+y;                         //若写成 z=x+d;就会出错，因为 d 还没有被赋值就使用了
        return z;
    }
}
```

【示例程序 C4_11.java】 复合语句中声明的局部变量。

```
public   class   C4_11
{
    public   static   void   main(String[]   args)
    {   int   a=2,b=3;
        { int   z=a+b;                 //复合语句中声明的变量 z
            System.out.println("z="+z);
        }
            // System.out.println("z="+z);错，z 只在复合语句中有效
    }
}
```

4.4.4 成员方法的返回值

若方法有返回值，则在方法体中用 return 语句指明要返回的值。其格式为：

```
            return　表达式;
或
            return(表达式);
```
其中，表达式可以是常量、变量、对象等，且上述两种形式是等价的。此外，return 语句中表达式的数据类型必须与成员方法头中给出的"返回值的类型"一致。

例如：
```
            return z;
            return(z);
            return(x>y?x:y);
            if(x>y) return true;
            else       return(false);
```
都是合法的，且"return z;"与"return(z);"等价。

4.4.5　形式参数与实际参数

一般来说，可通过如下的格式来引用成员方法：
```
            成员方法名(实参列表)
```
但在引用时应注意下述问题：

(1) 对于无参成员方法来说，是没有实参列表的，但方法名后的括号不能省略。

(2) 对于带参数的成员方法来说，实参的个数、顺序必须与形式参数的个数、顺序保持一致，实参的数据类型与形参的数据类型按照 Java 类型转换规则匹配，各个实参间用逗号分隔。实参名与形参名可以相同也可以不同。

(3) 实参可以是表达式，此时要注意使表达式的数据类型与形参的数据类型按照 Java 的类型转换规则匹配。

(4) 实参变量(基本数据类型变量)对形参变量的数据传递是"值传递"，即只能由实参传递给形参，而不能由形参传递给实参。程序中执行到引用成员方法时，Java 把实参值拷贝到一个临时的存储区(栈)中，形参的任何修改都在栈中进行，当退出该成员方法时，Java 自动清除栈中的内容。

下面我们通过一个程序来说明上述各点。

【示例程序 C4_12.java】　实际参数与形式参数的传递使用 1。
```java
        public   class   C4_12
        {
          static   void   add(double   x,double   y)
          {   double   z;
              z=x+y;
              System.out.println("z="+z);
              x=x+3.2;y=y+1.2;
              System.out.println("x="+x+"\ty="+y);
          }
```

```
    static   double   add1(double   y1,double   y2)
    {   double   z;
        z=y1+y2+2.9;
        return   z;
    }
    public   static   void   main(String[ ]   args)
    {   int   a=2,b=7;
        double   f1=2,f2=4,f3;
        add(a,b);          //按 Java 的类型转换规则达到形参类型
        System.out.println("a="+a+"\tb="+b);
        // f3=add1(f1, f2, 3.5); 错，实参与形参的参数个数不一致
        f3=2+add1(f1,f2);
        System.out.println("f1="+f1+"\tf2="+f2+"\tf3="+f3);
    }
}
```

该程序的运行结果如下：

```
    z=9.0
    x=5.2    y=8.2
    a=2      b=7
    f1=2.0   f2=4.0   f3=10.9
```

【示例程序 C4_13.java】 实际参数与形式参数的传递使用 2。

```
    public   class   C4_13
    {
        static   void   add(double   x,double   y)
        {   double   z;
            z=x+y;
            System.out.println("z="+z);
        }
        static   double   add1(double   y1,double   y2)
        {   double   z;
            z=y1+y2+2.9;
            return   z;
        }
        public   static   void   main(String[ ]   args)
        {   int   a=2;
            double   f1=2,f2=4;
            add(a,add1(f1,f2));
        }
    }
```

该程序的运行结果如下：

　　　10.9

4.4.6　成员方法的引用方式

成员方法的引用可有下述几种方式。

1．方法语句

成员方法作为一个独立的语句被引用。例如，程序 C4_12.java 中的"add(a,b);"语句就是这种形式。

2．方法表达式

成员方法作为表达式中的一部分，通过表达式被引用。例如，程序 C4_12.java 中的"f3=2+add1(f1,f2);"语句就是这种形式。

3．方法作为参数

一个成员方法作为另一个成员方法的参数被引用。例如，程序 C4_13.java 中的"add(a,add1(f1,f2));"语句就是这种形式的代表。更为典型的是，在递归的成员方法中，一个成员方法作为它自身的参数被引用。

4．通过对象来引用

这里有两重含义，一是通过形如"引用变量名.方法名"的形式来引用与之关联的对象的方法。二是当一个对象作为成员方法的参数时，通过把与之关联的引用变量作为参数来引用对象的成员方法。例如，程序 C4_3.java 中的"dane.showDog(g,25,25);"语句，成员方法 showDog()本身通过引用变量 dane 来引用对象的方法；同时，通过作为参数的引用变量 g 引用 Graphics 类的对象的成员方法 drawString()。

4.4.7　引用成员方法时应注意的事项

首先，当一个方法引用另一个方法时，这个被引用的方法必须是已经存在的方法。除了这个要求之外，还要视被引用的成员方法存在于何处而做不同的处理。

(1) 如果被引用的方法存在于本文件中，而且是本类的方法，则可直接引用。我们前面列举的例子基本上都是这种情况。

(2) 如果被引用的方法存在于本文件中，但不是本类的方法，则要由类的修饰符与方法的修饰符来决定是否能引用。

(3) 如果被引用的方法不是本文件的方法而是 Java 类库的方法，则必须在文件的开头处用 import 命令将引用有关库方法所需要的信息写入本文件中。例如，前几章用来在屏幕指定位置上显示一个字符串的 drawString() 方法是 Java 类库 Graphics 类中的一个方法，而 Graphics 类存放在 java.awt 包中，因此，我们在程序文件的开头处写上了"import java.awt.*;"语句，指出 awt 包中的方法在本文件中要引用。

(4) 如果被引用的方法是用户在其他的文件中自己定义的方法，则必须通过加载用户包的方式来引用。这部分内容将在 5.5 节"接口与包"中讲述。

4.4.8　成员方法的递归引用

我们前面讲述的程序都以严格的层次方式在一个方法中调用另一个方法。但是，对于某些实际问题，方法调用自身会使程序更为简洁清晰，而且会使程序的执行逻辑与数理逻辑保持一致。例如，数学中对于 N! 的定义是：

$$
N! = \begin{cases} 1 & (N = 0) \\ \\ N(N-1)! & (N > 0) \end{cases}
$$

这个定义是递归的，即在 N! = N(N-1)! 中，(N-1)! 实际上是 N! 的减 1 递推。对于这样的问题，我们可以构造循环来求解，即用 $1 \times 2 \times 3 \times \cdots \times (n-1) \times n$ 的算式求得结果。但是，由于它的定义本身是递归的，用递归算法实现则更符合数理逻辑。例如，求 4! 的过程可表示成图 4.13 所示的形式。

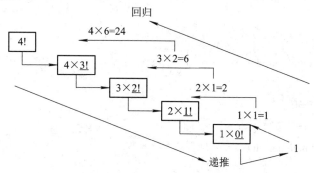

图 4.13　求 4! 的递归过程

成员方法的递归引用就是指在一个方法中直接或间接引用自身的情况。例如：

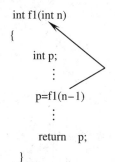

```
int f1(int n)
{
    int p;
    ⋮
    p=f1(n-1)
    ⋮
    return  p;
}
```

在这个例子中，方法 f1() 中引用了 f1() 本身，这种引用是直接引用。

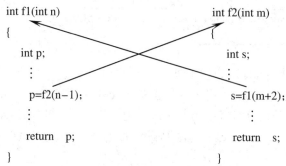

```
int f1(int n)                    int f2(int m)
{                                {
    int p;                           int s;
    ⋮                                ⋮
    p=f2(n-1);                       s=f1(m+2);
    ⋮                                ⋮
    return  p;                       return  s;
}                                }
```

在这个例子中，方法 f1()在引用方法 f2()的过程中，又引用了方法 f1()本身；同样，方法 f2()在引用方法 f1()的过程中，又引用了方法 f2()本身，这种引用是间接引用。

💾【示例程序 C4_14.java】 编程计算 4! 的值。

```java
public   class   C4_14
{
    static   int   fac(int   n)
    {
        int   fa;
        if(n==0)
            fa=1;
        else
            fa=n*fac(n-1);        //递归引用自身
        return fa;
    }
    public   static   void   main(String[ ]   args)
    {
        int   n=4;
        int   f1=fac(n);          //引用 fac( )方法
        System.out.println("4!="+f1);
    }
}
```

该程序的运行结果如下：

    4!=24

该程序中 fac( )方法的递归引用如图 4.14 所示。

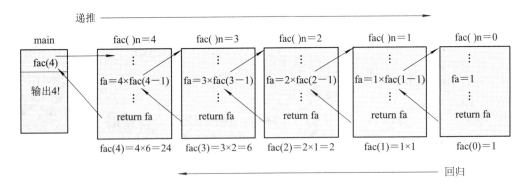

图 4.14   计算 4! 的成员方法 fac 的递归引用关系

从图中可以看到，求 4! 时，main 方法引用 fac(4)方法，fac(4)引用 fac(3)，fac(3)引用 fac(2)，fac(2)引用 fac(1)，fac(1)引用 fac(0)，fac(0)方法得到确定值 1，回归得到 fac(1)=1，再回归得到 fac(2)=2，再回归得到 fac(3)=6，最后再回归得到 fac(4)=24，fac( )方法共被引用了 5 次。

【示例程序 C4_15.java】 编程求出 Fibonacci 数列的第 8 项。

```
public   class   C4_15
{
    public   static   void   main(String[]   args)
    {   int   n=8;
        int   f8=fibo(n);
        System.out.println("f8="+f8);
    }
    static   int   fibo(int   n)
    {   if(n==1)return   1;
        else if(n==2)return   1;
            else   return (fibo(n-1)+fibo(n-2));
    }
}
```

该程序的运行结果如下：

```
f8=21
```

4.4.9 用 static 修饰的静态方法

用 static 修饰符修饰的方法被称为静态方法，它是属于整个类的类方法。不用 static 修饰符限定的方法，是属于某个具体类的对象的方法。static 方法使用特点如下：

(1) static 方法是属于整个类的，它在内存中的代码段将随着类的定义而被分配和装载。而非 static 的方法是属于某个对象的方法，当这个对象创建时，在对象的内存中拥有这个方法的专用代码段。

(2) 引用静态方法时，可以使用与对象关联的引用变量名作为前缀，也可以使用类名作为前缀。

(3) static 方法只能访问 static 数据成员，不能访问非 static 数据成员，但非 static 方法可以访问 static 数据成员。

(4) static 方法只能访问 static 方法，不能访问非 static 方法，但非 static 方法可以访问 static 方法。

(5) static 方法不能被覆盖，也就是说，这个类的子类不能有相同名及相同参数的方法。

(6) main 方法是静态方法。在 Java 的每个 Application 程序中，都必须有且只能有一个 main 方法，它是 Application 程序运行的入口点。

例如：

```
class   F
{   int   d1;
    static   int   d2;
    void   me( ){   …   }
    static   void   me1( ){   …   }
```

```
        static    void    me2( )
        {    me1( );            //合法引用
             d1=34;            //错，引用了非 static 数据成员
             me( );             //错，引用了非 static 方法
             d2=45;            //合法
        }
    }
    class    F1 extends    F
    {
        void    me1( ){ … }    //错，不能覆盖类的方法
    }
```

4.4.10　数学函数类方法

作为 static 方法的典型例子，我们来看看 Java 类库提供的实现常用数学函数运算的标准数学函数方法，这些方法都是 static 方法。标准数学函数方法在 java.lang.Math 类中，使用方法比较简单，其格式如下：

　　　　类名.数学函数方法名(实参列表)

java.lang.Math 类提供的数学函数方法见表 4.2。

表 4.2　java.lang.Math 类提供的数学函数方法

函　数　方　法	功　　能
public static double sin(double a)	正弦函数
public static double cos(double a)	余弦函数
public static double tan(double a)	正切函数
public static double asin(double a)	反正弦函数
public static double acos(double a)	反余弦函数
public static double atan(double a)	反正切函数
public static double toRadians(double a)	将度转换为弧度
public static double toDegrees(double a)	将弧度转换为度
public static double exp(double a)	指数函数(e^a, e 的 a 次方)
public static double log(double a)	自然对数
public static double sqrt(double a)	平方根
public static double IEEEremainder(double f1,double f2)	两个数相除的余数
public static double ceil(double a)	获取不小于指定 double 数的最小双精度实数
public static double floor(double a)	获取不大于指定 double 数的最小双精度实数
public static double rint(double a)	获取最接近指定 double 数的整数
public static double atan2(double a,double b)	获取指定 double 数相除的反正切值

续表

函 数 方 法	功 能
public static double pow(double a,double b)	a 的 b 次方
public static int round(float a)	获取最接近指定数的整数
public static long round(double a)	获取最接近指定数的数
public static double random(double a)	获取一个大于等于 0 且小于 1 的随机数
public static int abs(int a)	取绝对值
public static long abs(long a)	取绝对值
public static float abs(float a)	取绝对值
public static double abs(double a)	取绝对值
public static int max(int a,int b)	获取两个指定数的最大值
public static long max(long a,long b)	获取两个指定数的最大值
public static float max(float a,float b)	获取两个指定数的最大值
public static double max(double a,double b)	获取两个指定数的最大值
public static int min(int a,int b)	获取两个指定数的最小值
public static long min(long a,long b)	获取两个指定数的最小值
public static float min(float a,float b)	获取两个指定数的最小值
public static double min(double a,double b)	获取两个指定数的最小值

【示例程序 C4_16.java】 数学函数类方法的使用。

```
public   class   C4_16
{    public   static   void   main(String[ ]   args)
    {    double   a=2,b=3;
        double   z1=Math.pow(a,b);      //引用 Math 类的 pow 方法求 a 的 b 次方
        double   z2=Math.sqrt(9);       //引用 Math 类的 sqrt 方法求 9 的平方根
        System.out.print("z1="+z1);
        System.out.println("\tz2="+z2);
    }
}
```

该程序的运行结果如下：

```
z1=8.0      z2=3.0
```

4.4.11   用 final 修饰的最终方法

在面向对象的程序设计中，子类可以利用重载机制修改从父类那里继承来的某些数据成员及成员方法。这种方法在给程序设计带来方便的同时，也给系统的安全带来了威胁。为此，Java 语言提供了 final 修饰符来保证系统的安全。用 final 修饰符修饰的方法称为最终方法，如果类的某个方法被 final 修饰符所限定，则该类的子类就不能覆盖父类的方法，

即不能再重新定义与此方法同名的自己的方法，而仅能使用从父类继承来的方法。可见，使用 final 修饰方法，就是为了给方法"上锁"，防止任何继承类修改此方法，以保证程序的安全性和正确性。

注意：在 4.2.3 节中我们已经讲过，final 修饰符也可用于修饰类，而当用 final 修饰符修饰类时，所有包含在 final 类中的方法，都将自动成为 final 方法。

【示例程序 C4_17.java】　final 修饰方法的使用。

```
class   A1
{   final   int   add(int   x,int   y)   //用 final 修饰符修饰的最终方法
    {   return(x+y);   }
    int   mul(int   a,int   b)
    {   int   z;
        z=add(1,7)+a*b;
        return   z;
    }
}
public   class   C4_17   extends   A1   //类 C4_17 是类 A1 的子类
{
    /* int   add(int   x,int   y)
    {   return(x+y+2); }   子类 C4_17 企图覆盖父类 A1 的 final 方法，这是非法的 */
    public   static   void   main(String[ ]   args)
    {   int   a=2,b=3,z1,z2;
        C4_17   p1=new   C4_17( );
        z1=p1.add(a,b);        //子类可以引用父类的 final 方法
        z2=p1.mul(a,b);
        System.out.println("z1="+z1);
        System.out.println("z2="+z2);
    }
}
```

该程序的运行结果如下：

　　　z1=5　　　z2=14

4.4.12　用 native 修饰的本地方法

用修饰符 native 修饰的方法称为本地方法,使用此类方法的目的是将其他语言(例如 C、C++、FORTRAN、汇编语言等)嵌入到 Java 语言中。这样，Java 就可以充分利用已经存在的其他语言的程序功能模块进行编程，以提高编程效率。

在 Java 程序中使用 native 方法时应该特别注意平台问题。由于用 native 方法嵌入的用其他语言书写的模块是以非 Java 字节码的二进制代码形式嵌入 Java 程序的，而这种二进制代码通常只能运行在编译生成它的平台之上，因此整个 Java 程序的跨平台性能将受到限制

或破坏，除非 native 方法引入的代码也是跨平台的。有关的详
趣者请参阅 Java 手册。

习 题 4

4.1 什么是类？如何定义一个类？类的成员一般分为哪两部分，这两部分有何 L

4.2 什么是对象？如何创建一个对象？对象的成员如何表示？

4.3 如何对对象进行初始化？

4.4 什么是构造方法？构造方法有哪些特点？

4.5 什么是封装机制？

4.6 静态数据成员与非静态数据成员有何不同？

4.7 静态成员方法与非静态成员方法有何不同？

4.8 final 数据成员和成员方法有什么特点？

4.9 类的修饰符有什么作用？

4.10 填空：

(1) 关键字_____引入类的定义。

(2) 一个_____是一个特殊的方法，用于初始化一个类的对象。

(3) 一个声明为 static 的方法不能访问_____类成员。

(4) 对于带参数的成员方法来说，实参的个数、顺序以及它们的数据类型必须要与_____的个数、顺序以及它们的数据类型保持一致。

(5) 实参变量对形参变量的数据传递是_____。

(6) 在方法体内可以定义本方法所使用的变量，这种变量是_____，它的生存期与作用域是在_____内。

(7) 方法体内定义变量时，变量前不能加_____。

(8) 局部变量在使用前必须_____，否则编译时会出错。

(9) 构造方法的方法名与_____相同。

(10) 类的修饰符是 public，说明这个类可供_____包使用。

4.11 将示例程序 C4_1.java 改写为 Application 程序。

4.12 将示例程序 C4_3.java 改写为 Application 程序。

4.13 将示例程序 C4_16.java 改写为 Applet 程序。

4.14 将示例程序 C4_16.java 改写为有构造方法的程序。

4.15 将示例程序 C4_12.java 改写为有两个类的程序。

4.16 编程计算 $50+49+48+\cdots+1$ 的值，用递归方法实现。

第5章
消息、继承与多态

现实世界中的任何事物都是对象，这些对象的相互作用造就了这个丰富多彩、生机勃勃的世界。在面向对象的系统中，对象间的相互作用是通过一个对象向另一个对象发送消息的方式来体现的。多个对象之间通过传递消息来请求或提供服务，从而使一个软件具有更强大的功能。继承是存在于面向对象程序中的两个类之间的一种关系，是面向对象程序设计方法中的一种重要手段，是面向对象技术中最具特色、与传统方法最不相同的一个特点。在一个软件系统中，通过继承机制可以更有效地组织程序结构，明确类间关系，并充分利用已有类来完成更复杂、更深入的开发，实现软件复用。多态则是面向对象的程序中同名的不同方法共存的情况，引入多态机制可以提高类的抽象度和封闭性，统一一个类的对外接口。通过对本章的学习，我们将会深入地了解面向对象系统中的这些特性。

☞ 5.1 消　　息

在面向对象技术中，对象与对象之间并不是彼此孤立的，它们之间存在着联系，对象之间的联系是通过消息来传递的。在面向对象的程序中，消息就是数据成员及成员方法的引用。

5.1.1　消息的概念

在日常生活中，人与人之间要进行交流。某人可以向别人提供服务，例如，他可以开汽车、教学生学习等；同时他也需要别人为他提供服务，例如，他要吃饭但不可能自己去种地，要穿衣不可能自己去织布，他必须请求别人的帮助；同样，他什么时间讲课，也必须得到他人的请求或命令。"请求"或"命令"便是人与人进行交流的手段。

在面向对象的系统中，把"请求"或"命令"抽象成"消息"，对象之间的联系是通过消息传递来实现的。当系统中的其他对象请求这个对象执行某个服务时，它就响应这个请求，完成指定的服务。通常，我们把发送消息的对象称为发送者，把接收消息的对象称为接收者。对象间的联系，只能通过消息传递来进行。对象也只有在收到消息时才被激活，去完成消息要求的功能。

消息就是向对象发出服务请求，是对数据成员和成员方法的引用。因此，它应该含有这些信息：提供服务的对象标识——对象名、服务标识——方法名、输入信息——实际参数、回答信息——返回值或操作结果。消息具有三个性质：

(1) 同一对象可接收不同形式的多个消息，产生不同的响应。

(2) 相同形式的消息可以发送给不同的对象，各对象所做出的响应可以是截然不同的。

(3) 消息的发送可以不考虑具体的接收者，对象可以响应消息，也可以对消息不予理会，对消息的响应并不是必须的。

5.1.2 公有消息和私有消息

在面向对象系统中，消息分为两类：公有消息和私有消息。当有一批消息同属于一个对象时，由外界对象直接发送给这个对象的消息称为公有消息；对象发送给自己的消息称为私有消息。私有消息对外是不开放的，外界不必了解它。外界对象只能向此对象发送公有消息，而不能发送私有消息，私有消息是由对象自身发送的。

5.1.3 特定于对象的消息

特定于对象的消息是指将所有能支持此对象可接收消息的方法集中在一起，形成一个大消息，称为特定于对象的消息。这些消息让对象执行这个方法而不管它可能做什么及怎么做。特定于对象的消息可分为以下三种类型：

(1) 可以返回对象内部状态的消息。

(2) 可以改变对象内部状态的消息。

(3) 可以做一些特定操作，改变系统状态的消息。

📄【示例程序 C5_1.java】 不同类型消息的传递示例。

```java
class   Student
{   public   String   name;
    public   char    sex;
    public   int     no;
    public   int     age;
    Student(int   cno, String   cname, char   csex, int   cage)
    {   name=cname;
        sex=csex;
        no=cno;
        age=cage;
    }
    public void showNo( ){System.out.println("No:"+no);}
    public void showName( ){System.out.println("Name:"+name);}
    public void showSex( ){System.out.println("Sex:"+sex);}
    public void showAge( ){System.out.println("age:"+age);}
}
class   StudentScore
{   private   int   no;
    private   double score;
    public   void   sendScore(int cno,double cscore)
```

```
    {   //下面两条语句是对象发送给自身的消息，要求给自己的数据成员赋值，
        //这是一种私有消息，外界是不知道的
        no=cno;
        score=cscore;
    }
    void printScore( ){System.out.println("No:"+no+"   score:"+score);}
}
public   class C5_1
{
    public   static   void   main(String[ ]   args)
    {   int m;
        //下面两句发送 new 消息给类 Student，要求创建 st1、st2 的对象
        Student   st1=new   Student(101,"zhang li",'F',18);
        Student   st2=new   Student(102,"hong bing",'M',17);
        //发送 new 消息给类 StudentScore，要求创建 sc1、sc2 的对象
        StudentScore   sc1=new   StudentScore( );
        StudentScore   sc2=new   StudentScore( );
        /* 向 st1 的对象发送显示学号、名字、年龄的消息。这些消息都是公有消息。它们形成
            了同一对象可接收不同形式的多个消息，产生不同的响应*/
        st1.showNo( );       //这是一条消息，消息响应的结果是显示 st1 的对象的学号
        st1.showName( );     //显示对象姓名的消息
        st1.showAge( );      //显示对象年龄的消息
        st1.age=20;          //修改对象的数据成员的消息，修改 st1 对象的年龄
        m=st1.age;           //返回对象的数据成员的消息，将返回消息赋给变量 m
        System.out.println("m="+m);
        /* 向 st2 的对象发送两个显示信息的消息，与 st1 的对象相同，显示学号及名字。这些消
            息都是公有消息，说明了相同形式的消息可以送给不同的对象，各对象所做出的响应
            可以是截然不同的*/
        st2.showNo( );
        st2.showName( );
        //向 sc1、sc2 的对象各发送一个按学号输入成绩单的消息，这些消息都是公有消息
        sc1.sendScore(101,97);
        sc2.sendScore(102,84);
        //向 sc1、sc2 的对象各发送一个打印消息，这些消息都是公有消息
        sc1.printScore( );
        sc2.printScore( );
    }
}
```

该程序的运行结果如下：

No:101

Name:zhang li

age:18

m=20

No:102

Name:hong bing

No:101　　score:97.0

No:102　　score:84.0

☞ 5.2　访问控制

　　一个类总能够访问自己的数据成员和成员方法。但是，其他类是否能访问这个类的数据成员或成员方法，是由该类的访问控制符及该类数据成员和成员方法的访问控制符决定的。这就是说，访问控制符是一组限定类、数据成员或成员方法是否可以被其他类访问的修饰符。类的访问控制符只有 public 一个，缺省访问控制符时具有"友好访问"的特性。数据成员和成员方法的访问控制符有 public、private、protected 和缺省访问控制符等几种。类、数据成员和成员方法的访问控制符及其作用见表 5.1。

表 5.1　类、数据成员和成员方法的访问控制符及其作用

数据成员与方法＼类	public	缺　省
public	所有类	包中类(含当前类)
protected	包中类(含当前类)，所有子类	包中类(含当前类)
缺省(friendly)	包中类(含当前类)	包中类(含当前类)
private	当前类本身	当前类本身

　　通过声明类的访问控制符可以使整个程序结构清晰、严谨，减少可能产生的类间干扰和错误。

5.2.1　公共访问控制符 public

　　Java 的类是通过包的概念来组织的，简单地说，定义在同一个程序文件中的所有类都属于同一个包。处于同一个包中的类都是可见的，即可以不需任何说明而方便地互相访问和引用。而对于不同包中的类，一般说来，它们相互之间是不可见的，当然也不可能互相引用。然而，当一个类被声明为 public 时，只要在其他包的程序中使用 import 语句引入这个 public 类，就可以访问和引用这个类，并创建这个类的对象，访问这个类内部可见的数据成员和引用它的可见的方法。例如，Java 类库中的许多类都是公共类，我们在程序中就是通过 import 语句将其引入的。

　　当一个类的访问控制符为 public 时，表明这个类作为整体对其他类是可见和可使用的，这个类就具有了被其他包中的类访问的可能性。但是，处于不同包中的 public 类作为整体

对其他类是可见的，并不代表该类的所有数据成员和成员方法也同时对其他类是可见的，这得由这些数据成员和成员方法的修饰符来决定。只有当 public 类的数据成员和成员方法的访问控制符也被声明为 public 时，这个类的所有用 public 修饰的数据成员和成员方法才同时对其他类也是可见的。在程序设计时，如果希望某个类能作为公共工具供其他的类和程序使用，则应该把类本身和类内的方法都声明为 public。例如，把 Java 类库中的标准数学函数类 math 和标准数学函数方法都声明为 public，以供其他的类和程序使用。

需要注意的是，数据成员和成员方法的访问控制符被声明为 public 时，会造成安全性和封装性下降，所以一般应尽量少用。

　【示例程序 A.java 和 B.java】　有无 public 访问控制符的不同。

(1) A.java 程序：

```
package c51;
public class  A
{   double x1;                              //友好访问的数据成员
    public double x2;                       //公共的数据成员
    public  double  ar(double x)            //公共的成员方法
    {   double s;
        s=x;
        return s;
    }
}
```

(2) B.java 程序：

```
package c52;
import c51.A;
public class B
{   public  static  void  main(String[ ]  args)
    {   double s1;
        A p1=new  A();                      //创建 A 类 p1 的对象
        // p1.x1=7;      x1 不是公共数据成员，不能访问
        p1.x2=5.2;                          //访问 A 类 p1 的对象的数据成员
        s1=p1.ar(8);                        //访问 A 类 p1 的对象的成员方法
        System.out.println("p1.x2="+p1.x2+" s1="+s1);
    }
}
```

上述两个程序文件的位置及其关系如图 5.1 左上窗口所示，其运行结果见图 5.1 右下窗口所示。

程序说明：为了说明有无 public 访问控制符的不同，我们在 c51 包的 A.java 文件中创建了 A 类，并定义了一个没有 public 访问控制符的数据成员 x1 和一个由 public 修饰的数据成员 x2；然后，我们又在 c52 包的 B.java 文件中创建 B 类，在 B 类中创建 A 类 p1 的对

象实例，并访问该对象的数据成员及成员方法。可以看出，在 B 类中对于没有 public 访问控制符的 A 类 p1 的对象的数据成员 x1 是不能访问的，编译时会报错，所以，程序中将其注释掉了。

图 5.1 程序 A.java 和 B.java 的位置图及运行结果

5.2.2 缺省访问控制符

如果一个类没有访问控制符，说明它具有缺省的访问控制特性，这种缺省的访问控制特性称为"友好访问"。友好访问规定只有在同一个包中的对象才能访问和引用这些类，因此，友好访问又称为包访问性。同样道理，类内的数据成员和成员方法如果没有访问控制符来限定，那么它们同样具有"友好访问"的特性，它们也具有包访问性，可以被同一个包中的其他类所访问和引用。

🔲【示例程序 C5_2.java 和 ClassArea.java】 缺省访问控制符的程序示例。

在 ch5 包中创建两个类：ClassArea 类和 C5_2 类。其中，ClassArea 是缺省访问控制符的类，其功能是计算矩形面积；C5_2 是一个公共类，在这个类中创建 ClassArea 类的实例对象 ss，并访问该对象的成员方法。

(1) ClassArea.java 文件：

```
package ch5;
class   ClassArea
{
    double lon,wid;                  //数据成员的修饰符为缺省
    double area(double x,double y)   //成员方法的修饰符为缺省
    {   double s;                    //方法内的变量
        lon=x;
```

```
        wid=y;
        s=lon*wid;              //求矩形面积
        return s;               //返回面积值
    }
}
```

(2) C5_2.java 文件：

```
package ch5;
public   class   C5_2
{
    public   static   void   main(String[ ]   args)
    {
        double    a=2.2,b=3.1,z;
        /*在类 C5_2 中创建被访问 ClassArea 类的 ss 的对象，并访问对象的成员方法。这就是说，
          包中类是可见的，可以互相引用*/
        ClassArea   ss=new   ClassArea( );
        z=ss.area(a,b);         //访问 ss 的对象的成员方法
        System.out.println("z="+z);
    }
}
```

上述两个程序文件的位置及其关系如图 5.2 左上窗口所示，其运行结果见图 5.2 右下窗口，是 z=6.820000000000001。

图 5.2   程序 C5_2.java 和 ClassArea.java 位置图及运行结果

5.2.3   私有访问控制符 private

用 private 修饰的数据成员或成员方法只能被该类自身访问和修改，而不能被任何其他

类(包括该类的子类)访问和引用。它提供了最高的保护级别。当其他类希望获取或修改私有成员时，需要借助于类的方法来实现。

■【示例程序 C5_3.java】 同一个包中，用 private 修饰的父类的数据成员不能被子类的实例对象引用，故程序中将该语句变成了注释语句。

```java
class   P1
{   private   int   n=9;                          //私有数据成员 n
    int   nn;
    P1( )                                         //构造方法
    {   nn=n++;   }                               //可以被该类的对象自身访问和修改
    void   ma( )
    {   System.out.println("n="+n);   }           //可以被该类的对象自身访问
}
public   class   C5_3   extends   P1              //类 class   C5_3 是类 P1 的子类
{
    public static void main(String[ ] args)
    {
        P1   m1=new   P1( );
        System.out.println("m1.nn="+m1.nn);
        // System.out.println("m1.n="+m1.n); 错，不能引用父类的私有成员
        m1.ma( );                                 //可以引用 P1 类自身的成员方法
    }
}
```

该程序的运行结果如下：

```
m1.nn=9    n=10
```

5.2.4   保护访问控制符 protected

用 protected 修饰的成员变量可以被三种类引用：该类自身，与它在同一个包中的其他类以及在其他包中的该类的子类。使用 protected 修饰符的主要作用是允许其他包中的它的子类来访问父类的特定属性。

■【示例程序 C41.java 和 C42.java】 当父类的数据成员用 protected 修饰时，其他包的子类引用该数据成员的情况。具体情况见程序中的注释。

(1) C41.java 程序：

```java
package c51;
public class C41 {
    protected   double   x1;
    double x2;
    protected   double   ar(double x)
    {   double s;
```

```
            s=x;
            return s;
        }
    }
```

(2) C42.java 程序：

```
    package c52;
    import    c51.C41;
    public class C42 extends C41
    {
        public    static    void    main(String[ ]    args)
        {
            double s1;
            C42 p1=new    C42();
            p1.x1=7;            //可以访问，属性 x1 是 protected 修饰的
            s1=p1.ar(4);        //可以访问，方法 ar( )是 protected 修饰的
            // p1.x2=9; 错，不能访问，x2 没有访问控制符，不能被另一包的实例对象访问
            System.out.println("p1.x1="+p1.x1+" s1="+s1);
        }
    }
```

程序 C41.java 和 C42.java 的位置及其关系见图 5.3 左上窗口所示，其运行结果见图 5.3
右下窗口，为 p1.x1=7.0   s1=4.0。

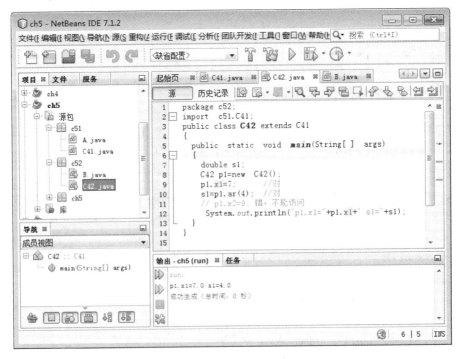

图 5.3　程序 C41.java 和 C42.java 位置图及运行结果

☞ 5.3 多 态 机 制

多态是面向对象系统中的又一重要特性，它描述的是同名方法可以根据发送消息的对象传送参数的不同，采取不同的行为方式的特性。面向对象系统中采用多态，大大提高了程序的抽象程度和简洁性，更重要的是，它最大限度地降低了类和程序模块之间的耦合性，提高了类模块的封闭性，使得它们不需了解对方的具体细节，就可以很好地共同工作。这一点对程序的设计、开发和维护都有很大的好处。

5.3.1 多态的概念

多态是指一个程序中具有相同名字而内容不同的方法共存的情况。这些方法同名的原因是它们的最终功能和目的都相同，但是由于在完成同一功能时可能遇到不同的具体情况，因此需要定义包含不同具体内容的方法，来代表多种具体实现形式。

多态是面向对象程序设计中的一个重要特性，其目的是提高程序的抽象度、封闭性和简洁性，统一一个或多个相关类对外的接口。

Java 中提供了两种多态机制：重载与覆盖。

5.3.2 重载

当在同一类中定义了多个同名而不同内容的成员方法时，我们称这些方法是重载(override)的方法。重载的方法主要通过形式参数列表中参数的个数、参数的数据类型和参数的顺序等方面的不同来区分。在编译期间，Java 编译器要检查每个方法所用的参数数目和类型，然后调用正确的方法。

📖【示例程序 C5_5.java】 加法运算重载的例子。

```java
import    java.applet.Applet;
import    java.awt.Graphics;
public class C5_5 extends Applet
{   int   add(int   a,   int   b)              //重载的方法 1
    { return(a+b);}
    double   add(double x,   double y)         //重载的方法 2
    {   return(x+y); }
    double   add(double x,   double y,   double z)   //重载的方法 3
    {   return(x+y+z); }
    public   void   paint(Graphics g)
    {   g.drawString("Sum is:"+add(8.5,2.3),5,10);
        g.drawString("Sum is:"+add(21,38),5,30);
        g.drawString("Sum is:"+add(8.5,2.3,8.5+2.3),5,50);
    }
}
```

该程序的运行结果如下:

  Sum is: 10.8

  Sum is: 59

  Sum is: 21.6

该类中定义了三个名为 add 的方法:第一个方法是计算两个整数的和;第二个方法是计算两个浮点数的和;第三个方法是计算三个浮点数的和。编译器根据方法被引用时提供的实际参数,选择并执行对应的重载方法。

5.3.3　覆盖

由于面向对象系统中的继承机制,子类可以继承父类的方法。但是,子类的某些特征可能与从父类中继承来的特征有所不同,为了体现子类的这种个性,Java 允许子类对父类的同名方法重新进行定义,即在子类中可以定义与父类中已定义的方法同名而内容不同的方法。这种多态被称为覆盖(overload)。

由于覆盖的同名方法存在于子类对父类的关系中,因此只需在方法引用时指明引用的是父类的方法还是子类的方法,就可以很容易地把它们区分开来。具体应用请参阅 5.4.3 节。

☞　5.4　继 承 机 制

继承是面向对象程序设计的又一种重要手段。在面向对象的程序设计中,采用继承的机制可以有效地组织程序的结构,设计系统中的类,明确类间关系,充分利用已有的类来完成更复杂、深入的开发,大大提高程序开发的效率,降低系统维护的工作量。

5.4.1　继承的概念

同类事物具有共同性,在同类事物中,每个事物又具有其特殊性。运用抽象的原则舍弃对象的特殊性,抽取其共同性,则可得到一个适应于一批对象的类,这便是一般类;而那些具有特殊性的类称为特殊类。也就是说,如果类 B 具有类 A 的全部属性和方法,而且又具有自己特有的某些属性和方法,则把类 A 称做一般类,把类 B 叫做类 A 的特殊类。例如:考虑轮船和客轮这两个类。轮船具有吨位、时速、吃水线等属性,并具有行驶、停泊等服务;客轮具有轮船的全部属性与服务,又有自己的特殊属性(如载客量)和服务(如供餐等)。若把轮船看做一般类,则客轮是轮船的特殊类。

在面向对象程序设计中运用继承原则,就是在每个由一般类和特殊类形成的一般—特殊结构中,把一般类的对象实例和所有特殊类的对象实例都共同具有的属性和操作一次性地在一般类中进行显式定义,在特殊类中不再重复地定义一般类中已经定义的东西,但是在语义上,特殊类却自动地、隐含地拥有它的一般类(以及所有更上层的一般类)中定义的属性和操作。特殊类的对象拥有其一般类的全部或部分属性与方法,称做特殊类对一般类的继承。

继承所表达的就是一种对象类之间的相交关系,它使得某类对象可以继承另外一类对象的数据成员和成员方法。若类 B 继承类 A,则属于类 B 的对象便具有类 A 的全部或部分性质(数据属性)和功能(操作)，我们称被继承的类 A 为基类、父类或超类，而称继承类 B 为 A 的派生类或子类。父类与子类的层次关系如图 5.4 所示。

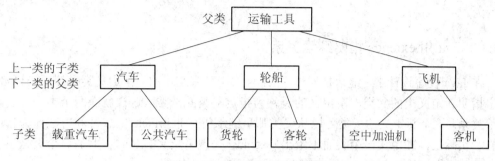

图 5.4　父类与子类的层次关系

　　继承避免了对一般类和特殊类之间共同特征进行的重复描述。同时，通过继承可以清晰地表达每一项共同特征所适应的概念范围——在一般类中定义的属性和操作适用于这个类本身以及它以下的每一层特殊类的全部对象。运用继承原则使得系统模型更简洁、清晰。

5.4.2　继承的特征

　　一般来说，继承具有下述特征：

　　(1) 继承关系是传递的。若类 C 继承类 B，类 B 继承类 A，则类 C 既有从类 B 那里继承下来的属性与方法，也有从类 A 那里继承下来的属性与方法，还可以有自己新定义的属性和方法。继承来的属性和方法尽管是隐式的，但仍是类 C 的属性和方法。继承是在一些比较一般的类的基础上构造、建立和扩充新类的最有效的手段。

　　(2) 继承简化了人们对事物的认识和描述，能清晰地体现相关类间的层次结构关系。

　　(3) 继承提供了软件复用功能。若类 B 继承类 A，那么建立类 B 时只需要再描述与基类(类 A)不同的少量特征(数据成员和成员方法)即可。这种做法能减小代码和数据的冗余度，大大增加程序的重用性。

　　(4) 继承通过增强一致性来减少模块间的接口和界面，大大增加了程序的易维护性。

　　(5) 提供多重继承机制。从理论上来说，一个类可以是多个一般类的特殊类，它可以从多个一般类中继承属性与方法，这便是多重继承。Java 出于安全性和可靠性的考虑，仅支持单重继承，而通过使用接口机制来实现多重继承。图 5.5 所示为一个单重继承与多重继承的例子。

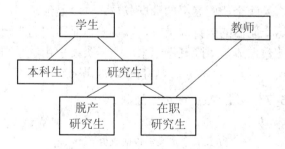

图 5.5　单重继承与多重继承的例子

在这个模型中,"本科生"、"研究生"、"脱产研究生"都为单继承,而"在职研究生"为多重继承,因为它不仅继承"学生"/"研究生"的属性和行为,还继承"教师"的属性和行为。

5.4.3　Java 用 extends 指明继承关系

在 Java 程序设计中,继承是通过 extends 关键字来实现的。在定义类时使用 extends 关键字指明新定义类的父类,新定义的类称为指定父类的子类,这样就在两个类之间建立了继承关系。这个新定义的子类可以从父类那里继承所有非 private 的属性和方法作为自己的成员。实际上,在定义一个类而不给出 extends 关键字及父类名时,默认这个类是系统类 object 的子类。下面分不同情况来讲解继承关系。

1. 数据成员的继承

子类可以继承父类的所有非私有的数据成员。

📓【示例程序 C5_6.java】　数据成员的继承。

```
class   A1
{   int   x=25;
    private   int   z;                     //不能被子类继承的私有数据成员 z
}
class   C5_6   extends   A1              // A1 是 C5_6 的父类,C5_6 是 A1 的子类
{
    public   static   void   main(String[ ] argS)
    {   C5_6   p=new   C5_6();
        System.out.println("p.x="+p.x);    //输出继承来的数据成员的值
        // System.out.println("p.z="+p.z); 错,不能继承 private 修饰的 z
    }
}
```

该程序的运行结果如下:

```
p.x=25
```

2. 数据成员的隐藏

数据成员的隐藏是指在子类中重新定义一个与父类中已定义的数据成员名完全相同的数据成员,即子类拥有了两个相同名字的数据成员,一个是继承自父类的,另一个是自己定义的。当子类引用这个同名的数据成员时,默认操作是引用它自己定义的数据成员,而把从父类那里继承来的数据成员"隐藏"起来。当子类要引用继承自父类的同名数据成员时,可使用关键字 super 引导,这部分内容将在 5.4.4 节介绍。

📓【示例程序 C5_7.java】　数据成员的隐藏。

```
class   A11
{   int x=8;   }                    //父类中定义了数据成员 x
class   C5_7   extends   A11
```

```
{   int    x=24;                        //子类中也定义了数据成员 x
    public   static   void   main(String[ ]   argS)
    {   int   s1,s2;
        A11    p=new    A11( );          //创建父类 p 的对象
        C5_7   p1=new   C5_7( );          //创建子类 p1 的对象
        s1=p.x;
        s2=p1.x;           //子类对象引用自己的数据成员，把父类数据成员"隐藏"起来
        System.out.println("s1="+s1);
        System.out.println("s2="+s2);
    }
}
```

该程序的运行结果如下：

```
    s1=8      s2=24
```

3．成员方法的继承

子类可以继承父类的非私有成员方法。下面的程序说明这一问题。

📖【示例程序 C5_8.java】　成员方法的继承。

```
    class    A2
    {   int x=0,y=1;
        void Myp( )
        {   System.out.println("x="+x+"   y="+y); }
        private void Printme( )
        {   System.out.println("x="+x+"   y="+y); }
    }

    public   class   C5_8   extends   A2
    {
        public   static   void   main(String   arg[])
        {   int   z=3;
            C5_8   p1=new   C5_8();
            p1.Myp();
            // p1.Printme( ); 错，不能继承父类的 private 方法
        }
    }
```

该程序的运行结果如下：

```
    x=0   y=1
```

4．成员方法的覆盖

子类可以重新定义与父类同名的成员方法，实现对父类方法的覆盖(overload)。方法的覆盖与数据成员的隐藏的不同之处在于：子类隐藏父类的数据成员只是使之不可见，父类

同名的数据成员在子类对象中仍然占有自己独立的内存空间；子类方法对父类同名方法的覆盖将清除父类方法占用的内存，从而使父类方法在子类对象中不复存在。

【示例程序 C5_9.java】 成员方法的覆盖。

```
class   A3
{    int   x=10;   int   y=31;
     public   void   Printme( )
     {   System.out.println("x="+x+"   y="+y);}
}
public   class   C5_9   extends   A3
{   int   z=35;
    public void Printme( )              //子类中定义了与父类同名的成员方法，实现覆盖
    {   System.out.println(" z="+z);   }
    public static void main(String arg[ ])
    {   A3   p2=new   A3( );             //创建父类 p2 的对象
        C5_9   p1=new   C5_9( );         //创建子类 p1 的对象
        p1.Printme( );                  //子类对象引用子类方法，覆盖了父类的同名方法
        p2.Printme( );                  //父类对象引用父类方法
    }
}
```

该程序的运行结果如下：

z=35   x=10   y=31

方法的覆盖中需要注意的是：子类在重新定义父类已有的方法时，应保持与父类完全相同的方法名、返回值类型和参数列表，否则就不是方法的覆盖，而是子类定义自己特有的方法，与父类的方法无关。

5.4.4 this 与 super

1．this 的使用场合

在一些容易混淆的场合，例如，当成员方法的形参名与数据成员名相同，或者成员方法的局部变量名与数据成员名相同时，在方法内借助 this 来明确表示引用的是类的数据成员，而不是形参或局部变量，从而提高程序的可读性。简单地说，this 代表了当前对象的一个引用，可将其理解为对象的另一个名字，通过这个名字可以顺利地访问对象，修改对象的数据成员，调用对象的方法。归纳起来，this 的使用场合有下述三种：

(1) 用来访问当前对象的数据成员，其使用形式如下：

this.数据成员

(2) 用来访问当前对象的成员方法，其使用形式如下：

this.成员方法(参数)

(3) 当有重载的构造方法时，用来引用同类的其他构造方法，其使用形式如下：

this(参数)

下面通过例子来说明前两种用法，关于第三种用法，将在 5.4.5 节介绍。

【示例程序 C5_10.java】 this 的使用。

```java
class    A4
{   int    x=0;   int y=1;
    public   void   Printme( )
    {   System.out.println("x="+x+" y="+y);
        System.out.println("I am an "+this.getClass( ).getName( ));
    //用 this 来访问当前对象的成员方法，通过 this 表示当前对象，来打印当前对象的类名。
    //其中的 getClass( )和 getName( )是系统类库中提供的方法
    }
}
public   class   C5_10   extends   A4
{
    public   static   void   main(String   arg[ ])
    {   C5_10   p1=new   C5_10( );
        p1.Printme( );
    }
}
```

该程序的运行结果如下：

```
x=0      y=1
I am an    C5_10
```

【示例程序 C5_11.java】 this 的使用。

```java
class    AlassArea
{
    double    x,y;
    double    area(double x,double y)
    {
        double    s;
        this.x=x;          //借助 this 来表示引用的是类数据成员
        this.y=y;
        s=this.x * this.y;
        return s;
    }
}


public   class   C5_11   extends   AlassArea
{
    public   static   void   main(String[ ]   args)
```

```
    {
        double    a=2.2,b=3.1,z;
        C5_11 ss=new    C5_11( );              //创建 ss 的对象
        z=ss.area(a,b);                         //引用父类对象的成员方法求面积
        System.out.println("z="+z);
    }
}
```

该程序的运行结果如下:

```
    z=6.820000000000001
```

【示例程序 C5_12.java】 计算圆的面积和周长。

```
    public    class    C5_12
    {
        public static void main(String[ ] args)
        {   double x;
            Circle    cir=new    Circle(5.0);
            x=cir.area( );
            System.out.println("圆的面积="+x);
            x=cir.perimeter( );
            System.out.println("圆的周长="+x);
        }
    }
    class    Circle
    {
        double r;                              //定义半径
        final double PI=3.14159265359;         //定义圆周率
        public    Circle(double r)             //类的构造方法
        {    this.r=r;                         //通过构造方法给 r 赋值
        }
        double area( )                         //计算圆面积的方法
        {    return PI*r*r; }
        double perimeter( )                    //计算圆周长的方法
        {
            return 2*(this.area( )/r);         //使用 this 变量获取圆的面积
        }
    }
```

该程序的运行结果如下:

```
    圆的面积=78.53981633974999
    圆的周长=31.415926535899995
```

2．super 的使用场合

super 表示的是当前对象的直接父类对象，是当前对象的直接父类对象的引用。所谓直接父类，是相对于当前对象的其他"祖先"类而言的。例如，假设类 A 派生出子类 B，类 B 又派生出自己的子类 C，则 B 是 C 的直接父类，而 A 是 C 的祖先类。super 代表的就是直接父类。若子类的数据成员或成员方法名与父类的数据成员或成员方法名相同，当要调用父类的同名方法或使用父类的同名数据成员时，可用关键字 super 来指明父类的数据成员和方法。

super 的使用方法有三种：

(1) 用来访问直接父类隐藏的数据成员，其使用形式如下：

　　super.数据成员

(2) 用来调用直接父类中被覆盖的成员方法，其使用形式如下：

　　super.成员方法(参数)

(3) 用来调用直接父类的构造方法，其使用形式如下：

　　super(参数)

下面通过例子来说明前两种用法，关于第三种用法，将在 5.4.5 节介绍。

【示例程序 C5_13.java】 super 的使用。

```java
class   A5
{
    int   x=4;   int   y=1;
    public   void   printme( )
    {
        System.out.println("x="+x+" y="+y);
        System.out.println("class name: "+this.getClass( ).getName( ));
    }
}
public class   C5_13   extends   A5
{
    int   x;
    public   void   printme( )
    {
        int   z=super.x+6;          //引用父类(即 A5 类)的数据成员
        super.printme( );           //调用父类(即 A5 类)的成员方法
        System.out.println("I am an   "+this.getClass( ).getName( ));
        x=5;
        System.out.println(" z="+z+"   x="+x);     //打印子类的数据成员
    }
    public   static   void   main(String   arg[ ])
    {
```

```
        int    k;
        A5    p1=new    A5( );
        C5_13    p2=new    C5_13( );
        p1.printme( );
        p2.printme( );
    // super.printme( ); //错，在 static 方法中不能引用非 static 成员方法
    // k=super.x+23;    //错，在 static 方法中不能引用非 static 数据成员
        }
    }
```
该程序的运行结果如下：
```
    x=4 y=1
    class name: A5
    x=4 y=1
    class name: c5_13
    I am an    c5_13
    z=10    x=5
```

5.4.5 构造方法的重载与继承

1. 构造方法的重载

一个类的若干个构造方法之间可以相互调用。当一个构造方法需要调用另一个构造方法时，可以使用关键字 this，同时这个调用语句应该是整个构造方法的第一条可执行语句。使用关键字 this 来调用同类的其他构造函数时，优点同样是可以最大限度地提高对已有代码的利用程度，提高程序的抽象度和封装性，减少程序的维护工作量。

【示例程序 C5_14.java】 构造方法的重载。

```
class    Addclass
{
    public int x=0,y=0,z=0;
    //以下是多个同名不同参数的构造方法
    Addclass(int x)                //可重载的构造方法 1
    {    this.x=x;    }
    Addclass(int x,int y)          //可重载的构造方法 2
    {
        this(x);                   //当前构造方法调用可重载的构造方法 1
        this.y=y;
    }
    Addclass(int x,int y,int z)    //可重载的构造方法 3
    {
        this(x,y);                 //当前构造方法调用可重载的构造方法 2
```

```
            this.z=z;
        }
    public int add( )
    { return   x+y+z;}
}
public   class   C5_14
{   public static void main(String[ ] args)
    {
            Addclass   p1=new    Addclass(2,3,5);
            Addclass   p2=new    Addclass(10,20);
            Addclass   p3=new    Addclass(1);
            System.out.println("x+y+z="+p1.add( ));
            System.out.println("x+y="+p2.add( ));
            System.out.println("x="+p3.add( ));
    }
}
```

该程序的运行结果如下：

```
    x+y+z=10
    x+y=30
    x=1
```

2．构造方法的继承

子类可以继承父类的构造方法，构造方法的继承遵循以下的原则：

(1) 子类无条件地继承父类的不含参数的构造方法。

(2) 如果子类自己没有构造方法，则它将继承父类的无参数构造方法，并将这些方法作为自己的构造方法；如果子类自己定义了构造方法，则在创建新对象时，它将先执行继承自父类的无参数构造方法，然后再执行自己的构造方法。

(3) 对于父类的含参数构造方法，子类可以通过在自己的构造方法中使用 super 关键字来调用它，但这个调用语句必须是子类构造方法的第一条可执行语句。

📖【示例程序 C5_15.java】 构造方法的继承。

```
    class   Addclass2
    {   public   int x=0,y=0,z=0;
        Addclass2(int   x)                //父类可重载的构造方法 1
        {   this.x=x;   }
        Addclass2(int   x,int   y)            //父类可重载的构造方法 2
        {   this.x=x; this.y=y;   }
        Addclass2(int   x,int   y,int z)      //父类可重载的构造方法 3
        {   this.x=x; this.y=y; this.z=z;   }
        public int add( )
```

```
        { return   x+y+z;}
    }

    public   class   C5_15   extends      Addclass2
    {   int   a=0,b=0,c=0;
        C5_15(int   x)                    //子类可重载的构造方法 1
        {   super(x);
            a=x+7;
        }
        C5_15(int   x,int   y)            //子类可重载的构造方法 2
        {   super(x,y);
            a=x+5; b=y+5;
        }
        C5_15(int   x,int   y,int   z)    //子类可重载的构造方法 3
        {   super(x,y,z);
            a=x+4; b=y+4; c=z+4;
        }

        public   int   add( )
        {   System.out.println("super: x+y+z="+super.add( ));
            return   a+b+c;
        }
        public   static   void   main(String[ ]   args)
         {
            C5_15 p1=new   C5_15(2,3,5);
            C5_15 p2=new   C5_15(10,20);
            C5_15 p3=new   C5_15(1);
            System.out.println("a+b+c="+p1.add( ));
            System.out.println("a+b="+p2.add( ));
            System.out.println("a="+p3.add( ));
         }
    }
```

该程序的运行结果如下：

```
    super: x+y+z=10
    a+b+c=22
    super: x+y+z=30
    a+b=40
    super: x+y+z=1
    a=8
```

5.4.6 向方法传递对象

前面已讲过传递给方法的参数可以是表达式(如常量、变量)、对象等，并说明传递给方法的参数若是变量，则只能由实参传递给形参，而不能由形参带回，即它是一种单向值传递。也就是说，在方法的引用过程中，对于形参变量值的修改并不影响实参变量值。但是，传递给方法的参数若是对象，则实参与形参的对象的引用指向同一个对象，因此成员方法中对对象的数据成员的修改，会使实参对象的数据成员值也发生同样的变化。这种参数的传递方式被称为"双向地址传递"。

🔲【示例程序 C5_16.java】 方法中的参数是对象时的情形。

```java
import java.applet.Applet;
import java.awt.Graphics;
class    Student1
{
    public    String    Name;
    public int age=16;     public int score=0;
    public void ShowStudent(Graphics g,int x,int y)
    {
        g.drawString("Name:"+Name,x,y);
        g.drawString("age:"+age,x,y+20);
        g.drawString("score:"+score,x,y+40);
    }
}
public    class    C5_16    extends    Applet
{
    public    void    studentAttributes(Student1 s,String Name, int age, int score)
    {   s.Name=Name;
        s.age=age;
        s.score=score;
    }
    public    void    paint(Graphics g)
    {   Student1    st1=new    Student1( );    //创建 st1 的对象
        Student1    st2=new    Student1( );    //创建 st2 的对象
        studentAttributes(st1,"zhang",23,81); // st1 的对象作为实参
        studentAttributes(st2,"li",24,90);     // st2 的对象作为实参
        st1.ShowStudent(g,25,25);             //执行此方法可发现 st1 的对象将新值带回
        st2.ShowStudent(g,25,120);            //再次执行此方法可发现 st2 的对象将新值带回
    }
}
```

该程序的运行结果如图 5.6 所示。

图 5.6　程序 C5_16 的运行结果

5.4.7　继承与封装的关系

在面向对象系统中，有了封装机制以后，对象之间只能通过消息传递进行通信。那么，继承机制的引入是否削弱了对象概念的封装性？继承和封装是否矛盾？其实这两个概念并没有实质性的冲突，在面向对象系统中，封装性主要指的是对象的封装性，即将属于某一类的一个具体的对象封装起来，使其数据和操作成为一个整体。

在引入了继承机制的面向对象系统中，对象依然是封装得很好的实体，其他对象与它进行通信的途径仍然只有一条，那就是发送消息。类机制是一种静态机制，不管是基类还是派生类，对于对象来说，它仍然是一个类的实例，既可能是基类的实例，也可能是派生类的实例。因此，继承机制的引入丝毫没有影响对象的封装性。

从另一个角度来看，继承和封装机制还具有一定的相似性，它们都是一种共享代码的手段。继承是一种静态共享代码的手段，通过派生类对象的创建，可以接受某一消息，启动其基类所定义的代码段，从而使基类和派生类共享这一段代码。封装机制所提供的是一种动态共享代码的手段，通过封装，我们可将一段代码定义在一个类中，在另一个类所定义的操作中，我们可以通过创建该类的实例，并向它发送消息而启动这一段代码，同样也达到共享的目的。

☞ 5.5　抽象类、接口与包

抽象类体现数据抽象的思想，是实现程序多态性的一种手段。接口则是 Java 中实现多重继承的唯一途径。包是一个更大的程序单位，主要实现软件复用。

5.5.1　抽象类

假设我们要编写一个计算矩形、三角形和圆的面积与周长的程序，若按前面所学的方式编程，我们必须定义四个类，即圆类、三角形类、矩形类和使用前三个类的公共类，它们之间没有继承关系，如图 5.7 所示。程序写好后虽然能执行，但从程序的整体结构上看，三个类之间的许多共同属性和操作在程序中没有很好地被利用，需要重复编写代码，降低了程序的开发效率，且使出现错误的机会增加。

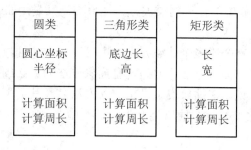

图 5.7　具有相同特征却彼此独立的几个类

仔细分析上面例子中的三个类，可以看到这三个类都要计算面积与周长，虽然公式不同但目标相同。因此，我们可以为这三个类抽象出一个父类，在父类里定义圆、三角形和矩形三个类共同的数据成员及成员方法。把计算面积与周长的成员方法名放在父类给予说明，再将具体的计算公式在子类中实现，如图 5.8 所示。这样，我们通过父类就大概知道子类所要完成的任务，而且，这些方法还可以应用于求解平行四边形、梯形等图形的周长与面积。这种结构就是抽象类的概念。

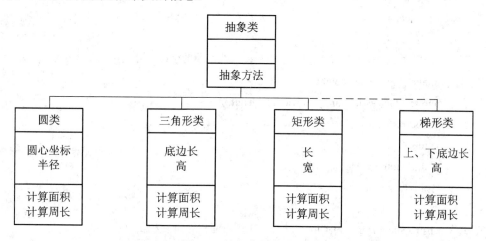

图 5.8　抽象类及其应用

Java 程序用抽象类(Abstract Class)来实现自然界的抽象概念。抽象类的作用在于将许多有关的类组织在一起，提供一个公共的类，即抽象类，而那些被它组织在一起的具体的类将作为它的子类由它派生出来。抽象类刻画了公有行为的特征，并通过继承机制传送给它的派生类。在抽象类中定义的方法称为抽象方法，这些方法只有方法头的声明，而用一个分号来代替方法体的定义，即只定义成员方法的接口形式，而没有具体操作。只有派生类对抽象成员方法的重定义才真正实现与该派生类相关的操作。在各子类继承了父类的抽象方法之后，再分别用不同的语句和方法体来重新定义它，形成若干个名字相同、返回值相同、参数列表也相同，目的一致但是具体实现有一定差别的方法。抽象类中定义抽象方法的目的是实现一个接口，即所有的子类对外都呈现一个相同名字的方法。

抽象类是它的所有子类的公共属性的集合，是包含一个或多个抽象方法的类。使用抽象类的一大优点就是可以充分利用这些公共属性来提高开发和维护程序的效率。对于抽象类与抽象方法的限制如下：

(1) 凡是用 abstract 修饰符修饰的类被称为抽象类。凡是用 abstract 修饰符修饰的成员方法被称为抽象方法。

(2) 抽象类中可以有零个或多个抽象方法，也可以包含非抽象的方法。

(3) 抽象类中可以没有抽象方法，但是，有抽象方法的类必须是抽象类。

(4) 对于抽象方法来说，在抽象类中只指定其方法名及其类型，而不书写其实现代码。

(5) 抽象类可以派生子类，在抽象类派生的子类中必须实现抽象类中定义的所有抽象方法。

(6) 抽象类不能创建对象，创建对象的工作由抽象类派生的子类来实现。

(7) 如果父类中已有同名的 abstract 方法，则子类中就不能再有同名的抽象方法。

(8) abstract 不能与 final 并列修饰同一个类。

(9) abstract 不能与 private、static、final 或 native 并列修饰同一个方法。

　🖫【示例程序 C5_17.java】 抽象类的应用。

```java
import java.applet.Applet;
import java.awt.Graphics;
abstract  class  Shapes              //定义一个抽象类 Shapes
{
    public   int   x,y;              // x、y 为画图的坐标
    public   int   width,height;
    public   Shapes(int x,int y,int width,int height)
    { this.x=x;
      this.y=y;
      this.width=width;
      this.height=height;
    }
    abstract double getArea( );       //求图形面积的抽象方法
    abstract double getPerimeter( );  //求图形周长的抽象方法
}
class  Square  extends  Shapes        //由抽象类 Shapes 派生的子类——矩形类
{
    public   double   getArea( ){return(width*height);}
    public   double   getPerimeter( ){return(2*width+2*height);}
    public   Square(int x,int y,int width,int height)
    {      super(x,y,width,height);   }
}
class  Triangle  extends  Shapes      //由抽象类 Shapes 派生的子类——直角三角形类
{
```

```
    public double c;                    //斜边
    public double getArea( ){return(0.5*width*height);}
    public double getPerimeter( ){return(width+height+c);}
    public Triangle(int x,int y,int base,int height)
    {
        super(x,y,base,height);
        c=Math.sqrt(width*width+height*height);
    }
}
class  Circle  extends  Shapes        //由抽象类 Shapes 派生的子类——圆类
{
    public double r;                    //半径
    public double getArea( ){return(r*r*Math.PI);}
    public double getPerimeter( ){return(2*Math.PI*r);}
    public   Circle(int x,int y,int width,int height)
    {
        super(x,y,width,height);
        r=(double)width/2.0;
    }
}


public  class  C5_17  extends  Applet
{
    Square   Box=new   Square(5,15,25,25);
    Triangle  tri=new   Triangle(5,50,8,4);
    Circle  Oval=new   Circle(5,90,25,25);
    public  void   paint(Graphics g)
    {
    //画正方形
        g.drawRect(Box.x,Box.y,Box.width,Box.height);
        g.drawString("Box Area:"+Box.getArea( ),50,35);
        g.drawString("Box Perimeter:"+Box.getPerimeter( ),50,55);
        g.drawString("tri Area:"+tri.getArea( ),50,75);
        g.drawString("tri Perimeter:"+tri.getPerimeter( ),50,95);
        g.drawOval(Oval.x,Oval.y,Oval.width,Oval.height);      //画圆
        g.drawString("oval Area:"+Oval.getArea( ),50,115);
    }
}
```

该程序的运行结果如图 5.9 所示。

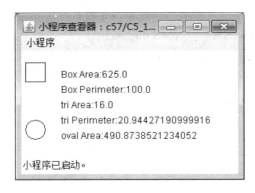

图 5.9　程序 C5_17 的运行结果

从本例可以看出，类 Square、类 Circle 及类 Triangle 都由抽象类 Shapes 派生而来，它们都实现了 getArea 和 getPerimeter 抽象方法。

5.5.2　接口

多重继承是指一个子类可以有多个直接父类，该子类可以全部或部分继承所有直接父类的数据成员及成员方法。例如，冷藏车既是一种汽车，也是一种制冷设备，所以它是汽车的子类，也是制冷设备的子类。自然界中这种多重继承结构到处可见。

在面向对象的程序设计语言中，有些语言(如 C++)提供了多重继承机制。而 Java 出于安全性、简化程序结构的考虑，不支持类间的多重继承而只支持单重继承。然而在解决实际问题的过程中，在很多情况下仅仅依靠单重继承并不能将复杂的问题描述清楚。为了使 Java 程序的类间层次结构更加合理，更符合实际问题的本质，Java 语言提供接口来实现多重继承机制。

1．声明接口

声明接口的格式如下：

　　　　[修饰符] interface 接口名[extends　父接口名列表]

　　　　{

　　　　　　常量数据成员声明

　　　　　　抽象方法声明

　　　　}

说明：

(1) interface 是声明接口的关键字，可以把它看成一个特殊类。

(2) 接口名要求符合 Java 标识符规定。

(3) 修饰符有两种：public 和默认。public 修饰的接口是公共接口，可以被所有的类和接口使用；默认修饰符的接口只能被同一个包中的其他类和接口使用。

(4) 父接口名列表。接口也具有继承性。定义一个接口时可以通过 extends 关键字声明该接口是某个已经存在的父接口的派生接口，它将继承父接口的所有属性和方法。与类的继承不同的是，一个接口可以有一个以上的父接口，它们之间用逗号分隔。

(5) 常量数据成员声明。常量数据成员前可以有也可以没有修饰符。修饰符是 public final static 和 final static；接口中的数据成员都是用 final 修饰的常量，写法如下：

　　　　修饰符　数据成员类型　数据成员名=常量值

或

　　　　数据成员名=常量值

例如：

　　　　public final static double PI=3.14159；

　　　　final static int a=9；

　　　　int SUM=100；（等价于 final static int SUM=100;)

(6) 抽象方法声明。接口中的方法都是用 abstract 修饰的抽象方法。在接口中只能给出这些抽象方法的方法名、返回值类型和参数列表，而不能定义方法体，即这些接口仅仅是规定了一组信息交换、传输和处理的"接口"。其格式如下：

　　　　返回值类型　方法名(参数列表)；

其中，接口中的方法默认为 public abstract 方法。接口中方法的方法体可以由 Java 语言书写，也可以由其他语言书写。方法体由其他语言书写时，接口方法由 native 修饰符修饰。

从上面的格式可以看出，定义接口与定义类非常相似。实际上完全可以把接口理解成一种特殊的类，即由常量和抽象方法组成的特殊类。一个类只能有一个父类，但是它可以同时实现若干个接口。在这种情况下，如果把接口理解成特殊的类，那么这个类利用接口实际上就获得了多个父类，即实现了多重继承。

接口定义仅仅是实现某一特定功能的对外接口和规范，而不能真正地实现这个功能，这个功能的真正实现是在"继承"这个接口的各个类中完成的，即要由这些类来具体定义接口中各抽象方法的方法体。因而在 Java 中，通常把对接口功能的"继承"称为"实现"。

2．定义接口注意事项

定义接口要注意以下几点：

(1) 接口定义用关键字 interface，而不是用 class。

(2) 接口中定义的数据成员全是 final static 修饰的，即常量。

(3) 接口中没有自身的构造方法，所有成员方法都是抽象方法。

(4) 接口也具有继承性，可以通过 extends 关键字声明该接口的父接口。

3．类实现接口的注意事项

一个类要实现接口，即一个类要调用多个接口时，要注意以下几点：

(1) 在类中，用 implements 关键字就可以调用接口。一个类若要调用多个接口，可在 implements 后用逗号隔开多个接口的名字。

(2) 如果实现某接口的类不是 abstract 的抽象类，则在类的定义部分必须实现指定接口的所有抽象方法，即为所有抽象方法定义方法体，而且方法头部分应该与接口中的定义完全一致，即有完全相同的返回值和参数列表。

(3) 如果实现某接口的类是 abstract 的抽象类，则它可以不实现该接口所有的方法。但是对于这个抽象类的任何一个非抽象的子类而言，它们的父类所实现的接口中的所有抽象方法都必须有实在的方法体。这些方法体可以来自抽象的父类，也可以来自子类自身，但是不允许存在未被实现的接口方法。这主要体现了非抽象类中不能存在抽象方法的原则。

(4) 接口的抽象方法的访问限制符都已指定为 public，所以类在实现方法时，必须显式地使用 public 修饰符，否则将被系统警告为缩小了接口中定义的方法的访问控制范围。

　【示例程序 C5_18.java】　将例 C5_17.java 改写为接口程序。

```java
import java.applet.Applet;
import java.awt.Graphics;
interface   Shapes                          //定义一个接口
{
    abstract   double   getArea( );         //自动被定义为 public abstract
    double   getPerimeter( );               //自动被定义为 public abstract
}
class   Square   implements   Shapes   //类要实现接口
{
    public   int   x,y;                     //画图时需要的起始位置坐标点
    public   int   width,height;
    public   double   getArea( ){return(width*height);}
    public   double   getPerimeter( ){return(2*width+2*height);}
    public   Square(int   x,int   y,int   width,int   height)
    {
        this.x=x;
        this.y=y;
        this.width=width;
        this.height=height;
    }
}
class   Triangle   implements   Shapes   //类要实现接口
{
    public   int   x,y;                     //画图时需要的起始位置坐标点
    public   int   width,height;
    public   double   c;
    public   double   getArea( ){return(0.5*width*height);}
    public   double   getPerimeter( ){return(width+height+c);}
    public   Triangle(int   x,int   y,int   base,int   height)
    {
        this.x=x;
        this.y=y;
```

```java
            width=base;
            this.height=height;
            c=Math.sqrt(width*width+height*height);
        }
    }
class   Circle   implements   Shapes      //类要实现接口
{
    public   int   x,y;
    public   int   width,height;
    public   double   r;
    public   double   getArea( ){return(r*r*Math.PI);}
    public   double   getPerimeter( ){return(2*Math.PI*r);}
    public   Circle(int   x,int   y,int   width,int   height)
    {
        this.x=x;
        this.y=y;
        this.width=width;
        this.height=height;
        r=(double)width/2.0;
    }
}


public   class   C5_18   extends   Applet
{
    Square   Box=new   Square(5,15,25,25);
    Triangle   tri=new   Triangle(5,50,8,4);
    Circle   Oval=new   Circle(5,90,25,25);
    public   void   paint(Graphics g)
    {
        g.drawRect(Box.x,Box.y,Box.width,Box.height);
        g.drawString("Box Area:"+Box.getArea( ),50,35);
        g.drawString("Box Perimeter:"+Box.getPerimeter( ),50,55);
        g.drawString("tri Area:"+tri.getArea( ),50,75);
        g.drawString("tri Perimeter:"+tri.getPerimeter( ),50,95);
        g.drawOval(Oval.x,Oval.y,Oval.width,Oval.height);
        g.drawString("oval Area:"+Oval.getArea( ),50,115);
    }

}
```

该程序的运行结果如图 5.10 所示。

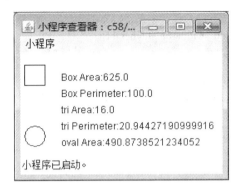

图 5.10　程序 C5_18 的运行结果

从本例可以看出，类 Square、类 Circle 及类 Triangle 定义了接口 Shapes 的抽象方法，从而实现了接口。

【示例程序 C5_19.java】　将例 C5_18.java 改写为既有继承类又有接口的程序。

```java
import   java.applet.Applet;
import   java.awt.Graphics;
interface   Shapes
{   abstract   double   getArea( );
    abstract   double   getPerimeter( );
}
class   Coordinates              //增加的一个类，在这个类中解决数据成员 x,y(坐标点)的赋值
{
    int   x,y;
    public   Coordinates(int   x,int   y)
    {
        this.x=x;
        this.y=y;
    }
}
//下面的 Square 类继承 Coordinates 类并实现 Shapes 接口，体现多重继承
class   Square   extends   Coordinates   implements   Shapes
{
    public   int   width,height;
    public   double   getArea( ){return(width*height);}
    public   double   getPerimeter( ){return(2*width+2*height);}
    public   Square(int   x,int   y,int   width,int   height)
    {
        super(x,y);
```

```
            this.width=width;
            this.height=height;
        }
    }
class  Triangle  extends  Coordinates  implements  Shapes
{
    public   int   width,height;
    public   double   c;
    public   double   getArea( ){return(0.5*width*height);}
    public   double   getPerimeter( ){return(width+height+c);}
    public   Triangle(int   x,int   y,int   base,int   height)
    {
        super(x,y);
        width=base;
        this.height=height;
        c=Math.sqrt(width*width+height*height);
    }
}
class  Circle  extends  Coordinates  implements  Shapes
{
    public   int   width,height;
    public   double   r;
    public   double   getArea( ){return(r*r*Math.PI);}
    public   double   getPerimeter( ){return(2*Math.PI*r);}
    public   Circle(int   x,int   y,int   width,int   height)
    {
        super(x,y);
        this.width=width;
        this.height=height;
        r=(double)width/2.0;
    }
}

public   class C5_19   extends   Applet
{
    Square   Box=new   Square(5,15,25,25);
    Triangle   tri=new   Triangle(5,50,8,4);
    Circle   Oval=new   Circle(5,90,25,25);
    public   void   paint(Graphics   g)
```

```
        {
            g.drawRect(Box.x,Box.y,Box.width,Box.height);
            g.drawString("Box Area:"+Box.getArea( ),50,35);
            g.drawString("Box Perimeter:"+Box.getPerimeter( ),50,55);
            g.drawString("tri Area:"+tri.getArea( ),50,75);
            g.drawString("tri Perimeter:"+tri.getPerimeter( ),50,95);
            g.drawOval(Oval.x,Oval.y,Oval.width,Oval.height);
            g.drawString("oval Area:"+Oval.getArea( ),50,115);
        }
    }
```

该程序的运行结果与示例程序 C5_18.java 的运行结果相同。

5.5.3　包与程序复用

前面已介绍过，Java 语言提供了很多包，例如 Java.io、Java.awt、Java.lang 等，这些包中存放着一些常用的基本类，如 System 类、String 类、Math 类等，它们被称为 Java 类库中的包。使用这些包可使我们的编程效率大大提高。读者不妨想一想，直接使用 Java 类库中的 Math.sqrt( )方法求解任意非负实数的平方根与自己动手编写这个程序，哪个效率高？在许多场合反复使用那些早已编写好的，且经过严格测试的程序的技术被称为软件复用，在面向对象的程序设计中称为对象复用。

对象复用是面向对象编程的主要优点之一，它是指同一对象在多个场合被反复使用。在 Java 语言中，对象是类的实例，类是创建对象的模板，对象是以类的形式体现的。因此，对象复用也就体现在类的重用上。

利用面向对象技术开发一个实际的系统时，编程人员通常需要定义许多类并使之共同工作，有些类可能要在多处反复被使用。在 Java 程序中，如果一个类在多个场合下要被反复使用，可以把它存放在一个称之为"包"的程序组织单位中。可以说，包是接口和类的集合，或者说包是接口和类的容器。使用包有利于实现不同程序间类的重用。Java 语言为编程人员提供了自行定义包的机制。

包的作用有两个，一是划分类名空间，二是控制类之间的访问。这就需要我们注意下述两点：首先，既然包是一个类名空间，那么，同一个包中的类(包括接口)不能重名，不同包中的类可以重名；第二，类之间的访问控制是通过类修饰符来实现的，若类声明的修饰符为 public，则表明该类不仅可以供同一包中的类访问，而且还可以被其他包中的类访问，若类声明无修饰符，则表明该类仅供同一包中的类访问。

1. 创建包

包的创建就是将源程序文件中的接口和类纳入指定的包中。在一般情况下，Java 源程序由四部分组成：

(1) 一个包(package)说明语句(可选项)。其作用是将本源文件中的接口和类纳入指定包中。源文件中若有包说明语句，则必须是第一个语句。

(2) 若干个(import)语句(可选项)。其作用是引入本源文件中需要使用的包。

(3) 一个 public 的类声明。在一个源文件中只能有一个 public 类。

(4) 若干个属于本包的类声明(可选)。

包的声明语句格式：

    package　包名;

利用这个语句就可以创建一个具有指定名字的包，当前 .java 文件中的所有类都被放在这个包中。例如，下面的语句是合法的创建包的语句：

    package　shape;

    package shape.shapeCircle;

创建包就是在当前文件夹下创建一个子文件夹，存放这个包中包含的所有类的 .class 文件。"package shape.shapeCircle;"语句中的符号"."代表了目录分隔符，说明这个语句创建了两个文件夹：第一个是当前文件夹下的子文件夹 shape；第二个是 shape 下的子文件夹 shapeCircle，当前包中的所有类就存放在这个文件夹里。

若源文件中未使用 package，则该源文件中的接口和类位于 Java 的无名包中(无名包又称缺省包)，它们之间可以相互引用非 private 的数据成员或成员方法。无名包中的类不能被其他包中的类引用和复用。

【示例程序】　改写示例程序 C5_19.java，将接口与类纳入包中。

第一步，在 shape 包中建立五个源文件，文件名及文件中的程序如下所示：

(1) 名为 Shapes.java 的文件为

```
package   shape;         //包名
public   interface   Shapes
{   abstract   double   getArea( );
    abstract   double   getPerimeter( );
}
```

(2) 名为 Coordinates.java 的文件为

```
package   shape;
class   Coordinates
{
    public int x,y;
    public Coordinates(int x,int y)
    {   this.x=x;
        this.y=y;
    }
}
```

(3) 名为 Square.java 的文件为

```
package   shape;
public   class   Square   extends   Coordinates   implements   Shapes
{
    public   int   width,height;
```

```
    public    double    getArea( ){return(width*height);}

    public    double    getPerimeter( ){return(2*width+2*height);}

    public    Square(int    x,int    y,int    width,int    height)

    {    super(x,y);

        this.width=width;

        this.height=height;

    }

}
```

(4) 名为 Triangle.java 的文件为

```
    package    shape;

    public    class Triangle    extends    Coordinates    implements    Shapes

    {    public    int    width,height;

        public    double    c;

        public    double    getArea( ){return(0.5*width*height);}

        public    double    getPerimeter( ){return(width+height+c);}

        public    Triangle(int    x,int    y,int    base,int    height)

        {    super(x,y);

            width=base;

            this.height=height;

            c=Math.sqrt(width*width+height*height);

        }

    }
```

(5) 名为 Circle.java 的文件为

```
    package    shape;

    public    class Circle    extends    Coordinates    implements    Shapes

    {

        public    int    width,height;

        public    double    r;

        public    double    getArea( ){return(r*r*Math.PI);}

        public    double    getPerimeter( ){return(2*Math.PI*r);}

        public    Circle(int    x,int    y,int    width,int    height)

        {

            super(x,y);

            this.width=width;

            this.height=height;

            r=(double)width/2.0;

        }

    }
```

工程、包和类的隶属关系见图 5.11 左上窗口所示。

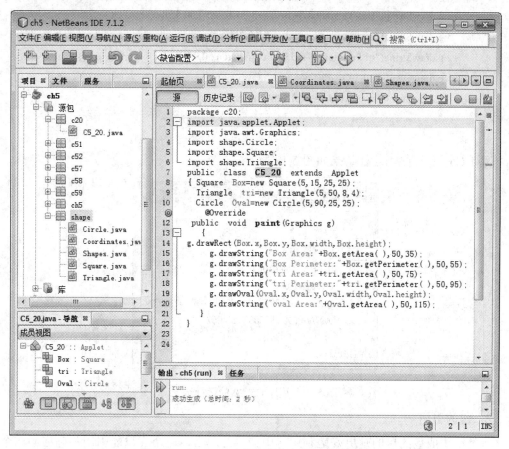

图 5.11　包 shape 中的文件和包 c20 中的文件

第二步，在 c20 包中建立一个公共类程序 C5_20.java。

```java
package c20;
import java.applet.Applet;
import java.awt.Graphics;
import shape.Circle;          //引入我们创建的 shape 包中的 Circle
import shape.Square;
import shape.Triangle;        //以上三句也可用"import shape.*"一句替代
public class  C5_20  extends  Applet
{
   Square   Box=new Square(5,15,25,25);
   Triangle   tri=new Triangle(5,50,8,4);
   Circle    Oval=new Circle(5,90,25,25);
   public   void   paint(Graphics g)
   {
      g.drawRect(Box.x,Box.y,Box.width,Box.height);
```

```
        g.drawString("Box Area:"+Box.getArea( ),50,35);
        g.drawString("Box Perimeter:"+Box.getPerimeter( ),50,55);
        g.drawString("tri Area:"+tri.getArea( ),50,75);
        g.drawString("tri Perimeter:"+tri.getPerimeter( ),50,95);
        g.drawOval(Oval.x,Oval.y,Oval.width,Oval.height);
        g.drawString("oval Area:"+Oval.getArea( ),50,115);
    }
}
```

运行 C5_20 程序，运行结果如图 5.12 所示。

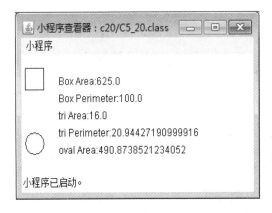

图 5.12　程序 C5_20 的运行结果

2．包的引用

将类组织成包的目的是更好地利用包中的类。通常，一个类只能引用与它在同一个包中的类。如果需要使用其他包中的 public 类，则可以使用如下的几种方法：

(1) 在引入的类前加包名。一个类要引用其他类有两种方式：一是对于同一包中的其他类可直接引用，如 C5_18.java 中的引用；二是对于不同包中的其他类引用时需在类名前加包名，例如，若在源文件中要引用包 shape 中的类 Circle，可在源文件中的 Circle 之前加 "shape."，即 shape.Circle c=new shape.Circle(25,25,5,3)。

(2) 用 import 关键字加载需要使用的类。上面的方法使用起来比较麻烦，还有一种简单的方法，就是在当前程序中利用 import 关键字加载需要使用的类，这样在程序中引用这个类的地方就不需要再使用包名作为前缀了。例如，程序 C5_20.java 在程序开始处增加了语句

```
        import    shape.Circle；
```
之后，在程序中就直接写成：

```
        Circle c=new Circle(25,25,5,3);
```

(3) 用 import 关键字加载整个包。上面的方法利用 import 语句加载了其他包中的一个类，若希望引入整个包也可以直接利用 import 语句。加载整个包的 import 语句可以写为

```
        import    shape.*；
        import    java.awt.*；
```

与加载单个类相同,加载整个包后,凡是用这个包中的类时,都不需要再使用包名作为前缀。

习 题 5

5.1 什么是消息?什么是公有消息和私有消息?

5.2 说明类、数据成员和成员方法的访问控制符及其作用。

5.3 若一个缺省类中的数据成员及成员方法的访问控制符为 public,则这个类可供什么样的包引用?

5.4 若一个 public 类中的数据成员及成员方法的访问控制符为缺省,则这个类可供什么样的包引用?

5.5 若一个 public 类中的数据成员及成员方法的访问控制符为 protected,则这个类可供什么样的包引用?

5.6 若一个 public 类中的数据成员及成员方法的访问控制符为 private,则这个类可供什么样的包引用?

5.7 什么是多态机制?

5.8 说明重载与覆盖的区别。

5.9 什么是继承机制?它的特征是什么?

5.10 什么是抽象类?使用时要注意哪些问题?

5.11 什么是接口?使用时要注意哪些问题?

5.12 什么是包?

5.13 包的作用是什么?

5.14 编写一个程序,实现方法的重载。

5.15 编写一个程序,实现方法的覆盖。

5.16 编写一个程序,实现数据成员的隐藏。

5.17 编写一个有 this 和 super 的程序。

5.18 编写一个程序,实现抽象类概念。

5.19 编写一个程序,实现多重继承机制。

5.20 将习题 5.18 中程序的抽象类改写为接口类,并实现其结果。

5.21 编写一个程序,实现包的功能。

5.22 填空:

(1) 如果类 pa 继承自类 fb,则类 pa 被称为_____类,类 fb 被称为_____类。

(2) 继承使_____成为可能,它节省了开发时间,鼓励使用先前证明过的高质量的软件构件。

(3) 如果一个类包含一个或多个的 abstract 方法,它就是一个_____类。

(4) 一个 super 类一般代表的对象数量要_____其子类代表的对象数量。

(5) 一个子类一般比其 super 类封装的功能性要_____。

(6) 标记成_____的类的成员只能由该类的方法访问。

(7) Java 用_____关键字指明继承关系。

(8) this 代表了_____的引用。

(9) super 表示的是当前对象的_____对象。

(10) 抽象类的修饰符是_____。

(11) 接口中定义的数据成员是_____。

(12) 接口中没有什么_____方法，所有的成员方法都是_____方法。

数　组

　　假设要计算一个班 30 名学生某门课程的平均成绩，如果我们使用简单类型的变量，则要命名 30 个不同的标识符，如 grade1, grade2, grade3,…, grade29, grade30 来存储这 30 名学生某门课程的成绩，且只能使用如下的语句来完成这个计算：

　　　　sum= grade1+grade2+grade3+grade4+grade5;

　　　　sum= sum+grade6+grade7+grade8+grade9+grade10;

　　　　　　⋮

　　　　average=sum/30;

这样的程序不仅繁琐且呆板，更让人难以忍受的是若有更多的学生成绩要进行这种计算，仅变量名就多得惊人，更何况编写程序。然而，仔细考察这一问题就可以发现，不论有多少名学生，其成绩的数据类型都是一致的，是否可以命名一个变量使之代表这众多的学生成绩呢？答案是肯定的，那就是使用数组。

　　数组是各种程序设计语言中最常用的一种数据结构。数组是用一个标识符(变量名)和一组下标来代表一组具有相同数据类型的数据元素的集合。这些数据元素在计算机存储器中占用一片连续的存储空间，其中的每个数组元素在数组中的位置是固定的，可以通过一个称做下标的编号加以区分，通过标识符和下标来访问每一个数据元素。从这个意义上看，也可以把数组理解为用一个标识符来代表一组相同类型变量的技术。

　　使用数组来处理上面提出的问题是非常高效的，因为数组一旦完成其定义和创建，便可在程序中用循环变量作为数组的下标，故可利用循环语句来简化程序的书写。例如，上面的问题可写成：

　　　　for(int i=0,sum=0;i<30;i++) sum=sum+grade[i];

　　　　average=sum/30;

　　这里的 grade[i]就是一个数组元素，当 i 为 0 时它是 grade[0]，当 i 为 1 时它是grade[1]，……可见，数组提供了在计算机存储器中快速且简便的数据存取方式，可以很方便地定位和操作数组中的每个元素。数组的应用大大提高了对数据操作的灵活性。

　　在 Java 语言中，数组被定义为：

　　(1) 数组是一个对象(object)，属于引用类型，它由一系列具有相同类型的带序号的元素组成。这些元素的序号从 0 开始编排，并且通过下标操作符[ ]中的数字引用它们。

　　(2) 数组中的每个元素相当于该对象的数据成员变量，数组中的元素可以是任何数据类型，包括基本类型和引用类型。

　　(3) 根据数组中下标的个数(或方括号的对数)可将数组区分为只有一对方括号的一维数组和有两对方括号的二维数组。

☞ 6.1 一 维 数 组

只有一个下标的数组称为一维数组，它是数组的基本形式。建立一维数组通常包括声明数组、创建数组对象和初始化数组三步。

6.1.1 一维数组的声明

声明一维数组就是要确定数组名（引用数组对象的变量名）、数组的维数和数组元素的数据类型。一维数组的声明格式如下：

      类型标识符   数组名[ ]；

或

      类型标识符[ ]   数组名；

说明：

(1) 类型标识符：是指数组元素的数据类型，它可以是 Java 的基本类型和引用类型。

(2) 数组名：是数组对象的引用变量名，这个名称应遵从 Java 标识符定义规则。

(3) 数组的维数：数组的维数是用方括号"[ ]"的个数来确定的。对于一维数组来说，只需要一对方括号。

例如：

      int   abc[ ]；//声明名为 abc 的一维整型数组

      double[ ]   example2;   /*声明名为 example2

                             的双精度型一维数组*/

注意：声明一维数组时，系统只为数组对象的引用变量在内存的变量存储区中分配存储空间，但并未创建具体的数组对象，所以，这个变量的值为 null。它们的内存分配情况如图 6.1 所示。

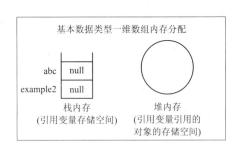

图 6.1　数组名的内存分配

6.1.2 创建一维数组对象

创建一维数组对象主要包括三个方面的工作：一是为数组对象在对象存储区中分配存储空间；二是对数组对象进行初始化；三是将新创建的数组对象与已声明的引用数组对象的变量(即数组名)关联起来。一维数组对象的创建可以通过直接指定数组元素初始值的方式完成，也可以用 new 操作符完成。

1. 直接指定初值的方式创建数组对象

用直接指定初值的方式创建数组对象是在声明一个数组的同时创建数组对象。具体做法是将数组元素的初值依次写入赋值号后的一对花括号内，各个元素值间用逗号分隔，给这个数组的所有元素赋上初始值；初始值的个数也就确定了数组的长度。例如：

      int[ ] a1={23,–9,38,8,65};

这条语句声明数组名为 a1(a1 也称为引用数组对象的变量名，本书称它为 a1 数组)；数组元素的数据类型为整型(int，占 4 个字节)，共有 5 个初始值，故数组元素的个数为 5。这样一个语句为 Java 分配存储空间提供了所需要的全部信息，系统可为这个数组对象分配 5*4=20 个字节的连续存储空间。

a1 数组的值是 a1 关联的数组对象的首地址，如图 6.2 所示。数组对象的元素由 a1[ ]引用，经过初始化后，使 a1[0]=23，a1[1]=-9，a1[2]=38，a1[3]=8，a1[4]=65，如图 6.3 所示。

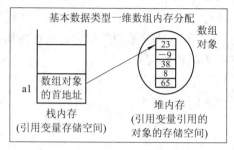
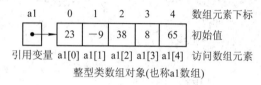

图 6.2 a1 关联对象示意图 　　　　图 6.3 a1 数组的初始化

注意：Java 中的数组元素下标从 0 开始。

2. 用关键字 new 创建数组对象

用关键字 new 创建数组对象，并按照 Java 提供的数据成员默认初始化原则(见第 4 章)对数组元素赋初值。用关键字 new 来创建数组对象有两种方式。

(1) 先声明数组，再创建数组对象。这实际上由两条语句构成，格式如下：

　　　　类型标识符　数组名[ ]；

　　　　数组名=new 类型标识符[数组长度]；

其中，第一条语句是数组的声明语句；第二条语句是创建数组对象，并初始化。应该注意的是：两条语句中的数组名、类型标识符必须一致。数组长度通常是整型常量，用以指明数组元素的个数。例如：

　　　　int a[ ]；

　　　　a=new int[9]；

定义 a 数组对象有 9 个元素，并按照 Java 提供的数据成员默认初始化原则进行初始化，如图 6.4 所示。

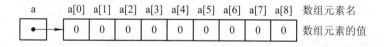

图 6.4 用 new 创建数组对象并初始化

(2) 在声明数组的同时用 new 关键字创建数组对象，并初始化。这种初始化实际上是将上面所述的两条语句合并为一条语句。其格式如下：

　　　　类型标识符　数组名[ ]=new 类型标识符[数组长度]；

或

　　　　类型标识符[ ]　数组名=new 类型标识符[数组长度]；

　　例如：

　　　　int[ ] a=new int[10]；

6.1.3　一维数组的引用

当数组经过初始化后，就可通过数组名与下标来引用数组中的每一个元素。一维数组元素的引用格式如下：

数组名[数组下标]

其中，数组名是与数组对象关联的引用变量；数组下标是指元素在数组中的位置，数组下标的取值范围是 0～(数组长度–1)，下标值可以是整数型常量或整数型变量表达式。例如，在有了“int[ ] a=new int[10];”声明语句后，下面的两条赋值语句是合法的：

a[3]=25;

a[3+6]=90;

但

a[10]=8;

是错误的。这是因为 Java 为了保证安全性，要对引用时的数组元素进行下标是否越界的检查。这里的 a 数组在初始化时确定其长度为 10，下标从 0 开始到 9 正好 10 个元素，因此，不存在下标为 10 的数组元素 a[10]。

☞　6.2　一维数组引用举例

一维数组是数组的最基本形式，其应用非常广泛，下面举例予以说明。

6.2.1　测定数组的长度

在 Java 语言中，数组也是一种对象。数组经初始化后就确定了它的长度（数组元素的个数），Java 用一个数据成员 length 来保存数组的长度值。

【示例程序 C6_1.java】　数组的声明、初始化和其长度的测定。

```java
public class C6_1
{
    public static void main(String arg[ ])
    {
        int i;
        double a1[ ];                // [ ] 放在引用变量后面声明
        char[ ] a2;                  // [ ] 放在引用变量前面声明
        a1=new double[8];            //创建 a1 数组，数组元素个数为 8，类型为 double 型
        a2=new char[8];              //创建 a2 数组，数组元素个数为 8，类型为 char 型
        int a3[ ]=new int[8];        //创建 a3 数组，数组元素个数为 8，类型为 int 型
        byte[ ] a4=new byte[8];      //创建 a4 数组，数组元素个数为 8，类型为 byte 型
        char a5[ ]={'A','B','C','D','E','F','H','T'};        //创建 a5 数组，直接指定初值
            //下面各句测定各数组的长度
        System.out.println("a1.length="+a1.length);
```

```
            System.out.println("a2.length="+a2.length);

            System.out.println("a3.length="+a3.length);

            System.out.println("a4.length="+a4.length);

            System.out.println("a5.length="+a5.length);

            //以下各句引用数组中的每一个元素，为各元素赋值

            for(i=0;i<8;i++)

            {

                a1[i]=100.0+i;

                a3[i]=i;

                a2[i]=(char)(i+97);   //显式强制类型转换，将整型数转换为字符型

            }

            //下面各句打印各数组元素

            System.out.println("\ta1\ta2\ta3\ta4\ta5");

            System.out.println("\tdouble\tchar\tint\tbyte\tchar");

            for(i=0;i<8;i++)

            System.out.println("\t"+a1[i]+"\t"+a2[i]+"\t"+ a3[i]+"\t"+a4[i]+"\t"+a5[i]);

        }

    }
```

该程序的运行结果如下：

```
    a1.length=8

    a2.length=8

    a3.length=8

    a4.length=8

    a5.length=8
```

a1	a2	a3	a4	a5
double	char	int	byte	char
100.0	a	0	0	A
101.0	b	1	0	B
102.0	c	2	0	C
103.0	d	3	0	D
104.0	e	4	0	E
105.0	f	5	0	F
106.0	g	6	0	H
107.0	h	7	0	I

6.2.2　数组下标的灵活使用

我们在本章开头提出的计算 30 名学生平均成绩问题的关键是一般的变量标识符中没有可变的东西，而数组作为一组变量的代表者其下标可以使用变量。实际上，我们在示例

程序 C6_1.java 中已经用到了数组下标的这一特性。下面再通过几个例子来说明数组下标的灵活使用。

　　🖫【示例程序 C6_2.java】　用数组求解 Fibonacci 数列的前 20 项，即使用数组下标表达式求解数学上的迭代问题。

```java
public class C6_2
{
    public static void main(String[ ] args)
    {
        int i;
        int f[ ]=new int[20];          //创建 f 数组，使其可存储 20 个整型数据
        f[0]=1;f[1]=1;
        for(i=2;i<20;i++)
            f[i]=f[i−2]+f[i−1];        //数组元素的下标使用循环变量
        for(i=0;i<20;i++)
        {
            if(i%5==0)System.out.println("\n");
            System.out.print("\t"+f[i]);
        }
    }
}
```

该程序的运行结果如下：

1	1	2	3	5
8	13	21	34	55
89	144	233	377	610
987	1597	2584	4181	6765

　　在日常生活中，人们几乎每天都要进行"查找"。例如，在电话号码簿中查找某单位或某人的电话号码；在字典中查阅某个词的读音和含义等。查找的关键问题是如何快速地找到待查的内容。例如，查字典的关键是如何快速地确定待查之字在字典中的哪一页。对于浩如烟海的计算机中的数据，有相当多的数据是以数组的形式组织与存放的。以数组的形式组织和存放数据的数据结构被称为顺序表。对于顺序表的查找，人们已经发明了许多种算法，典型的有顺序查找和二分(折半、对分)查找。

　　顺序查找是将待查值与顺序表(数组)中的每个元素逐一比较，直至查找成功或到达数组的最后一个元素时还未找到。这种查找的效率相对较低。

　　二分查找是在一个有序表(数据是按其值由小到大或由大到小依次存放的，这里我们以值由小到大排列为例)中，每次都将待查值与中间的那个元素比较，若相等则查找成功；否则，调整查找范围，若中间那个元素的值小于待查值，则在表的后一半中查找，若中间那个元素的值大于待查值，则在表的前一半中查找；如此循环，每次只与一半中的一个元素比较，可使查找效率大大提高。

🖫【示例程序 C6_3.java】 设数组中的数值是由小到大存放的，编写二分查找程序。

```java
import java.io.*;
class FindSearch
{   int binarySearch(int arr[ ],int searchValue)
    {   int low=0;                    // low 是第一个数组元素的下标
        int high=arr.length-1;        // high 是最后一个数组元素的下标
        int mid=(low+high)/2;         // mid 是中间那个数组元素的下标
        while(low<=high && arr[mid]!=searchValue)
        {   if( arr[mid]<searchValue)
                low=mid+1;            //要找的数可能在数组的后半部分中
            else
                high=mid-1;           //要找的数可能在数组的前半部分中
            mid=(low+high)/2;
        }
        if(low>high) mid=-1;
        return mid;                   // mid 是数组元素下标，若为 –1，则表示不存在要查的元素
    }
}


public class C6_3
{
    public static void main(String[ ] args)throws IOException
    {   BufferedReader keyin=new BufferedReader(new InputStreamReader(System.in));
        int i,search,mid;
        String c1;
        int arr[ ]={2,4,7,18,25,34,56,68,89};
        System.out.println("打印原始数据");
        for(i=0;i<arr.length;i++)   System.out.print(" "+arr[i]);
        System.out.println("\n");
        System.out.println("请输入要查找的整数");
        c1=keyin.readLine( );
        search=Integer.parseInt(c1);    //取出字符串转换为整型数赋给 search
        FindSearch p1=new    FindSearch( );
        mid=p1.binarySearch(arr,search);
        if(mid==-1)   System.out.println("没找到！ ");
        else    System.out.println("所查整数在数组中的位置下标是："+mid);
    }
}
```

该程序的运行结果如下：

打印原始数据

2 4 7 18 25 34 56 68 89

请输入要查找的整数 68

所查整数在数组中的位置下标是：7

这个程序的查找过程及其查找元素的位置(数组下标)的变化如图 6.5 所示。在这个程序中，为了让读者能从键盘输入"整数"(这里对整数二字加引号是因为 Java 把键盘的任何输入都当成字符流来处理)，使用了尚未学到的输入/输出流语句：

BufferedReader keyin=new BufferedReader(new InputStreamReader(System.in));

数据的存放顺序	2	4	7	18	25	34	56	68	89
数组下标	0	1	2	3	4	5	6	7	8
查找 68 与25比较，小于68，调整low	low				mid				high
与56比较，小于68，调整low						low	mid		high
与68比较，查找成功								low mid	high

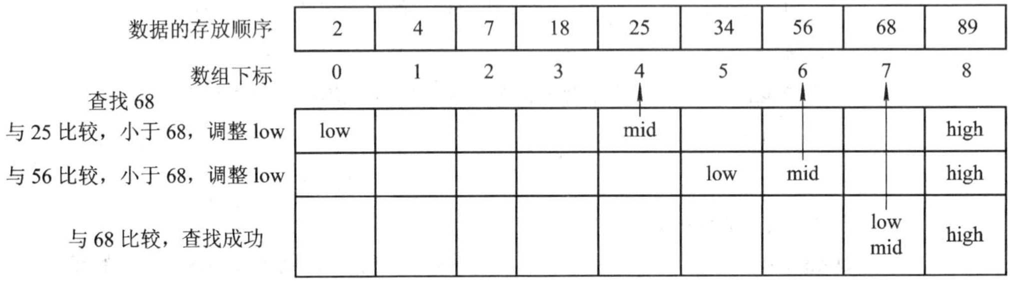

图 6.5 二分查找的比较与下标调整过程

关于输入/输出流的知识请参阅第 14 章"文件和流"，这里只简要说明如下：

Java 语言中的输入/输出有三种状态:标准输入状态 System.in、标准输出状态 System.out 和标准错误状态 System.err。在 Java 内输入一个字符串需使用 readLine()方法。要使用 readLine()方法，必须在 InputStreamReader 内建立 BufferedReader 对象。InputStreamReader 用来建立一个使用预设字符编码的 InputStreamReader 对象。InputStreamReader(System.in) 表示 InputStreamReader 对象是由 System.in 建立的。BufferedReader 用来建立一个固定内存大小的字符输入缓冲流。

6.2.3 数组名之间的赋值

Java 语言允许两个类型相同但数组名不同(指向不同的对象)的数组相互赋值。赋值的结果是两个类型相同的数组名指向同一数组对象。

【示例程序 C6_4.java】 编程实现两个数组名之间的赋值。

```java
public class C6_4
{
    public static void main(String arg[ ])
    {   int i;
        int[ ] a1={2,5,8,25,36};
        int a3[ ]={90,3,9};
        System.out.println("a1.length="+a1.length);
        System.out.println("a3.length="+a3.length);
```

```
        a3=a1;        //赋值的结果是 a3 指向 a1 指向的数组，而 a3 先前指向的含有 3 个元素的
                      //数组由于没有指向而消失
        System.out.print("a1:");
        for(i=0;i<a1.length;i++)
          System.out.print("   "+a1[i]);
        System.out.println("\n");
        System.out.println("a3.length="+a3.length);
        System.out.print("a3:");
        for(i=0;i<a3.length;i++)
          System.out.print("   "+a3[i]);
        System.out.println("\n");
      }
    }
```

该程序的运行结果如下：

```
    a1.length=5
    a3.length=3
    a1:  2   5   8   25   36
    a3.length=5
    a3:  2   5   8   25   36
```

6.2.4　向成员方法传递数组元素

向成员方法传递数组元素也就是用数组元素作为成员方法的实参。由于实参可以是表达式，而数组元素可以是表达式的组成部分，因此，数组元素可以作为成员方法的实参。若数组元素的数据是基本数据类型，则数组元素作为成员方法的实参与用变量作为实参一样，都是单向值传递，即只能由数组元素传递给形参，程序中对形参的任何修改并不改变数组元素的值。

□【示例程序 C6_5.java】　数组元素作为成员方法的实参(数据是基本数据类型)，在成员方法中改变形参 x 和 y 的值，方法调用结束后实参数组元素的值没有改变。

```
    class Ff
    {   int aa(int x,   int y)   //定义方法 aa，有两个整型形参 x 和 y
        { int z;
          x=x+4;   y=y+2;     z=x*y;        return z;
        }
    }
    public class C6_5
    {
        public static void main(String[ ] args)
        { int arr[ ]={6,8,9};     //声明并初始化数组 arr
          int len=arr.length, k;
```

```
        Ff p1=new Ff( );
        k=p1.aa(arr[0],arr[1]);        //数组元素 arr[0] 和 arr[1] 作为方法 aa 的实参
        System.out.println("k="+k);
        for(int i=0;i<len;i++)
            System.out.print("   "+arr[i]);        //循环输出数组元素的值
        System.out.println("\n");
    }
}
```

该程序的运行结果如下：

```
    k=100
    6  8  9
```

6.2.5　向成员方法传递数组名

在定义成员方法时可以用数组名作为它的形参，并指定它的数据类型。在这种情况下引用该成员方法时，必须用具有相同数据类型的数组名作为成员方法对应位置的实参，即向成员方法传递数组名。更应强调的是：数组名作为成员方法的实参时，是把实参数组对象的起始地址传递给形参数组名，即两个数组名共同引用同一对象。因此，在成员方法中对形参数组名指向的各元素值的修改，都会使实参数组名指向的各元素的值也发生同样的变化。这种参数的传递方式被称为"双向地址传递"。

【示例程序 C6_6.java】　两个数组相加，将结果存入第二个数组中。

```
class Add1Class
{ void add(int arA[ ],int arB[ ])
    { int i;
      int len=arA.length;
      for(i=0;i<len;i++)
          arB[i]=arA[i]+arB[i];
    }
}
public class C6_6
{   public static void main(String[ ] args)
    { int i;
      int arX[ ]={1,3,7,6};
      int arY[ ]={78,0,42,5};
      int len=arX.length;
      Add1 Class p1=new    Add1Class( );
      System.out.println(" arX 的原始数据");        //打印 X 数组
      for(i=0;i<len;i++)
          System.out.print(" "+arX[i]);
```

```
        System.out.println("\n arY 的原始数据");         //打印 Y 数组
        for(i=0;i<len;i++)
            System.out.print(" "+arY[i]);
        p1.add(arX,arY);                              // p1 引用对象的 add 方法计算两个数组之和
        System.out.println("\n  再次输出 arX");          //再次打印 X 数组
        for(i=0;i<len;i++)
            System.out.print(" "+arX[i]);
        System.out.println("\n  再次输出 arY");          //再次打印 Y 数组
        for(i=0;i<len;i++)
            System.out.print(" "+arY[i]);
        System.out.println("\n");
    }
}
```

该程序的运行结果如下:

```
    arX 的原始数据
        1 3 7 6
    arY 的原始数据
     78 0 42 5
    再次输出 arX
     1 3 7 6
    再次输出 arY
     79 3 49 11
```

从程序的执行结果可以看出，arY 数组引用的对象的属性值在引用成员方法 add 前后是不同的。这是因为成员方法 add 中的形参 arB 数组与实参 arY 数组共同引用同一个对象的存储单元，因此，在成员方法 add 中对形参 arB 数组的各数组元素的修改，也就是对实参 arY 数组的各数组元素的修改。这一过程如图 6.6 所示。

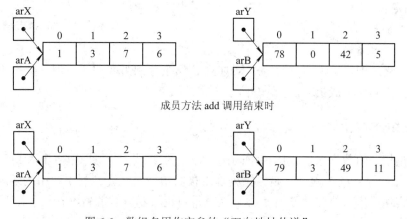

图 6.6 数组名用作实参的“双向地址传递”

在 Java 语言中，数组是一种对象，数组名是对象的引用变量，数组名作为成员方法的实参时，是把实参组对象的起始地址连同它所占据的存储空间传递给形参数组名，使形参数组名与实参数组名共指向同一对象，实参数组的长度也就是形参数组的长度，因此，不论该实参数组的长度如何，只要其数据类型相同，都可以引用同一个成员方法。

🔲【示例程序 C6_7.java】 有 s1 和 s2 两个一维数组，s1 数组中存放 8 名学生的成绩，s2 数组中存放 5 名学生的成绩，分别求出这两组学生的平均成绩。

```
public class C6_7
{   static double average(double ascore[])
    { double aaver=0;
      for(int i=0;i<ascore.length;i++)     aaver=aaver+ascore[i];
      aaver=aaver/ascore.length;
      return aaver;
    }
    public static void main(String arg[])
    {    double aver1,aver2;
         double s1[]={90,56,86.5,87,99,67.5,65,80};
         double s2[]={70,90,87,99,67};
         System.out.println("s1.length="+s1.length);
         aver1=average(s1);          //数组名 s1 作为 average 成员方法的实参
         System.out.println("aver1="+aver1);
         System.out.println("s2.length="+s2.length);
         aver2=average(s2);          //数组名 s2 作为 average 成员方法的实参
         System.out.println("aver2="+aver2);
    }
}
```

该程序的运行结果如下：

```
s1.length=8
aver1=78.875
s2.length=5
aver2=82.6
```

在这个程序中，尽管两个数组对象的长度不同(分别为 8 和 5)，但其数据类型相同，因此，可以作为同一个成员方法(计算平均成绩)的实参。

6.2.6　数组元素排序

排序是把一组数据按照值的递增(由小到大，也称为升序)或递减(由大到小，也称为降序)的次序重新排列的过程，它是数据处理中极其常用的运算。利用数组的顺序存储特点，可方便地实现排序。排序算法有多种，这里只讨论较易理解的冒泡排序和选择排序两种，且要求排序结果为升序。

冒泡排序的关键点是从后向前对相邻的两个数组元素进行比较，若后面元素的值小于前面元素的值，则让这两个元素交换位置；否则，不进行交换。依次进行下去，第一趟排序可将数组中值最小的元素移至下标为 0 的位置。对于有 n 个元素的数组，循环执行 n − 1 趟扫描便可完成排序。当然，也可以从前向后对相邻的两个数组元素进行比较，但此时是将大数向后移。与小者前移的冒泡法相对应，将这种大者后移的排序称为下沉法。图 6.7 演示了有 6 个元素的数组实施冒泡法排序(小数前移)的前两趟比较与交换过程。可以看出，第一趟排序后最小数 12 已移到了下标为 0 的正确位置；第二趟排序后次小数 17 移到了下标为 1 的正确位置。

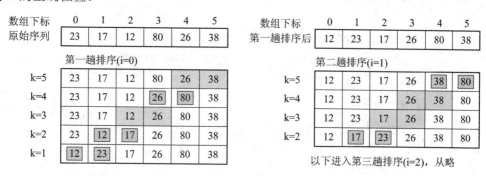

图 6.7　用冒泡法对 6 个数据进行排序的两趟扫描中比较与交换的过程

【示例程序 C6_8.java】　用冒泡法对 8 个数从小到大进行排序。

```java
import java.io.BufferedReader;
import java.io.IOException;
import java.io.InputStreamReader;
class SortClass                    //类定义开始
{   void sort(int arr[ ])          //开始定义冒泡排序方法 sort
    {   int i,k,temp;
        int len=arr.length;
        for(i=0;i<len−1;i++)
          for(k=len−1;k>i;k−−)
            if( arr[k]<arr[k−1])
          {   temp=arr[k−1];
              arr[k−1]=arr[k];
              arr[k]=temp;
          }                        // if 块结束，同时使内循环 for(k…)和外循环 for(i…)结束
    }                              // sort 方法结束
}                                  //类 SortClass 定义结束

public class C6_8
{
    public static void main(String[ ] args)throws IOException
```

```
{
    BufferedReader keyin=new BufferedReader(new InputStreamReader(System.in));
    int i;
    String c1;
    int arr[ ]=new int[8];
    int len=arr.length;
    System.out.println(" 请从键盘输入 8 个整数，一行只输入一个数" );
    for(i=0;i<len;i++)
    {
        c1=keyin.readLine( );                 //用于读取一个字符串
        arr[i]=Integer.parseInt(c1);          //将字符串类型 c1 转换成整数类型
    }
    //打印原始数据
        System.out.print ("原始数据:");
    for(i=0;i<len;i++)
        System.out.print(" "+arr[i]);
    System.out.println("\n");
    SortClass p1=new SortClass( );
    p1.sort(arr);                             //实参为数组名
    System.out.println("冒泡法排序的结果:");
    for(i=0;i<len;i++)
        System.out.print(" "+arr[i]);
    System.out.println("\n");
    }
}
```

该程序的运行结果如下：

请从键盘输入 8 个整数，一行只输入一个数

2

34

⋮ (其余输入从略)

原始数据: 2 34 0 9 -1 -6 45 23

冒泡法排序的结果:

-6 -1 0 2 9 23 34 45

　　冒泡法排序相对比较容易理解，但排序过程中元素的交换次数较多，特殊情况下每次比较都要进行交换。例如，若要将以降序排列的数据 9、8、7、6、5、4 排列成 4、5、6、7、8、9，就需要每次进行交换。而选择法排序每执行一次外循环只进行一次数组元素的交换，可使交换的次数大大减少。

　　选择法排序的基本思想是首先从待排序的 n 个数中找出最小的一个与 arr1[0] 对换；再将 arr1[1] 到 arr1[n] 中的最小数与 arr1[1] 对换，依此类推。每比较一轮，找出待排序数中最

小的一个数进行交换，共进行 n－1 次交换便可完成排序。图 6.8 演示了这一过程。

数组下标	0	1	2	3	4	5	6	7
原始数据	78	70	2	5	−98	7	10	−1

每趟扫描的交换过程如下：

	0	1	2	3	4	5	6	7
i＝0，j从1增至7后，k＝4，交换	−98	70	2	5	78	7	10	−1
i＝1，j从2增至7后，k＝7，交换	−98	−1	2	5	78	7	10	70
i＝2，j从3增至7后，k＝2，不交换	−98	−1	2	5	78	7	10	70
i＝3，j从4增至7后，k＝3，不交换	−98	−1	2	5	78	7	10	70
i＝4，j从5增至7后，k＝5，交换	−98	−1	2	5	7	78	10	70
i＝5，j从6增至7后，k＝6，交换	−98	−1	2	5	7	10	78	70
i＝6，j取7，k＝7，交换	−98	−1	2	5	7	10	70	78

图 6.8　选择法排序的交换过程

【示例程序 C6_9.java】　选择法排序。

```
class SelectSort
{    static void sort(int arr1[ ])              //成员方法的形参是数组
    {
        int i,j,k,t;
        int len=arr1.length;
        for(i=0;i<len−1;i++)                    //外循环开始
         {
           k=i;
             for(j=i+1;j<len;j++)
                 if( arr1[j]<arr1[k]) k=j;       //内循环只用 k 记录最小值的下标
           if(k>i)
             {   t=arr1[i];                      //在外循环实施交换，可减少交换次数
                 arr1[i]=arr1[k];
                 arr1[k]=t;
             }                                   // if(k>i)结束
         }                                       //外循环 for(i…)结束
    }                                            //成员方法 sort 定义毕
}
public class C6_9 extends SelectSort
{
    public static void main(String[ ] args)
    {
        int arr[ ]={78,70,2,5,-98,7,10,-1};
        int len=arr.length;
        SelectSort.sort(arr);                   //数组名作为成员方法的实参
        System.out.print("选择法排序的结果：");
```

```
        System.out.println("length="+arr.length);
        for(int i=0;i<len;i++)
            System.out.print(" "+arr[i]);            //数组 arr 的值已在方法调用中被改变了
        System.out.println("\n");
    }
}
```

该程序的运行结果如下：

  选择法排序的结果： -98 -1 2 5 7 10 70 78

6.2.7　对象数组

  前面讨论的数组的数据类型都是简单的基本类型，即数组元素是简单数据类型。但实际问题中往往需要把不同类型的数据组合成一个有机的整体(对象)，以便于引用。例如，一名学生的姓名、性别、年龄和各科学习成绩等都与这名学生紧密相关，而一个班(乃至更多)的学生又都具有这些属性，如表 6.1 所示。这种数据结构在过去的结构化程序设计中被称为记录或结构体，而在面向对象的程序设计中把每一个学生看做一个对象。这样，一张学生成绩表就是由多个对象组成的。

表 6.1　学 生 成 绩 表

姓　　名	性别	年龄	数学	英语	计算机
li	F	19	89.0	86	69
he	M	18	90.0	83	76
zhang	M	20	78.0	91	80
⋮	⋮	⋮	⋮	⋮	⋮

  如果一个类有若干个对象，我们可以把这一系列具有相同类型的对象用一个数组来存放。这种数组称为对象数组。数组名的值是第一个元素的首地址。每一个元素的值是引用对象的首地址。下面举例说明。

  🖫【示例程序 C6_10.java】 设有若干名学生，每个学生有姓名、性别和成绩三个属性，要求将每个学生作为一个对象，建立获取对象名字的成员方法 getName 和获取对象性别的成员方法 getSex，以及输出对象的全部数据成员的成员方法 studPrint。

```
        class Student
        {   private String name;
            private char sex;
            private double score;
            Student(String cname, char csex, double cscore)
            {   name=cname;
                sex=csex;
                score=cscore;
            }
            String getName( ){return name;}
```

```
    char getSex(){return sex;}
    void studPrint()
    { System.out.println("Name: "+name+"\tSex: "+sex+"\tScore: "+score);}
}
public class C6_10
{   public static void main(String[] args)
    {
        String mname;
        char msex;
        int len;
        Student[] st1=new Student[3];      //声明对象数组，用 new 为每一个对象分配存储空间
        st1[0]=new Student("li",'F',89);
        st1[1]=new Student("he",'M',90);
        st1[2]=new Student("zhang",'M',78);
        len=3;
        //对象数组元素的引用
        for(int i=0;i<len;i++)   st1[i].studPrint();
        mname=st1[1].getName();   msex=st1[1].getSex();
        System.out.println("Name 1:"+mname+"\tSex:"+msex);
    }
}
```

该程序的运行结果如下：

```
Name: li    Sex: F      Score: 89.0
Name: he   Sex: M      Score: 90.0
Name: zhang   Sex: M   Score: 78.0
Name 1:he   Sex:M
```

st1 对象数组是具有 3 个数组元素的数组，而每个元素的值都是一个引用变量，通过引用变量指向创建的对象，如图 6.9 所示。对象数组 st1 的内存分配如图 6.10 所示。数据成员 name 属于 String 对象的引用变量，详细介绍请看第 7 章。

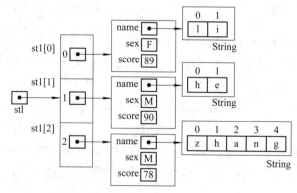

图 6.9　st1 对象数组的示意图

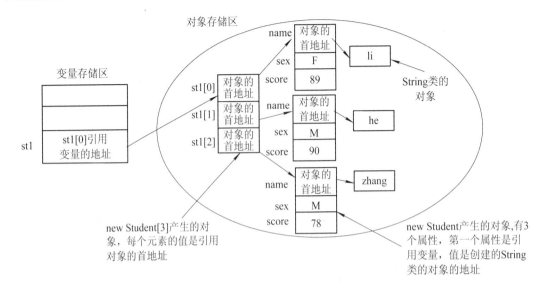

图 6.10　st1 对象数组的内存分配

☞ 6.3　二 维 数 组

日常生活中处理的许多数据，从逻辑上看是由若干行、若干列组成的。例如，矩阵、行列式、二维表格等。图 6.11 给出了一个简单的矩阵。为适应存放这样一类数据，人们设计出了一种如图 6.12 所示的数据结构——二维数组。

$$A = \begin{bmatrix} 25 & 53 & 89 \\ 28 & 66 & 90 \\ 10 & 38 & 56 \end{bmatrix}$$

	0列	1列	2列	3列
0行	a[0][0]	a[0][1]	a[0][2]	a[0][3]
1行	a[1][0]	a[1][1]	a[1][2]	a[1][3]
2行	a[2][0]	a[2][1]	a[2][2]	a[2][3]

数组名————　　列下标————　　行下标————

图 6.11　矩阵　　　　　　　图 6.12　二维数组

这里要注意的是：Java 中只有一维数组，不存在称为"二维数组"的明确结构。然而对一个一维数组而言，其数组元素可以是数组，这就是概念上的二维数组在 Java 中的实现方法。也就是说，在 Java 语言中，把二维数组实际上看成是其每个数组元素是一个一维数组的一维数组。其实，这里面的最根本原因是计算机存储器的编址是一维的，即存储单元的编号从 0 开始一直连续编到最后一个最大的编号。因此，如果把图 6.11 所示的矩阵用图 6.12 所示的二维数组表示，则在计算机中的存放形式如图 6.13 所示。在图 6.13 中，每一行都被看成一个数组元素，三行的数组被看成只有三个数组元素，只不过这三个元素又是由三个元素组成的。

第0行			第1行			第2行		
第0列	第1列	第2列	第0列	第1列	第2列	第0列	第1列	第2列
25	53	89	28	66	90	10	38	56
第0行的数组元素			第1行的数组元素			第2行的数组元素		

图 6.13　二维数组在 Java 中的实现

6.3.1　二维数组的声明

声明二维数组与声明一维数组类似，也是为数组(引用数组对象的变量)命名、确定数组的维数和指定数组元素的数据类型。只不过声明二维数组时需要给出两对方括号，其格式如下：

　　　　类型说明符　数组名[ ][ ]；

或

　　　　类型说明符[ ][ ]　数组名；

例如，声明数组名为 arr 的二维整型数组：

　　　　int　arr[ ][ ]；

或

　　　　int [ ][ ]　arr；

其中，类型说明符可以是 Java 的基本类型和引用类型；数组名是用户遵循标识符命名规则给出的一个标识符；两个方括号中，前面的方括号表示行，后面的方括号表示列。

注意：声明二维数组时，系统只为二维数组对象的引用变量在内存的变量存储区中分配存储空间，但并未创建具体的数组对象，所以，这个变量的值为 null。

6.3.2　创建二维数组对象

与创建一维数组一样，创建二维数组对象主要包括三个方面的工作：一是为数组对象在对象存储区中分配存储空间；二是对数组对象进行初始化；三是将新创建的数组对象与已声明的引用数组对象的变量(即数组名)关联起来。二维数组对象的创建同样可以通过直接指定数组元素初始值的方式完成，也可以用 new 操作符完成。

1．用 new 操作符创建二维数组对象

用 new 操作符来创建数组对象，并根据 Java 提供的数据成员默认初始化原则，对数组元素赋初值。用 new 操作符创建数组对象有两种方式：

(1) 先声明数组，再创建数组对象。在数组已经声明以后，可用下述两种格式中的任意一种来初始化二维数组。

　　　　数组名=new 类型说明符[数组长度][ ]；

或

　　　　数组名=new 类型说明符[数组长度][数组长度]；

其中，对数组名、类型说明符和数组长度的要求与一维数组一致。

例如：

```
int   arra[ ][ ];              //声明二维数组
arra=new int[3][4];            //创建二维数组对象，初始化二维数组
```

上述两条语句声明并创建了一个 3 行 4 列的 arra 数组。也就是说 arra 数组有 3 个元素，而每一个元素又都是长度为 4 的一维数组，实际上共有 12 个元素。这里的语句：

```
arra=new int[3][4];
```

实际上相当于下述 4 条语句：

```
arra=new   int[3][ ];          //创建一个有 3 个元素的数组，且每个元素也是一个数组
arra[0]=new   int[4];          //创建 arra[0]元素的数组，它有 4 个元素
arra[1]=new   int[4];          //创建 arra[1]元素的数组，它有 4 个元素
arra[2]=new   int[4];          //创建 arra[2]元素的数组，它有 4 个元素
```

也等价于：

```
arra=new   int[3][ ];
for(int   i=0;i<3;i++)   {   arra[i]=new   int[4]；  }
```

也就是说，在初始化二维数组时也可以只指定数组的行数而不给出数组的列数，每一行的长度由二维数组引用时决定。但是，不能只指定列数而不指定行数。

上述语句的作用如图 6.14 所示。

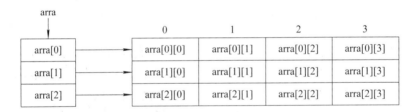

图 6.14　语句"arra=new int[3][4]；"的作用

(2) 在声明数组时创建数组对象。其格式如下：

```
类型说明符[ ][ ]   数组名=new 类型说明符[数组长度][ ]；
```

或

```
类型说明符   数组名[ ][ ]=new 类型说明符[数组长度][数组长度]；
```

例如：

```
int[ ][ ]   arr=new   int[4][ ]；
int   arr[ ][ ]=new   int[4][3]；
```

但是，不指定行数而指定列数是错误的。例如，下面的初始化是错误的：

```
int[ ][ ]   arr=new   int[ ][4]；
```

2. 直接指定初值的方式创建二维数组对象

用直接指定初值的方式创建二维数组对象，是在数组声明的同时创建数组对象。将数组元素的初值依次写入赋值号后的一对花括号内的花括号内。例如：

```
int[ ][ ]   arr1={{3,-9,6},{8,0,1},{11,9,8} }；
```

声明并创建了二维数组对象，arr1 数组有 3 个元素，每个元素又都是有 3 个元素的一维

数组。

用指定初值的方式创建数组对象时，各子数组元素的个数可以不同。例如：

　　　　int[ ][ ]　arr1={{3,-9},{8,0,1},{10,11,9,8} };

等价于：

　　　　int[ ][ ] arr1=new　int[3][ ];

　　　　int arr1[0]={3,-9};

　　　　int arr1[1]={8,0,1};

　　　　int arr1[2]={10,11,9,8};

☞ 6.4　二维数组的引用

由于二维数组是数组元素为一维数组的一维数组，因此，二维数组的引用与一维数组类似，只是要注意每一个行元素本身是一个一维数组。下面通过几个具体应用实例来说明。

6.4.1　测定数组的长度及数组赋值

与一维数组一样，也可以用.length 成员方法测定二维数组的长度，即元素的个数。只不过使用"数组名.length"的形式测定的是数组的行数，而使用"数组名[i].length"的形式测定的是该行的列数。例如，若有如下的初始化语句：

　　　　int[ ][ ] arr1={{3,-9},{8,0,1},{10,11,9,8} };

则 arr1.length 的返回值是 3，表示 arr1 数组有 3 行或 3 个一维数组元素。而 arr1[2].length 的返回值是 4，表示 arr1[2]的长度为 4，即(第 3 个一维数组元素)有 4 个元素。

　🖫【示例程序 C6_11.java】　在程序中测定数组的长度。

```
public class C6_11
{    public static void main(String arg[ ])
    {    int i,j;
        int len1[ ]=new int[2];
        int len2[ ]=new int[2];
        int[ ][ ] a1={{1,4,8,9},{3,2,2}};
        int a2[ ][ ]={{90,3},{9,12}};
        System.out.println("a1.length="+a1.length);
        for(i=0;i<2;i++)
        {    len1[i]=a1[i].length;        //将 a1 数组的元素 i 的长度赋给 len1[i]
            System.out.println("a1[ ].length="+len1[i]);
        }
        for(i=0;i<2;i++)
        {    for(j=0;j<len1[i];j++)
            System.out.print("   "+a1[i][j]);
            System.out.println("\n");
```

```
        }
      System.out.println("a2.length="+a2.length);
      for(i=0;i<2;i++)
         {   len2[i]=a2[i].length;      //将 a2 数组的元素 i 的长度赋给 len2[i]
             System.out.println("a2[ ].length="+len2[i]);
         }
         //打印 a2 数组对象的值
         for(i=0;i<2;i++)
         { for(j=0;j<len2[i];j++)
             System.out.print("   "+a2[i][j]);
           System.out.println("\n");
         }
      a2=a1;   //将 a1 数组赋给 a2，说明 a2 指向 a1 指向的数组对象
      System.out.println("a1.length="+a1.length);
      for(i=0;i<2;i++)
         {   len1[i]=a1[i].length;      //将 a1 数组的元素 i 的长度赋给 len1[i]
             System.out.println("a1[ ].length="+len1[i]);
         }
      //打印 a1 数组的对象的值
         for(i=0;i<2;i++)
         { for(j=0;j<len1[i];j++)
             System.out.print("   "+a1[i][j]);
           System.out.println("\n");
         }
      System.out.println("a2.length="+a2.length);
      for(i=0;i<2;i++)
         {   len2[i]=a2[i].length;      //将 a2 数组的元素 i 的长度赋给 len2[i]
             System.out.println("a2[ ].length="+len2[i]);
         }
      //打印 a2 数组的对象的值
         for(i=0;i<2;i++)
         { for(j=0;j<len2[i];j++)
             System.out.print("   "+a2[i][j]);
           System.out.println("\n");
         }
      System.out.println("\n");
   }
 }
```

该程序的运行结果如下：

a1.length=2	a1.length=2
a1[ ].length=4	a1[ ].length=4
a1[ ].length=3	a1[ ].length=3
1　4　8　9	1　4　8　9
3　2　2	3　2　2
a2.length=2	a2.length=2
a2[ ].length=2	a2[ ].length=4
a2[ ].length=2	a2[ ].length=3
90　3	1　4　8　9
9　12	3　2　2

6.4.2　数组名作为成员方法的参数

与一维数组类似，二维数组的数组名也可以作为参数传递给成员方法。下面通过两个实例说明这个问题。

【示例程序 C6_12.java】　在矩阵(用二维数组表示)中查找最大数。

```
class Maxvalue
{ int maxvl(int arr1[ ][ ])
    {
        int i,k,max;
        int len=arr1.length,len1;
        max=arr1[0][0];
        for(i=0;i<=len-1;i++)
          { len1=arr1[i].length;
            for(k=0;k<len1;k++)
                if( arr1[i][k]>max) max=arr1[i][k];
          }
        return   max;
    }
}
public class C6_12
 {
  public static void main(String[ ] args)
    { int maxx;
      int arr[ ][ ]={{1,3,7,6},{78,0,42,5},{-98,7,10,-1}};
      Maxvalue p1=new Maxvalue( );
      maxx=p1.maxvl(arr);
      System.out.println("max="+maxx);
    }
 }
```

该程序的运行结果如下：

max=78

📃【示例程序 C6_13.java】　两个矩阵相加。

```java
class AddClass
{   void add(int arA[ ][ ],int arB[ ][ ],int arC[ ][ ])
    {  int i,k,len1;
       int len=arA.length;
       for(i=0;i<len;i++)
       {   len1=arA[i].length;
           for(k=0;k<len1;k++)
               arC[i][k]=arA[i][k]+arB[i][k];
       }
    }
}
public class C6_13
{  public static void main(String[ ] args)
    {   int i,k;
        int arA[ ][ ]={{1,3,7,6},{78,0,42,5},{-98,7,10,-1}};
        int arB[ ][ ]={{1,3,7,6},{78,0,42,5},{-98,7,10,-1}};
        int arC[ ][ ]=new int[3][4];
        int len=arA.length,len1;
        AddClass p1=new AddClass( );
        p1.add(arA,arB,arC);
        System.out.println("\tA\t\tB\t\tC");
        for(i=0;i<len;i++)
        {   len1=arA[i].length;
            for(k=0;k<len1;k++)
                System.out.print(" "+arA[i][k]);      //打印第 i 行 A 矩阵
            System.out.print("\t");
            for(k=0;k<len1;k++)
                System.out.print(" "+arB[i][k]);      //打印第 i 行 B 矩阵
            System.out.print("\t");
            for(k=0;k<len1;k++)
                System.out.print(" "+arC[i][k]);      //打印第 i 行 C 矩阵
            System.out.println("\n");
        }
    }
}
```

该程序的运行结果如下：

A	B	C
1 3 7 6	1 3 7 6	2 6 14 12
78 0 42 5	78 0 42 5	156 0 84 10
-98 7 10 -1	-98 7 10 -1	-196 14 20 -2

习　题　6

6.1　填空：

(1) Java 将列表形式的值存储在_____。

(2) 一个数组中的各元素具有相同的_____和_____。

(3) 用于引用一个数组中某一个特定元素的序号被称为数组的_____。

(4) 数组 a1 的 4 个元素的名字分别为_____、_____、_____和_____。

(5) 使用两个下标的数组是_____数组。

(6) 一个 m × n 的数组包含_____行、_____列、_____个元素。

6.2　考虑一个 2 × 3 的数组 a。

(1) 为 a 写一个声明。试问，这样的声明使 a 有多少行、多少列、多少个元素？

(2) 写出 a 的第 1 行的所有元素的名字，写出第 2 列的所有元素的名字。

(3) 写出一条语句，置 a 的行 1 列 2 的元素为零。

(4) 写出一系列语句，将 a 的每个元素初始化为零。不要使用循环结构。

(5) 写出一个嵌套 for 结构，将 a 的每个元素初始化为零。

(6) 写出一条语句，从终端输入 a 的值。

(7) 写出一条语句，显示 a 的第 1 行元素。

(8) 写出一条语句，统计 a 的第 2 列元素的和。

(9) 写出一系列语句，确定并打印数组 a 的最小值。

(10) 写出一系列语句，用清晰的表格形式打印出数组 a。将列下标作为列标题，将行下标放在每行的左边。

6.3　编写程序：打印输出有 10 个元素的浮点数组 a1 中的最大值和最小值。

6.4　将有 10 个元素的数组 a1 拷贝至含有 15 个元素的数组 b1 的某处位置中。

6.5　将已存入数组中的值 45、89、7、6、0 按 0、6、7、89、45 的次序打印出来。

6.6　编程求一个 3 × 3 矩阵的对角线元素之和。

6.7　设某个一维数组中有 25 个元素，编写一个顺序查找程序，从中查找值为 80 的元素在数组中的位置。

6.8　设数组 a1 有 5 个值，利用 for 循环使每个元素值增 2^i，i 为 for 循环计数器。

6.9　将一个 5 × 3 的二维数组转置输出。

6.10　将一个 4 × 5 的二维数组按行排序输出。

字 符 串 类

字符串是多个字符的序列，是编程中常用的数据类型。在 Java 语言中，将字符串数据类型封装为字符串类，无论是字符串常量还是字符串变量，都是用类的对象来实现的，可以说字符串类是字符串的面向对象的表示。

Java 语言提供了两种具有不同操作方式的字符串类：String 类和 StringBuffer 类。它们都是 java.lang.Object 的子类。用 String 类创建的对象在操作中不能变动和修改字符串的内容，因此也被称为字符串常量。而用 StringBuffer 类创建的对象在操作中可以更改字符串的内容，因此也被称为字符串变量。也就是说，对 String 类的对象只能进行查找和比较等操作，而对于 StringBuffer 类的对象可以进行添加、插入、修改之类的操作。

☞ 7.1　String 类

本节主要讨论 String 类对象的创建、使用和操作。String 类(字符串类)的对象是一经创建便不能变动内容的字符串常量，创建 String 类的对象可以使用直接赋值和利用 String 类的构造方法。

7.1.1　直接赋值创建 String 对象

例如：

　　String c1="Java";

该语句创建 String 类的对象，并通过赋值号将 String 类的对象 "Java" 的首地址赋值给引用变量 c1，如图 7.1 所示。String 类的对象一经创建，便有一个专门的成员方法来记录它的长度。

图 7.1　c1 关联字符串对象的示意图

7.1.2　String 类的构造方法

String 类中提供了多种构造方法来创建 String 类的对象，见表 7.1。

表 7.1 String 类的构造方法

构 造 方 法	说 明
String( )	创建一个空字符串对象
String(String value)	用 value 字符串创建一个新的字符串对象，value 可以是字符串或 String 类的对象
String(char value[ ])	用 value 字符数组来创建字符串对象
String(char value[ ], int offset, int count)	从 value 字符数组中下标为 offset 的字符开始，创建有 count 个字符的串对象
String(byte[ ] bytes, String charsetName)	通过使用指定 charset 解码确定的 byte 数组，构造一个新的 String
String(byte[ ] bytes, int offset, int length)	通过使用平台的默认字符集解码指定的 byte 子数组，构造一个新的 String
String(StringBuffer Buffer)	分配一个新的字符串，它包含字符串缓冲区参数中当前包含的字符序列

【示例程序 C7_1.java】 String 类的 7 种构造方法的使用。

```
import java.io.UnsupportedEncodingException;
public    class    C7_1
{
    public    static    void    main(String[ ]    args)    throws    UnsupportedEncodingException
    { //字符数组型的字符串
        char    charArray[ ]={'b','i','r','t','h',' ','d','a','y'};
        //字节数组型的字符串，其中每个字节的值代表汉字的国际机内码
        //汉字的国际机内码(GB 2312 码)，两个字节的编码构成一个汉字
        //数组构成“面向对象”4 个汉字。–61 与 –26 组合成汉字“面”，其余类推
        byte    byteArray[ ]={-61,-26,-49,-14,-74,-44,-49,-13};
        StringBuffer    buffer;        //声明字符串对象的引用变量
        String    s,s1,s2,s3,s4,s5,s6,s7,ss;    //声明字符串对象的引用变量
        s=new String("hello");        //创建一个字符串对象 "hello"，s 指向该对象
        ss="ABC";                //创建一个字符串对象 "ABC"，ss 指向该对象
        //用 StringBuffer 创建一个字符串对象
        buffer=new StringBuffer("Welcom to java programming! ");
        s1=new String( );        //创建一个空字符串对象
        s2=new String(s);        //创建一个新的 String 对象 "hello"，s2 指向该对象
```

```
        s3=new String(charArray);   //用字符数组创建字符串对象 "birth day"，s3 指向该对象
        //用字符串数组中下标为 6 开始的 3 个字符创建字符串对象 "day"
        s4=new String(charArray,6,3);
        //用字符串数组 byteArray 按 GB2312 字符编码方案创建串对象 "面向对象"
        s5=new String(byteArray, "GB2312");
          //从前面创建的字节型数组 byteArray 下标为 2 的字符开始，取连续的 4 个字节，
          //即取{−49, −14, −74, −44}，创建字符串对象
        s6=new String(byteArray,2,4, "GB2312");
        //创建一个新的 String 对象 " Welcom to java programming! "，s7 指向该对象
        s7=new String(buffer);
        System.out.println("s1="+s1);
        System.out.println("s2="+s2);
        System.out.println("s3="+s3);
        System.out.println("s4="+s4);
        System.out.println("s5="+s5);
        System.out.println("s6="+s6);
        System.out.println("s7="+s7);
        System.out.println("ss="+ss);
        System.out.println("buffer="+buffer);
    }
}
```

该程序的运行结果如下：

```
    s1=
    s2=hello
    s3=birth day
    s4=day
    s5=面向对象
    s6=向对
    s7=Welcom to java programming!
    ss=ABC
    buffer=Welcom to java programming!
```

7.1.3　String 类的常用方法

创建一个 String 类的对象后，使用相应类的成员方法对创建的对象进行处理，即可完成编程所需要的功能。

java.lang.String 的常用成员方法如表 7.2 所示。

表 7.2 java.lang.String 的常用成员方法

成 员 方 法	功 能 说 明
int length( )	返回当前串对象的长度
char charAt(int index)	返回当前串对象下标 int index 处的字符
int indexOf(int ch)	返回指定字符在此字符串中第一次出现处的索引
int indexOf(String str, int fromIndex)	返回指定子字符串在此字符串中第一次出现处的索引,从指定的索引开始
String subString(int beginIndex)	返回当前串中从 beginIndex 开始到串尾的子串
String subString(int beginIndex,int endIndex)	返回当前串中从 beginIndex 开始到 endIndex−1 的子串
boolean equals(Object obj)	将此字符串与指定的对象比较
boolean equalsIgnoreCase(String s)	将此 String 与另一个 String 比较,不考虑大小写
int compareTo(String another_s)	按字典顺序比较两个字符串
String concat(String str)	将字符串 str 连接在当前串的尾部,返回新的字符串
String replace(char oldCh,char newCh)	将字符串的字符 oldCh 替换为字符串 newCh
String toLowerCase( )	将字符串中的大写字符转换为小写字符
String toUpperCase( )	将字符串中的小写字符转换为大写字符
static String valueOf(type variable)	返回变量 variable 值的字符串形式,type 可以是基本类型
static String valueOf(char[ ] data, int offset, int count)	返回字符数组 data 从下标 offset 开始的 count 个字符的字符串
static String valueOf(Object obj)	返回对象 obj 的字符串
String toString ( )	返回当前字符串

7.1.4　访问字符串对象

用于访问字符串对象的信息常用到的成员方法如下。

(1) length( ):返回当前串对象的长度。

(2) charAt(int index):返回当前串对象下标 index 处的字符。

(3) indexOf(int ch):返回当前串中第一个与指定字符 ch 相同的下标,若找不到,则返回 −1。例如,

```
"abcd". indexOf("c");      //值为 2
"abcd". indexOf("Z");      //值为 −1
```

(4) indexOf(String str, int fromIndex):从当前下标 fromIndex 处开始搜索,返回第一个与指定字符串 str 相同的串的第一个字母在当前串中的下标,若找不到,则返回 −1。例如,

"abcd". indexOf("cd",0);   //值为 2

(5) subString(int beginIndex)：返回当前串中从下标 beginIndex 开始到串尾的子串。例如，

    String s="abcde".subString(3);   // s 值为 "de"

(6) String subString(int beginIndex,int endIndex)：返回当前串中从下标 beginIndex 开始到下标 endIndex-1 的子串。例如，

    String s="abcdetyu".subString(2,5);   // s 值为 "cde"

💾【示例程序 C7_2.java】 String 类的常用方法。

```
public   class   C7_2
{
    public   static   void   main(String   args[ ])
    {   String   s1="Java Application";
        char   cc[ ]={'J','a','v','a',' ','A','p','p','l','e','t'};
        int   len=cc.length;                    //返回 cc 字符数组对象的长度
        int   len1=s1.length( );                //返回 s1 字符串对象的长度
        int   len2="ABCD".length( );            //返回字符串 "ABCD" 的长度
        char   c1="12ABG".charAt(3);            //返回字符串 "12ABG" 的下标为 3 的字符
        char   c2=s1.charAt(3);                 //返回 s1 字符串对象的下标为 3 的字符
        // char   c3=cc.charAt(1);错，不能这样用
        //返回当前串内第一个与指定字符 ch 相同的字符的下标
        int   n1="abj".indexOf(97);
        int   n2=s1.indexOf('J');
        int   n3="abj".indexOf("bj",0);
        int   n4=s1.indexOf("va",1);
        //返回当前串中的子串
        String   s2="abcdefg".substring(4);
        String   s3=s1.substring(4,9);
        System.out.println("s1="+s1+" len="+len1);
        System.out.println("cc="+cc+" len="+len);     //不能这样打印 cc 数组元素的内容
        System.out.println("ABCD=ABCD"+"  len="+len2);
        System.out.println("c1="+c1+"  c2="+c2);
        System.out.println("n1="+n1+"  n2="+n2);
        System.out.println("n3="+n3+"  n4="+n4);
        System.out.println("s2="+s2);
        System.out.println("s3="+s3);
    }
}
```

该程序的运行结果如下：

```
s1=Java Application len=16
cc=[C@1fb8ee3 len=11
ABCD=ABCD   len=4
c1=B   c2=a
n1=0   n2=0
n3=1   n4=2
s2=efg
s3= Appl
```

7.1.5 字符串比较

常用的字符串比较成员方法有 equals( )、equalsIgnoreCase( )及 compareTo( )。它们的用法及功能如下。

(1) 当前串对象 .equals(模式串对象)：当且仅当当前串对象与模式串对象的长度相等且对应位置的字符(包括大小写)均相同时，返回 true，否则返回 false。例如表达式

"Computer".equals("computer")

的结果为 false，因为第一个字符的大小写不同。

(2) 当前串对象 .equalsIgnoreCase(模式串对象)：与 equals( )方法的功能类似，不同之处是不区分字母的大小写。例如表达式

"Computer".equalsIgnoreCase ("computer")

的结果为 true。

(3) 当前串对象 .compareTo(模式串对象)：当前串对象与模式串对象比较大小，返回当前串对象与模式串对象的长度之差或第一个不同字符的 unicode 码值之差。

【示例程序 C7_3.java】 字符串比较运算的成员方法的使用。

```
public   class   C7_3
{
    public   static   void   main(String   args[ ])
    {   String   s1="Java";
        String   s2="java";
        String   s3="Welcome";
        String   s4="Welcome";
        String   s5="Welcoge";
        String   s6="student";
        boolean   b1=s1.equals(s2);     // s1 指向的对象为当前串，s2 指向的对象为模式串
        boolean   b2=s1.equals("abx");
        boolean   b3=s3.equals(s4);
        boolean   b4=s1.equalsIgnoreCase(s2);
        int   n1=s3.compareTo(s4);
        int   n2=s1.compareTo(s2);
```

```
            int   n3=s4.compareTo(s5);
            int   d1=s6.compareTo("st");
            int   d2=s6.compareTo("student");
            int   d3=s6.compareTo("studentSt1");
            int   d4=s6.compareTo("stutent");
            System.out.println("s1="+s1+"\ts2="+s2);
            System.out.println("s3="+s3+"\ts4="+s4);
            System.out.println("s5="+s5);
            System.out.println("equals: (s1==s2)="+b1+"\t(s1==abx)="+b2);
            System.out.println("equals: (s3==s4)="+b3);
            System.out.println("equalsIgnoreCase: (s1==s2)="+b4);
            System.out.println("(s3==s4)="+n1+"\t(s1<s2)="+n2);
            System.out.println("(s4>s5)="+n3);
            System.out.println("d1="+d1+"\td2="+d2);
            System.out.println("d3="+d3+"\td4="+d4);
        }
    }
```

该程序的运行结果如下：

```
s1=Java      s2=java
s3=Welcome       s4=Welcome
s5=Welcoge
equals: (s1==s2)=false    (s1==abx)=false
equals: (s3==s4)=true
equalsIgnoreCase: (s1==s2)=true
(s3==s4)=0    (s1<s2)=-32
(s4>s5)=6
d1=5             d2=0
d3=-3            d4=-16
```

7.1.6 字符串操作

字符串操作是指用已有的字符串对象产生新的字符串对象。常用的成员方法有 concat( )、replace( )、toLowerCase( )及 toUpperCase( )。

🖫【示例程序 C7_4.java】 字符串的连接、替换和字母大小写转换操作。

```
public class C7_4
{
    public static void main(String args[ ])
    {   String s1="Java"
        String s2="java";
```

```
        String s3="Welcome";
        String s4="Welcome";
        String s5="Welcoge";
        String sc1=s3.concat(s1);              // sc1 指向对象为 "Welcome Java "
        String sc2=s1.concat("abx");
        String sr1=s3.replace('e','r');        // s3 指向对象中的字符 'e' 换成 'r'
        String w1=s5.toLowerCase( );           // s5 指向对象中的大写换小写
        String u2=s2.toUpperCase( );           // s2 指向对象中的小写换大写
        System.out.println("s1="+s1+"\ts2="+s2);
        System.out.println("s3="+s3+"\ts4="+s4);
        System.out.println("s5="+s5);
        System.out.println("s3+s1="+sc1);
        System.out.println("s1+abx="+sc2);
        System.out.println("s3.replace('e','r')="+sr1);
        System.out.println("s5.toLower="+w1);
        System.out.println("s2.toUpper="+u2);
    }
}
```

该程序的运行结果如下：

```
s1=Java          s2=java
s3=Welcome       s4=Welcome
s5=Welcoge
s3+s1=WelcomeJava
s1+abx=Javaabx
s3.replace('e','r')=Wrlcomr
s5.toLower=welcoge
s2.toUpper=JAVA
```

7.1.7 其他类型的数据转换成字符串

String 类中的 valueOf(参数)成员方法可以将参数类型的数据转换成字符串，这些参数的类型可以是 boolean、char、int、long、float、double 和对象。

 【示例程序 C7_5.java】 将其他类型的数据转换成字符串。

```
public   class   C7_5
{
    public   static   void   main(String   args[ ])
    {   double   m1=3.456;
        String   s1=String.valueOf(m1);        //将 double 型值转换成字符串
        char[ ]   cc={'a','b','c'};
```

```
        String  s2=String.valueOf(cc);        //将字符数组转换成字符串
        boolean   f=true;
        String  s3=String.valueOf(f);        //将布尔值转换成字符串
        char[ ]   cs={'J','a','v','a'};
        String  s4=String.valueOf(cs,2,2);
        System.out.println("m1="+m1+"\ts1="+s1);
        System.out.println("s2="+s2);
        System.out.println("f="+f+"\ts3="+s3);
        System.out.println("s4="+s4);
    }
  }
```

该程序的运行结果如下：

```
m1=3.456  s1=3.456
s2=abc
f=true        s3=true
s4=va
```

🔲【示例程序 C7_6.java】 将 valueOf(对象)成员方法与 toString()成员方法联用，返回对象的字符表示。

```
class   A1
{   int   x,y;
    A1(int x,int y){this.x=x;this.y=y;}
    public   String   toString( ){ return ("\tx="+x+"\t,y="+y); }
}
public   class   C7_6
{
    public   static   void   main(String   args[ ])
    {   A1 p=new A1(2,6);      //调用构造方法初始化
        // String.valueOf(p) 返回 p 指向的对象的字符串表示
        String str=String.valueOf(p);
        System.out.println("str="+str);
    }
  }
```

该程序的运行结果如下：

```
str=  x=2 ,  y=6
```

7.1.8 main 方法中的参数

作为 Java 应用程序入口的 main 方法，我们通常是这样写的：

```
Public   static   void   main(String[ ] args){  …  }
```

这里只讨论其中的参数 args。由参数的类型 String[ ] 可知，它是字符串数组。因此，这个数组的元素 args[0]，args[1]，…，args[n] 的值都是字符串。它是为运行带参数的 Java 应用程序而设的。在早期的 Java 程序中经常用于运行时需要读取数据文件的程序。下面通过一个例子来说明这个参数的输入与输出。

【示例程序 C7_7.java】 运行 main( )方法时参数值的输入与输出。

```
public   class   C7_7
{
    public   static   void   main(String[ ]   args)
    {
     for(int    i=0;i<args.length;i++)
       System.out.println(args[i]);
    }
}
```

对于这个程序，若要在运行时输入参数 "Hello"、"World"、"Let's"、"Java!"，在字符命令环境下的运行方法是：

```
java   C7_7   Hello   World   Let's   Java!
```

其中，java 是 java 解释器；C7_7 是本例的类名；"Hello   World   Let's   Java!" 是参数，即 args 字符串数组元素的值。运行后的输出如下：

```
Hello
World
Let's
Java!
```

下面介绍在 NetBeans 集成开发环境中如何操作。在 NetBeans 集成开发环境中，若要给这个数组的元素赋值，操作步骤如下：

(1) 在 NetBeans 集成开发环境的包窗口的项目名(本例为 ch7)上单击右键，出现如图 7.2 所示的快捷菜单。单击快捷菜单中的"属性"(图中喷涂了蓝色)，出现图 7.3 所示的对话框。

图 7.2   在项目名 ch7 上单击右键后选择"属性"菜单项

图 7.3　Main( )方法的参数输入方式

(2) 在图 7.3 所示对话框的"项目属性"的"类别"窗口中单击选择"运行"。然后，在右侧窗体的"主类(M)"标签后的文本框里输入运行的主类名，本例的输入是 ch7.C7_7；再在"参数(A)"标签后的文本框中填写要运行的参数，本例的输入是 "Hello" "World" "Let's" "Java!"。这些参数将传递给 args 字符串数组，args[0]= "Hello"，…，args[3]= "Java!"，填好后点击"确定"按钮。出现如图 7.4 所示的对话框。

图 7.4　选择 ch7 为主项目

(3) 在图 7.4 所示对话框的菜单栏中，选择"运行"→"设置为主项目"→"ch7"。然后，在菜单栏中单击"清理并生成主项目"，此时图 7.4 中的"运行项目"菜单项会变成"运行主项目"。最后，单击菜单栏中的"运行"→"运行主项目"。其运行结果如图 7.5 所示。

图 7.5　程序 C7_7 的运行结果

☞ 7.2 StringBuffer 类

StringBuffer 类(字符串缓冲器类)也是 java.lang.Object 的子类。与 String 类不同，StringBuffer 类是一个在操作中可以更改其内容的字符串类，即一旦创建了 StringBuffer 类的对象，那么在操作中便可以更改和变动字符串的内容。也就是说，对于 StringBuffer 类的对象，不仅能进行查找和比较等操作，还可以进行添加、插入、修改之类的操作。

7.2.1 创建 StringBuffer 对象

StringBuffer 类提供了多种构造方法来创建类 StringBuffer 的对象，见表 7.3。

表 7.3 StringBuffer 的构造方法

构 造 方 法	功 能 说 明
StringBuffer( )	创建一个空字符串缓冲区，默认初始长度为 16 个字符
StringBuffer(int length)	用 length 指定的初始长度创建一个空字符串缓冲区
StringBuffer(String str)	用指定的字符串 str 创建一个字符串缓冲区，其长度为 str 的长度再加 16 个字符

7.2.2 StringBuffer 类的常用方法

创建一个 StringBuffer 对象后，同样可使用它的成员方法对创建的对象进行处理。Java.lang.StringBuffer 的常用成员方法如表 7.4 所示。

表 7.4 Java.lang.StringBuffer 的常用成员方法

成 员 方 法	功 能 说 明
int length( )	返回当前缓冲区中字符串的长度
char charAt(int index)	返回当前缓冲区中字符串下标 index 处的字符
void setcharAt(int index,char ch)	将当前缓冲区中字符串下标 index 处的字符改变成字符 ch 的值
int capacity( )	返回当前缓冲区长度
StringBuffer append(Object obj)	将 obj.toString( )返回的字符串添加到当前字符串的末尾
StringBuffer append(type variable)	将变量值转换成字符串再添加到当前字符串的末尾，type 可以是字符数组、串和各种基本类型
StringBuffer append (char[ ]str,int offset,int len)	将数组中从下标offset开始的len个字符依次添加到当前字符串的末尾
StringBuffer insert(int offset,Object obj)	将 obj.toString( )返回的字符串插入当前字符下标 offset 处
StringBuffer insert(int offset, type variable)	将变量值转换成字符串，插入到当前字符数组中下标为 offset 的位置处
String toString( )	将可变字符串转化为不可变字符串

7.2.3　StringBuffer 类的测试缓冲区长度的方法

StringBuffer 类提供了 length( )、charAt( )和 capacity( )等成员方法来测试缓冲区长度。

　【示例程序 C7_8.java】　测试缓冲区长度。

```java
public  class  C7_8
{
  public  static  void  main(String[ ]  args)
  {
    StringBuffer  buf1=new StringBuffer(); //创建一个 buf1 指向的初始长度为 16 的空字符串缓冲区
    StringBuffer buf2=new StringBuffer(10); //创建一个 buf2 指向的初始长度为 10 的空字符串缓冲区
    StringBuffer buf3=new StringBuffer("hello");   //用指定的"hello"串创建一个字符串缓冲区
//返回当前字符串长度
    int   len1=buf1.length( );
    int   len2=buf2.length( );
    int   len3=buf3.length( );
//返回当前缓冲区长度
    int   le1=buf1.capacity( );
    int   le2=buf2.capacity( );
    int   le3=buf3.capacity( );
//从 buf3 字符串中取下标为 3 的字符
    char   ch=buf3.charAt(3);
//使用 StringBuffer 的 toString 方法将三个 StringBuffer 对象转换成 String 对象输出
    System.out.println("buf1="+buf1.toString( ));
    System.out.println("buf2="+buf2.toString( ));
    System.out.println("buf3="+buf3.toString( ));
    System.out.println("len1="+len1+"\tlen2="+len2+"\tlen3="+len3);
    System.out.println("le1="+le1+"\tle2="+le2+"\tle3="+le3);
    System.out.println("ch="+ch);
  }
}
```

该程序的运行结果如下：

```
buf1=
buf2=
buf3=hello
len1=0    len2=0    len3=5
le1=16    le2=10    le3=21
ch=l
```

7.2.4　StringBuffer 类的 append( )方法

StringBuffer 类提供了 append(Object obj)、append(type variable)和 append(char[ ]str, int offset, int len)成员方法。读者可根据参数选用其中的一种方法，将参数转换为字符串添加到当前字符串的后面。

【示例程序 C7_9.java】 将给定字符串添加到当前字符串的后面。

```java
public  class  C7_9
{
  public  static  void  main(String[ ]  args)
  {
    Object   x="hello";
    String   s="good bye";
    char    cc[ ]={'a','b','c','d','e','f'};
    boolean   b=false;
    char    c='Z';
    long    k=12345678;
    int    i=7;
    float   f=2.5f;
    double   d=33.777;
    StringBuffer   buf=new StringBuffer( );
    buf.append(x); buf.append(' '); buf.append(s);
    buf.append(' '); buf.append(cc); buf.append(' ');
    buf.append(cc,0,3); buf.append(' ');buf.append(b);
    buf.append(' '); buf.append(c); buf.append(' ');
    buf.append(i); buf.append(' '); buf.append(k);
    buf.append(' '); buf.append(f); buf.append(' ');
    buf.append(d);
    System.out.println("buf="+buf);
  }
}
```

该程序的运行结果如下：

```
buf=hello good bye abcdef abc false Z 7 12345678 2.5 33.777
```

7.2.5　StringBuffer 类的 insert( )方法

StringBuffer 类提供了 insert(int offset, Object obj)和 insert(int offset, type variable)成员方法用于插入字符串到当前字符串中，其中的参数 offset 指出插入的位置。

【示例程序 C7_10.java】 将各种数据转换成字符串插入到当前字符串的第 0 个位置。

```
public   class   C7_10
{
  public   static   void   main(String[ ]   args)
  {
    Object    y="hello";
    String    s="good bye";
    char    cc[ ]={'a','b','c','d','e','f'};
    boolean    b=false;
    char    c='Z';
    long    k=12345678;
    int    i=7;
    float    f=2.5f;
    double    d=33.777;
    StringBuffer    buf=new StringBuffer( );
    buf.insert(0,y); buf.insert(0,' '); buf.insert(0,s);
    buf.insert(0, ' '); buf.insert(0,cc); buf.insert(0,' ');
    buf.insert(0,b); buf.insert(0,' '); buf.insert(0,c);
    buf.insert(0, ' '); buf.insert(0,i); buf.insert(0,' ');
    buf.insert(0,k); buf.insert(0,' '); buf.insert(0,f);
    buf.insert(0,' '); buf.insert(0,d);
    System.out.println("buf="+buf);
  }
}
```

该程序的运行结果如下：

```
buf=33.777 2.5 12345678 7 Z false abcdef good bye hello
```

7.2.6   StringBuffer 类的 setcharAt( )方法

setcharAt(int index,char ch)方法是将当前字符串下标 index 处的字符改变成字符 ch 的值。

　【示例程序 C7_11.java】   setcharAt( )方法的使用。

```
public   class   C7_11
{
  public   static   void   main(String[ ]   args)
  { StringBuffer   buf=new StringBuffer("hello there");
    System.out.println("buf="+buf.toString( ));
    System.out.println("char at 0: "+buf.charAt(0));
    buf.setCharAt(0,'H');     //将 buf 指向的串对象的下标为 0 的字符改写为 'H'
    buf.setCharAt(6,'T');     //将 buf 指向的串对象的下标为 6 的字符改写为 'T'
```

```
        System.out.println("buf="+buf.toString( ));
    }
}
```

该程序的运行结果如下：

```
buf=hello there
char at 0: h
buf=Hello There
```

习 题 7

7.1 指出下列陈述是对还是错，如果是错，解释为什么。

(1) 当 String 的对象用 == 比较时，如果 String 包括相同的值，则结果为 true。

(2) 一个 String 的对象在被创建后可被修改。

7.2 对于下列描述，各写出一条语句完成所要求的任务。

(1) 比较 s1 中的串和 s2 中的串的内容的相等性。

(2) 用 += 向串 s1 附加串 s2。

(3) 判断 s1 中串的长度。

7.3 设定一个有大小写字母的字符串，先将字符串中的大写字符输出，再将字符串中的小写字符输出。

7.4 设定一个有大小写字母的字符串和一个查找字符，使用类 String 的方法 indexOf 来判断在该字符串中要查找的字符的出现次数。

7.5 设定 5 个字符串并只打印那些以字母 "b" 开头的串。

7.6 设定 5 个字符串并只打印那些以字母 "ED" 结尾的串。

7.7 如果 ch="Java Applet"，下列结果是什么？

(1) ch.length( )

(2) ch.concat("Basic")

(3) ch.subString(2,8)

(4) ch.replace('a', 'A')

(5) ch.indexOf("Applet")

(6) ch.lastIndexOf("Applet")

7.8 说明 commpareTo( ) 与 getChars( ) 的用法。

7.9 说明 capacity( ) 与 length( ) 用法上的差异。

7.10 如果 ch 为 StringBuffer 对象，ch="Java Applet"，下列结果是什么？

(1) ch.insert(3, 'p')

(2) ch.append("Basic")

(3) ch.setLength(5)

(4) ch.reverse( )

7.11 Integer.parseInt( ) 用于将字符串转换成整数，若要将整数转换成字符串，应如何表示?

　7.12　输入一个字符串，统计其中有多少个单词? 单词之间用空格分隔开。

　7.13　有三个字符串，要求找出其中最大者。

　7.14　'a' 与 "a" 之间的差别是什么?

　7.15　讨论

　　　str = str + word ;　　　　　//字符串连接

与

　　　tempStringBuffer.append(word)

的差别。其中，str 是 String 对象，而 tempStringBuffer 是 StringBuffer 对象。

第8章

集 合 类

线性结构和集合结构是软件开发中经常会遇到的数据结构，为了这两种基本结构在编程时的实现和使用方便，Java 1.2 在 java.util 包中提供了专门用于存储各种线性结构和集合结构对象的容器——集合(Collection)，并进一步将其细分为 List(列表)、Set(集)、Queue(队列)、Map(映射)等，还用集合框架(Collection Framework)的接口和类对集合进行了规范。因此，Java 程序员在开发软件时，就不必考虑相关数据结构和算法的实现细节，只需创建相应的集合对象，然后直接引用该对象提供的方法完成相应的操作，从而轻松地实现所需的数据结构和高性能、高质量的算法。这样，不仅可以大大提高编程效率，提高程序的质量和运行速度，而且可以实现软件的重用。本章主要介绍 java.util 包中的集合类、集合框架及其在线性结构和集合结构中的一般应用。

☞ 8.1 线性结构简介

常见的数据结构有：表示 1:1 关系的线性结构、表示 1:n 关系的树结构、表示 m:n 关系的图结构、只属于同一个集合而没有任何关系的集合。基本的存储结构(物理结构)是顺序存储结构和链接存储结构。在实际应用中，把线性结构进一步分为线性表、栈、队列、字符串等。每一种线性结构都可用顺序存储结构和链接存储结构两种不同的存储结构来存储，并在相应的存储结构上实现相应的算法。为介绍 java.util 包中集合之方便，本节先简要地回顾一下线性表、栈、队列的有关概念。

1. 线性表

(1) 线性表的定义：线性表是 n 个具有相同数据类型的数据元素的有限序列，表示如下：

$$(a_1, a_2, a_3, \cdots, a_n)$$

其中，n 为线性表的长度(n≥0)，n=0 的表称为空表。在这个序列中，除第一个元素 a_1 外，每个元素都有且只有一个前驱元素；除最后一个元素 a_n 外，每个元素都有且只有一个后继元素。

(2) 线性表的存储结构：线性表既可以采用顺序存储结构，也可以采用链接存储结构。用顺序存储结构存储的线性表称为顺序表，用链接存储结构存储的线性表称为链表。

(3) 顺序表：用一段地址连续的存储单元依次存储线性表的数据元素，元素的逻辑次序与物理(存储)次序一定相同，因此，数据元素间的前驱、后继关系就隐含于其存储位置的相邻上。在 Java 程序中通常用一维数组来实现顺序表。

(4) 链表：用任意的存储单元存储线性表的数据元素。链表的最主要特点是数据元素的物理(存储)次序与其逻辑次序不一定相同，因此，数据元素间的前驱、后继关系就需要通过表示链接关系的"指针"来显式地指出。

2. 栈

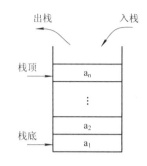

图 8.1　栈操作

(1) 栈(Stack)的定义：栈是一种操作受限的线性表，限定只能在表的一端进行插入和删除操作。允许插入和删除的一端称为栈顶，另一端称为栈底，如图 8.1 所示。栈的操作特性是后进先出(LIFO)。

(2) 栈的存储结构：栈既可以采用顺序存储结构，也可以采用链式存储结构。采用顺序存储结构的栈称为顺序栈；采用链式存储结构的栈称为链栈。图 8.1 是一个顺序栈。

3. 队列

(1) 队列(Queue)的定义：队列也是一种操作受限的线性表，限定所有的插入操作只能在表的一端(称表尾或队尾，Rear)进行，而所有的删除操作都在表的另一端(称表头或队头，Front)进行，如图 8.2 所示。队列的操作是按先进先出(FIFO)的原则进行的。

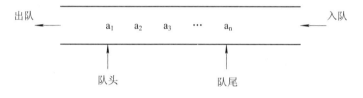

图 8.2　队列操作

(2) 队列的存储结构：队列既可以采用顺序存储结构，也可以采用链接存储结构。

☞ 8.2　集合与集合框架

8.2.1　集合(Collection)

数组作为 Java 提供的一种容器，可以存储一组具有基本类型的数据或一组对象，常用于线性结构中元素的顺序存储。然而，当创建一个数组之后，它的元素个数及元素的数据类型就不能改变了。如果在编写程序时不清楚数据元素的个数及其数据类型，就不能使用数组来存储，而需要特殊的存储容器。java.util 包提供了我们需要的一套比较完整的被称为集合(Collection)的容器类来存储各种类型的对象，其中最基本的容器类型是 List(列表)、Set(集)、Queue(队列)、Map(映射)。需要注意的是，集合容器的大小可以灵活调整，但只能存储对象，而不能存储 Java 中的基本类型数据。java.util 包提供的基本集合如下：

(1) Set：与数学中集合的概念相似，Set 不保证元素的次序，但保证没有重复元素。

(2) List：是一个列表集合，元素间有序，允许有重复元素。

(3) Map：是一个映射集合，每一个元素包含 key-value 对(键-值对)。key 不能重复，但 value 对象可以重复。

(4) Queue：是一个队列集合，强调对象先进先出的操作顺序。

8.2.2 集合框架

Java 集合框架 API 是用来表示和操作集合的统一框架。为了使整个集合框架中的类便于使用，Java 提供了标准的接口，允许不同类型的集合以相同的方式和高度互操作方式工作，使得集合容易扩展或修改。集合框架包含了三部分：接口、实现及算法。

(1) 接口：它表示集合的抽象数据类型。java.util 包中主要接口的继承关系如图 8.3 所示。图 8.4 列出了集合框架中的核心集合接口，它封装了不同类型的集合，提供了不同集合的独立操作。核心集合接口提供了两个独立的接口树来表示对象的存储方式。其中 Collection 接口的存储方式是将元素作为单个对象存储，而 Map 接口的存储方式是将元素作为一组 key-value 对对象存储。常用的集合接口框架如表 8.1 所示。

```
java.util.Comparator<T>
java.lang.Iterable<T>
  java.util.Collection<E>
    java.util.List<E>
    java.util.Queue<E>
    java.util.Set<E>
      java.util.SortedSet<E>
java.util.Iterator<E>
  java.util.ListIterator<E>
java.util.Map<K,V>
  java.util.SortedMap<K,V>
java.util.RandomAccess
…
```

图 8.3　主要接口的继承关系

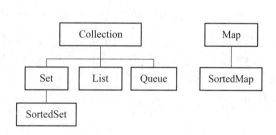

图 8.4　核心集合接口

表 8.1　常用的集合接口框架

接　　口	实 现 的 功 能
Collection	一个独立元素的集合
List	有序集合
Set	不包含重复元素的集合
SortedSet	不包含重复元素且按升序排列的集合
Map	不包含重复 key 的一组 key-value 对元素集合
SortedMap	在 Map 的基础上，增加了排序功能的集合
Iterator	一个可单向遍历集合的迭代器
ListIterator	一个可双向遍历集合的迭代器

(2) 实现：集合接口的具体实现，是可重用的数据结构。集合接口、实现类之间的相互关系如图 8.5 所示。图中左边是实现类，右边是接口。对于继承而言，不管是类之间还是接口之间均用实线表示。例如，Stack 类是 Vector 类的子类，Set 和 List 接口是 Collection

的子接口。图中虚线将右边的接口与左边的直接实现该接口的类连接起来，说明每个接口由相应的类实现。例如，ArrayList 类是一种直接实现 List 接口的类。

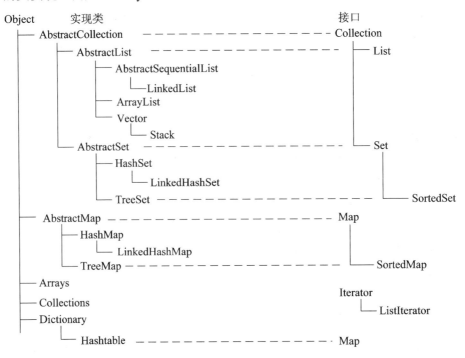

图 8.5　集合接口、实现类之间的相互关系

(3) 算法：java.util 包的 Collections 类中提供了丰富的静态方法帮助我们轻松完成诸如搜索、查找、排序等常用的算法。而且 Collections 类提供的算法是可以被所有的集合利用的标准方法。

☞ 8.3　Collection 接口

8.3.1　Collection 接口简介

Collection 作为集合层次结构的根，它存储元素的方式可以是 Set 型或 List 型。它提供的通用方法是集合框架中所有集合都将拥有的核心方法。在需要最大程度的通用性的情况下，可以使用 Collection 接口传递对象的集合。JDK 不提供 Collection 接口的任何直接实现，而是通过它的子接口(例如 Set 和 List)来实现的。Collection 接口提供的对集合中元素的基本操作如下。

1) 添加元素的方法

boolean add(Object obj)：添加一个元素。

boolean addAll(Collection c)：添加一个集合中的所有元素。

2) 删除元素的方法

boolean remove(Object obj)：删除一个元素。

boolean removeAll(Collection c)：删除一个集合中的所有元素。

void clear( )：清空，删除所有元素。

3）求交集的方法

boolean retainAll(Collection c)：取两个集合中的相同元素。

4）获取元素个数的方法。

int size( )：获取集合中的元素个数。

5）判断的方法

boolean isEmpty( )：判断该集合是否为空。

boolean contains(Object o)：判断是否包含指定元素。

boolean containsAll(Collection c)：判断是否包含参数中指定集合的所有元素。

6）将集合变成数组的方法

Object[ ] toArray( )：返回包含此 Collection 中所有元素的数组。

<T>T[ ] toArray(T[ ] a)：返回包含此 Collection 中所有元素的数组；返回数组的运行时类型与指定数组的运行时类型相同。注意，不能直接把集合转换成基本数据类型的数组(例如 int、char)，因为集合必须持有对象。其中<T>中的 T 表示泛型类型的变量，它的值可以是传递过来的任何类型(例如 Integer、Character、自己定义的对象等)，但它不能是任何基本数据类型(例如 int、char)。

7）迭代器

terator iterator( )：遍历 Collection 中的每一个元素。

8.3.2　Iterator 迭代器

Java 提供遍历集合元素的方法有如下两种。

1．for-each 结构

for-each 结构的格式：

```
    for(Object o : collection)System.out.println(o);    //表示一行输出一个元素
```

2．Iterator(迭代器)

Collection 接口扩展了 Iterator 接口。Collection 接口中的 iterator( )方法返回一个 Iterator 对象，通过这个对象可以逐一访问 Collection 集合中的每一个元素。典型的用法如下：

```
    Iterator    it = collection.iterator( );    //创建一个迭代器对象
    while(it.hasNext( ))    //其中的 hasNext( )用于判断迭代器中是否存在下一个元素
        {   Object obj = it.next( );   }    //取下一个元素
```

Iterator 中的 hasNext( )方法检查迭代器中是否有下一个元素，若有则返回 true。Iterator 中的 next( )方法返回迭代器中的下一个元素。

下面用示例程序来说明。

🔲【示例程序 C8_f1.java】　T 泛型类型的简单操作。

```
    class Box<T> {
        private T t;
```

```
        void g1(T t1)
        {     t=t1;    }
        T get( )
        {     return t;         }
    }
    public class C8_f1 {
        public static void main(String[ ] args)
        {
            Box<Integer> intBox=new Box<Integer>( );        //创建整数类型对象
            Box<String>    strBox=new Box<String>( );        //创建字符串类型对象
            intBox.g1(10);                                   //实参为整数类型对象
            strBox.g1("abc");                                //实参为字符串类型对象
            Integer someInt=intBox.get( );                   //得到整数类型对象
            String    str=strBox.get( );                     //得到字符串类型对象
            System.out.println(someInt);
            System.out.println(str);

        }
    }
```

该程序的运行结果如下：

```
    10
    abc
```

程序中 Box 类名之后的<T>告诉编译器 T 是一个参数化的类型，在类被使用时将会被实际类型替换。在程序的 main( )方法中，"Box<Integer> intBox=new Box<Integer>( );"语句创建整数类型对象，T 为整数类型 Integer，即用 Integer 替换 T。"Box<String>   strBox=new Box<String>( );"语句创建字符串类型对象，T 为字符串类型 String，即用 String 替换 T。

【示例程序 C8_1.java】 实现 Collection 接口，并进行简单操作。

```
    import java.util.ArrayList;
    import java.util.Arrays;
    import java.util.Collection;
    import java.util.Iterator;
    public class C8_1 {
        public static void main(String[ ] args) {
            Character[ ] c ={ 'A','B','C','D','E'};     //创建元素为字符对象的 c 数组
            System.out.print("输出元素为字符对象的 c 数组");
            for(int i=0;i<c.length;i++){ System.out.print(c[i]+" , "); }
            System.out.println( );
            //创建 ArrayList，并转型为 Collection
            //Arrays.asList(c)表示 c 数组的元素是 ArrayList 的元素
```

```
        Collection<Character> cl = new ArrayList<Character>(Arrays.asList(c) );
        cl.add((Character)'f ');                //添加一个元素
        System.out.println("输出集合中添加 f 后的所有元素"+cl);
        cl.remove((Character)'B');              //删除一个元素
        System.out.println("用迭代器输出集合中删除 B 后的所有元素");
        Iterator<Character> it = cl.iterator( );  //创建一个迭代器对象
        while(it.hasNext( ))                     //判断迭代器中是否有下一个元素
        {    Character i = it.next( );           //取下一个元素
            System.out.print(i+" , ");
        }
        System.out.println( );
        Object[ ] cc= cl.toArray( );
        System.out.print("输出集合转数组后数组的所有元素: ");
        for(int i=0;i<c.length;i++){ System.out.print(cc[i]+" , "); }
        System.out.println( );
    }
}
```

该程序的运行结果如下：

    输出元素为字符对象的 c 数组 A，B，C，D，E，
    输出集合中添加 f 后的所有元素[A, B, C, D, E, f]
    用迭代器输出集合中删除 B 后的所有元素
    A，C，D，E，f，
    输出集合转数组后数组的所有元素: A，C，D，E，f，

程序说明：程序中的语句

```
    Collection<Character> cl = new ArrayList<Character>(Arrays.asList(c) );
```

表示 Collection 中的元素类型是 Character。这是一种泛型构造方法，通过使用泛型，我们可以在集合中存储自己定义的类的对象。ArrayList 类可以创建如同 Java 数组那样的容器，具体内容见 8.4.1 节。

☞ 8.4 List 接口与实现类

List 接口是 Collection 接口的子接口，它是 Collection 的有序集合，为实现线性结构提供了一个框架，提供了线性表的顺序存储和链接存储两类存储结构。实现 List 的通用类是 ArrayList 类和 LinkedList 类。

8.4.1 List 接口简介

从图 8.5 中可以看出，List 接口继承了 Collection 接口，因此它包含了 Collection 接口的所有方法。实现 List 的通用类是 ArrayList 类和 LinkedList 类。需要注意的是，这两个类

没有同步的方法，如果多个线程同时访问一个 List，则必须自己实现访问的同步。

(1) ArrayList 类。它采用数组来存储线性表的元素，是线性表的顺序存储结构。因此，它的随机访问速度快，对中间元素的插入、删除操作速度慢。它与 Java 数组的主要区别是数组作为容器大小是不可变的，而 ArrayList 作为容器大小是可变的。由于 ArrayList 内部封装了数组，所以数组的执行效率比 ArrayList 高。

(2) LinkedList 类。它采用链接存储结构来存储线性表中的元素。由链接存储结构的特点可知，它适用于元素的插入、删除操作，或者说执行插入、删除元素操作的效率较高。

在 List 接口中增加的特有的操作如下。

1) 添加元素

void add(int index, E element)：插入一个元素到指定位置。

boolean addAll(int index, Collection<? extends E> c)：插入集合中的所有元素到指定位置。

其中：E element 表示一个元素，E 表示该元素 element 的类型变量(泛型类型，例如 E 为 Integer)；<? extends E> 表示未知类型是 E 的子类型或 E 类型，符号 "?" 称为通配符，是未知类型，E 是泛型类型；c 表示包含要添加到此列表的元素的 Collection。

2) 删除元素

E remove(int index)：删除列表中指定位置的元素。

3) 获取

E get(int index)：返回列表中指定位置的元素。

int indexOf(Object o)：获取列表中第一次出现的指定元素的下标；如果该元素不存在，则返回 -1。

int lastIndexOf(Object o)：获取列表中最后出现的指定元素的下标；如果该元素不存在，则返回 -1。

4) 修改

E set(int index, E element)：用指定元素替换列表中指定位置的元素。

5) 迭代器

ListIterator<E> listIterator( )：列表迭代器。

ListIterator<E> listIterator(int index)：从列表的指定位置开始迭代。

下面用示例程序来说明。

【示例程序 C8_f2.java】 E 泛型类型的简单操作。

```java
import java.util.ArrayList;
public class C8_f2<E>  extends   ArrayList<E>
{
    void swap(int i,int j)
    {
        E temp=this.get(i);
        this.set(i, this.get(j));
        this.set(j,temp);
```

```
    }
    public static void main(String[ ] args)
    {
        C8_f2<String>    list=new    C8_f2<String>( );        //创建字符串类型对象
        list.add("a1");
        list.add("b1");
        System.out.println(list.get(0)+" "+list.get(1));
        list.swap(0, 1);
        System.out.println(list.get(0)+" "+list.get(1));
    }
}
```

该程序的运行结果如下：

    a1 b1

    b1 a1

程序中 C8_f2 类名之后的<E>告诉编译器 E 是一个参数化的类型，在类被使用时将会被实际类型替换，类型变量 E 常用在集合中。在程序的 main( )方法中，"C8_f2<String> list=new   C8_f2<String>();"语句用于创建字符串类型对象，此时 E 为字符串类型。

🖵 **【示例程序 C8_2.java】** 实现 List 接口，并进行简单操作。

```
    import java.util.ArrayList;
    import java.util.List;
    public class C8_2
    {
        public static void main(String[ ] args)
        {
            //创建 ArrayList，并转型为 List
            List <String> cl = new ArrayList<String>();
            cl.add("A1");        cl.add("B2");        cl.add("C3");
            System.out.println("输出集合的所有元素"+cl);
            cl.add(1,"f1");          //下标 1 的位置插入一个元素
            System.out.println("元素下标 1 的位置插入 f1 后，输出所有元素"+cl);
            String    b="B2";
            int n=cl.indexOf(b);    //查找指定元素的下标
            cl.remove(n);            //删除指定下标的元素
            System.out.println("n="+n+"    删除 n 元素后输出集合中所有元素");
            for(int i=0;i<cl.size( );i++){ System.out.print(cl.get(i)+" , "); }
            System.out.println( );
        }
    }
```

该程序的运行结果如下：

    输出集合的所有元素[A1, B2, C3]

    元素下标 1 的位置插入 f1 后，输出所有元素[A1, f1, B2, C3]

    n=2   删除 n 元素后输出集合中所有元素

    A1, f1, C3,

8.4.2   ArrayList 类

ArrayList 类使用数组来实现 AbstractList 类，实现 List 接口。下面用示例程序来说明。

【示例程序 C8_3.java】 创建 ArrayList，并进行简单操作。

```java
package ch8;
import java.util.ArrayList;
public class C8_3 {
public static void main(String[ ] args)
{       //创建 ArrayList
    ArrayList <Integer> nl = new ArrayList<Integer>( );
    nl.add((Integer)1);
    nl.add((Integer)2);
    nl.add((Integer)3);
    System.out.println("输出集合的所有元素"+nl);
    System.out.println("输出下标为 2 的元素: "+nl.get(2));
    nl.add(1,(Integer)4);          //下标 1 的位置插入一个元素
    System.out.println("元素下标 1 的位置插入 4 后，输出所有元素"+nl);
    Integer b=(Integer)1;
    int n=nl.indexOf(b);          //查找指定元素的下标
    nl.remove(n);                 //删除指定下标的元素
    System.out.println("n="+n+"      删除 n 元素后输出集合中所有元素");
    for(Integer i : nl){ System.out.print(i+" , "); }
    System.out.println( );
  }
}
```

该程序的运行结果如下：

    输出集合的所有元素[1, 2, 3]

    输出下标为 2 的元素：3

    元素下标 1 的位置插入 4 后，输出所有元素[1, 4, 2, 3]

    n=0   删除 n 元素后输出集合中所有元素

    4, 2, 3,

8.4.3   LinkedList 类

LinkedList 使用双向循环链表结构实现了 AbstractSequentialList 类和 List 接口。

LinkedList 类除实现了 AbstractSequentialList 类及 List 接口的所有操作外，还提供了用作栈(stack)、队列(queue)或双向队列(deque)的操作。LinkedList 类中特有的操作方法如下。

1) 添加元素

void addFirst(E e)：将指定元素插入此列表的开头。

void addLast(E e)：将指定元素添加到此列表的结尾。

boolean offerFirst(E e)：在此列表的开头插入指定的元素。

boolean offerLast(E e)：在此列表的结尾插入指定的元素。

2) 删除元素

E removeFirst( )：移除并返回此列表的第一个元素。

E removeLast( )：移除并返回此列表的最后一个元素。

E pollFirst( )：获取并移除此列表的第一个元素；如果此列表为空，则返回 null。

E pollLast( )：获取并移除此列表的最后一个元素；如果此列表为空，则返回 null。

3) 获取元素

E getFirst( )：返回此列表的第一个元素。

E getLast( )：返回此列表的最后一个元素。

E pollFirst( )：获取并移除此列表的第一个元素；如果此列表为空，则返回 null。

E pollLast( )：获取并移除此列表的最后一个元素；如果此列表为空，则返回 null。

4) 栈(stack)操作

void push(E e)：将元素推入此列表所表示的堆栈。

E pop( )：从此列表所表示的堆栈处弹出一个元素。

E peek( )：获取但不移除此列表的头(第一个元素)。

下面通过一个程序来说明。

【示例程序 C8_4.java】 用 LinkedList 实现一个栈(stack)，并进行栈的基本操作。

```java
package ch8;
import java.util.LinkedList;
public class C8_4 extends LinkedList
{
    public static void main(String[ ] args)
    {   C8_4 stack=new C8_4( );
        stack.push("a1");                        //入栈操作
        stack.push("a2");
        stack.push("a3");
        System.out.println(stack.pop( ));        //出栈操作
        System.out.println(stack.peek( ));       //取栈顶元素操作
        System.out.println(stack.pop( ));        //出栈操作
        System.out.println(stack.isEmpty( ));    //判断栈空操作
    }
}
```

该程序的运行结果如下：

　　a3　　a2　　a2　　false

【示例程序 C8_5.java】　用 LinkedList 实现队列(queue)，并进行队列的基本操作。

```
package ch8;
import java.util.LinkedList;
public class C8_5 extends LinkedList
{
    public static void main(String[ ] args)
    {   C8_5 queue=new C8_5( );
        queue.addLast("a11");                    //入队操作
        queue.addLast("a22");
        queue.addLast("a33");
        System.out.println(queue.removeFirst( ));   //出队操作
        System.out.println(queue.getFirst( ));      //取队头元素操作
        System.out.println(queue.removeFirst( ));
        System.out.println(queue.isEmpty( ));       //判断队空操作
    }
}
```

该程序的运行结果如下：

　　a11　　a22　　a22　　false

☞ 8.5　Set 接口

8.5.1　Set 接口简介

Set 是不保存重复元素的 Collection。Set 接口模拟数学上的集合概念，为实现数据结构中的集合提供了一个框架。Set 接口只包含从 Collection 接口继承的方法，并且增加了禁止重复元素的限制。实现 Set 接口的通用类是 HashSet、LinkedHashSet 和 TreeSet 类。使用时注意这三个类没有同步机制。

(1) HashSet 类。HashSet 采用 hashCode 算法(散列函数)存放元素，元素的存放顺序与插入顺序无关。HashSet 是为快速查找而实现的 Set。

(2) TreeSet 类。TreeSet 类采用红黑树数据结构对元素排序，是保持元素字母排列顺序的 Set。它的查找速度比 HashSet 慢。

(3) LinkedHashSet 类。LinkedHashSet 是 HashSet 的子类，它的内部使用散列以加快查询速度，同时使用链表维护元素的排序。它是保证元素插入顺序的 Set。LinkedHashSet 在迭代访问 Set 中的全部元素时，性能比 HashSet 好，但是插入时性能稍微逊色于 HashSet。

下面用示例程序来说明。

【示例程序 C8_6.java】　实现 Set 接口，并进行简单操作。

```java
import java.util.HashSet;
import java.util.Iterator;
import java.util.Set;
public class C8_6
{
    private static void load(Set set)
    {
        set.add("Cu");        set.add("Ir");          set.add("La");
        set.add("Om");        set.add("Pe");          set.add("Cu");
    }
    private static void dump(Set set)
    {
        Iterator<Character> it = set.iterator( );
        while(it.hasNext( ))
        {   System.out.print(it.next( )+" , ");    }
        System.out.println("    set.size( )="+set.size( ));
    }
    public static void main(String[ ] args)
    {
        Set<String>    set1 = new HashSet<String>( ); // HashSet 转型为 Set
        load(set1);   dump(set1);
    }
}
```

该程序的运行结果如下：

```
Pe, Om, Cu, La, Ir,    set.size( )=5
```

注意：程序中的 Set 不保存重复元素，不保证元素的插入顺序。

【示例程序 C8_7.java】 用 Set 进行简单的并、交、差操作。

```java
import java.util.HashSet;
import java.util.Set;
public class C8_7 {
    public static void main(String[ ] args)
    {   Set<String> set1 = new HashSet<String>( );
        Set<String> set2 = new HashSet<String>( );
        Set<String> set3 = new HashSet<String>( );
        set1.add("Sa");       set1.add("Mi");        set1.add("Ji");        set1.add("Vi");
        set3.add("Sa");       set3.add("Mi");        set3.add("Ti");
        set2.addAll(set1);    //将 set1 的元素全部添加到 set2 中
        System.out.println("set1 = " + set1);
        System.out.println("set2 = " + set2);
```

```
            System.out.println("set3 = " + set3);
            set1.add("Cu");      set1.add("Po");
            System.out.println("添加元素后的 set1 = " + set1);
            System.out.println("判断 set2 是否是 set1 的子集:"+set1.containsAll(set2));
            set3.removeAll(set2);      //将 set3 转换为 set3 和 set2 的差集
            System.out.println("将 set3 转换为 set3 和 set2 的差集:"+set3);
            set3.addAll(set2);         //将 set3 转换为 set3 和 set2 的并集
            System.out.println("将 set3 转换为 set3 和 set2 的并集:"+set3);
            set3.retainAll(set2);             //将 set3 转换为 set3 和 set2 的交集
            System.out.println("将 set3 转换为 set3 和 set2 的交集:"+set3);
        }
    }
```

该程序的运行结果如下:

```
    set1 = [Mi, Ji, Vi, Sa]
    set2 = [Mi, Ji, Vi, Sa]
    set3 = [Mi, Ti, Sa]
    添加元素后的 set1 = [Mi, Ji, Po, Cu, Vi, Sa]
    判断 set2 是否是 set1 的子集: true
    将 set3 转换为 set3 和 set2 的差集: [Ti]
    将 set3 转换为 set3 和 set2 的并集: [Mi, Ji, Ti, Vi, Sa]
    将 set3 转换为 set3 和 set2 的交集: [Mi, Ji, Vi, Sa]
```

【示例程序 C8_8.java】 HashSet、LinkedHashSet 及 TreeSet 输出结果的比较。

```
    package ch8;
    import java.util.*;
    public class C8_8 {
        public static void main(String[ ] args)
        {   LinkedHashSet<String> s1 = new LinkedHashSet<String>( );
            HashSet<String> s2 = new    HashSet<String>( );
            TreeSet<String> s3 = new    TreeSet<String>( );
            String[ ] str={"B","A","C","D"};
            Collection<String> list = new ArrayList<String>(Arrays.asList(str));
            s1.addAll(list);   //将 list 的元素全部添加到 s1 中
            s2.addAll(list);   //将 list 的元素全部添加到 s2 中
            s3.addAll(list);   //将 list 的元素全部添加到 s3 中
            System.out.println(" s1 = " + s1);
            System.out.println(" s2 = " + s2);
            System.out.println(" s3 = " + s3);
        }
    }
```

该程序的运行结果如下：

　　s1 = [B, A, C, D]　　　s2 = [D, A, B, C]　　　s3 = [A, B, C, D]

从输出的结果可以看出，由于 s1 是用 LinkedHashSet 构造的，其输出保持了原来的次序；s2 是用 HashSet 构造的，输出结果与原来的次序有所不同；s3 是用 TreeSet 构造的，其输出结果是对元素按字母的升序排列的。

8.5.2　SortedSet 接口

SortedSet 接口是 Set 接口的子接口，是一种按升序维护其元素的 Set。它是根据元素的自然顺序进行排序(自然排序)的，或者根据在创建 SortedSet 时提供的 Comparator 进行排序(定制排序)。实现 SortedSet 接口的类是 TreeSet 类。SortedSet 接口除了继承 Set 接口的操作外，还提供了如下一些操作。

　　(1) Comparator<? super E> comparator( )：返回对此 Set 中的元素进行排序的比较器，如果此 Set 使用其元素的自然顺序，则返回 null。其中，<? super E> 表示未知类型是 E 的超类型或 E 类型；符号"?"称为通配符，是未知类型；E 是泛型类型。

　　(2) E first( )：返回集合中的第一个元素。

　　(3) E last( )：返回集合中的最后一个元素。

　　(4) SortedSet<E> headset(E toElement)：返回此 Set 中元素值严格小于 toElement 的元素子集。

　　(5) SortedSet<E> subset(E fromElement，E toElement)：返回此 Set 的子集合，范围从 fromElement(包括)到 toElement(不包括)。

下面用示例程序来说明。

🔲【示例程序 C8_9.java】　用 SortedSet 进行简单操作。

```
package ch8;
import java.util.*;
public class C8_9 {
    public static void main(String[ ] args)
    {    SortedSet<String> set1 = new    TreeSet<String>();
        String[ ] str={"B","A","C","D"};
        Collection<String> list = new ArrayList<String>(Arrays.asList(str));
        set1.addAll(list);    //将 s1 元素全部添加到 s2 中
        System.out.println(" set1 = " + set1);
        System.out.println(" headSet('C') = " + set1.headSet("C"));
        System.out.println(" subSet('B', 'D') = " + set1.subSet("B","D"));
        System.out.println(" first( ) = " + set1.first( ));
        System.out.println(" last( ) = " + set1.last( ));
    }
}
```

该程序的运行结果如下：

set1 = [A, B, C, D]

headSet('C') = [A, B]

subSet('B', 'D') = [B, C]

first( ) = A

last( ) = D

☞ 8.6 Map 接 口

8.6.1 Map 接口简介

Map 接口与 Collection 接口无继承关系。Map 作为一个映射集合，每一个元素包含 key-value 对(键-值对)。Map 中的 value(值)对象可以重复，但 key(键)不能重复。Map 也被称为关联数组，因为它们可以用两个并列数组加以实现：键处在一个数组中，值处在另一个数组中。实现 Map 接口常用的通用类是 HashMap、TreeMap 和 LinkedHashMap 类。使用时应注意这三个类没有同步机制。

(1) HashMap 类。HashMap 类与 HashSet 类基本相同，都采用 hashCode 算法(散列函数)对元素进行排序。HashMap 不保证元素的插入顺序，是为快速查找而设计的 Map。

(2) TreeMap 类。TreeMap 类与 TreeSet 类基本相同，都采用红黑树数据结构对元素排序。TreeMap 按 key 保持元素的字母排列顺序，它的查找速度比 HashMap 慢。

(3) LinkedHashMap 类。LinkedHashMap 类与 LinkedHashSet 类基本相同，它是 HashMap 的子类，它的内部使用散列以加快查询速度，同时使用链表维护元素的排序。它是保证元素插入顺序的 Map。LinkedHashMap 在迭代访问 Map 中的全部元素时，性能比 HashMap 好，但是插入时性能稍微逊色于 HashMap。

8.6.2 Map 接口的常用操作

1．添加、删除操作

V put(K key, V value)：将指定的值 value 与此映射中的指定键 key 关联。

V remove(Object key)：如果存在一个键的映射关系，则将其从此映射中移除。

void putAll(Map<? extends K,? extends V> m)：从指定映射中将所有映射关系复制到此映射中。

void clear( )：从此映射中移除所有映射关系。

其中，K 表示键变量泛型类型，V 表示值变量泛型类型。

2．查询操作

V get(Object key)：返回指定键 key 所映射的值；如果此映射不包含该键的映射关系，则返回 null。

boolean containsKey(Object key)：判断映射中是否存在关键字 key。

boolean containsValue(Object value)：判断映射中是否存在值 value。

int size( )：返回此映射中的键-值映射关系数。

boolean isEmpty( )：判断此映射是否存在映射关系。

3．处理映射中键/值对组的视图操作

Set<K> keySet( )：返回此映射中包含的键的 Set 视图。

Collection<V> values( )：返回此映射中包含的值的 Collection 视图。

Set<Map.Entry<K,V>> entrySet( )：返回此映射中包含的映射关系的 Set 视图。

8.6.3 Map.Entry 接口的常用操作

Map.Entry 是 Map 内部定义的一个接口，专门用来存储 key-value(键-值)对。常用的方法如下：

(1) K getKey( )：返回与此项对应的键。

(2) V getValue( )：返回与此项对应的值。

(3) V setValue(Object value)：用指定的值替换与此项对应的值。

(4) boolean equals(Object ob)：比较指定对象 ob 与此项的相等性。

(5) Map.entrySet( )：返回映射的 Set 视图。

下面用示例程序来说明。

【示例程序 C8_10.java】 实现 Map 的添加元素和读取元素操作。

```java
import java.util.*;
public class C8_10 {
    public static void main(String[ ] args) {
        Map<String, String> map = new HashMap<String, String>( );
        map.put("书","Java");
        map.put("学生","张丽");
        map.put("班级","201201");
        System.out.println("map=:" +map.toString( ));        //输出 Map
        if (map.containsKey("书"))                           //查找是否存在 Key=书
        {
            System.out.print("查找 Key=书 存在   ");
            String val = map.get("书");                      //根据 Key 求出 value
            System.out.println("书=" + val);
        }
        else {    System.out.println("查找 Key=书 不存在");   }
        //全部输出 Key
        Set<String> keys = map.keySet( );                    //得到全部的 key
        Iterator<String> iter1 = keys.iterator( );
        System.out.print("全部的 key：");
        while (iter1.hasNext( )) {
            String str = iter1.next( );
            System.out.print(str + "、");
```

```
                }
                Collection<String> values = map.values( );            //得到全部的 value
                Iterator<String> iter2 = values.iterator( );
                System.out.print("\n 全部的 value：");
                while (iter2.hasNext( )) {
                    String str = iter2.next( );
                    System.out.print(str + "、");
                }
                System.out.println( );
            }
        }
```

该程序的运行结果如下：

```
        map=:{学生=张丽, 班级=201201, 书=Java}
        查找 Key=书 存在    书=Java
        全部的 key：学生、班级、书、
        全部的 value：张丽、201201、Java、
```

程序说明：在程序中声明 Map 对象的 key 和 value 的泛型类型为 String，Map 不能保证元素的插入顺序。

不能直接使用 Iterator 迭代器输出 Map 中的全部内容。因为 Map 中的每个位置存放的是 key-value，而 Iterator 中每次只能找到一个值。如果要使用 Iterator 则必须按照以下步骤完成：

(1) 将 Map 的实例通过 entrySet( )方法变为 Set 接口对象；

(2) 通过 Set 接口实例为 Iterator 实例化；

(3) 通过 Iterator 迭代输出，每个内容都是 Map.Entry 的对象；

(4) 通过 Map.Entry 进行 key-value 的分离。

📖【示例程序 C8_11.java】 用 Iterator 输出 Map 的操作。

```java
        import java.util.HashMap;
        import java.util.Iterator;
        import java.util.Map;
        import java.util.Set;
        public class C8_11 {
            public static void main(String[ ] args) {
                Map<String, String> map   = new HashMap<String, String>( );
                map.put("书","Java");
                map.put("学生","张丽");
                map.put("班级","201201");
                Set<Map.Entry<String,String>> allSet=map.entrySet( );      //将 Map 接口转换为 Set 接口
                Iterator<Map.Entry<String,String>> iter = allSet.iterator( );
                while (iter.hasNext( )) {
```

```
            Map.Entry<String,String> me = iter.next( );
            System.out.println(me.getKey( )+" - " + me.getValue( ));
        }
    }
}
```

该程序的运行结果如下：

　　学生 - 张丽　　班级 - 201201　　　书 - Java

8.6.4　SortedMap 接口

SortedMap 接口是 Map 接口的子接口，是排序的 Map。实现了此接口的子类都属于排序的子类。实现该接口的常用的类是 TreeMap 类。SortedMap 除了继承 Map 接口的操作外，还提供了一些如表 8.2 中所示的扩展方法。

表 8.2　SortedMap 接口的扩展方法

类　型	方　法	返　回　值
Comparator<? super K>	comparator( )	返回比较器对象
K	firstKey( )	返回第一个元素的 Key
SortedMap<K,V>	headMap(K toKey)	返回小于等于指定 Key 的部分集合
K	lastKey( )	返回最后一个元素的 Key
SortedMap<K,V>	subMap(K fromKey,K toKey)	返回指定 Key 范围的集合
SortedMap<K,V>	tailMap(K fromKey)	返回大于指定 Key 的部分集合

下面用示例程序来说明。

【示例程序 C8_12.java】　用 TreeMap 进行简单操作。

```
import java.util.SortedMap;
import java.util.TreeMap;
public class C8_12 {
    public static void main(String[ ] args)
    {   SortedMap<String,String> smap = new    TreeMap<String,String>( );
        smap.put("D","04");
        smap.put("A","01");
        smap.put("C","03");
        smap.put("B","02");
        System.out.println(" sortMap = " + smap);
        System.out.println(" headMap ('C') = " + smap.headMap("C"));
        System.out.println(" subMap ('B','D') = " + smap.subMap("B","D"));
        System.out.println(" first( ) = " + smap.firstKey( ));
        System.out.println(" last( ) = " + smap.lastKey( ));
    }
}
```

该程序的运行结果如下：

　　　　sortMap = {A=01, B=02, C=03, D=04}

　　　　headMap ('C') = {A=01, B=02}

　　　　subMap ('B','D') = {B=02, C=03}

　　　　first( ) = A

　　　　last( ) = D

☞ 8.7　Collections 算法类

Collection 是集合类的接口，是所有集合类的父类，它提供了关于集合的一些操作，如插入、删除、遍历、判断一个元素是否是其成员等。而 Collections 是一个算法类，进一步提供一系列的静态方法，实现对集合的排序、替换、交换、搜索、拷贝等操作。下面通过几个示例程序来说明具体的方法及其使用。

8.7.1　为集合增加元素的 addAll( )方法

使用 Collections 类中的 addAll(Collection<? super T> c, T··· elements)方法可以将所有指定元素添加到指定 Collection 中。此方法可以接收可变参数，所以可以传递任意多的参数作为集合的内容。

🔲【示例程序 C8_13.java】　为集合增加元素。

```
import java.util.ArrayList;
import java.util.Collections;
import java.util.Iterator;
import java.util.List;
public class C8_13
{
    public static void main(String[ ] args)
    {
        List<String> all = new ArrayList<String>( );
        Collections.addAll(all,"B","E","A");        //增加元素
        Collections.addAll(all,"D","C");
        Iterator<String> iter = all.iterator( );
        while (iter.hasNext( ))
        {     System.out.print(iter.next( ) + "、");  //迭代输出     }
    }
}
```

该程序的运行结果如下：

　　　　B、E、A、D、C、

8.7.2 sort( )和 reverse( )方法

以 List 为参数，使用 Collections 类中的 sort(List<T> list)方法是根据元素的自然顺序对指定列表按升序进行排序，而 reverse(List<?> list)方法用于反转指定列表中元素的顺序。sort(List<T> list, Comparator<? super T> c)方法是以 Comparator 比较器为参数，根据指定比较器产生的顺序对指定列表进行排序。

🖫【示例程序 C8_14.java】 以 List 为参数，利用 sort( )方法和 reverse( )方法对指定列表进行排序。

```java
import java.util.ArrayList;
import java.util.Collections;
import java.util.Iterator;
import java.util.List;
public class C8_14
{
    public static void main(String[ ] args)
    {
        List<String> all = new ArrayList<String>( );
        Collections.addAll(all,"B","E","A","D","C");
        System.out.print("排序之前的集合： ");
        Iterator<String> iter = all.iterator( );
        while (iter.hasNext( ))
        {   System.out.print(iter.next( ) + "、");   }
        Collections.sort(all);          //集合排序
        System.out.print("\nsort( )方法排序后的集合： ");
        iter = all.iterator( );
        while (iter.hasNext( ))
        {   System.out.print(iter.next( ) + "、");   }
        Collections.reverse(all);          //集合反序
        System.out.print("\nreverse( )方法反序后的集合： ");
        iter = all.iterator( );
        while (iter.hasNext( ))
        {   System.out.print(iter.next( ) + "、");   }
    }
}
```

该程序的运行结果如下：

排序之前的集合：B、E、A、D、C、

sort( )方法排序后的集合：A、B、C、D、E、

reverse( )方法反序后的集合：E、D、C、B、A、

8.7.3　实现混排的 shuffle( )方法

Collections 类中提供的 shuffle( )方法对参数 List 中的元素进行随机排列，通常被称为随机交换或混排。该方法常用于诸如扑克牌或麻将的洗牌与发牌过程中。具体使用时有下面两个多态 shuffle( )方法：

(1)　void shuffle(List<?> list)：对指定列表使用默认随机源进行排列。

(2)　void shuffle(List<?> list,Random rnd)：对指定列表使用 rnd 指定的随机源进行排列。

【示例程序 C8_15.java】　使用默认随机源对指定列表进行排列。

```java
import java.util.ArrayList;
import java.util.Collections;
import java.util.List;
public class C8_15
{
    public static void main(String[ ] args)
    {
        int[ ] ar={11,12,13,56,3};
        List<Integer> list = new ArrayList<Integer>( );
        for(int i=0;i<ar.length;i++) list.add(new Integer(ar[i]));
        System.out.println("混排之前的集合："+list);
        Collections.shuffle(list);    //混排算法
        System.out.println("混排之后的集合："+list);
    }
}
```

该程序的运行结果如下：

```
混排之前的集合：[11, 12, 13, 56, 3]
混排之后的集合：[12, 13, 3, 56, 11]
```

8.7.4　替换集合中元素的 replaceAll( )方法

Collections 类中提供的 replaceAll(List<T> list, T oldVal, T newVal)方法，使用 newVal 值替换列表中出现的所有 oldVal 值。

【示例程序 C8_16.java】　将 List 中的元素"B1"替换为"DD"。

```java
import java.util.ArrayList;
import java.util.Collections;
import java.util.List;
public class C8_16 {
    public static void main(String[ ] args) {
        List<String> all = new ArrayList<String>( );
        Collections.addAll(all,"A1","B1","C1");
```

```
System.out.println("替换之前的结果："+all);
if(Collections.replaceAll(all, "B1","DD"))                //替换内容
System.out.println("替换之后的结果："+all);
    }
}
```

该程序的运行结果如下：

替换之前的结果：[A1, B1, C1]

替换之后的结果：[A1, DD, C1]

8.7.5 二分查找的 binarySearch( )方法

Collections 类中的 binarySearch( )方法是在有序的 List 中查找指定的元素。如果 List 中包含搜索键(查找值)，则返回搜索键的索引位置；如果 List 中不包含搜索键，则返回一个负整数值，这个值是"−insertpoint − 1"，其中的 insertpoint 是指搜索键可能会被插入到 List 中的位置(当 List 中的所有元素都大于搜索键时)；如果 List 中的所有元素都小于搜索键，则 insertpoint 为 list.size( )。

binarySearch( )的两个多态的方法如下：

(1) binarySearch(List<? extends Comparable<? super T>> list, T key)：使用二分查找法搜索 list 指定的列表，以获得 key 指定的对象。

(2) binarySearch(List<? extends T> list, T key, Comparator<? super T> c)：使用二分查找法搜索 list 指定的列表，以获得 key 指定的对象。在进行此调用之前，必须根据 c 指定的比较器对列表进行升序排序(通过 sort(List, Comparator)方法)。

📖【示例程序 C8_17.java】 搜索 List 中的元素。

```
import java.util.ArrayList;
import java.util.Collections;
import java.util.List;
public class C8_17 {
    public static void main(String[ ] args) {
        List<String> all = new ArrayList<String>( );
        Collections.addAll(all,"A1","B1","C1");
        System.out.println("集合结果："+all);
        int n=Collections.binarySearch(all,"C1");               //二分搜索算法
        System.out.println("检索到"C1"，返回它的下标="+n);
        int n1=Collections.binarySearch(all,"11");              //二分搜索算法
        System.out.println("检索不到"11"，返回它的值="+n1);      // all 的所有元素 > 11
        int n2=Collections.binarySearch(all,"pp");
        System.out.println("检索不到"pp"，返回它的值="+n2);      // all 的所有元素 < pp
    }
}
```

该程序的运行结果如下：

　　集合结果：[A1, B1, C1]

　　检索到"C1"，返回它的下标=2

　　检索不到"11"，返回它的值=−1

　　检索不到"pp"，返回它的值=−4

8.7.6　交换指定位置元素的 swap( )方法

　　Collections 类中的 swap(List<?> list, int i, int j)方法在 List 指定的列表中交换 i 和 j 两位置处的元素。

　　■【示例程序 C8_18.java】　交换 List 中位置"0"和位置"2"的元素。

```java
import java.util.ArrayList;
import java.util.Collections;
import java.util.List;
public class C8_18 {
    public static void main(String[ ] args) {
        List<String> all = new ArrayList<String>( );
        Collections.addAll(all, "AA", "DD", "BB");
        System.out.println("交换之前的集合: "+all);
        Collections.swap(all,0,2);   //交换指定位置算法
        System.out.println("交换之后的集合: "+all);
    }
}
```

该程序的运行结果如下：

　　交换之前的集合：[AA, DD, BB]

　　交换之后的集合：[BB, DD, AA]

习　题　8

8.1　解释下列名词：

　　线性表　栈　队列　顺序表　链表

8.2　简述：什么是 Java 集合 API？

8.3　Iterator 与 ListIterator 有什么区别？

8.4　什么是 HashMap 和 Map？

8.5　设集合 S1={1,3,5,7}，S2={2,4,7,5,9}，用集合框架编程实现：求 S1 与 S2 集合的交集与并集。

8.6　设集合 S={2,8,1,2,89,2}，利用集合框架编程实现：查找属性值为 2 的结点的个数。

8.7　设集合 S={2,8,1,2,89,2}，利用集合框架编程实现：建立一个新的集合 S1，S1={2,8,1,89}，S1 中的元素从 S 中获得。

8.8 利用集合框架编程实现：将两个无序单链表合并成一个有序单链表，合并后使原有单链表为空。

8.9 定义一个一维数组，如：int a[ ]={23,−9,89,1,45,11};

利用集合框架编程实现：创建一个链表，将数组中的元素按顺序取出，生成一个结点，插入到链表中，使链表中结点的数据属性值从小到大排序，即 −9 为结点 1 的值，1 为结点 2 的值，89 为最后一个结点的值。

8.10 利用集合框架创建一个单链表，添加 6 个结点，结点的数据属性只有一个，其值是整型数，从单链表中查找所有结点的数据属性值的最大值，并输出该结点。

8.11 利用 Map 接口，建立一个学生成绩表，给出 5 个字段和 6 个记录，建立查询方法，并输出表中的所有内容。

第 9 章

文字与图形 GUI 设计

用户界面(User Interface)是计算机的使用者(用户)与计算机系统交互的接口，用户界面的功能是否完善、使用是否方便，直接影响着用户对应用软件的使用。因此，设计和构造用户界面，是软件开发中的一项重要工作，是应用软件开发人员的必修课之一。

☞ 9.1 GUI 设计概述

图形用户界面(Graphics User Interface，GUI)为应用程序提供了一个图形化的界面。GUI 使用图形的方式，借助菜单、按钮等标准界面元素和鼠标操作，帮助用户方便地向计算机系统发出命令、启动操作，并将系统运行的结果同样以图形的方式显示给用户，使应用程序具有画面生动、操作简便的效果，省去了字符命令界面中用户必须记忆各种命令的麻烦，深受广大用户的喜爱和欢迎，已经成为目前几乎所有应用软件的既成标准。

Java 提供的 JFC 是用于创建图形用户界面的主要组件工具类库。

9.1.1 JFC 简介

JFC(Java Fundation Classes)是 Java 基础类库的简称，是 Java 提供的用于创建图形用户界面的类库。JFC 主要包括 AWT(Abstract Window Toolkit)组件、Swing 组件、Java 2D API、Drag and Drop API 以及 Accessibility API。

(1) AWT 组件：早期的窗口组件包，提供构造窗口的基本需求，例如按钮、文本框、复选框、对话框、菜单等。

(2) Swing 组件：新的窗口组件包，AWT 中所有的组件均能在 Swing 中找到对等体并有很大的改进，此外，Swing 还提供了一套丰富的组件和工作框架，例如 JTable、JList、JTree 等，以提高 GUI 的开发效率。图 9.1 是 AWT 组件与 Swing 组件间的继承关系。从图 9.1 可以看出，Swing 组件都是 AWT 的 Container 类的直接子类和间接子类。例如，JComponent 抽象类直接继承 Container 类，JApplet 间接继承 Container 类。

(3) Java 2D API：扩展了 java.awt 和 java.awt.Image 类，它为 Java 应用程序提供了一套二维图形图像处理的类，并提供了丰富的绘图风格，使得独立于平台的图形应用程序的开发更加简便。

(4) Drag and Drop API: Drag and Drop API 使用户能够在两个应用程序之间实现与平台无关的拖放功能，可以用于 Java 应用程序和不支持 Java 技术的应用程序之间交换数据。

(5) Accessibility API：提供更先进的沟通界面，例如语音输入、触摸式屏幕等。

本书主要讨论前三个 API 的使用。

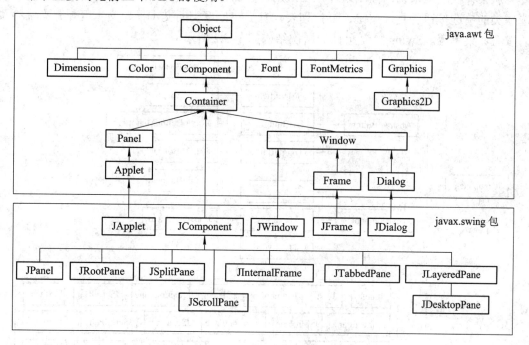

图 9.1　AWT 组件与 Swing 组件间的继承关系

9.1.2　图形用户界面元素分类

Java 中构成图形用户界面的各种元素和成分可以粗略地分为三类：容器、控制组件和用户自定义成分。下面给予简略的说明。

1. 容器

容器是用来组织或容纳其他界面成分和元素的组件。一个容器可以包含许多组件，同时它本身也可以作为一个组件，放进另一容器中。我们可以用容器简化图形化界面的设计，以整体结构来布置界面。一个应用程序的图形用户界面首先对应于一个复杂的容器，例如一个窗口。这个容器内部将包含许多界面成分和元素，其中某些界面元素本身也可能又是一个容器，这个容器再进一步包含它的界面成分和元素，依此类推就构成一个复杂整体图形界面。

如图 9.1 所示。java.awt.Component 抽象类是许多容器类的父类，Component 抽象类中封装了容器通用的方法和属性，如图形的容器对象、大小、显示位置、前景色和背景色、边界、可见性等。java.awt.Container 容器类是 Component 抽象类的子类，是所有其他容器的父类，它具有组件的所有性质，它的主要功能是容纳其他的控制组件和容器。

2. 控制组件

与容器不同，控制组件是图形用户界面的最小单位之一，它里面不再包含其他的成分。控制组件的作用是完成与用户的一次交互，包括接收用户的一个命令(如菜单命令)，接收用户输入的一个文本或选择，向用户显示一段文本或一个图形，等等。

从某种程度上来说，控制组件是图形用户界面标准化的结果，目前常用的控制组件有选择类的单选按钮、复选按钮、下拉列表，有文字处理类的文本框、文本区域，有命令类的按钮、菜单等。Swing 控制组件的层次结构如图 9.2 所示。

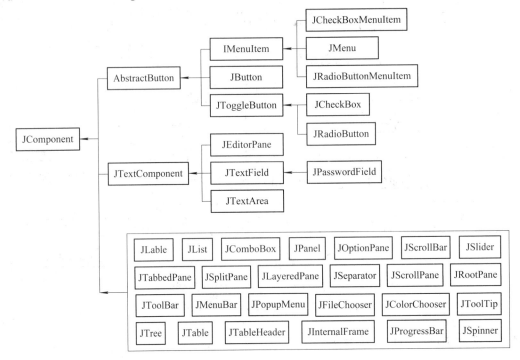

图 9.2　Swing 控制组件的层次结构图

使用控制组件，通常需要通过如下几步来实现：

(1) 创建某控制组件类的对象，指定其大小等属性。

(2) 使用某种布局策略，将该控制组件对象加入到某个容器中的指定位置。

(3) 将该组件对象注册给所能产生的事件对应的事件监听程序，重载事件处理方法，实现利用该组件对象与用户交互的功能。

3．用户自定义成分

除了上述的标准图形界面元素外，编程人员还可以根据用户的需要，使用各种字型、字体和色彩设计一些几何图形、标志图案等，它们被称为用户自定义成分。用户自定义成分通常只能起到装饰、美化的作用，而不能响应用户的动作，也不具有交互功能。Java 中的 GUI 辅助类见图 9.3 所示。

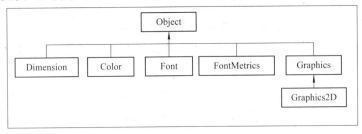

图 9.3　GUI 辅助类

由于用户自定义成分易于学习和掌握，同时，各种基本图形和说明性文字又是容器和控制组件的基本成分，而且考虑到由浅入深的学习规律，因此先在本章利用 Swing 包学习用户自定义成分，在第 10 章和第 11 章再学习控制组件和复杂的容器。

9.1.3　Swing 的组件

在 javax.Swing 包中定义的组件可以分为重量级组件和轻量级组件。

1．重量级组件与轻量级组件

重量级组件(Heavyweight Component)也称顶级(Top Level)组件或顶级容器，有 JFrame、JDialog、JWindow 和 JApplet 四个。在任何 Swing 应用程序中都必须至少有一个重量级组件。重量级组件都与 AWT 类有关，如图 9.1 所示，JFrame 继承自原有的 AWT 中的 Frame 类；JApplet 继承自原有的 AWT 中的 Applet 类。

轻量级组件(Lightweight Component)是继承自 JComponent 抽象类的组件，是实现人机交互的基本组件，它们必须被放到重量级组件中才能显示。

2．Swing 容器的结构

Swing 容器的结构如图 9.4 和图 9.5 所示。每一个顶级容器都含有根面板(JRootPane)，根面板由一个透明面板(glassPane)和一个分层面板(layeredPane)组成，分层面板又由内容面板(contentPane)和一个可选择的菜单条(JMenuBar)组成。

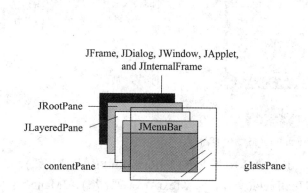

图 9.4　Swing 容器的结构

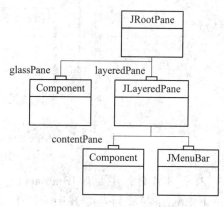

图 9.5　JRootPane 面板的组成结构

(1) 透明面板(glassPane)：位于 JRootPane 中所有其他组件之上，是完全透明的。其主要功能是捕获鼠标事件和为在所有组件上绘图提供方便。该面板默认情况下是不可见的。

(2) 分层面板(layeredPane)：它是一个容器，提供在若干层上添加组件的能力。分层面板如同一个多层置物架，每一层都可以放置物品，但上面的物品会遮住下面的物品，如图 9.6 所示。

(3) 内容面板(contentPane)：是 layeredPane 内的一层，也称为最底层或 FrameContent 层，是顶级容器的内容面板，通常可以将组件加入到其

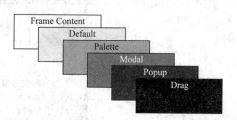

图 9.6　分层面板的分层结构

中。加入 Swing 组件时，可利用 getContentPane( )方法得到 contentPane 容器，再利用 add( )方法将组件添加到容器中。

(4) 菜单条(JMenuBar)：菜单条属于可选项，可有可无，它与分层面板在同一层。

3. 轻量级组件的分类

轻量级组件很多，可将其分为下述几类。

(1) 中间容器：常用于 Swing 应用程序中，例如 JPanel(一般容器)、JScrollPane(滚动容器)、JSplitPane(分隔容器)、JTabbedPane(标签容器)等，如图 9.7 所示。

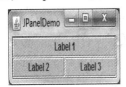  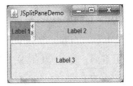 

JPanel   JScrollPane   JSplitPane   JTabbedPane

图 9.7 4 种中间容器

(2) 专用容器：在 UI 中起特殊作用的中间层。例如 JInternalFrame(内窗体)、JLayeredPane、JRootPane。图 9.8 是内窗体的情况。

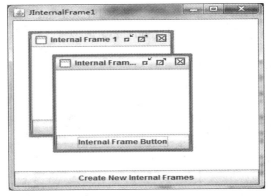

图 9.8 JInternalFrame 专用容器

(3) 基本组件：主要有 JButton(按钮)、JCheckBox(复选框)、JRadioButton(多选按钮)、JComboBox(下拉式列表)、JList(列表)、JTextField(文本框)、JTextArea(文本域)、JMenu(菜单)等等，如图 9.9 所示。其中，JLabel(标签)是向用户显示不可编辑信息的组件；JTextField和 JTextArea 等是向用户显示可编辑信息的组件。

图 9.9 基本组件

4. JRootPane 常用的成员方法

JRootPane 常用的成员方法见表 9.1。

表 9.1 JRootPane 常用的成员方法

方 法	成员方法及说明
Container	getContentPane( ) 返回 contentPane
Component	getGlassPane( ) 返回 glassPane
JLayeredPane	getLayeredPane( ) 返回 layeredPane
JRootPane	getRootPane( ) 返回此组件的单个 JRootPane 子组件
void	setContentPane(Container contentPane) "contentPane" 是应用程序特定组件的主要容器
void	setGlassPane(Component glassPane) glassPane 始终为 rootPane 的第一个子组件，rootPanes 布局管理器确保它始终与 rootPane 一样大
void	setLayeredPane(JLayeredPane layeredPane)管理 contentPane 的 Container，在某些情况下为菜单栏

5. 把组件添加到顶级容器中的方法

把 Swing 组件放入一个 Swing 顶层容器的内容面板上，避免使用非 Swing 的重量级组件。可以使用两种方法在 JFrame 与 JApplet 等顶级容器中添加组件：

(1) 利用 getContentPane( )方法获得当前容器的内容面板对象，再引用容器的 add( )方法来加入其他组件。例如，frame.getContentPane( ).add(childComponent)。

(2) 先建立一个 JPanel 之类的中间容器，把组件添加到容器中，然后引用 setContentPane( )方法把该容器置为顶级容器的内容面板。例如：

```
JPanel  contentPane=new JPanel( );      //建立一个 JPanel 容器
……                                      //把其他组件添加到 Jpanel 中
frame.setContentPane(contentPane);      //把 contentPane 的对象放到 frame 的内容面板里
```

9.1.4 控制 Applet 运行状态的基本方法

Applet 是一种执行于 Web 浏览器的小程序，是通过应用程序架构开发而得到的。在编写 Web 浏览器程序时，必须继承 Applet 类或 JApplet 类，必须覆盖必要的 Applet 的成员方法，这些成员方法控制了 Web 页面上 Applet 对象的生成与执行。我们编写的每个 Applet 小程序都是 Applet 类的子类，在实际运行中，浏览器在下载字节码的同时，会自动创建一个用户 Applet 子类的对象，并在适当事件发生时自动调用该对象的几个主要方法。为此，下面先说明 Applet 应用程序的执行过程及其所引用的方法。

(1) init( )方法：当创建 Java Applet 且第一次使用支持 Java 的浏览器载入时，就会执行 init( )方法。该方法只执行一次，因此，可以利用 init( )方法进行一些只需执行一次的初始化操作。例如，通过 init( )方法初始化图像文件、声音文件、字体或者将其他一些对象添加到用户界面等。

(2) start( )方法：Applet 运行 init( )方法之后将自动调用 start( )方法，而且，每当用户离开包含该 Applet 的主页后又再次返回时，或者当浏览器从图标状态恢复为窗口时，系统又会再执行一遍 start( )方法。start( )方法是 Applet 的主体，体现了小应用程序要完成的功能。可以在 start( )方法中启动相关的线程来执行任务。例如，继续一个动画，循环播放歌曲等。

（3）paint( )方法：paint( )方法是 Container 类的方法。它的主要作用是在 Applet 的界面中显示文字、图形和其他界面元素。浏览器调用 paint( )方法的事件主要有以下三种：

① 当浏览器首次显示 Applet 时，会自动调用 paint( )方法。

② 当用户调整窗口大小或移动窗口时，浏览器会调用 paint( )方法。

③ 当 repaint( )方法被调用时，系统将首先调用 update( )方法将 Applet 对象所占用的屏幕空间清空，然后调用 paint( )方法重画。

（4）stop( )方法：当用户将浏览 Applet 程序所在的 Web 页面切换到其他页面时，浏览器会自动调用 stop( )方法，让 Applet 程序终止运行。如果用户又回到 Applet 程序所在的 Web 页面，则浏览器重新启动 Applet 程序的 start( )方法。

（5）destroy( )方法：当浏览器正常关闭时，自动执行此方法，结束程序，释放所占资源。

9.1.5　JApplet 类

如图 9.1 所示，JApplet 是 Swing 包中的类，是 Applet 的子类，它增加了对 JFC/Swing 组件架构的支持。Swing 扩展了 AWT 组件集，定义了相对于 java.awt 包具有更多、更强功能的 Swing GUI 组件集。因此，本书介绍 javax.swing 的 "J 组件"，示例中的 Java Applet 小程序则为 JApplet 小程序。

如图 9.4、9.5 所示，JApplet 包含内容面板容器，小应用程序必须把所有的组件添加到内容面板中，Java 提供面板管理器类管理放入内容面板里的组件。在 JApplet 中，内容面板的默认面板管理器类是 BorderLayout，约束条件是 BorderLayout.CENTER。这部分内容详见第 11 章。

9.1.6　Java 2D API

1. Java 2D API 的组成

Java 2D API(Java 2D Application Programming Interface)是一个用于提供高性能图形操作的 Java 类的集合，由下面的主要包组成。

java.awt：包含用于创建用户界面和绘制图形图像的所有类。

java.awt.Image：提供创建和修改图像的各种类。

java.awt.Color：提供用于颜色空间的类。

java.awt.Font：提供与字体相关的类和接口。

java.awt.Geom：提供用于在与二维几何形状相关的对象上定义和执行操作的 Java 2D 类。

java.awt.Print：为通用的打印 API 提供类和接口。

java.awt.Image.Renderable：提供用于生成与呈现无关的图像的类和接口。

Swing 是在 2D 包上构造的，所以 Swing 组件内利用 Java 2D API 很容易。

2. Java 2D API 坐标系

应用 Java 2D API 绘制文本与图形时有两种坐标系，一种是与设备无关的逻辑坐标系，也称为用户坐标系；另一种是与设备(如显示器、打印机等)有关的坐标系。Java 2D API 具有自动转换两种坐标系的功能。在默认情况下，用户坐标系的原点在绘图表面的左上角，左上角坐标为(0，0)，x 坐标从左向右递增，y 坐标从上向下递增。当文本与图形在屏幕上输出时，坐标单位以像素来度量。我们给出的所有文本与图形都是相对于用户坐标系的。图 9.10 中的点 p 表示其在用户坐标系中的位置。

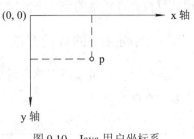

图 9.10　Java 用户坐标系

9.1.7　Graphics2D 对象

1. Graphics2D 的三种图形对象

Graphics2D 对象可以输出三种图形对象：

(1) shape(形状)图形对象。它是一些几何图形类型，如矩形、椭圆、直线和曲线，每种形状都实现 java.awt.Shape 接口。

(2) text(文本)图形对象。它可以按不同的字体、风格和颜色输出。

(3) image(图像)图形对象。它是 java.awt.Image.BufferedImage 类的对象。

image 的内容非常多，本章主要讲述 shape 和 text 两类图形对象的绘制，偶尔也会涉及其他一些 image 的知识。

2. Graphics2D 对象的属性设置

Graphics2D 对象通过其属性封装绘图用的状态信息。因此，在绘制二维几何图形前，需要对图形对象的属性进行设置。Graphics2D 对象提供了下面六个属性的设置和获得方法。

(1) Paint 属性：用于设置要绘制的图形或文字的颜色，通过 setPaint( )和 getPaint( )方法来实现。例如，假设 g2 是引用 Graphics2D 对象的引用变量，就可以用 g2.setPaint(Color.green)语句设置该对象的 Paint 属性为绿色。

(2) Stroke 属性：通过 setStroke( )方法来控制图形轮廓线的形状。例如，用 g2.setStroke(new BasicStroke(4))语句，设置 Graphics2D 对象的图形轮廓线的宽度为 4 个像素。

(3) Font 属性：用于设置输出文本的字体。

(4) Transform 属性：通过 setTransform( )方法来实现图形的缩放、旋转和移位等。

(5) Composite rule 属性：通过 setComposite( )方法来描述绘图操作如何与存在的背景相复合。

(6) Clipping space 属性：通过 setClip( )方法来设置剪切区域(clip area)，即它将绘图限制在一个设定的区域内，使绘图操作在这个区域外无效。

☞ 9.2　绘制文字

在 Java 2D API 中，各种文字都是以图形的方式输出的。以图形的方式绘制文字需要使用 Graphics 类和 Graphics2D 类提供的绘制文字的成员方法。绘制文字时，可以通过创建一个字体类(Font 类)的对象来指定文字的字体名、字体样式及字体大小。Java 2D API 通过调用计算机系统提供的字体来实现绘制文字的功能。

9.2.1　绘制文字的成员方法

由于字符串可以用字符串对象、字符数组、字节数组这三种不同的形式表示，故 Java 在 Graphics 类中相应地提供了三个成员方法来绘制这三种不同形式的字符串(见表 9.2)。

表9.2　绘制字符和字符串的成员方法

成 员 方 法	参 数 说 明	功　　能
drawString(String string,int x,int y)	x 和 y 是 string 字符串对象起始坐标	以坐标 x, y 为起始位置，用当前的字体和颜色绘制字符串
drawChars(char[ ] ch, int offset, int number,int x,int y)	ch 是字符数组名；offset 是要绘制的第一个字符在数组中的下标；number 是要绘制的字符个数；x, y 是起始坐标	从 ch 数组下标为 offset 的位置开始截取 number 个字符，从坐标 x, y 开始用当前的字体和颜色绘制 number 个字符
drawBytes(byte[ ] by, int offset, int number,int x,int y)	by 是字节数组名；offset 是要绘制的第一个字符在数组中的下标；number 是要绘制的元素个数；x, y 是起始坐标	从 by 数组下标为 offset 的位置开始取 number 个字节，从坐标 x, y 处开始用当前的字体和颜色绘制 number 个字符

Java 在 Graphics2D 类中提供的绘制字符的常用成员方法如表 9.3 所示。

表9.3　绘制字符的常用成员方法

成 员 方 法	参 数 说 明	功　　能
drawString(String s,int x,int y)	s 是字符串对象；x,y 为整型的起始坐标	以坐标 x, y 为起始位置，用当前的字体绘制 string 代表的字符串
drawString(String s,float x,float y)	s 是字符串对象；x,y 为浮点型的起始坐标	以坐标 x, y 为起始位置，用当前的字体绘制 string 代表的字符串

【示例程序 C9_1.java】　使用 Graphics 类的三个成员方法绘制 "WELCOME TO XI'AN"。

```
import    java.awt.Graphics;
import    javax.swing.JApplet;
public    class C9_1 extends    JApplet
{
    private String s = "WELCOME!";
    private char c[ ] = {'T','O','a','e','t'};
    private byte b[ ] = {'d','4','X','I','\047','A','N'};
    public void paint(Graphics g)    //覆盖 Applet 的成员方法
    {   g.drawString(s, 50, 25);
```

```
            g.drawChars(c, 0, 2, 50, 50);
            g.drawBytes(b, 2, 5, 50, 75);
        }
    }
```

图 9.11　程序 C9_1 的运行结果

　　在这个程序中，为了学习使用绘制字符和字符串的三个成员方法，我们分别创建了一个字符串对象、一个字符数组对象和一个字节数组对象。最后，通过覆盖 java.awt.Component 类的 paint( )方法来实现文字的绘制。该程序的运行结果见图 9.11。

　　🔲【示例程序 C9_2.java】　使用 Graphics2D 类的成员方法绘制"WELCOME TO XI'AN"。

```
    import    java.awt.Graphics;
    import    java.awt.Graphics2D;
    import    javax.swing.JApplet;
    public  class  C9_2 extends  JApplet
    {    private String s = "WELCOME!";
        private char c[ ] = {'T','O','a','e','t'};
        private byte b[ ] = {'d','4','X','T','\047','A','N'};
        public void paint(Graphics g)
        {    //为保证方法可以访问绘图环境的全部功能，把 g 指向的对象强制转换成 Graphics2D 对象
            Graphics2D g2=(Graphics2D)g;
            g2.drawString(s, 50, 25);
            g2.drawChars(c, 0, 2, 50, 50); //Graphics2D 是 Graphics 的子类，可以继承 Graphics 类
                                    的方法
            g2.drawBytes(b, 2, 5, 50, 75);
        }
    }
```

　　该程序的运行结果与示例程序 C9_1.java 的运行结果完全一致(见图 9.11)。之所以给出这个示例程序，主要是为了让读者对 Graphics2D 类的绘图方法有一个初步的认识。

9.2.2　Font 类

　　Font 类提供了一个构造方法 Font，一个设置字体的成员方法 setFont，以及若干个获取字体有关信息的成员方法，下面分别讨论。

1. Font 类的构造方法

　　Font 类用来描述字体的名称(Name)、大小(Size)和样式(Style)。使用 Font 类的构造方法创建一个 Font 类的对象，其格式如下：

```
        Font(String fontname,int style,int size)
```

其中：fontname 为字型名，如宋体、黑体、楷体、Arial、Courier、TimesRoman、Helvetica

等；style 为字体样式，如粗体(BOLD)、斜体(ITALIC)、正常体(PLAIN)；size 为用像素点表示的字体大小。

2. Font 类的成员方法

创建一个 Font 类对象后，就可以使用 Font 类提供的成员方法来获取字体、字型等方面的信息了。Font 类提供的常用成员方法如表 9.4 所示。

表 9.4　java.awt.Font 类的成员方法

成 员 方 法	功 能 说 明
static Font decode(String str)	使用传递进来的名称获得指定的字体
String getFamily( )	获得指定平台的字体名
String getName( )	获得字体的名称
int getStyle( )	获得字体的样式
int getSize( )	获得字体的大小
String toString( )	将此对象转换为一个字符串表示

3. 设置字体

可以用 java.awt.Graphics 类的成员方法来设置自己希望使用的字体，其格式如下：

```
setFont(Font myFont);
```

4. 自定义字体绘制文字的步骤

自定义字体绘制文字的步骤如下：

(1) 创建 Font 类对象，指定字体名、字体样式及字体大小；

(2) 使用 .setFont( )设置创建好的 Font 类对象；

(3) 调用 drawString( )方法绘制文字。

【示例程序 C9_3.java】　使用不同的字体绘制文字。

```java
import    java.awt.Font;
import    java.awt.Graphics;
import    java.awt.Graphics2D;
import    javax.swing.JApplet;
public class C9_3 extends JApplet
{    Font f1 = new Font("TimesRoman",Font.BOLD,16);     //字体为 TimesRoman，字体样式加粗
     Font f2 = new Font("Courir",Font.ITALIC,24);       //字体为 Courir，字体样式倾斜
     Font f3 = new Font("Helvetica",Font.PLAIN,14);      //常规
     String hStr = "Courir";
     public void paint(Graphics g)
     {
         Graphics2D g2=(Graphics2D)g;
         g2.setFont(f1);
         g2.drawString("TimesRoman",20,50);
```

```
        g2.setFont(f2);
        g2.drawString(hStr,20,100);
        g2.setFont(f3);
        g2.drawString("Helvetica",20,150);
    }
}
```

该程序的运行结果如图 9.12 所示。

图 9.12　程序 C9_3 的运行结果

📔【示例程序 C9_4.java】 获取字体信息。

```
import   java.awt.Font;
import   java.awt.Graphics;
import   java.awt.Graphics2D;
import   javax.swing.JApplet;
public   class C9_4 extends JApplet
{
    Font f=new Font("Courier", Font.ITALIC+Font.BOLD,24);   //字体样式倾斜加粗
    public void paint(Graphics g)
    {   Graphics2D g2=(Graphics2D)g;
        int style,size;
        String s,name;
        g2.setFont(f);
        style=f.getStyle( );   //得到字体样式
        if (style ==Font.PLAIN)     s="Plain";
        else if (style ==Font.BOLD)     s="Bold";
        else if (style ==Font.ITALIC)     s="Italic";
        else       s="Bold italic";
        size=f.getSize( );       //得到字体大小
        s+=size+"point";
        name=f.getName( );   //得到字体名称
        s+=name;
        g2.drawString(s,10,50);
    }
}
```

图 9.13　程序 C9_4 的运行结果

该程序的运行结果如图 9.13 所示。

☞ 9.3　Color 类

五彩缤纷的色彩可以增强文字或图形的显示效果。Color 类定义了许多个有关颜色的常量和成员方法供编程者使用。

9.3.1　Color 类的构造方法

创建 Color 类对象需要使用 Color 类的构造方法，这些构造方法如表 9.5 所示。

表 9.5　java.awt.Color 类的构造方法

构　造　方　法	功　能　说　明
Color(int r, int g, int b)	使用 0～255 范围内的整数指定红、绿和蓝三种颜色的比例来创建一种 Color 对象
Color(float r, float g, float b)	使用 0.0～1.0 范围内的浮点数指定红、绿和蓝三种颜色的比例来创建一种 Color 对象
Color(int rgb)	使用指定的组合 RGB 值创建一种 Color 对象

不论使用哪种构造方法来创建 Color 对象，都需要指定新建颜色中的 R(红)、G(绿)、B(蓝)三色的比例。Java 提供的这三种构造方法用不同的方式确定 RGB 的比例，可以使编程者从 $256 \times 256 \times 256$(约 16 000 000)种颜色中进行选择。一个 RGB 值由三部分组成：第一个 RGB 部分定义红色的量；第二个 RGB 部分定义绿色的量；第三个 RGB 部分定义蓝色的量。RGB 值中某一部分的值越大，这种特定颜色的量就越大。

9.3.2　Color 类的数据成员常量

用户除了可以使用构造方法指定 Color 的 RGB 值外，还可以使用 Java 提供的一些常用颜色的 Color 类的数据成员常量，如表 9.6 所示。

表 9.6　Color 类的 static 数据成员常量和 RGB 值

颜色数据成员常量	颜　色	RGB 值
static Color red	红	255，0，0
static Color green	绿	0，255，0
static Color blue	蓝	0，0，255
static Color black	黑	0，0，0
static Color white	白	255，255，255
static Color yellow	黄	255，255，0
static Color orange	橙	255，200，0
static Color cyan	青蓝	0，255，255
static Color magenta	洋红	255，0，255
static Color pink	淡红色	255，175，175
static Color gray	灰	128，128，128
static Color lightGray	浅灰	192，192，192
static Color darkGray	深灰	64，64，64

9.3.3　Color 类的成员方法

创建 Color 类对象后，就可以使用 Color 类的成员方法了。Color 类提供的常用成员方法如表 9.7 所示。

表 9.7　java.awt.Color 类的成员方法

成　员　方　法	功　能　说　明
int getRed( )	获得对象的红色值
int getGreen( )	获得对象的绿色值
int getBlue( )	获得对象的蓝色值
int getRGB( )	获得对象的 RGB 值
Color brighter( )	获取此颜色的一种更亮版本
Color darker( )	获取此颜色的一种更暗版本

此外，还可以用 java.awt.Graphics 和 Graphics2D 类的方法设定颜色或获取颜色。这些方法及其功能如下。

(1) setBackground(Color c)：设置 Graphics2D 上下文的背景色，c 代表颜色。

(2) setPaint(new Color(int r,int g,int b))：设定图形上下文的当前颜色。

(3) setColor((new Color(int r,int g,int b))：设定图形上下文的当前颜色的另一种方法。

9.3.4　应用举例

【示例程序 C9_5.java】　设置字符颜色。

```java
import java.awt.Color;
import java.awt.Graphics;
import java.awt.Graphics2D;
import javax.swing.JApplet;
public class C9_5 extends JApplet
{    public void paint(Graphics g)
    {    Graphics2D g2=(Graphics2D)g;
        int red,green,blue;
        red =255;    blue =255;
        green =0;
        g2.setPaint(new Color(red,green,blue));            //设置前景颜色
        getContentPane( ).setBackground(Color.cyan);       //设置背景颜色
        g2.drawString("Welcome to Xi\047an", 25,75);
        showStatus("Current RGB:" + g2.getPaint( ).toString( ));   //状态行显示绘图文字颜色信息
    }
}
```

该程序的运行结果如图 9.14 所示。

图 9.14　程序 C9_5 的运行结果

注意：Swing 组件与 AWT 组件不同，不能直接添加到顶层容器中，它必须添加到一个与 Swing 顶层容器相关联的内容面板(contentPane)上。内容面板是顶层容器包含的一个普通容器，它是一个轻量级组件。javax.swing.JApplet 的 getContentPane( )方法返回此 Applet 的 contentPane 对象，然后，利用该对象的 setBackground( )方法设置背景颜色。

☞ 9.4　绘制形状图形

Java 2D API 中提供了许多形状类，如直线、曲线、矩形、椭圆、面积等。为了配合 Graphics 及 Graphics2D 类的绘图功能，在 java.awt 包中还定义了一些辅助实现图形绘制功能的类，例如，设置线条的宽度、颜色，使用任意纹理填充几何形状等。在面积类中还提供了合并、交叉、异或和用方法组合图形等。

9.4.1　绘制几何图形的方法与步骤

java.awt.Geom 包中定义了许多实现几何图形的类，这些类可以创建几何图形对象，然后通过 Graphics2D 类的对象显示这些几何图形。

有两种绘制几何图形的方法：一种是使用 draw( )方法绘制图形轮廓；另一种是使用 fill( )方法绘制内部填充的几何图形。

轮廓几何图形的绘制步骤如下：

(1) 创建一个 Graphics2D 类的对象；

(2) 创建一个几何形状类 geom 的对象 shape；

(3) 按要求设置 Graphics2D 的属性；

(4) 调用 Graphics2D 类对象的 draw(shape)方法绘制几何图形。

绘制内部填充的几何图形也可分为 4 步，其中前 3 步与轮廓几何图形的绘制步骤相同，只是在第(4)步中调用的是 Graphics2D 类的对象的 fill(shape)方法。

9.4.2　绘制线段与矩形

线段与矩形是最常用的几何图形之一，Java 2D API 中提供了绘制直线、二次曲线、三次曲线、平面矩形、圆角矩形等图形的构造方法，如表 9.8 所示。在这些方法中，绘制圆角矩形除了要指定矩形区域外，还需要指明圆角的弧宽(arcw)和弧高(arch)。

表 9.8　绘制线段与矩形用到的构造方法

构 造 方 法	功能	图 示 说 明
Point2D.Float(float x, float y) Point2D.Double(double x, double y)	创建点对象	x,y 为点坐标
Line2D.Float(float x1, float y1, float x2, float y2) Line2D.Double(double x1, double y1, double x2, double y2) Line2D.Float(Point2D p1, Point2D p2) Line2D.Double(Point2D p1, Point2D p2)	创建直线对象	起点 (x1, y1) p1　　终点 (x2, y2) p2
QuadCurve2D.Float(float x1, float y1, float ctrlx, float ctrly, float x2, float y2) QuadCurve2D.Double(double x1, double y1, double ctrlx, double ctrly, double x2, double y2)	创建二次曲线对象	(x1, y1)　　　(x2, y2) (ctrlx, ctrly)
CubicCurve2D.Float(float x1, float y1, float ctrlx1, float ctrly1, float ctrlx2, float ctrly2, float x2, float y2) CubicCurve2D.Double(double x1, double y1, double ctrlx1, double ctrly1, double ctrlx2, double ctrly2, double x2, double y2)	创建三次曲线对象	(ctrlx2, ctrly2) (x1, y1)　(x2, y2) (ctrlx1, ctrly1)
Rectangle2D.Float(float x, float y, float width, float height) Rectangle2D.Double(double x, double y, double width, double height)	创建矩形对象	(x, y)　width height
RoundRectangle2D.Float(float x, float y, float width, float height,float arcw, float arch) RoundRectangle2D.Double(double x, double y, double width, double height,double arcw, double arch)	创建圆角矩形对象	arcw width (x, y) height　　arch
BasicStroke(float width)	画笔样式对象	绘制图形形状轮廓的画笔样式，参数 width 表示线的宽度

下面我们通过一些示例程序来说明绘制这些图形的方法。

📖【示例程序 C9_6.java】　在窗体上绘制直线、二次曲线及三次曲线。

```
import    java.awt.*;
import    java.awt.geom.*;
import    javax.swing. *;
class    drawPanel extends    JPanel
{
    public void paintComponent (Graphics g)
    {   Graphics2D g2=(Graphics2D)g;
```

```
                Line2D.Double Line1=new Line2D.Double(20.0,20.0,80.0,40.0);
                QuadCurve2D.Double Line2=new QuadCurve2D.Double(130.0,30.0,150.0,50.0,170.0,20.0);
                CubicCurve2D.Double Line3=new CubicCurve2D.Double(220.0,40.0,240.0,60.0,260.0,20.0,
                                                                    300.0,35.0);
                getRootPane( ).setBackground(Color.cyan);        //设置背景颜色
                g2.setPaint(Color.red);        //设置前景颜色
                g2.draw(Line1);
                g2.draw(Line2);
                g2.draw(Line3);
            }
        }
        public class C9_6
        {
            public C9_6( )
            {
                JFrame.setDefaultLookAndFeelDecorated(true);      //设置窗体图标显示为默认方式
                JFrame f=new JFrame("draw Line");                 //创建窗体对象
                f.setDefaultCloseOperation(JFrame.EXIT_ON_CLOSE); //点击窗口关闭图标关闭窗口
                drawPanel pa=new drawPanel( );                    //创建容器 JPanel 类 pa 的对象
                pa.setPreferredSize(new Dimension(350, 100));     //设置 JPanel 类 pa 的对象的大小
                // f.setBackground(Color.cyan);                   //设置背景颜色
                Container cp=f.getContentPane( );                 //创建一个返回此窗体的 contentPane 对象
                // cp 的容器布局为 BorderLayout，添加 pa 的对象到 cp 的容器中并居中
                cp.add(pa,BorderLayout.CENTER);
                f.pack( );                      //调整窗口
                f.setVisible(true);             //设置窗口为可见
            }
            public static void main(String[ ] args)
            {   new C9_6( );    }
        }
```

该程序的运行结果如图 9.15 所示。其中的 **JFrame** 类及 **JPanel** 类的相关内容请参阅本书第 10 章。

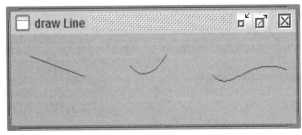

图 9.15   程序 C9_6 的运行结果

【示例程序 C9_7.java】 绘制各种矩形。

```
import java.awt.*;
import java.awt.geom.*;
import javax.swing.JApplet;
public class C9_7 extends   JApplet
{
    public void paint(Graphics g)
    {   Graphics2D g2=(Graphics2D)g;
        g2.setPaint(Color.red);    //设置前景颜色
        // draw Rectangle2D.Double
        Rectangle2D.Double rec=new Rectangle2D.Double(20,20,60,30); //创建矩形对象
        g2.draw(rec);        g2.drawString("Rectangle2D",20,70);
        // draw    RoundRectangle2D.Double
        g2.setStroke(new BasicStroke(4));       //设置线宽
        g2.draw(new RoundRectangle2D.Double(100,20,60,30,10,10)); //创建圆角矩形对象并画出
        g2.drawString("RoundRectangle2D",100,70);
        g2.setPaint(Color.blue);                //设置前景颜色
        // fill Rectangle2D.Double
        Rectangle2D.Double rec1=new Rectangle2D.Double(20,80,60,30);
        g2.fill(rec1);        g2.drawString("Rectangle2D",20,120);
        // fill RoundRectangle2D.Double
        g2.setStroke(new BasicStroke(4));        //设置线宽
        RoundRectangle2D.Double rorec=new RoundRectangle2D.Double(100,80,60,30,10,10);
        g2.fill(rorec);        g2.drawString("RoundRectangle2D",100,120);
    }
}
```

该程序的运行结果如图 9.16 所示。

图 9.16 程序 C9_7 的运行结果

9.4.3 绘制椭圆、圆及弧

在 Java 2D API 中，绘制一个椭圆就是使用椭圆类的构造方法来创建一个椭圆对象。椭

圆类的构造方法是：

      Ellipse2D.Float(float x, float y, float w, float h)

这个构造方法中有 4 个参数，分别是椭圆外切矩形的左上角顶点坐标 x，y；椭圆的宽度 w 和高度 h(当然也是外切矩形的宽度和高度)。这些参数的数据类型可以是 float 型或 double 型。

显然，当椭圆的宽度 w 和高度 h 相等时，就是一个圆。因此，使用绘制椭圆的构造方法即可绘制圆。

画弧可看成是画部分椭圆。绘制一个弧的构造方法如下：

      Arc2D.Float(float x, float y, float w, float h, float start,float extent, int type)

这个构造方法中有 7 个参数，其中前 4 个参数 x、y、w、h 的含义与椭圆中参数的意义相同，另外 3 个参数中，start 为起始角度，extent 为弧角度，type 为弧的连接类型。弧角度 extent 用度数来衡量，表明一段弧在两个角度之间绘制，即表示从起始角度转多少角度画弧，extent 为正，表示逆时针画弧，extent 为负，表示顺时针画弧。弧的连接类型有 OPEN、CHORD、PIE 三种，OPEN 表示弧两端点无连接(弧)，CHORD 表示弧的两端点用直线连接(弦)，PIE 表示弧两端连接成扇形。

表 9.9 给出了椭圆及弧构造方法中参数的说明及图示。

表 9.9　创建椭圆及弧类对象的构造方法

构　造　方　法	功　能	图　示　说　明
Ellipse2D.Float(float x, float y, float w, float h) Ellipse2D.Double(double x, double y, double w, double h)	创建椭圆对象	
Arc2D.Float(float x, float y, float w, float h, float start,float extent, int type) Arc2D.Double(double x, double y, double w, double h, double start,double extent, int type)	创建圆弧对象	

下面我们通过一些示例来说明怎样绘制这些图形。

■【示例程序 C9_8.java】　绘制椭圆、圆及扇形。

```
import java.awt.*;
import java.awt.geom.*;
import javax.swing.JApplet;
public class C9_8 extends    JApplet
{
    public void paint(Graphics g)
```

```
　{
    Graphics2D g2=(Graphics2D)g;
    g2.setPaint(Color.red);                //设置前景颜色
    g2.setStroke(new BasicStroke(2));      //设置线宽
    //绘制弧
    g2.draw(new Arc2D.Double(15,15,80,80,60,125,Arc2D.OPEN));
    g2.draw(new Arc2D.Double(100,15,80,80,60,125,Arc2D.CHORD));
    g2.draw(new Arc2D.Double(200,15,80,80,60,125,Arc2D.PIE));
    g2.fill(new Arc2D.Double(280,15,80,80,60,125,Arc2D.OPEN));
    g2.drawString("Arc2D",100,90);
    //绘制圆及椭圆
    g2.drawString("Ellipse2D",100,220);
    g2.setPaint(Color.lightGray);
    Ellipse2D.Double e1=new Ellipse2D.Double(15,120,100,50);
    Ellipse2D.Double e2=new Ellipse2D.Double(150,120,80,80);
    g2.fill(e2);           g2.setPaint(Color.black);
    g2.setStroke(new BasicStroke(6));
    g2.drawString("Ellipse2D",100,220);
    g2.draw(e1);      g2.draw(e2);
  }
}
```

该程序的运行结果如图 9.17 所示。

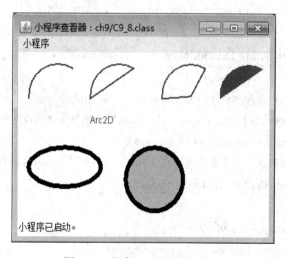

图 9.17　程序 C9_8 的运行结果

9.4.4　绘制多边形

多边形是由一系列首尾相接的直线组成的。在 Java 2D API 中绘制多边形的步骤如下：

(1) 创建多边形的 x 坐标数组与 y 坐标数组；

(2) 创建 GeneralPath 类的几何图形的路径对象；

(3) 调用路径对象的成员方法 moveTo( )，将准备抬笔移动的点(彼此间无连线的点)的坐标添加到路径对象中；

(4) 调用路径对象的成员方法 lineTo( )，将准备从当前位置画直线的点的坐标添加到路径对象中；

(5) 若要画封闭多边形，则应调用路径对象的成员方法 closePath( )来进行这一设置；

(6) 调用 Graphics2D 的对象的成员方法 draw( )或 fill( )画多边形。

下面通过一个具体的示例程序来说明。

【示例程序 C9_9.java】 绘制多边形。

```
import    java.awt.*;
import    java.awt.geom.*;
import    javax.swing.JApplet;
public class C9_9 extends JApplet
{
    public void paint(Graphics g)
    {
        Graphics2D g2 =(Graphics2D)g;
        g2.setPaint(Color.red);
        int x1[ ]={20,40,50,30,20,15,20};           //建立第一个多边形的 x 坐标数据
        int y1[ ]={20,20,30,50,50,30,20};           //建立第一个多边形的 y 坐标数据
        int x2[ ]={90,110,100,80,70,65,60,70};      //建立第二个多边形的 x 坐标数据
        int y2[ ]={90,110,80,100,100,80,60,70};     //建立第二个多边形的 y 坐标数据
        int x3[ ]={190,218,150,230,162};            //建立第三个多边形的 x 坐标数据
        int y3[ ]={20,100,46,46,100};               //建立第三个多边形的 y 坐标数据
        GeneralPath polygon = new GeneralPath(0,x1.length+x2.length); //创建几何图形的路径对象
        polygon.moveTo(x1[0], y1[0]);           //将准备抬笔移动的点的坐标添加到对象 polygon 中
        for (int index = 1; index <x1.length ; index++)
        {   //将准备从当前位置画直线的点的坐标添加到对象 polygon 中
            polygon.lineTo(x1[index], y1[index]);
        }
        polygon.moveTo(x2[0], y2[0]);
        for (int index = 1; index <x2.length ; index++)
        {   polygon.lineTo(x2[index], y2[index]); }
        polygon.closePath( );        //设置从笔当前位置画直线到最后一次抬笔的位置
        g2.draw(polygon);            //画多边形
        //画五角星
```

```
            GeneralPath polygon2 = new GeneralPath(0,x3.length);
            polygon2.moveTo(x3[0], y3[0]);
            for (int index = 1; index <x3.length ; index++)
            {    polygon2.lineTo(x3[index], y3[index]);}
            g2.fill(polygon2);
        }
    }
```

该程序的运行结果如图 9.18 所示。

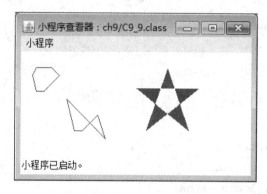

图 9.18　程序 C9_9 的运行结果

在程序中给出了创建路径对象的语句，它可以由直线、二次、三次曲线形成几何路径。创建该对象的构造方法是：

GeneralPath(int rule, int initialCapacity)

其中：rule 为环绕规则，可以是 WIND_EVEN_ODD 或 WIND_NON_ZERO；initialCapacity 为坐标点总个数。

9.4.5　图形重叠时的色彩设置

图形的重叠部分需要确定如何将新画图形对象的颜色与已有的图形对象的颜色组合，在图形和图像中实现混合和透明效果。Java 2D 提供的 Composite 和 CompositeContext 两种接口构成了图形对象间颜色复合模式的基础。其中，实现 Composite 接口的类是 AlphaComposite。

绘制重叠图形对象的一般步骤是：首先创建 AlphaComposite 类的对象(如本例中 ac 的对象)，并用类的 getInstance( )方法来获取一种特定的颜色混合规则和透明度这两个参数；第二步是调用 setComposite( )方法将由 getInstance( )方法获得的颜色复合模式指定给特定的图形对象；最后使用 fill( )方法来绘制重叠图形。遵循这样几个步骤，可以使重叠图形对象的颜色具有复合效果，制作出多彩的图形。

颜色混合规则是通过使用系统提供的属性常量(CLEAR、DST_IN、DST_OUT、DST_OVER、SRC、SRC_IN、SRC_OUT 和 SRC_OVER)中的某一个来实现的。这些属性常量的作用(在没有指定透明度的情况下)如图 9.19 所示。

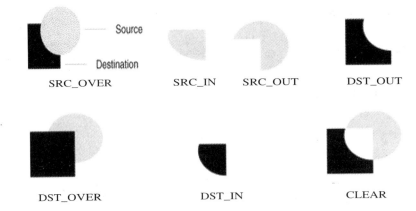

图 9.19　画重叠图形对象的重叠模式

下面通过一个具体的示例程序来说明。

【示例程序 C9_10.java】　绘制复合图形。

```java
import java.awt.*;
import java.awt.geom.*;
import javax.swing. JApplet;
public class C9_10 extends    JApplet
{
    public void paint(Graphics g)
    {
        Rectangle2D.Double rec1=new Rectangle2D.Double(0,0,100,100),
            rec2=new Rectangle2D.Double(50,0,100,100),
            rec3=new Rectangle2D.Double(125,75,100,100),
            rec4=new Rectangle2D.Double(50,125,100,100),
            rec5=new Rectangle2D.Double(-25,75,100,100);
            Graphics2D g2=(Graphics2D)g;
        g2.setPaint(Color.red);
    //将用户坐标系的原点(0,0)平移到屏幕坐标系 x 为 100、y 为 50 像素点的位置
        g2.translate(100,50);
        // radians=degree * pie/180
        g2.rotate((45*java.lang.Math.PI)/180);     //将图形旋转 45 度
        g2.fill(rec1);     //画左上角坐标为(0,0)、长与宽为 100 的填充矩形
    //创建仿射变换对象，设置几何图形变换为默认方式
        g2.setTransform(new AffineTransform( ));
    //创建一个 AlphaComposite 类 ac 的复合对象，规则为 50%的透明度
        AlphaComposite ac =
            AlphaComposite.getInstance(AlphaComposite.SRC_OVER,0.5f);
        g2.setComposite(ac);     //设定重叠对象的颜色复合方式
```

```
        g2.setPaint(Color.green); g2.fill(rec2);
        g2.setPaint(Color.blue); g2.fill(rec3);
        g2.setPaint(Color.yellow);
        g2.fill(rec4);
        g2.setPaint(Color.pink);
        g2.fill(rec5);
    }
}
```

该程序的运行结果如图 9.20 所示。

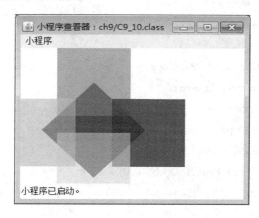

图 9.20　程序 C9_10 的运行结果

在这个程序中，我们使用了创建仿射变换对象的构造方法 AffineTransform( )，它有无参方法和带参方法两种，表示从一种二维坐标线性映射到其他二维坐标。本语句中用的无参方法，表示是按系统默认方式进行仿射变换的。

9.4.6　绘制剪切文字图形

Java 2D API 中提供了文字图形的剪切功能，该功能通过在图形环境中设置一个剪切形状，来将所有的绘图操作限制在该剪切形状的内部进行。

剪切文字图形的操作步骤如下：

(1) 创建文字字符串对象；

(2) 用 FontRenderContext 类创建字体绘制环境对象；

(3) 用 TextLayout 类创建文本布局对象；

(4) 用 GeneralPath 类创建文本图形的路径对象；

(5) 对用户坐标系进行平移变换；

(6) 创建图形对象，该对象是通过调用文本布局对象的 getOutline( ) 成员方法得到的图形轮廓；

(7) 用路径对象的 append( ) 成员方法，添加图形对象到路径对象中；

(8) 用 Graphics2D 类对象的成员方法 draw( ) 画文字图形，并用 Graphics2D 类对象的成员方法 clip( ) 剪切文字图形；

(9) 设置剪切的形状，绘制一组线条。

下面通过一个具体的示例程序来说明。

【示例程序 C9_11.java】 绘制剪切文字图形。

```java
import java.awt.font.*;
import java.awt.geom.*;
import java.awt.*;
import javax.swing. JApplet;
public class C9_11 extends JApplet
{    private Shape clipShape;
    public void paint(Graphics g)
    {
        Graphics2D g2 = (Graphics2D)g;
        clipShape = makeClipShape(g2);
        g2.draw(clipShape);
        g2.clip(clipShape);        //剪切文字图形
        final int NLINES =90;
        Point2D p = new Point2D.Double(0, 0);
        for (int i = 0; i < NLINES; i++)
        {
            double x = (2 * getWidth( ) * i) / NLINES;
            double y = (2 * getHeight( ) * (NLINES – 1 – i)) / NLINES;
            Point2D q = new Point2D.Double(x, y);
            //设置剪切的形状，绘制一组线条
            g2.draw(new Line2D.Double(p, q));
        }
    }
    Shape makeClipShape(Graphics2D g2)
    { //创建字体绘制环境对象
        FontRenderContext context = g2.getFontRenderContext( );
        Font f = new Font("隶书",Font.PLAIN,80);
        //创建文本图形的路径对象
        GeneralPath clipShape = new GeneralPath( );
        //创建文本布局对象
        TextLayout layout = new TextLayout("Hello",f,context);
        //将用户坐标系的基点移到屏幕坐标系(0,80)处
        AffineTransform transform = AffineTransform.getTranslateInstance(0,80);
        //创建图形对象，该对象是文本布局对象的图形轮廓对象
        Shape outline = layout.getOutline(transform);
```

```
    //添加指定的图形对象到路径对象中
    clipShape.append(outline,false);
    layout = new TextLayout("你好!", f, context);
    transform = AffineTransform.getTranslateInstance(0,170);
    outline = layout.getOutline(transform);
    //设置 false 表示在第一个图形画完后，抬笔再画第二个图形
    clipShape.append(outline,false);
    return clipShape;
  }
}
```

该程序在不使用与使用剪切文字图形时的运行结果如图 9.21 所示。

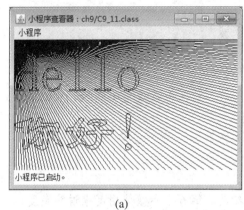

(a)　　　　　　　　　　　　　　　(b)

图 9.21　程序 C9_11 的运行结果((a)是程序中删除"g2.clip(clipShape);"语句时的情况)

习 题 9

9.1　什么是 GUI?

9.2　开发图形用户界面，Java 语言提供了什么工具包?

9.3　在 Java 语言中与绘图有关的类是什么类?

9.4　简述 Applet 的基本工作原理。

9.5　Applet 的什么方法只在开始时执行一次? 什么方法在用户每次访问包含 Applet 的 HTML 文件时都被调用? Applet 的什么方法可以用来在其中绘图?

9.6　请描述 Java 坐标系。

9.7　输出自己的名字、班级及学号，要求名字设置为 24 号黑体，班级及学号设置为 16 号加粗斜宋体。

9.8　将 9.7 题加上不同的前景颜色输出。

9.9　用绘制线段的方法输出一个红色的"王"字。

9.10　绘制一个圆角矩形，在矩形里面添加 9.7 题的内容，并为字体加颜色。

9.11　编写一个程序，绘制 8 个同心圆，各圆应相差 10 个像素点。

9.12 编写一个程序，绘制一把扇子，并把它拷贝成两个。

9.13 编写一个程序，绘制一座房子、一棵树和一条弯曲的路。要求：弯曲的路由 sin 函数得出坐标点，房子与树要配上颜色。

9.14 试绘制一面国旗。

9.15 Java 语言的图形用户界面有哪些用户自定义的成分？

9.16 填空：

(1) _____方法在两点间绘制一条直线。

(2) RGB 是_____、_____和_____的缩写。

(3) 字体的大小用_____作为单位度量。

(4) 图形平移需要_____方法来实现。

(5) draw 方法属于_____类。

(6) 说明字体风格的三个常量是_____、_____和_____。

(7) 画圆需要_____、_____和_____三个参数。

(8) _____方法可绘制一系列字符。

9.17 判断下列语句的对错，并说明为什么：

(1) 创建一个椭圆对象的构造方法有 4 个参数，前两个参数指明椭圆的中心坐标。

(2) 在用户坐标系中，x 的值从左向右增长。

(3) fill( )方法是用当前的颜色绘制一个填充图形。

(4) Graphics2D 类是一个 abstract 类。

(5) Font 类是直接从 Graphics 类继承来的。

(6) 创建一个弧的对象的构造方法有 7 个参数，第 6 个参数使用度来说明角度。

常用组件 GUI 设计

图形用户界面(GUI)就是一组图形界面成分和界面元素的有机组合。这些成分和元素之间不但外观上有包含、相邻、相交等物理关系，也有内在的包含、调用等逻辑关系。它们互相作用，传递消息，共同组成一个能响应特定事件、具有一定功能的图形界面系统。

进行 GUI 设计时，除了使用前一章介绍的文字、图形进行装饰外，更重要的是要使用窗体、按钮、文本域、滚动条和选择框等图形用户界面元素(统称为组件)，以响应用户的动作，实现交互功能。

JApplet、JFrame、JPanel 作为容器都可以包含和显示组件。在 Java 中组件放置在容器的位置不是通过坐标控制，而是由"布局管理器"根据组件加入的顺序决定其位置。当界面的功能较多时，GUI 设计的另一个重要任务是将各种组件放置在界面的合适位置上，这样既能使界面和谐美观，又能使用户操作方便。这时需要使用诸如窗口之类的容器控件，而使用层层相套的容器有利于分解图形用户界面的复杂性。

我们已在 9.1.3 节通过图 9.7～图 9.9 展示了部分组件的外观。本章将介绍布局管理器、常用容器、常用控制组件，以及常用控制组件的事件响应机制。

☞ 10.1 布局管理器

Java 程序的 GUI 界面定义是由 AWT 类和 Swing 类来完成的。Java 在布局管理上采用了容器和布局管理相分离的方案。也就是说，容器只管将组件放入其中，而不管这些组件放置在容器中的位置和大小，而将布局的管理任务交给专门的布局管理器接口类(Layout Manager)的实现类来完成。每个容器都有一个缺省的布局管理器，当容器需要对某个组件进行定位或判断其尺寸大小时，就会调用其相应的布局管理器。当然也可以不用缺省的布局管理器，而是通过 setLayout( )方法来为其指定新的布局管理器。一旦确定了布局管理方式，容器的组件就可以使用 add( )方法加入组件了。

java.awt 包中共定义了五种布局管理器类，分别是 BorderLayout、FlowLayout、CardLayout、GridLayout 和 GridBagLayout。这五个类都是 java.lang.Object 类的直接子类，且每个布局管理器对应一种布局策略。

javax.swing 包中定义了 4 种布局管理器，分别是 BoxLayout、ScrollPaneLayout、ViewportLayout 和 OverlayLayout。

下面介绍 BorderLayout、FlowLayout、CardLayout、GridLayout 和 BoxLayout 这几种常用的布局策略。

10.1.1　BorderLayout

java.BorderLayout 类是 java.lang.Object 类的直接子类。BorderLayout 的布局策略是把容器内的空间划分为如图 10.1 所示的东、西、南、北、中五个区域。每个区域最多只能包含一个组件，并通过相应的常量 NORTH、SOUTH、EAST、WEST、CENTER 进行标识。BorderLayout 是 JApplet 的默认布局模式。布局方式是根据组件大小和容器大小的约束对组件进行布局。NORTH 和 SOUTH 组件可以在水平方向上拉伸，而 EAST 和 WEST 组件可以在垂直方向上拉伸，CENTER 组件在水平和垂直方向上都可拉伸，从而填充所有剩余空间。如果某个区域没有分配组件，则其他组件可以占据它的空间。

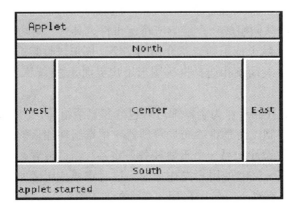

图 10.1　BorderLayout 布局策略

BorderLayout 类有两个构造方法。

(1) BorderLayout( )方法：用于创建一个各组件间的水平、垂直间隔均为 0 的 BorderLayout 类的对象。

(2) BorderLayout(int hgap, int vgap)方法：用于创建一个各组件间的水平间隔为 hgap、垂直间隔为 vgap 的 BorderLayout 类的对象。

BorderLayout 仅指定了五个区域的位置，如果容器中需要加入的组件超过五个，就必须使用容器的嵌套或改用其他的布局策略。

🖫【示例程序 C10_1.java】　使用 BorderLayout 的布局策略在五个位置分别加入四个按钮和一个标签，当点击按钮时，标签的文本就是按钮的标签的文本。

```
import javax.swing.*;
import java.awt.*;
public class C10_1 extends JApplet
{    Container cp=getContentPane( );
    public void init( ) {
        cp.add(new JButton("North"), BorderLayout.NORTH);
        cp.add(new JButton("South"), BorderLayout.SOUTH);
        cp.add(new JButton("East"), BorderLayout.EAST);
        cp.add(new JButton("West"), BorderLayout.WEST);
```

```
            cp.add(new JButton("Center"), BorderLayout.CENTER);
        }
    }
```

该程序的运行结果如图 10.2 所示。

图 10.2　程序 C10_1 运行结果

程序说明：

(1)　"Container cp=getContentPane( );"语句表示创建一个返回此窗体的 contentPane 对象。该对象的布局为 BorderLayout。

(2)　" cp.add(new JButton("North"), BorderLayout.NORTH); "语句表示容器按照 BorderLayout 的布局策略，创建一个标签为"North"的按钮对象，将其添加到的 NORTH 区域。add( )方法是 Container 类提供的方法，表示将组件添加到容器中。

注意：若没有设置组件的相关位置，BorderLayout 将以 Center 作为默认值。当两个组件被安排在相同位置时，将会出现位置错误，但系统不给予提示。

10.1.2　FlowLayout

java.FlowLayout 类是 java.lang.Object 类的直接子类。FlowLayout 的布局策略是按照加入容器中的组件的先后顺序从左向右排列，当一行排满之后就转到下一行继续从左至右排列，每一行中的组件都居中排列。FlowLayout 是 Applet 缺省使用的布局编辑模式。

FlowLayout 类有三个构造方法。

(1)　FlowLayout( )方法：用于创建一个版面设定为居中对齐、各组件的水平及垂直间隔为 5 个像素点的 FlowLayout 类的对象。

(2)　FlowLayout(int align)方法：用于创建一个版面按给出的 align 值对齐，各组件的水平及垂直间隔为 5 个像素的对象。align 的值可以是 1 或 FlowLayout.CENTER(居中对齐)、2 或 FlowLayout.RIGHT(右对齐)、3 或 FlowLayout.LEFT(左对齐)方式。

(3)　FlowLayout(int align, int hgap, int vgap)方法：用于创建一个既指定对齐方式，又指定组件间间隔的 FlowLayout 类的对象。参数 align 的作用及取值同上，参数 hgap 指定组件间的水平间隔，参数 vgap 指定各组件间的垂直间隔，间隔单位为像素点值。

对于一个原本不使用 FlowLayout 布局编辑器的容器，若需要使用该布局策略，可以用 setLayout(new FlowLayout( ))方法设置。该方法是所有容器的父类 Container 的方法，用于为容器设定布局编辑器。

🖫【示例程序 C10_2.java】　使用 FlowLayout 的布局策略，在容器中放入三个按钮。

```
import javax.swing.*;
import java.awt.*;
public class   C10_2   extends JApplet
{    Container cp=getContentPane( );           //创建一个返回此窗体的 ContentPane 对象
     JButton button1, button2, button3;
     public void init( ) {
          cp.setLayout(new FlowLayout( ));    //设置容器的布局为 FlowLayout 策略
          button1 = new JButton("Ok");
          button2 = new JButton("Open");
          button3 = new JButton("Close");
          cp.add(button1);
          cp.add(button2);
          cp.add(button3);
     }
}
```

该程序的运行结果如图 10.3 所示。图 10.4 是使用 FlowLayout(3)构造方法的效果。

图 10.3   程序 C10_2 运行结果 　　　　　　　图 10.4   使用 FlowLayout(3)时的情况

10.1.3   CardLayout

CardLayout 的版面布局方式是将每个组件看成一张卡片，如同扑克牌一样将组件堆叠起来，而每次显示在屏幕上的只能是最上面的一个组件，这个被显示的组件将占据所有的容器空间。当容器第一次显示时，第一个添加到 CardLayout 对象的组件为可见组件。程序中可通过表 10.1 所示的方法选择显示其中的卡片。

表 10.1   CardLayout 类的常用成员方法

成 员 方 法	说　明
first(Container container)	显示 container 中的第一个对象
last(Container container)	显示 container 中的最后一个对象
next(Container container)	显示下一个对象
previous(Container container)	显示上一个对象

CardLayout 类有两个构造方法。

(1) CardLayout( )方法：使用默认(间隔为 0)方式创建一个 CardLayout( )类对象。

(2) CardLayout(int hgap,int vgap)方法：使用 hgap 指定的水平间隔和 vgap 指定的垂直间隔创建一个 CardLayout( )类对象。

CardLayout 类的常用成员方法见表 10.1。

🔲【**示例程序 C10_3.java**】　使用 CardLayout 的布局在容器中放入三个按钮，显示第二个按钮。

```
import java.awt.*;
import javax.swing.*;
public class C10_3 extends JApplet
{    JButton bt1=new JButton("按钮 A");
     JButton bt2=new JButton("按钮 B");
     JButton bt3=new JButton("按钮 C");
     Container cp=getContentPane( );
     //设置 CardLayout 布局
     CardLayout card=new CardLayout(20,20);
     public void init( )
     { cp.setLayout(card);
         cp.add("a",bt1);
         cp.add("b",bt2);       cp.add("c",bt3);
         card.next(cp);    //显示按钮 B
     }
}
```

该程序的运行结果如图 10.5 所示。

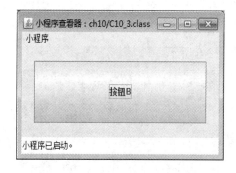

图 10.5　程 C10_3 的运行结果

注意：在程序中语句"add("a",bt1);"中的字符串"a"是为组件分配的字符串名字，其目的是让布局管理器根据名字调用要显示的组件。

10.1.4　GridLayout

如果界面上需要放置的组件较多，且这些组件的大小又基本一致(例如计算器、遥控器的面板)时，使用 GridLayout 的布局策略是最佳的选择。GridLayout 的布局策略是把容器分成大小相等的矩形，一个矩形中放置一个组件，而每个组件按添加的顺序从左向右、从上向下地占据这些网格。

GridLayout 类有三种构造方法。

(1) GridLayout( )方法：按默认(1 行 1 列)方式创建一个 GridLayout 布局。

(2) GridLayout(int rows,int cols)方法：创建一个具有 rows 行、cols 列的 GridLayout 布局。

(3) GridLayout(int rows,int cols,int hgap,int vgap)方法：按指定的行数 rows、列数 cols、水平间隔 hgap 和垂直间隔 vgap 创建一个 GridLayout 布局。

【示例程序 C10_4.java】　　使用 GridLayout 的布局策略，在容器中放入 4 个按钮。

```java
import java.awt.*;
import javax.swing.*;
public class C10_4 extends JApplet
{    JButton bt1=new JButton("按钮 A");
     JButton bt2=new JButton("按钮 B");
     Container cp=getContentPane( );
     //设置 GridLayout 布局
     GridLayout grid=new GridLayout(2,2,20,30);
     public void init( )
     { cp.setLayout(grid);
       cp.add(bt1);
       cp.add(bt2);
       cp.add(new JButton("按钮 C"));
       cp.add(new JButton("按钮 D"));
     }
}
```

该程序的运行结果如图 10.6 所示。

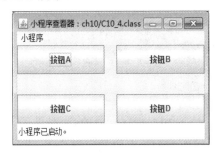

图 10.6　程序 C10_4 的运行结果

10.1.5　BoxLayout

BoxLayout 是 Swing 所提供的布局管理器，它的继承关系如下：

```
java.lang.Object
    javax.swing.BoxLayout
```

BoxLayout 只有两种排列方式，一种是水平方式，另一种是垂直方式。我们可以使用 BoxLayout 所提供的两个常量 X_AXIS、Y_AXIS 来指明组件在容器中是水平还是垂直排列的。BoxLayout 类与 Box 类结合，可以提供多样化的布局。通常的做法是使用若干个 Box

容器，由于 Box 容器的默认布局是 BoxLayout，而且只能使用这个布局，因此，每一个 Box 容器中组件的排列方式也只能按水平或垂直方式排列。

1. BoxLayout 和 Box 的构造函数

创建 BoxLayout 类的对象的构造方法是：

> BoxLayout(Container target, int axis)

其中，target 是容器对象；axis 指明 target 中组件的排列方式，其值可为表示水平排列的 BoxLayout.X_AXIS，或为表示垂直排列的 BoxLayout.Y_AXIS。

Box 类的构造方法是：

> Box(int axis)

这个构造方法中的 axis 参数用以指定 Box 中的组件是按水平还是垂直方式排列的。axis 的值可以用 BoxLayout.X_AXIS 或 BoxLayout.Y_AXIS 指定，也可使用 Box 类提供的两个方法 creatHorizontalBox( )与 creatVerticalBox( )来指定。

2. BoxLayout 类和 Box 类的常用成员方法

表 10.2 列出了 BoxLayout 类和 Box 类的常用成员方法。

表 10.2　　BoxLayout 类和 Box 类的常用成员方法

成 员 方 法	说 明
float getLayoutAlignmentX(Container con)	返回容器沿 X 轴的对齐方式
float getLayoutAlignmentY(Container con)	返回容器沿 Y 轴的对齐方式
static Box createHorizontalBox( )	创建水平排列的 Box 组件
static Box createVerticalBox( )	创建垂直排列的 Box 组件
Component createGlue( )	创建可向水平与垂直方向延伸的 Glue 组件
Component createHorizontalGlue( )	创建一个水平 Glue 组件
Component createVerticalGlue( )	创建一个垂直 Glue 组件
Component createHorizontalStrut(int width)	创建水平的 Strut 组件
Component createVerticalStrut(int height)	创建垂直的 Strut 组件
Component createRigidArea(Dimension d)	创建 Rigid 组件
AccessibleContext getAccessibleContext( )	取得与此 Box 相关联的 AccessibleContext
void setLayout(LayoutManager l)	抛出 AWTError，Box 只使用 BoxLayout 布局

为方便布局管理，Box 类还提供了 4 种透明组件 Glue、Strut、Rigid 和 Filler，可以将这些透明组件插入其他组件的中间，使各个组件产生分开的效果。这 4 种透明组件的作用分别如下。

(1) Glue：将 Glue 两边的组件挤到容器的两端。

(2) Strut：将 Strut 两端的组件按水平或垂直方向指定的大小分开。

(3) Rigid：可以设置二维的限制，将组件按水平或垂直方向指定的大小分开。

(4) Filler：不仅可以设置二维的限制，将组件按水平或垂直方向指定的大小分开，而且还可以设置最大、较佳、最小的长宽大小。

这 4 种组件的具体用法请参阅示例程序 C10_51.java 和 C10_52.java。

3. 使用 BoxLayout 时需要注意的事项

(1) 当组件按 BoxLayout 布局排列好后，不管窗口缩小或放大都不会变动。

(2) 当使用水平排列方式时，若放进去的组件不等高，则系统将会使所有的组件与最高组件等高。

(3) 当放在同一行的组件超出容器的宽度时，系统不会自动换行，需要用户自行处理。

【示例程序 C10_51.java】 使用 BoxLayout 布局策略，将各组件按要求排列。

```java
import java.awt.Component;
import java.awt.Container;
import javax.swing.BoxLayout;
import javax.swing.JApplet;
import javax.swing.JButton;
public class C10_51 extends JApplet {
    public    void addComponentsToPane(Container pane) {
        pane.setLayout(new BoxLayout(pane, BoxLayout.Y_AXIS));
        addAButton("Button 1", pane);
        addAButton("Long-Named Button 4", pane);
        addAButton("5", pane);
    }
    private    void addAButton(String text, Container container) {
        JButton button = new JButton(text);
        button.setAlignmentX(Component.CENTER_ALIGNMENT);
        container.add(button);
    }
    @Override
    public void init( ) {
        addComponentsToPane(getContentPane( ));
    }
}
```

该程序的运行结果如图 10.7 所示。

图 10.7　程序 C10_51 的运行结果

注：程序中的"@Override"是要求系统帮助检查重载方法书写的正确性(下同)。

【示例程序 C10_52.java】 使用 BoxLayout 和 Box，将各组件按要求排列。

```java
import java.awt.BorderLayout;
import java.awt.Container;
import java.awt.Dimension;
import javax.swing.Box;
import javax.swing.JApplet;
import javax.swing.JButton;
public class C10_52 extends JApplet{
    JButton b1=new JButton(" Top     ");
    JButton b2=new JButton("Middle1");
    JButton b3=new JButton("Bottom ");
    JButton b4=new JButton("Left ");
    JButton b5=new JButton("Right");
     @Override
    public void init( ) {
        Container cp=getContentPane( );
        //按垂直排列
        Box vBox = Box.createVerticalBox( );
        b1.setMaximumSize(new Dimension(200,200));   //设置按钮的最大长度
        vBox.add(Box.createVerticalStrut(10));        //加入垂直透明组件 Strut，间隔为 10 像素
        vBox.add(b1);
        vBox.add(Box.createVerticalStrut(10));
        vBox.add(b2);           vBox.add(b3);
        cp.add(vBox,BorderLayout.NORTH);
        //按水平排列
        Box hBox = Box.createHorizontalBox( );
        hBox.add(b4);
        hBox.add(Box.createHorizontalGlue( ));        //加入水平透明组件 Glue，组件挤到两边
        hBox.add(b5);
        cp.add(hBox,BorderLayout.SOUTH);
    }
}
```

该程序的运行结果如图 10.8 所示。

图 10.8　程序 C10_52 的运行结果

☞ 10.2　窗口与面板容器

10.2.1　JFrame 容器

JFrame 是 Java Application 程序的图形用户界面容器，是带有标题和边框的顶层窗口。窗体的默认布局为 BorderLayout。JFrame 类包含支持任何通用窗口特性的基本功能，如最小化窗口、移动窗口、重新设定窗口大小等。JFrame 容器作为顶层容器，不能被其他容器所包含，但可以被其他容器创建并弹出成为独立的容器。JFrame 类的继承关系如下：

　　　　java.lang.Object
　　　　　　java.awt.Component
　　　　　　　　java.awt.Container
　　　　　　　　　　java.awt.Window
　　　　　　　　　　　　java.awt.Frame
　　　　　　　　　　　　　　javax.swing.JFrame

使用 JFrame 容器时需要注意以下几点：

(1) 可以使用 JFrame( )方法创建一个无标签的 JFrame 对象，也可以使用 JFrame(String title)方法创建一个标签为 title 的 JFrame 对象，还可以使用专门的方法 getTitle( )和 setTitle(String)来获取或指定 JFrame 的标题。

(2) 使用 setSize(int x,int y)方法设置 JFrame 容器的大小。

(3) 创建的 JFrame 是不可见的，若要使其可见，则需要使用给出实际参数为 true 的 setVisible(boolean)方法。

(4) 向 JFrame 中添加组件时，必须先取得 ContentPane，然后再使用 add( )方法把组件加入到此 ContentPane 中，而不能像 AWT 中的 Frame 那样直接调用 add( )方法。

(5) JFrame 类可以引发 WindowEvent 类代表的所有七种窗口事件(见第 11 章)。

(6) 每个 JFrame 在其右上角都有三个控制图标(如图 10.8 所示)，分别代表最小化、最大化和关闭窗口的操作。其中，JFrame 可自动完成窗口的最小化和最大化操作，而关闭窗口的操作不能通过点击关闭图标来实现，但可以使用下述三个方法之一来关闭窗口：

① 设置一个按钮，当用户点击此按钮时关闭窗口；

② 用 WINDOWS_CLOSING 事件做出响应，关闭窗口；

③ 使用菜单命令。

无论使用哪一种方法，都需要用到关闭 JFrame 的 System.exit(0)方法。

下面通过示例程序来说明 JFrame 容器的使用。

🖫【示例程序 C10_6.java】　创建一个窗口并显示。

```
import java.awt.*;
import javax.swing.*;
public class C10_6
{
```

```
    public C10_6( )
    {    //Create and set up the JFrame
        JFrame f = new JFrame("FrameDemo");
        f.setDefaultCloseOperation(JFrame.EXIT_ON_CLOSE);
        JLabel    lb = new JLabel("这是 JFrame");
        lb.setPreferredSize(new Dimension(175, 100));
        f.getContentPane( ).add(lb,BorderLayout.CENTER);
        f.pack( );                //调整窗口
        f.setVisible(true);       //显示这个 JFrame
    }
    public static void main(String[ ] args)
    {    C10_6 cc = new C10_6( );
    }
}
```

该程序的运行结果如图 10.9 所示。

图 10.9　程序 C10_6 的运行结果

程序说明：

(1) 程序中的 "f.setDefaultCloseOperation(JFrame.EXIT_ON_CLOSE);" 语句表示设置用户在此窗体上发起 "close" 时默认执行的操作。

(2) "f.getContentPane( ).add(lb,BorderLayout.CENTER);" 语句表示添加标签对象到返回此窗体的 ContentPane 对象容器中。

10.2.2　JPanel 容器

在设计用户界面时，为了更合理地安排各组件在窗口的位置，可以考虑将所需组件先排列在一个容器中，然后将其作为一个整体嵌入窗口。Panel 和 JPanel 就是这样一类被称为面板的容器。它们是一类无边框的，不能被移动、放大、缩小或关闭的容器。AWT 中的 Panel 与 Swing 中的 JPanel 的区别是：JPanel 支持双缓冲(Double Buffering)功能，在处理动画上较少发生画面闪烁的情况。JPanel 类的继承关系如下：

```
        java.lang.Object
            java.awt.Component
                java.awt.Container
                    javax.swing.JComponent
                        javax.swing.JPanel
```

不能把 JPanel 作为一个图形界面程序最底层的容器，也不能指明 JPanel 的大小。JPanel 总是作为一个容器组件被加入到 JFrame、JApplet 等其他容器中，当然，JPanel 也可以加入到 JPanel 容器中。JPanel 的大小由包含在它里边的组件、包容它的那个容器的布局策略，以及该容器中的其他组件所决定。

建立一个 JPanel 时，首先使用表 10.3 中所列 JPanel 类构造方法创建 JPanel 类的对象，然后调用 setLayout( )方法设置组件在面板上的排列方式，最后将所需组件加入面板。

表 10.3　　JPanel 类的构造方法

构 造 方 法	功 能 说 明
JPanel( )	创建具有双缓冲和流布局的新 JPanel
JPanel(boolean isDoubleBuffered)	创建具有 FlowLayout 和指定缓冲策略的新 JPanel
JPanel(LayoutManager layout)	创建具有指定布局管理器的新缓冲 JPanel
JPanel(LayoutManager layout, boolean isDoubleBuffered)	创建具有指定布局管理器和缓冲策略的新 JPanel

　　【示例程序 C10_7.java】 创建一个 JFrame 窗口对象和两个 JPanel 面板对象，将面板对象添加到窗口对象中。

```java
import java.awt.*;
import javax.swing.*;
public class   C10_7 extends JFrame
{   JLabel[ ] lb=new JLabel[3];              //创建标签数组
    JPanel pa1=new JPanel( );                //创建面板对象
    JPanel pa2=new JPanel(new GridLayout(1,2));
    public   C10_7( )
    {   setLayout(new GridLayout(2,1));
        for(int i=0; i<lb.length ; i++)         //设置每个标签的属性
        {   lb[i]=new JLabel("标签 "+(i+1),JLabel.CENTER);
            lb[i].setBackground(Color.yellow);      //设置标签颜色
            lb[i].setBorder(BorderFactory.createEtchedBorder( ));   //设置标签边框
            lb[i].setOpaque(true);              //让组件变为不透明，使标签颜色显示出来
        }
        pa1.add(lb[0]);                     //加载第 0 个标签在面板上
        pa2.add(lb[1],BorderLayout.NORTH);      //加载第 1 个标签在面板上
        pa2.add(lb[2],BorderLayout.SOUTH);      //加载第 2 个标签在面板上
        add(pa1);                       //将 pa1 的对象添加到 cc 的对象中
        add(pa2);
        setTitle("JPanelDemo");
        pack( );
        setVisible(true);
    }
    public static void main(String[ ] arg)
    {
        C10_7 cc=new C10_7( );
    }
}
```

图 10.10　程序 C10_7 的运行结果

该程序的运行结果如图 10.10 所示。

程序说明：在 JFrame 容器 cc 的对象中放入了 pa1 和 pa2 的对象，pa1 的对象中放入了一个标签组件，pa2 的对象中放入了两个标签组件。

☞ 10.3　事件响应原理

设计并实现图形用户界面的工作主要有两方面：一是创建组成界面的各种成分和元素，指定它们的属性和位置关系，根据具体需要排列它们，从而构成完整的图形用户界面的物理外观；二是定义图形用户界面的事件和各界面元素对不同事件的响应，从而实现图形用户界面与用户的交互功能。

图形用户界面之所以能为广大用户所喜爱并最终成为事实上的标准，很重要的一点就在于图形用户界面的事件驱动机制，它可以根据产生的事件来决定执行相应的程序段。事件(Event)代表了某对象可执行的操作及其状态的变化。例如，在图形用户界面中，用户可以通过移动鼠标对特定图形界面元素进行单击、双击等操作来实现输入/输出操作。

10.3.1　委托事件模型

Java 采用委托事件模型来处理事件。委托事件模型由事件源、事件(Event)及事件监听器(Listener)组成。委托事件模型的特点是将事件的处理委托给事件监听器，而不是组件本身。

1．事件源与事件

如果在一个图形用户界面上，点击按钮后改变了界面上的内容，这就意味着这个界面上的按钮组件可以触发一个事件。我们称这个按钮组件是事件源。因此，事件源是能够接收外部事件的源体(一些组件)，是事件的产生者。事件源会在事件产生时，将与该事件及事件源相关的信息封装在事件中。当事件被触发时，事件将被一个或多个"事件监听器"接收，事件监听器负责处理事件。所以，事件发生的地方可以与事件处理的地方分离开。

2．事件监听器

事件监听器是实现事件监听的接口类。事件监听器不断地监听事件源的动作，当事件源产生一个事件，监听器接收到事件源的通知后，就调用特定的方法执行指定的动作。

3．委托事件模型的实现步骤

委托事件模型的实现步骤如下：
(1) 建立事件源对象；
(2) 为事件源对象选择合适的事件监听器；
(3) 为监听器添加适当的处理方法；
(4) 为监听器与事件源建立联系。

10.3.2　java.awt.Event 事件类的继承关系

java.awt.Event 包中提供了处理由组件所激发的各类事件的接口和类。常用事件类的继承关系如图 10.11 所示。

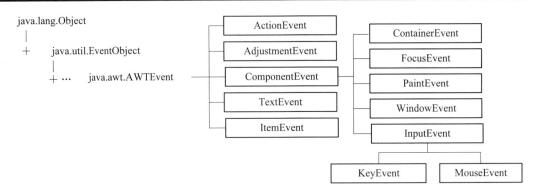

图 10.11　常用事件类的继承关系

　　Java 中的事件类可分为高级事件类和低级事件类。低级事件是基于组件和容器的事件。常见的低级事件类是 ComponentEvent(组件事件)和 ContainerEvent(容器事件)。高级事件是基于语义的事件，它可以不和特定的动作相关联，而是依赖于触发此事件的类。常见的高级事件是 ActionEvent(动作事件)、AdjustmentEvent(调整事件)、ItemEvent(选择事件)和 TextEvent(文本事件)。

10.3.3　事件与事件源的关系

　　事件由事件源产生，不同的事件源产生不同的事件。Swing 中常用的事件类和事件源的关系如表 10.4 所示。

表 10.4　常用的事件类和事件源的关系

事 件 类	事 件 源 类
ActionEvent(动作事件)	JButton、JList、JTextField、JMenuItem 及其派生类，包括 JCheckBoxMenuItem、JMenu 和 JRadioButtonMenuItem
ItemEvent(选择事件)	JCheckBox、JComboBox、JList、JCheckBoxMenuItem 以及任何实现了 ItemSelectable 接口的类
TextEvent(文本事件)	任何从 JTextComponent 导出的类，包括 JTextArea 和 JTextField
AdjustmentEvent(调整事件)	JScrollbar 以及任何实现 Adjustable 接口的类
ComponentEvent(组件事件)	*Component 以及其派生类，包括 JButton、JCheckBox、JComboBox、Container、JPanel、JApplet、JScrollbarPane、Window、JDialog、JFileDialog、JFrame、JLabel、JList、JScrollbar、JTextArea 和 JTextField
ContainerEvent(容器事件)	Container 以及其派生类，包括 JScrollbarPane、Window、JDialog、JFileDialog 和 JFrame
FocusEvent(焦点事件)	Component 以及其派生类*
WindowEvent(窗口事件)	Window 以及其派生类，包括 JDialog、JFileDialog 和 JFrame
MouseEvent(鼠标事件)	Component 以及其派生类*
KeyEvent(键盘事件)	Component 以及其派生类*

10.3.4 Swing 中的事件与事件监听器

Swing 组件是构建在 AWT 库之上的、具有一些改进功能的 Swing 组件库。由于 Swing 组件库的功能改进覆盖于 AWT 核心事件处理特性之上，由基本的动作监听到焦点管理，从而使得 Swing 组件的事件处理更为简单。

所有的 Swing 组件都是 java.awt.Component 的子类，它们具有如下继承关系：

  java.lang.Object

   java.awt.Component

    java.awt.Container

     javax.swing.JComponent

      javax.swing 的各种 Swing 组件(见图 9.2)

因此，可以利用 java.awt.Component 类与 java.awt.Container 类提供的事件及事件监听器来处理诸如鼠标和键盘操作等低级事件。

不同事件需要不同的事件监听器(接口类)，事件与事件监听器之间的关系如表 10.5 所示。监听器要用对应的处理方法来处理事件。而每个监听器都有相应的成员方法，我们处理事件的程序代码要写在对应的成员方法体中。表 10.6 列出了各事件监听器与各成员方法之间的对应关系。

表 10.5 事件与事件监听器之间的关系

事　件	事件监听器	说　明
ActionEvent	ActionListener	激活组件
AdjustmentEvent	AdjustmentListener	调整滚动条等组件
ItemEvent	ItemListener	选择了某些项目
TextEvent	TextEventListener	文本字段或文本区发生改变
ComponentEvent	ComponentListener	指示组件被移动、大小被更改或可见性被更改的低级别事件(它也是其他组件级事件的根类)
ContainerEvent	ContainerListener	指示容器内容因为添加或移除组件而更改的低级别事件
FocusEvent	FocusListener	取得焦点的获得和丢失
KeyEvent	KeyListener	键盘的操作
MouseEvent	MouseListener	鼠标的点击和移动等
WindowEvent	WindowListener	窗口问题，如关闭窗口、图标化等

表 10.6　　各事件监听器与各成员方法之间的关系

事件监听器	成 员 方 法
ActionListener	actionPerformed(ActionEvent e)　发生操作时调用
AdjustmentListener	adjustmentValueChanged(AdjustmentEvent e)　在可调整的值发生更改时调用该方法
ItemListener	itemStateChanged(ItemEvent e)　在用户已选定或取消选定某项时调用
TextEventListener	textValueChanged(TextEvent)　文本的值已改变时调用
ComponentListener	componentHidden(ComponentEvent e)　组件变得不可见时调用 componentMoved(ComponentEvent e)　组件位置更改时调用 componentResized(ComponentEvent e)　组件大小更改时调用 componentShown(ComponentEvent e)　组件变得可见时调用
ContainerListener	componentAdded(ContainerEvent e)　已将组件添加到容器中时调用 componentRemoved(ContainerEvent e)　已从容器中移除组件时调用
FocusListener	focusGained(FocusEvent e)　组件获得键盘焦点时调用 focusLost(FocusEvent e)　组件失去键盘焦点时调用
KeyListener	keyPressed(KeyEvent e)　按下某个键时调用此方法 keyReleased(KeyEvent e)　释放某个键时调用此方法 keyTyped(KeyEvent e)　键入某个键时调用此方法
MouseListener (鼠标点击)	mouseClicked(MouseEvent e)　鼠标按键在组件上单击(按下并释放)时调用 mouseEntered(MouseEvent e)　鼠标进入到组件上时调用 mouseExited(MouseEvent e)　鼠标离开组件时调用 mousePressed(MouseEvent e)　鼠标按键在组件上按下时调用 mouseReleased(MouseEvent e)　鼠标按键在组件上释放时调用
MouseMotionListener (鼠标移动)	mouseDragged(MouseEvent e)　鼠标按键在组件上按下并拖动时调用 mouseMoved(MouseEvent e)　鼠标光标移动到组件上但无按键按下时调用
WindowListener	windowActivated(WindowEvent e)　将 Window 设置为活动 Window 时调用 windowClosed(WindowEvent e)　因对窗口调用 dispose 而将其关闭时调用 windowClosing(WindowEvent e)　用户试图从窗口的系统菜单中关闭窗口时调用 windowDeactivated(WindowEvent e)　当 Window 不再是活动 Window 时调用 windowDeiconified(WindowEvent e)　窗口从最小化状态变为正常状态时调用 windowIconified(WindowEvent e)　窗口从正常状态变为最小化状态时调用 windowOpened(WindowEvent e)　窗口首次变为可见时调用

☞ 10.4　JLable 组件

JLable 组件被称为标签，它是一个静态组件，也是标准组件中最简单的一个组件。每个标签用一个标签类的对象表示，可以显示一行静态文本。标签只起信息说明的作用，而不接受用户的输入，也无事件响应。

创建 JLable 类对象的构造方法如表 10.7 所示。

表 10.7 JLable 类对象的构造方法

构 造 方 法	功能及参数说明
JLable( )	创建一个空标签
JLable(Icon icon)	创建图标为 icon 的标签
JLable(Icon icon,int halig)	创建图标为 icon 的标签，并指定水平排列方式(LEFT、CENTER、RIGHT、LEADING 和 TRAILING)
JLable(String text)	创建一个含有文字的标签
JLable(String text,int halig)	创建一个含有文字的标签，并指定水平排列方式
JLable(String text,Icon icon,int halig)	创建一个含有文字及图标的标签，并指定水平排列方式

当创建了一个标签对象后，就可以引用 JLable 类的成员方法重新设置标签，或获取标签信息。JLable 类的常用成员方法如表 10.8 所示。

表 10.8 JLable 类的常用成员方法

成 员 方 法	功 能 说 明
Icon getIcon( )	获取此标签的图标
void setIcon(Icon icon)	设置标签的图标
String getText( )	获取此标签的文本
void setText(String lable)	设置标签的文本
void setHorizontalAlignment(int alig)	设置标签内容沿 X 轴的对齐方式
void setVerticalAlignment(int alig)	设置标签内容沿 Y 轴的对齐方式
void setHorizontalTextPosition(int tp)	设置标签的文本相对其图像的水平位置
void setVerticalTextPosition(int tp)	设置标签的文本相对其图像的垂直位置

☞ 10.5 JButton 组件与 JToggleButton 组件

JButton 组件与 JToggleButton 组件通常被称为按钮，它是一个具有按下、抬起两种状态的组件。用户可以指定按下按钮(单击事件)时所执行的操作(事件响应)。按钮上通常有一行文字(标签)或一个图标以表明它的功能。此外，Swing 组件中的按钮还可以实现下述效果：

(1) 改变按钮的图标，即一个按钮可以有多个图标，可根据 Swing 按钮所处的状态而自动变换不同的图标。

(2) 为按钮加入提示，即当鼠标在按钮上稍做停留时，在按钮边可出现提示，当鼠标移出按钮时，提示自动消失。

(3) 在按钮上设置快捷键。

(4) 设置默认按钮，即通过回车键运行此按钮的功能。

10.5.1 常用组件的继承关系

由于本章所述组件所使用的成员方法主要是继承自其直接父类或更高层父类的成员方

法，为了正确地使用这些组件，有必要了解每个组件的继承关系。本章所述组件的继承关系如下：

　　　　java.lang.Object
　　　　　　java.awt.Component
　　　　　　　　java.awt.Container
　　　　　　　　　javax.swing.JComponent
　　　　　　　　　　　javax.swing.JLabel
　　　　　　　　　　　javax.swing.JTextField
　　　　　　　　　　　javax.swing.JTextArea
　　　　　　　　　　　javax.swing.JList
　　　　　　　　　　　javax.swing.JComboBox
　　　　　　　　　　　javax.swing.AbstractButton
　　　　　　　　　　　　javax.swing.JButton
　　　　　　　　　　　　javax.swing.JToggleButton
　　　　　　　　　　　　　javax.swing.JCheckBox
　　　　　　　　　　　　　javax.swing. JRadioButton

其中，AbstractButton 类是一个抽象类，这个类提供了许多组件需要使用的成员方法和事件驱动方法。

10.5.2　AbstractButton 类的常用成员方法

　　按照面向对象中抽象与继承的原则，Java 在 AbstractButton 类中提供了许多成员方法，为其子类继承和使用提供了方便。表 10.9 列出了该类的常用成员方法。

表 10.9　AbstractButton 类的常用成员方法

成 员 方 法	功 能 说 明
void addChangeListener(ChangeListener I)	给按钮添加指定的 ChangeListener
void addActionListener(ActionListener I)	给按钮添加指定的 ActionListener
void addItemListener(ItemListener I)	给按钮添加指定的 ItemListener
Action getAction( )	返回当前为此 ActionEvent 源设置的 Action，如果没有设置任何 Action，则返回 null
String getActionCommand( )	返回此按钮的动作命令
ActionListener[ ] getActionListeners( )	返回使用 addActionListener( )添加到此 AbstractButton 的所有 ActionListener 组成的数组
ChangeListener[ ] getChangeListeners( )	返回使用 addChangeListener( )添加到此 AbstractButton 中的所有 ChangeListener 组成的数组
Icon getIcon( )	获取默认图标
Icon getSelectedIcon( )	获取按钮的选择图标
String getText( )	获取此按钮的文本

续表

成 员 方 法	功 能 说 明
boolean isSelected( )	获取按钮的状态
void removeActionListener(ActionListener I)	从按钮中删除指定的 ActionListener
void remove ChangeListener(ChangeListener I)	从按钮中删除指定的 ChangeListener
void remove ItemListener(ItemListener I)	从按钮中删除指定的 ItemListener
void setEnabled(boolean b)	设定按钮是否禁用
void setHorizontalAlignment(int alig)	设置图标与文本的水平对齐方式(CENTER,LEFT, RIGHT,LEADING,TRAILING)
void setHorizontalTextPosition(int tp)	设置文本相对于图标的水平位置
void setIcon(Icon icon)	设置此按钮的默认图标
void setLayout(LayoutManager mgr)	为此容器设置布局管理器
void setPressedIcon(Icon pricon)	设置按钮按下时的图标
void setRolloverEnabled(boolean b)	设置翻转效果是否有效，该属性必须为 true
void setRolloverIcon(Icon roicon)	设置按钮的选择图标
void setRolloverSelectedIcon(Icon seicon)	设置按钮的翻转选择图标
void setSelected(boolean b)	设置按钮的状态
void setText(String text)	设置按钮的文本
void setVerticalAlignment(int alig)	设置图标和文本的垂直对齐方式
void setVerticalTextPosition(int tp)	设置文本相对于图标的垂直位置

10.5.3 JButton 类的构造方法

按钮可分为有、无文本的和有、无图标的等几种情况，因此，系统提供了表 10.10 所示的 JButton 类的构造方法来创建这几种按钮对象。

表 10.10 JButton 类的构造方法

构 造 方 法	功 能 说 明
JButton( )	创建一个无文本的按钮
JButton(String text)	创建一个有文本的按钮
JButton(Icon icon)	创建一个有图标的按钮
JButton(String text, Icon icon)	创建一个有文本和图标的按钮

10.5.4 JToggleButton 类的构造方法

JToggleButton 按钮与 JButton 按钮的区别仅在于：当按下 JButton 按钮并释放鼠标后，按钮会自动弹起；当按下 JToggleButton 按钮并释放鼠标后，按钮不会自动弹起，除非再按一次。表 10.11 列出了 JToggleButton 类的构造方法。

表 10.11　JToggleButton 类的构造方法

构 造 方 法	功 能 说 明
JToggleButton( )	创建一个无文本的按钮
JToggleButton(String text)	创建一个文本为 text 的按钮
JToggleButton(String text,boolean selected)	创建一个有文本的按钮，且初始状态为 false
JToggleButton(Icon icon)	创建一个图标为 icon 的按钮
JToggleButton(Icon icon,boolean selected)	创建一个有图标的按钮，且初始状态为 false
JToggleButton(String text, Icon icon)	创建一个既有文本又有图标的按钮
JToggleButton(String text, Icon icon,boolean selected)	创建一个有文本和图标的按钮,且初始状态为 false
JToggleButton(Action a)	创建一个切换按钮,其属性从所提供的 Action 获取

10.5.5　ActionEvent 事件及其响应

从表 10.4、表 10.5 和表 10.6 可以得到 ActionEvent 事件类与事件源和事件监听器之间的关系。如果希望在所设计的用户界面上利用按钮激发一个动作事件,利用 Java 的委托事件模型处理这个事件,则需要了解 ActionEvent 事件及其响应原理。

1．ActionEvent 事件

ActionEvent 事件是发生了组件定义的动作的语义事件,简称为动作事件。能触发这个事件的动作包括:单击一个按钮,双击一个列表中的选项,选择了一个菜单项,在文本框中输入回车等。

2．获取事件源的方法

要处理事件必须要得到事件源,有两种方法可以得到事件源。

(1) getActionCommand()方法:是 ActionEvent 类的方法,用来获取事件源对象的标签或事先为这个对象设置的命令名。

(2) getSource()方法:是 EventObject 类的方法,该类是 ActionEvent 类的父类,用来获取最初发生事件的事件源对象。

3．动作事件的响应

我们用单击按钮触发事件并处理该事件的过程来说明动作事件的响应原理。如果要使按钮能够触发 ActionEvent 事件,需要做下面一些工作:

首先,创建一个按钮对象,引用按钮的 AbstractButton 类的 addActionListener( )方法,将一个 ActionListener 对象添加到按钮中,即为按钮注册监听器(ActionListener)对象,以接收按钮触发的事件。

其次,在程序的监听器的 actionPerformed( )方法中编写事件的处理程序。

这样,当用户单击按钮时,则触发了 ActionEvent 事件。该事件被传递给 ActionListener 监听器对象,监听器对象引用它的 actionPerformed( )方法来完成事件响应。

ActionEvent 事件处理程序的结构如下。

(1) 将响应动作事件所需要的业务逻辑封装在实现监听器接口的类中:

```
Class   ClickAction   implements   ActionListener
{
     public void actionPerformed(ActionEvent e)
     {
         //响应动作事件所需要的业务逻辑
     }
}
```

在 actionPerformed( )方法体中写入处理此事件的程序代码。在方法体中可以引用 ActionEvent 事件的 getSource( )方法来获取引发事件的对象，也可以引用 getActionCommand( ) 方法来获取对象标签或事先为这个对象设置的命令名。

(2) 创建事件源并注册完成所需业务逻辑的监听器：

```
ActionListener click=new ClickAction( );      //创建监听器对象
JButton btn=new JButton( );                  //创建按钮对象
btn.addActionListener(click);                //注册监听器对象
```

这样，当事件发生时，注册的监听器对象就可以接收来自事件源的事件。

(3) 引用监听器的 actionPerformed( )方法来完成事件响应。

下面通过一个具体的程序来说明按钮的事件响应。

10.5.6　应用举例

🔲【示例程序 C10_8.java】　编写一个单击按钮时改变标签文本与按钮文本的内容的程序。

```
package ch10;
import java.awt.*;
import java.awt.event.*r;
import javax.swing.*;
//声明该类实现 ActionListener 接口，监听器对象是 C10_8 类的对象
public class C10_8 extends JApplet implements ActionListener
{   Container cp=getContentPane( );   //创建窗口容器对象
    Icon ro=new ImageIcon(getClass( ).getResource("/image/G1.gif"));   //创建图标对象
    Icon ge=new ImageIcon(getClass( ).getResource("/image/G2.gif"));
    Icon pr=new ImageIcon(getClass( ).getResource("/image/G3.gif"));
    JButton bt=new JButton( );   //创建按钮对象
    Icon icon=new ImageIcon(getClass( ).getResource("/image/G4.jpg"));
    JLabel lb=new JLabel("Java",icon,JLabel.CENTER);   //创建标签对象
    public void init( )
    {
        bt.setRolloverEnabled(true);   //将按钮图标变化功能打开
        bt.setText("OK");     //添加按钮文本
```

```
        bt.setHorizontalTextPosition(JLabel.CENTER);    //将按钮文字放在图标中间
        bt.setVerticalTextPosition(JLabel.BOTTOM);       //设置按钮文字在图标下方
        cp.add(lb,BorderLayout.NORTH);   //添加标签在 JApple 界面的北部位置上
        cp.add(bt,BorderLayout.SOUTH);
        bt.setIcon(ge);    //设置鼠标离开按钮的图标
        bt.setRolloverIcon(ro);   //设置鼠标在按钮上的图标
        bt.setPressedIcon(pr);    //设置鼠标按下按钮的图标
        bt.addActionListener(this);   //注册监听器对象到事件源
    }
    public void actionPerformed(ActionEvent e)
    {    //actionPerformed( )方法在单击 bt 时被系统自动调用
        if(e.getSource( )==bt)    //判断动作事件是否由 bt 引发的
        {
            if( "Hello".equals(lb.getText( )))   //修改标签文本
                lb.setText("你好!");
            else
                lb.setText("Hello");
            if("OK".equals(bt.getText( )))        //修改按钮文本
                bt.setText("确定");
            else
                bt.setText("OK");
        }
    }
}
```

该程序的运行结果如图 10.12 所示。

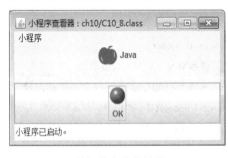

(a) 鼠标单击前的结果　　　　　　　　　　(b) 鼠标单击后的结果

图 10.12　程序 C10_8 的运行结果

程序说明：

(1) 当向 JApplet 中添加 Swing 组件时要使用 JApplet 的 getContentPane( )方法获得一个 Container 对象，再引用这个 Container 对象的 add( )方法将 JComponent 及其子类对象添加到 JApplet 中。

(2) 程序中创建的按钮有一个图标，根据鼠标的移动来改变图标。

(3) public class C10_8 extends JApplet implements ActionListener 中的 ActionListener 接口类仅仅包含了一个抽象方法 actionPerformed(ActionEvent e)。ActionEvent 类 e 的对象代表产生的动作事件。当单击按钮触发一个动作事件时，注册的监听器对象就可以接收来自事件源的事件，并调用 actionPerformed(ActionEvent e)方法对该事件进行处理。在方法体中调用 e.getSource( )方法来获取引发事件的事件源(按钮)对象。

(4) 为事件源注册监听器对象，注册的监听器对象就可以接收来自事件源的事件。在这个程序中，bt 是事件源，使用 bt.addActionListener(this)来注册监听器对象。其中 this 为监听器对象，addActionListener( )方法是 AbstractButton 类提供的方法。

(5) 程序中使用了 AbstractButton 类的成员方法，详细描述见表 10.9。

(6) 图片(image)文件夹的位置在图 10.13 所示的 src 中。程序中加载图片的语句是：

　　　　new ImageIcon(getClass( ).getResource("/image/G1.gif"));

该语句表示通过得到类的对象的给定名称(本例中是/image/G1.gif)的资源，创建一个图标对象。

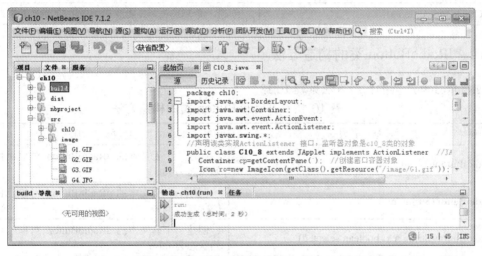

图 10.13　image 文件夹的位置

☞ 10.6　JCheckBox 和 JRadioButton 组件

JCheckBox 组件被称为复选框(也称检测框)，它提供"选中/ON"和"未选中/OFF"两种状态。用户点击某复选框就会改变该复选框原有的状态。

JRadioButton 组件被称为选项按钮，在 Java 中 JRadioButton 组件与 JCheckBox 组件功能完全一样，只是图形不同，复选框为方形图标，选项按钮为圆形图标。由于目前所使用软件的 RadioButton 多为单选按钮，即在同类的一组组件中，用户只能选择其中之一为 ON，其余为 OFF。Java 为了与其他系统保持一致，专门提供了 javax.swing.ButtonGroup 类，这个类的功能就是实现诸如 JRadioButton、JRadioButtonMenuItem 与 JToggleButton 等组件的多选一功能。ButtonGroup 类可被 AbstractButton 类的子类所使用。

10.6.1　JCheckBox 类的构造方法

创建复选框对象使用 JCheckBox 类的构造方法，如表 10.12 所示。

表 10.12　JCheckBox 类的构造方法

构　造　方　法	功　能　说　明
JCheckBox( )	创建一个无文本的复选框对象，且初始状态为 false
JCheckBox(String text)	创建一个有文本的复选框对象，且初始状态为 false
JCheckBox(String text,boolean selected)	创建一个有文本的复选框对象，且初始状态为 false
JCheckBox(Icon icon)	创建一个有图标的复选框对象，且初始状态为 false
JCheckBox(Icon icon,boolean selected)	创建一个有图标的复选框对象，且初始状态为 false
JCheckBox(String text, Icon icon)	创建一个有文本和图标的复选框对象，且初始状态为 false
JCheckBox(String text, Icon icon,boolean selected)	创建一个有文本和图标的复选框对象，且初始状态为 false
JCheckBox(Action a)	创建一个复选框，其属性从所提供的 Action 中获取

10.6.2　JRadioButton 类的构造方法

JRadioButton 类的构造方法见表 10.13。

表 10.13　JRadioButton 类的构造方法

构　造　方　法	功　能　说　明
JRadioButton( )	创建一个无文本的 JRadioButton 对象，且初始状态为 false
JRadioButton(String text)	创建一个有文本的 JRadioButton 对象，且初始状态为 false
JRadioButton(String text,boolean selected)	创建一个有文本的 JRadioButton 对象，且初始状态为 false
JRadioButton(Icon icon)	创建一个有图标的 JRadioButton 对象，且初始状态为 false
JRadioButton(Icon icon,boolean selected)	创建一个有图标的 JRadioButton 对象，且初始状态为 false
JRadioButton(String text, Icon icon)	创建一个有文本和图标的 JRadioButton 对象，且初始状态为 false
JRadioButton(String text, Icon icon,boolean selected)	创建一个有文本和图标及选择状态的 JRadioButton 对象
JRadioButton(Action a)	创建一个 JRadioButton 对象，其属性来自提供的 Action

10.6.3　ItemEvent 事件及其响应

从表 10.4、表 10.5 和表 10.6 可以得到 ItemEvent 事件类与事件源和事件监听器之间的关系。如果希望在所设计的用户界面上利用复选框激发一个选择事件，利用 Java 的委托事件模型处理这个事件，则需要了解 ItemEvent 事件及其响应原理。

1. ItemEvent 事件

ItemEvent 事件是事件源的选项被选定或取消的语义事件(简称为选择事件)，是在用户已选中选定项或取消选定项时由 ItemSelectable 对象(例如，复选框)生成的。引发这类事件的动作包括：

(1) 改变复选框 JCheckBox 对象的选中或不选中状态；

(2) 改变单选按钮 JRadioButton 对象的选中或不选中状态；

(3) 改变下拉列表框 JComboBox 对象中选项的选中或不选中状态；

(4) 改变菜单项 JMenuItem 对象中选项的选中或不选中状态；

(5) 改变 JCheckBoxMenuItem 对象中选项的选中或不选中状态。

2. 获取 ItemEvent 事件源的方法

得到 ItemEvent 事件源主要有三个方法。

(1) ItemSelectable getItemSelectable( )方法：是 ItemEvent 类的方法，用来获取返回产生事件的 ItemSelectable 对象，例如 JCheckBox 中选择的项。此外，ItemEvent 事件也可以使用其父类 EventObject 类提供的 getSource( )方法返回引发选中状态变化的事件源。

(2) Object getItem( )方法：是 ItemEvent 类的方法，用来获取返回受事件影响的项，例如 JComboBox 中的具体 item。通过调用这个方法可以知道用户选中了哪个选项。

(3) int getStateChange( )方法：是 ItemEvent 类的方法，用来获取返回状态更改的类型(已选定或已取消选定)。通常用 ItemEvent 类的静态常量 SELECTED(代表选项被选中)和 DESELECTED(代表选项被放弃或不选)来表达。

3. 选择事件的响应

我们用复选框选择触发事件并处理该事件的过程来说明选择事件的响应原理。如果要使复选框能够触发 ItemEvent 事件，应该做下述工作：

首先，创建一组复选框对象，引用复选框的 AbstractButton 类的 addItemListener( )方法，将一个 ItemListener 对象添加到复选框中，即为复选框注册监听器(ItemListener)对象，以接收复选框触发的事件。

其次，在程序的监听器的 itemStateChanged( )方法中编写事件的处理程序。

这样就可以选择复选框组件时触发 ItemEvent 事件了。该事件被传递给 ItemListener 监听器对象，它避开处理具体鼠标移动和鼠标单击的细节问题，转而处理诸如"已选中选定项"或"已取消选定项"之类的语义事件，引用它的 itemStateChanged( )方法来完成事件响应。

ItemEvent 事件处理的程序结构如下。

(1) 将响应选择事件所需要的业务逻辑封装在实现监听器接口的类中：

```
Class   SelectAction   implements   ItemListener
{
    public void itemStateChanged(ItemEvent e)
    {
```

```
                //处理选择事件所需要的业务逻辑
            }
        }
```

在 itemStateChanged( )方法体中写入处理此事件的程序代码。也可以在方法体中引用 ItemEvent 事件的 e.getItemSelectable( )方法获得引发选择事件的事件源对象，引用 getStateChange( )方法获取选择事件之后的状态。

(2) 创建事件源并注册完成所需业务逻辑的监听器：

```
    ItemListener    select=new SelectAction( );      //创建监听器对象
    JCheckBox  cb=new   JCheckBox ( );            //创建复选框对象
    cb. addItemListener (select);                  //注册监听器对象
```

这样，当事件发生时，注册的监听器对象就可以接收来自事件源的事件了。

(3) 引用监听器的 itemStateChanged( )方法来完成事件响应。

下面通过一个具体的程序来说明按钮的事件响应。

10.6.4　应用举例

📖【示例程序 C10_9.java】根据复选框及单选按钮来改变标签组件的文本大小及颜色。

```
import java.awt.*;
import java.awt.event.*;
import javax.swing.*;
public class C10_9 extends JApplet    implements ItemListener,ActionListener
{    int i1=0,i2=0,i3=0;         int fonti=10;
    Font font;
    Container ctp=getContentPane( );
    JLabel lb=new JLabel("请选择");
    JCheckBox cb1,cb2,cb3;        //声明复选框对象
    JRadioButton r1,r2,r3;        //声明按钮对象
    ButtonGroup bg=new ButtonGroup( );      //创建按钮组对象，实现 JRadioButton 多选一功能
    public void init( )
    {    ctp.setLayout(new FlowLayout( ));      //设置布局方式为流式布局
        cb1=new JCheckBox("红色",false);      //创建复选框
        cb1.addItemListener(this);          //为事件源注册监听器对象
        ctp.add(cb1);                  //添加复选框到界面上
        cb2=new JCheckBox("绿色",false);
        cb2.addItemListener(this);
        ctp.add(cb2);
        cb3=new JCheckBox("蓝色",false);
        cb3.addItemListener(this);
        ctp.add(cb3);
        r1=new JRadioButton("10");
```

```
        r1.addActionListener(this);
        ctp.add(r1);                    //加载按钮到界面上
        r2=new JRadioButton("16");
        r2.addActionListener(this);
        ctp.add(r2);
        r3=new JRadioButton("24");
        r3.addActionListener(this);
        ctp.add(r3);
        bg.add(r1);                     //加载按钮到按钮组
        bg.add(r2);
        bg.add(r3);
        ctp.add(lb);                    //加载标签到界面上
    }
    public void itemStateChanged(ItemEvent e)
    {   JCheckBox cbx=(JCheckBox)e.getItem( );
        if ("红色".equals(cbx.getText( )))
        {   if(e.getStateChange( )==ItemEvent.SELECTED)i1=255;    //判断组件是否被选
            else i1=0;}
        if ("绿色".equals(cbx.getText( )))
        {   if(e.getStateChange( )==ItemEvent.SELECTED)i2=255;
            else i2=0;   }
        if ("蓝色".equals(cbx.getText( )))
        {   if(cbx.isSelected( ))i3=255;             //判断组件是否被选
            else i3=0;   }
        font=new Font("宋体",Font.BOLD,fonti);
        lb.setFont(font);
        lb.setForeground(new Color(i1,i2,i3));
    }
    public void actionPerformed(ActionEvent e)
    {    String rbt=e.getActionCommand( );
        if ("10".equals(rbt)) fonti=10;
        else if ("16".equals(rbt)) fonti=16;
            else   fonti=24;
        font=new Font("宋体",Font.BOLD,fonti);
        lb.setFont(font);
        lb.setForeground(new Color(i1,i2,i3));
    }
}
```

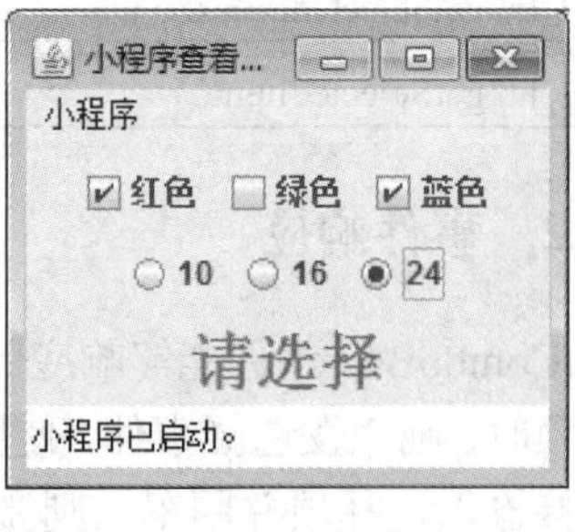

该程序的运行结果如图 10.14 所示。

图 10.14　程序 C10_9 的运行结果

在这个程序中，语句"ctp.setLayout(new FlowLayout( ));"表示设置布局方式为流式布局，这种布局是指将 JApplet 界面上的组件按照添加顺序从左向右排列，一行排满后再排下一行。程序中用到的有些方法是 AbstractButton 类的成员方法。

☞ 10.7　JComboBox 组件

JComboBox 组件被称为下拉列表框，其特点是将所有选项折叠收藏在一起，只显示最前面的或被用户选中的一个。如果希望看到其他的选项，只需单击下拉列表框右边的下三角按钮就可以弹出所有选项的列表。用户可在这个列表中进行选择，或者直接输入所需的选项。下拉列表与选项按钮类似，一次只能选择一项。

10.7.1　JComboBox 类的构造方法和成员方法

创建 JComboBox 类的构造方法和常用的成员方法列于表 10.14 中。

表 10.14　JComboBox 类的构造方法和常用的成员方法

	方　　法	说　　明
构造方法	JComboBox(Vector items)	使用向量表 items 构造一个 JComboBox 对象
	JComboBox( )	构造一个空的 JComboBox 对象。必要时可使用 addItem 方法添加选项
	JComboBox(ComboBoxModel Model)	从已有的 Model 获取选项,构造 JComboBox 对象
	JComboBox(Object[ ] items)	使用数组构造一个 JComboBox 对象
成员方法	void addActionListener(ActionListener e)	添加指定的 ActionListener
	void addItemListener(ItemListener aListener)	添加指定的 ItemListener
	void addItem(Object anObject)	给选项表添加选项
	String getActionCommand( )	返回发送到动作指示器内容因为添加或移除组件而更改的低级别事件。监听器的事件中包括的动作命令
	Object getItemAt(int index)	获取指定下标的列表项
	int getItemCount( )	获取列表中的选项数
	int getSelectedIndex( )	返回列表中与给定项匹配的第一个选项
	int getSelectedItem( )	获取当前选择的项

10.7.2　事件响应

JComboBox 组件能够响应的事件分为选择事件与动作事件。若用户选取下拉列表中的选择项时，则激发选择事件，使用 ItemListener 事件监听器进行处理；若用户在 JComboBox 上直接输入选择项并回车，则激发动作事件，使用 ActionListener 事件监听器进行处理。

下面通过一个具体的程序来说明按钮的事件响应。

10.7.3　应用举例

💾【**示例程序 C10_10.java**】　在 JComboBox 组件中添加 4 个学生的名字选项，当点击下拉列表选择项时得到学生的名字，将他的成绩用标签文本显示。

```java
import javax.swing.*;
import java.awt.*;
import java.awt.event.*;
public class C10_10 extends JApplet implements ItemListener
{    Container ctp=getContentPane( );
    JLabel lb1=new JLabel("姓名:"),
            lb2=new JLabel("英语:"),
            lb3=new JLabel("        ");
            String name[ ]={"李林","赵欣","张扬","童梅"},
            score[ ]={"80","94","75","87"};
    JComboBox cbx=new JComboBox( );        //创建下拉式列表框对象
    public void init( )
    {
        ctp.setLayout(new FlowLayout( ));    //设置流式布局
        for (int j=0;j<name.length;j++)      //添加选项到下拉式列表框对象中
            cbx.addItem(name[j]);
        ctp.add(lb1);
        ctp.add(cbx);                        //添加下拉式列表框对象到容器上
        cbx.addItemListener(this);           //注册监听器对象到事件源
        ctp.add(lb2);
        ctp.add(lb3);
    }
    public void itemStateChanged(ItemEvent e)
    {
        int c=0;
        String str=(String)e.getItem( );     //获取所选项给 str
        for(int i=0;i<name.length;i++)
            if(str.equals(name[i]))          //判断 str 是否是 name 数组中某个元素的内容
                c=cbx.getSelectedIndex( );   //将该选项的下标给 c
            lb3.setText(score[c]);           //获取该学生的成绩
    }
}
```

程序说明：下拉式列表框产生 ItemEvent 代表的选择事件。该程序中的语句"cbx.addItemListener(this);"表示注册监听器对象到事件源。当用户单击下拉列表中的某个选项时,系统自动产生一个包含这个事件有关信息的 ItemEvent 类 e 的对象,并把该对象作为实际参数传递给被自动调用的监听器的选择事件响应方法 itemStateChanged(ItemEvent e)。在这个方法中通过调用 ItemEvent 事件的方法 e.getItem( )获得引发当前选择事件的下拉列表事件源(被选中的项),调用 getSelectedIndex( )获取该选项的下标值,从而得到 name 数组的下标值,最终将这个元素的内容作为新的标签文本输出。

该程序的运行结果见图 10.15。

图 10.15　程序 C10_10 的运行结果

☞　10.8　JList 组件

JList 称为列表组件,它将所有选项放入列表框中。如果将 JList 放入滚动面板 (JScrollPane)中,则会出现滚动菜单效果。利用 JList 提供的成员方法,用户可以指定显示在列表框中的选项个数,而多余的选项则可通过列表的上下滚动来显现。

JList 组件与 JComboBox 组件的最大区别是:JComboBox 组件一次只能选择一项,而 JList 组件一次可以选择一项或多项。选择多项时可以是连续区间选择(按住 Shift 键进行选择),也可以是不连续的选择(按住 Ctrl 键进行选择)。

10.8.1　JList 类的构造方法和成员方法

表 10.15 列出了 JList 类对象的构造方法和常用的成员方法。

表 10.15　JList 类的构造方法和常用的成员方法

	方　　法	说　　明
构造方法	JList(Vector listData)	构造一个 JList,使其显示指定 Vector 中的元素
	JList( )	使用空的模式构造 JList 对象
	JList(ListModel dataModel)	根据指定的非 null 模型构造一个显示元素的 JList
	JList(Object[ ] listData)	构造一个 JList,使其显示指定数组中的元素
成员方法	void addListSelectionListener(ListSelectionListener e)	将监听器添加到列表,每次选择发生更改时将获得通知;这是监听选择状态更改的首选方式
	int getSelectedIndex( )	返回最小的选择单元索引;只选择了列表中单个项时,返回该选择
	int getVisibleRowCount( )	返回 visibleRowCount 属性的值
	int getSelectedIndices( )	返回所选的全部索引的数组(按升序排列)
	void setSelection Background(Color c)	设置单元格的背景颜色
	void setSelection Foreground(Color c)	设置单元格的前景颜色

10.8.2　ListSelectionEvent 事件及其响应

　　JList 组件的事件处理一般可分为两种：一种是当用户单击列表框中的某一个选项并选中它时，将产生 ListSelectionEvent 类的选择事件，此事件是 Swing 的事件；另一种是当用户双击列表框中的某个选项时，则产生 MouseEvent 类的动作事件。

　　若希望实现 JList 的 ListSelectionEvent 事件，首先必须声明实现监听器的接口类 ListSelectionListener，并通过 JList 类的 addListSelectionListener( )方法将监听器对象注册到事件源中；其次，在 ListSelectionListener 接口的 valueChanged(ListSelectionEvent e)方法体中写入有关代码。这样就可以响应 ListSelectionEvent 事件了。

　　下面通过示例程序来加以说明。

10.8.3　应用举例

　　□【示例程序 C10_11.java】 设置一个 JLabel 组件和一个 JList 组件，点击列表框中的选项，将所选项的值作为 JLabel 组件的文本输出。

```
import java.awt.*;
import javax.swing.*;
import javax.swing.event.*;
public class C10_11 extends JApplet implements ListSelectionListener
{
    JList lis=null;
    JLabel lb=null;
    String[ ] s={"小学","初中","高中","大学","研究生"};
    public void init( )
    {
        Container cp=getContentPane( );
        cp.setLayout(new BorderLayout( ));
        lb=new JLabel( );
        lis=new JList(s);
        lis.setVisibleRowCount(3);    //设置列表框的可见选项行数为 3，选项超过则出现滚动条
        lis.setBorder(BorderFactory.createTitledBorder("请选择"));    //设置列表框的边框文本
        lis.addListSelectionListener(this);    //注册监听器对象到事件源
        cp.add(lb,BorderLayout.NORTH);
        //将 lis 的对象放入滚动容器，再将此容器加载到界面上
        cp.add(new JScrollPane(lis),BorderLayout.CENTER);
    }

    public void valueChanged(ListSelectionEvent e)
    {    int m;
```

```
        String str="选取的是：";
        //取得所有选项的下标值给 index 数组
        int[ ] index = lis.getSelectedIndices( );
        for(int i=0;i<index.length;i++)
        { //根据取得的下标值，找到相应的数组元素
            m=index[i];
            str=str+s[m]+"   ";
        }
        lb.setText(str);      //输出选中项的值
    }
}
```

上述程序中的语句"lis.addListSelectionListener(this);"表示将监听器 ListSelection Listener 对象注册到 ListSelectionEvent 事件的事件源对象上。当用户单击某个选项时，系统会自动引用 ListSelectionListener 的 valueChanged( )方法来处理选项的改变。

程序 C10_11 的运行结果见图 10.16。

图 10.16　程序 C10_11 的运行结果

☞ 10.9　JTextField 与 JTextArea 组件

JTextField 和 JTextArea 组件是输入/输出文本信息的主要工具。它们不仅有自己的成员方法，同时还继承了父类 JTextComponent 类的成员方法。限于篇幅，这里仅列出这两个类的构造方法和常用成员方法，至于其父类 JTextComponent 类的成员方法请读者参阅 Java 手册或系统帮助。

10.9.1　JTextField 组件的构造方法和成员方法

JTextField 被称为文本框，它定义了一个单行条形文本区，可以输出任何基于文本的信息，也可以接受用户的输入。表 10.16 列出了 JTextField 类的构造方法和成员方法。

表 10.16　JTextField 类的构造方法和成员方法

	方　　法	功　能　说　明
构造方法	JTextField( )	创建空的 JTextField 对象
	JTextField(int n)	创建列宽为 n 的空 JTextField 对象
	JTextField(String s)	创建 JTextField 对象，并显示 s 字符串
	JTextField(String s,int n)	创建 JTextField 对象，并以指定的列宽 n 显示 s 字符串
	JTextField(Document doc,String s,int n)	使用指定的文件存储模式创建一个 JTextField 对象,并以指定的列宽 n 显示 s 字符串
成员方法	int getColumns( )	获取此对象的列数
	void setColumns(int Columns)	设置此对象的列数
	void addActionListener(ActionListener e)	添加指定的动作事件监听器
	void setFont(Font f)	设置当前字体
	void setHorizontalAlignment(int alig)	设置文本的水平对齐方式(LEFT、CENTER、RIGHT)
	void setActionCommand(String com)	设置动作事件使用的命令字符串

10.9.2　JTextArea 组件的构造方法和成员方法

JTextArea 被称为文本域，它与文本框的主要区别是：文本框只能输入/输出一行文本，而文本域可以输入/输出多行文本。表 10.17 列出了 JTextArea 类的构造方法和成员方法。

表 10.17　JTextArea 类的构造方法和成员方法

	方　　法	功　能　说　明
构造方法	JTextArea( )	创建空的 JTextArea 对象
	JTextArea(int n,int m)	创建具有 n 行 m 列的空 JTextArea 对象
	JTextArea(String s)	创建 JTextArea 对象，并显示 s 字符串
	JTextArea(String s,int n,int m)	创建 JTextArea 对象并以指定的行数 n 和列数 m 显示 s 字符串
	JTextArea(Document doc)	使用指定的文件存储模式创建 JTextArea 对象
成员方法	void setFont(Font f)	设置字体
	void insert(String str,int pos)	在指定的位置插入指定的文本
	void append(String str)	将指定的文本添加到末尾
	void replaceRange(String str,int start,int end)	用给定的新文本替换从指示的起始位置到结尾位置的文本
	int getRows( )	返回此对象的行数
	void setRows(int rows)	设置此对象的行数
	int getColumns( )	获取此对象的列数
	void setColumns(int Columns)	设置此对象的列数
	void setFont(Font f)	设置当前字体

10.9.3　事件响应及应用举例

这里只讨论 JTextField 类触发的事件。JTextField 类只引发 ActionEvent 事件，当用户在文本框中按回车键时引发。下面通过示例程序来加以说明。

⊟【示例程序 C10_12.java】　文本框和文本域组件的使用。

```java
import javax.swing.*;
import java.awt.*;
import java.awt.event.*;
public class C10_12    extends JApplet implements ActionListener
{
    Container ctp=getContentPane( );
    ImageIcon icon1=new ImageIcon(getClass( ).getResource("/image/g1.gif"));
    ImageIcon icon2=new ImageIcon(getClass( ).getResource("/image/g2.gif"));
    JLabel    lb1=new JLabel("输入文字后按回车:",icon1,JLabel.CENTER);
    JLabel    lb2=new JLabel("输出结果:",icon2,JLabel.CENTER);
    JTextField tf1=new JTextField(10);   //创建文本框对象
    JTextArea tf2=new JTextArea(5,10);   //创建文本区域对象
    public void init( )
    {
      ctp.setLayout(new FlowLayout( ));
      ctp.add(lb1);
      ctp.add(tf1);
      ctp.add(lb2);
      ctp.add(tf2);
      tf1.addActionListener(this);
    }
    public void actionPerformed(ActionEvent e)
    {
      String str;
      str=tf1.getText( );   //获得文本框的文本给 str(此方法是 JTextComponent 类的方法)
      //tf2.setText(str);
      tf2.append(str+"\n");      //将 str 添加到文本区域中(append 方法是 JTextArea 类的方法)
    }
}
```

该程序的运行结果如图 10.17 所示。

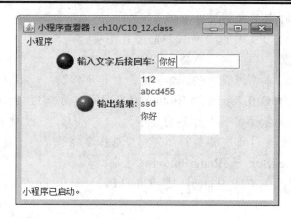

图 10.17 程序 C10_12 的运行结果

习 题 10

10.1 Java 的 AWT 包与 Swing 包提供了哪些布局管理器？

10.2 简述 BorderLayout 的布局方式。

10.3 编写程序，界面设计为三个有图标的按钮和一个文本框，点击其中的一个按钮，可清除文本框中的文字，点击另外两个按钮会使文本框中产生不同的文字；组件之间要求有一定的间隔；使用 BorderLayout 的布局方式完成。

10.4 使用 FlowLayout 的布局方式完成习题 10.3 的设计，要求组件排列要有间距，并向左对齐。

10.5 说明 CardLayout 的布局方式，并用它实现一个自己设计的界面。

10.6 编写一个 JApplet 程序，用 GridLayout 的布局方式设计一个界面，如图 10.18 所示共八个按钮。当点击有加号的按钮时，则第一排第二个按钮文本变为加号；当点击 OK 时，将算出 1+4 的结果添加到第一排的最后一个按钮文本中。当点击有 * 号的按钮时，则第一排第二个按钮文本变为 * 号；当点击 OK 时，将算出的 1*4 的结果添加到第一排的最后一个按钮文本中。

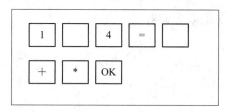

图 10.18 习题 10.6 用图

10.7 用 BoxLayout 的布局方式设计一个界面，实现一个加法器的功能。被加数与加数用文本框输入，点击按钮则产生结果。

10.8 编写程序，实现用鼠标画一个矩形框，并在矩形框中写入一个文字。

10.9 改写示例程序 C10_1.java 为 Application 程序，用 JFrame 完成。

10.10 什么是容器？什么是控制组件？

10.11　实现图形用户界面需要做哪些工作?

10.12　在 Java 语言中,什么是事件? 简述事件处理机制。

10.13　解释事件源、事件和监听器。

10.14　动作事件的事件源有哪些? 如何响应动作事件?

10.15　将示例程序 C10_8.java 的 JButton 对象改写成两个 JToggleButton 对象,点击任何一个 JToggleButton 对象都可改变标签的文字。

10.16　选择事件的事件源有哪些? 如何响应选择事件?

10.17　说明 JCheckBox 与 JRadioButton 的区别。

10.18　改写示例程序 C10_9.java,使 JCheckBox 与 JRadioButton 的对象具有图标与文字。

10.19　建立一个班级下拉式列表,列表项中有 101 班、102 班、103 班、104 班和 105 班。当点击某个选项时将这个选项的内容复制到按钮文本中。要求字体大小为 24 号,颜色为红色。

10.20　JList 组件可以引发什么事件? 如何响应此事件?

10.21　改写示例程序 C10_11.java,去掉滚动面板并分析一下有什么区别。再使 JList 组件对象的选项具有图标与文字。

10.22　说明文本框与标签之间的区别。

10.23　图形界面有一个标签、一个文本框和一个按钮,编写程序实现: 点击按钮后,将文本框的内容取出,作为标签文本复制给标签。

10.24　如图 10.19 所示。标签的字号比文本框的字号大,当单击按钮时若输入文本框中的数正确,则标签文本显示正确,否则显示不正确。

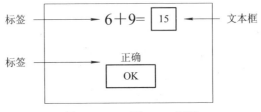

图 10.19　习题 10.24 用图

10.25　说明文本框与文本域的区别。

第11章

高级组件 GUI 设计

第 10 章介绍了基本组件的 GUI 设计和高级事件的事件响应原理。本章将介绍更为复杂的组件的应用技术，主要包括 ComponentEvent(组件事件)和 ContainerEvent(容器事件)下的低级事件：KeyEvent(键盘事件)、WindowEvent(窗口事件)和 MouseEvent(鼠标事件)的响应原理，以及 JScrollPane 和 JTabbedPane 容器、菜单与对话框的应用设计。

☞ 11.1 事件适配器

Java 采用委托事件模型来处理事件。当事件产生时，通过注册的监听器对象的 Listener 接口的事件处理方法来处理。然而，当一个 Listener 接口有很多处理方法(例如，鼠标事件有按下鼠标按键、释放鼠标按键、单击鼠标按键(按下并释放)、鼠标光标进入或离开组件等)时，则不管是否需要，必须实现所有方法。这样做会造成资源的浪费，使系统开销加大。为了解决此类问题，Java 语言为这些 Listener 接口提供了适配器(Adapter)类，事件适配器 (EventAdapter)为我们提供了一种简单的处理手段。当事件源注册了含有多个处理方法的监听器对象时，可以通过继承事件所对应的 Adapter 类，重写所需要的方法，而不需要的方法就不用重写，这样就可以缩短程序代码的编写。在 java.awt.Event 包中定义的事件适配器类与对应接口的关系如表 11.1 所示。

表 11.1 适配器类与对应接口的关系

适配器类	中文名称	接　　口
ComponentAdapter	组件适配器	ComponentListener
ContainerAdapter	容器适配器	ContainerListener
FocusAdapter	焦点适配器	FocusListener
KeyAdapter	键盘适配器	KeyListener
MouseAdapter	鼠标适配器	MouseListener,MouseMotionListener, MouseWheelListener
MouseMotionAdapter	鼠标运动适配器	MouseMotionListener
WindowAdapter	窗口适配器	WindowFocusListener, WindowListener, WindowStateListener

☞ 11.2　KeyEvent 事件及其响应

表 10.4、表 10.5 和表 10.6 已经列出了 KeyEvent 事件类与事件源和事件监听器之间的关系。如果希望在所设计的用户界面上利用文本框输入文字激发一个键盘事件，利用 Java 的委托事件模型处理这个事件，就需要知道 KeyEvent 事件及其响应原理。

11.2.1　KeyEvent 事件

能触发 KeyEvent 事件的动作是键盘操作，所以简称为键盘事件。KeyEvent 事件有三种：两个低级事件(按下键(Pressed)和释放键(Released))和一个高级事件(键按下并释放(按键被敲击，Typed))。java.awt.Event 类的 KeyListener 接口能够监听这三种事件，并提供处理这三种事件的方法，如表 11.2 所示。

表 11.2　KeyListener 接口中的成员方法

成　员　方　法	功　能　说　明
void keyPressed(KeyEvent e)	按下某个键时调用此方法
void keyReleased(KeyEvent e)	释放某个键时调用此方法
void keyTyped(KeyEvent e)	键入某个键时调用此方法

11.2.2　获取事件源的方法

在 java.awt.Event.KeyEvent 类中得到事件源的方法如表 11.3 所示。

表 11.3　KeyEvent 类中的成员方法

成　员　方　法	功　能　说　明
char getKeyChar( )	返回与此事件中的键关联的字符
int getKeyCode( )	返回与此事件中的键关联的整数
int getKeyLocation( )	返回产生此按键事件的键位置
static　String getKeyModifiersText(int modifiers)	返回描述修改键的 String，如"Shift"或"Ctrl + Shift"
static String getKeyText(int keyCode)	返回描述 keyCode 的 String，如"HOME"、"F1"或"A"
boolean isActionKey( )	返回此事件中的键是否为"动作"键
String paramString( )	返回标识此事件的参数字符串
void setKeyChar(char keyChar)	设置 keyCode 值，以表示某个逻辑字符
void setKeyCode(int keyCode)	设置 keyCode 值，以表示某个物理键

11.2.3　键盘事件的响应

我们利用在文本框中用键盘输入字符串时触发和处理键入键的键盘事件，来说明键盘事件的响应原理。要使文本框能够触发键入键时的键盘事件，首先要创建一个 JTextField

对象，引用 java.awt.Component 中的 addKeyListener( )方法将一个 KeyListener 或 KeyAdapter 监听器对象添加到文本框中，即为文本框注册监听器(KeyListener 或 KeyAdapter)对象，以接收发自文本框组件的按键事件；其次，要处理键盘事件就需要在监听器的 keyTyped( )方法中编写事件的处理程序。这样就可以在文本框中键入某个键时，触发键入键的键盘事件，监听器对象引用它的 keyTyped( )方法来完成事件响应。KeyEvent 事件响应的程序结构如下。

(1) 将响应键盘事件所需要的业务逻辑封装在实现监听器接口的类中：

```
Class KeyEventDemo implements KeyAdapter    //其中的方法可根据情况选择
{
    public void keyTyped(KeyEvent e) {
        //响应键被敲击事件所需要的业务逻辑
     }
    public void keyPressed(KeyEvent e) {
        //响应按下键事件所需要的业务逻辑
     }
    public void keyReleased(KeyEvent e){
        //响应释放键事件所需要的业务逻辑
     }
}
```

用户可在对应的方法体中写入处理对应事件的程序代码，在方法体中可以引用 java.awt.Event.KeyEvent 类中提供的方法获取引发事件的信息。

(2) 创建事件源并注册完成所需业务逻辑的监听器：

```
KeyAdapter key1=new KeyEventDemo( );      //创建监听器对象
JTextField text = new JTextField(20);      //创建文本框对象
text.addKeyListener(key1);                 //注册监听器对象
```

这样，当事件发生时，注册的监听器对象就可以接收来自事件源的事件了。

(3) 引用监听器的 keyTyped( )、keyPressed( )以及 keyReleased( )方法来响应事件。

下面通过一个具体的程序来说明。

11.2.4 应用举例

📖【示例程序 C11_1.java】 用键盘在文本框中输入字符串触发键入键时的键盘事件。

```
import java.awt.*;
import javax.swing.*;
import java.awt.event.*;
public class C11_1 extends JApplet
{    String s,s1;
    JLabel lb1=new JLabel("请按键盘");
    JLabel lb2=new JLabel("复制结果");
    JTextField tf1=new JTextField(10);   //用来输入文字
```

```
JTextArea tf2=new JTextArea(5,10);    //用来显示文字内容
Container cp=getContentPane( );
FlowLayout flow=new FlowLayout(FlowLayout.CENTER,5,5);
public void init( )
{   cp.setLayout(flow);
    cp.add(lb1);
    cp.add(tf1);
    cp.add(lb2);
    cp.add(tf2);
    tf1.addKeyListener(new koLis( ));
}
class  koLis  extends  KeyAdapter
{ public void keyTyped(KeyEvent e)
    {   //获取文本框的内容及键入的字符
        s=tf1.getText( )+e.getKeyChar( );
        //若按回车键，则将文本框的内容送入文本域中
        if(e.getKeyChar( )=='\n')
        {   s1=tf2.getText( )+s;
            tf1.setText("");
            tf2.setText(s1);
        }
    }
}
}
```

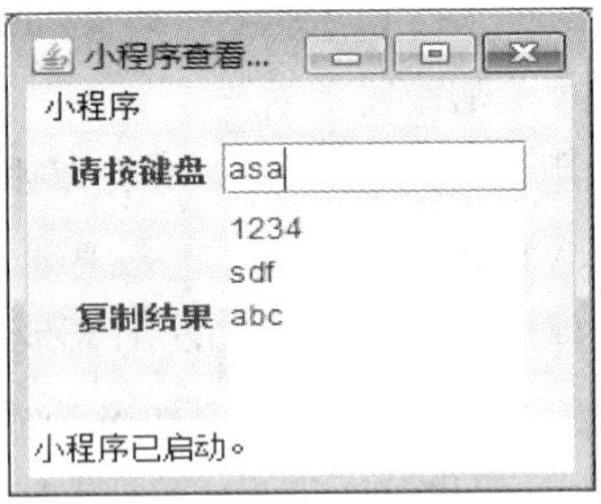

该程序的运行结果如图 11.1 所示。

图 11.1　程序 C11_1 的运行结果

☞ 11.3　MouseEvent 事件及其响应

在图形用户界面中，鼠标(Mouse)主要用来进行选择或切换等。当用户在 GUI 上用鼠标进行交互操作时，会产生 MouseEvent 事件。表 10.4、表 10.5 和表 10.6 列出了 MouseEvent 事件类与事件源和事件监听器之间的关系。本节通过在用户界面上设计一个能激发和处理鼠标事件的例子来说明 MouseEvent 事件及响应原理。

11.3.1　MouseEvent 事件

MouseEvent 事件是低级事件，在任何组件上都可以触发该事件。组件上触发 MouseEvent 事件的动作是鼠标操作。MouseEvent 事件分为两类：

(1) 使用 MouseListener 接口处理的鼠标事件。java.awt.Event 类的 MouseListener 接口能够监听的 5 种鼠标事件是：按下鼠标按键、释放鼠标按键、单击鼠标按键(按下并释放)、

鼠标光标进入或离开组件几何形状的未遮掩部分。

(2) 使用 MouseMotionListener 接口处理的鼠标移动事件。java.awt.Event 类的 MouseMotionListener 接口能够监听的两种鼠标移动事件是：移动鼠标事件和拖动鼠标事件。MouseEvent 事件的监听器及监听器提供的处理方法见表 11.4。

表 11.4　MouseEvent 事件的监听器和监听器的成员方法

事件监听器	成　员　方　法	功　能　说　明
MouseListener	moveClicked(MouseEvent e)	鼠标按键在组件上单击时调用
	moveEntered(MouseEvent e)	鼠标进入到组件上时调用
	moveExited(MouseEvent e)	鼠标离开组件时调用
	movePressed(MouseEvent e)	在组件上按下鼠标按键时调用
	moveReleased(MouseEvent e)	在组件上释放鼠标按键时调用
MouseMotionListener	moveDragged(MouseEvent e)	在组件上按下鼠标按键并拖动时调用
	moveMoved(MouseEvent e)	鼠标光标移动到组件上但无按键按下时调用

11.3.2　获取事件源的方法

在 java.awt.Event. MouseEvent 类中得到事件源的常用成员方法如表 11.5 所示。

表 11.5　MouseEvent 类中的常用成员方法

成　员　方　法	功　能　说　明
int getButton( )	返回更改了状态的鼠标按键(如果有)
int getClickCount( )	返回与此事件关联的鼠标单击次数
Point getLocationOnScreen( )	返回事件的绝对 x，y 坐标
Point getPoint( )	返回事件相对于源组件的 x，y 坐标
int getX( )	返回事件相对于源组件的水平 x 坐标
int getXOnScreen( )	返回事件的绝对水平 x 坐标
int getY( )	返回事件相对于源组件的垂直 y 坐标
int getYOnScreen( )	返回事件的绝对垂直 y 坐标
void translatePoint(int x, int y)	通过将事件坐标加上指定的 x(水平)和 y(垂直)偏移量，将事件的坐标平移到新位置

11.3.3　鼠标事件的响应

我们利用鼠标进入或离开标签组件时触发和处理鼠标事件的过程来说明鼠标事件的响应原理。要使标签组件能够触发进入或离开的鼠标事件，首先要创建一个 JLabel 对象，引用 java.awt.Component 中的 addMouseListener( )方法，将一个 MouseListener 或 MouseAdapter 监听器对象添加到标签组件中，即为标签组件注册监听器(MouseListener 或 MouseAdapter)对象，以接收发自标签组件的进入或离开的鼠标事件；其次是在监听器的 moveEntered( ) 和 moveExited( )方法中编写事件的处理程序。这样就可以当鼠标在标签上触发了鼠标事件时，MouseListener 或 MouseAdapter 监听器对象引用它的 moveEntered( )和 moveExited( )方法来完成事件响应。

MouseEvent 事件处理的程序结构如下：

(1) 将响应动作事件所需要的业务逻辑封装在实现监听器接口的类中：

```
Class MouseEventDemo implements MouseAdapter   //其中的方法可根据情况选择
{
    public void moveEntered(KeyEvent e) {
        //响应鼠标进入组件所需要的业务逻辑
    }
    public void   moveExited(KeyEvent e) {
        //响应鼠标离开组件所需要的业务逻辑
    }
    ……
}
```

用户可在这些方法体中写入处理此事件的程序代码，在方法体中可以引用 java.awt.event.-MouseEvent 类中提供的方法获取引发事件的信息。引用 MouseMotionListener 或 Mouse-MotionAdapter 监听器的方法类似。

(2) 创建事件源并注册完成所需业务逻辑的监听器：

```
MouseAdapter mouse1=new MouseEventDemo( );   //创建监听器对象
JLabel lb = new JLabel( );             //创建标签对象
lb.addMouseListener(mouse1);           //注册监听器对象
```

这样，当事件发生时，注册的监听器对象就可以接收来自事件源的事件了。

(3) 引用监听器的 moveEntered( )和 moveExited( )等方法来响应事件。

下面通过一个具体的程序来说明。

11.3.4　应用举例

🖫【示例程序 C11_2.java】　响应鼠标事件的程序。

```
import java.awt.*;
import javax.swing.*;
import java.awt.event.*;
public   class   C11_2 extends JApplet
{   int x,y;
    JLabel lb1=new JLabel("X:"), lb2=new JLabel("Y:"), lb3=new JLabel("");
    JTextField tf1=new JTextField(5), tf2=new JTextField(5);
    Container cp=getContentPane( );
    FlowLayout flow=new FlowLayout(FlowLayout.CENTER,5,5);
    public void init( )
    {   cp.setLayout(flow);
        cp.add(lb1);
```

```
                cp.add(tf1);
                cp.add(lb2);
                cp.add(tf2);
                cp.add(lb3);
                addMouseListener(new mouseListener( ));
                addMouseMotionListener(new koLis( ));
            }
        class  mouseListener  extends  MouseAdapter
        {   public void mouseClicked(MouseEvent e)
                { lb3.setText("点击鼠标");    }
            public void mousePressed(MouseEvent e)
                { lb3.setText("鼠标按钮按下"); }
            public void mouseEntered(MouseEvent e)
                { lb3.setText("鼠标进入窗口"); }
            public void mouseExited(MouseEvent e)
                { lb3.setText("鼠标不在窗口"); }
            public void mouseReleased(MouseEvent e)
                { lb3.setText("鼠标按钮松开"); }
        }
        class  koLis implements  MouseMotionListener
        {     public void mouseMoved(MouseEvent e)
              {    x=e.getX( );
                   y=e.getY( );
                   tf1.setText(String.valueOf(x));
                   tf2.setText(String.valueOf(y));
              }
              public void mouseDragged(MouseEvent e)
              { lb3.setText("拖动鼠标"); }
        }
    }
```

该程序的运行结果如图 11.2 所示。

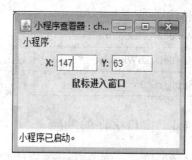

图 11.2 程序 C11_2 的运行结果

☞ 11.4 WindowEvent 事件及其响应

在 JFrame 容器上，如果用户打开或关闭容器，则可以触发 WindowEvent 事件。表 10.4、表 10.5 和表 10.6 已经列出了 WindowEvent 事件与事件源和 WindowListener 事件监听器之间的关系。本节通过设计一个能够触发和处理窗口事件的 JFrame 容器，说明 WindowEvent 的 WindowListener 监听器获得事件及做出响应的原理。

11.4.1　WindowEvent 事件

WindowEvent 事件是低级事件，可以设计打开、关闭、激活、停用、图标化或取消图标化 JFrame 容器的操作来产生 WindowEvent 事件。WindowEvent 事件的 WindowListener 监听器提供的事件及处理方法见表 11.6。

表 11.6　WindowListener 监听器提供的成员方法

成 员 方 法	功 能 说 明
void windowActivated(WindowEvent e)	将 Window 设置为活动 Window 时调用
void windowClosed(WindowEvent e)	因对窗口调用 dispose 而将其关闭时调用
void windowClosing(WindowEvent e)	用户试图从窗口的系统菜单中关闭窗口时调用
void windowDeactivated(WindowEvent e)	当 Window 不再是活动 Window 时调用
void windowDeiconified(WindowEvent e)	窗口从最小化状态变为正常状态时调用
void windowIconified(WindowEvent e)	窗口从正常状态变为最小化状态时调用
void windowOpened(WindowEvent e)	窗口首次变为可见时调用

11.4.2　获取事件源的方法

java.awt.Event.WindowEvent 类中得到事件源的常用成员方法见表 11.7。

表 11.7　WindowEvent 类中的常用成员方法

成员方法	功 能 说 明
int getNewState( )	对于 WINDOW_STATE_CHANGED 事件，返回新的窗口状态
int getOldState( )	对于 WINDOW_STATE_CHANGED 事件，返回以前的窗口状态
Window getOppositeWindow( )	返回在此焦点或活动性变化中所涉及的其他 Window
Window getWindow( )	返回事件的发起方
String paramString( )	返回标识此事件的参数字符串

11.4.3　窗口事件的响应

我们用鼠标单击 JFrame 容器右上角的三个控制图标(最小化、最大化和关闭窗口)，触发和处理窗口事件来说明窗口事件的响应原理。要使 JFrame 容器能够触发窗口事件，首先要创建一个 JFrame 容器对象，引用 java.awt.Window 中的 addWindowListener( )方法，将一个 WindowListener 或 WindowAdapter 监听器对象添加到 JFrame 容器中，即为 JFrame 容器注册监听器(WindowListener 或 WindowAdapter)对象，以接收发自 JFrame 容器的窗口事件；其次是在监听器的 windowIconified( )、windowDeiconified( )和 void windowClosing( )方法中编写事件的处理程序。这样，当鼠标单击 JFrame 容器触发窗口事件时，WindowListener 或 WindowAdapter 监听器对象就可以引用它的方法来完成事件响应。WindowEvent 事件处理的程序结构如下。

(1) 将响应动作事件所需要的业务逻辑封装在实现监听器接口的类中：

```
Class WindowEventDemo implements WindowAdapter   //其中的方法可根据情况选择
{
    public void windowClosing(WindowEvent e)
    {     System.exit(0);   //窗口关闭     }
    public void windowIconified(WindowEvent e)
    {
        //处理窗口从正常状态变为最小化状态时的业务逻辑
    }
    public void windowDeiconified (WindowEvent e)
    {
        //处理窗口从最小化状态变为正常状态时的业务逻辑
    }
    ……
}
```

用户可在该方法体中写入处理此事件的程序代码，在方法体中可以引用 java.awt.Event. WindowEvent 类中提供的方法获取引发事件的信息。

(2) 创建事件源并注册完成所需业务逻辑的监听器：

```
Window Adapter w=new WindowEventDemo( );   //创建监听器对象
JFrame f = new JFrame( );         //创建标签对象
f.addWindowListener(w);          //注册监听器对象
```

这样，当事件发生时，注册的监听器对象就可以接收来自事件源的事件。

(3) 引用监听器提供的方法来完成事件响应。

下面通过一个具体的程序来说明。

11.4.4　应用举例

🖫【示例程序 C11_3.java】　制作两个 JFrame 窗口，实现两个窗口的切换、关闭、最小化等操作。

```
import java.awt.*;
import javax.swing.*;
import java.awt.event.*;
public class    C11_3
{   JLabel    lb1=new JLabel("这是第一个窗口");
    JLabel    lb2=new JLabel("这是第二个窗口");
    public static void main(String[ ] arg)
    {
        C11_3 c= new    C11_3( );
    }
    public    C11_3()
```

```
    {    JFrame f1=new JFrame();        //创建 JFrame 对象
         JFrame f2=new JFrame();
         Container cp=f1.getContentPane();    //创建 JFrame 的容器对象，获得 ContentPane
         Container cp1=f2.getContentPane();
         f1.setTitle("JFrame1");
         f2.setTitle("JFrame2");
         f1.setSize(150,100);          //设置窗口大小
         f2.setSize(150,100);
         cp.add(lb1);
         f1. setVisible(true);          //设置窗口为可见
         cp1.add(lb2);
         f2. setVisible(true);
         f1.addWindowListener(new WinLis());
         f2.addWindowListener(new WinLis());
    }
    class  WinLis   extends   Window Adapter
    {
         public void windowOpened(WindowEvent e)
         {   }   //打开窗口
         public void windowActivated(WindowEvent e)
         {   }   //将窗口设置成活动窗口
         public void windowDeactivated(WindowEvent e)
         { }   //将窗口设置成非活动窗口
         public void windowClosing(WindowEvent e)
         {    System.exit(0);   }        //窗口关闭
         public void windowIconified(WindowEvent e)
         { }   //最小化窗口
    }
    }
```

该程序的运行结果如图 11.3 所示。

图 11.3　程序 C11_3 的运行结果

☞ 11.5 JScrollPane 与 JScrollBar 组件

11.5.1 JScrollPane 组件

当窗口中的内容大于窗口时，可以在窗口的右边和下边设置滚动条，借助于滚动条就可以看到整个窗口的内容。JScrollPane 就是具有这种功能的组件，我们将它称为滚动窗面板，用于滚动窗口。

JScrollPane 类的继承关系如下：

```
java.lang.Object
    java.awt.Component
        java.awt.Container
            javax.swing.JComponent
                javax.swing.JScrollPane
```

创建 JScrollPane 类的对象的构造方法列于表 11.8 中。

表 11.8 JScrollPane 类的构造方法

构 造 方 法	功 能 说 明
JScrollPane( )	创建一个空的(无视口的视图)JScrollPane，需要时水平和垂直滚动条都可显示
JScrollPane(Component view)	创建一个显示指定组件内容的 JScrollPane，只要组件的内容超过视图大小就会显示水平和垂直滚动条
JScrollPane(int v,int h)	创建一个具有指定滚动条策略的空(无视口的视图)JScrollPane
JScrollPane(Component view,int v,int h)	创建一个 JScrollPane，它将视图组件显示在一个视口中，视图位置可使用一对滚动条控制

利用下面的参数可以设置 JScrollPane 滚动条的出现情况。

HORIZONTAL_SCROLLBAR_ALWAYS：显示水平滚动条。

VERTICAL_SCROLLBAR_ALWAYS：显示垂直滚动条。

HORIZONTAL_SCROLLBAR_NEVER：不显示水平滚动条。

VERTICAL_SCROLLBAR_NEVER：不显示垂直滚动条。

HORIZONTAL_SCROLLBAR_AS_NEEDED：需要时显示水平滚动条，即当组件的内容在水平方向上大于显示区域时出现水平滚动条。

VERTICAL_SCROLLBAR_AS_NEEDED：需要时显示垂直滚动条，即当组件的内容在垂直方向上大于显示区域时出现垂直滚动条。

这些参数是在 javax.swing.ScrollPaneConstants 接口中定义的，而 JScrollPane 类实现了此接口，因此也就能使用这些参数。关于这些参数的具体用法，我们将在示例程序中加以说明。

11.5.2　JScrollBar 组件

事实上，JScrollPane 是由 JViewPort 和 JScrollBar 组件组成的。JViewPort 组件主要负责显示内容的区域大小；JScrollBar 组件则产生窗口滚动条，让用户看到整个内容。用户使用 JScrollPane 组件时不会直接与 JViewPort 和 JScrollBar 组件接触，使用比较方便。但是，当想对滚动条做更细的设置时(例如，在拖动时一次滚动多少区域等)，就必须了解 JScrollBar 所提供的功能。

JScrollBar 被称为滚动条，是一种比较特殊的 GUI 组件，它可以是水平方向的，也可以是垂直方向的。创建 JScrollBar 类的对象将创建一个如图 11.4 所示的含有增加箭头、减少箭头、滚动槽和滚动块的滚动条。

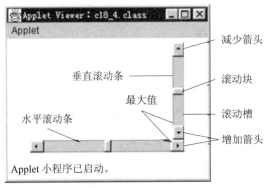

图 11.4　滚动条各部分的名称

1．JScrollBar 组件的构造方法

表 11.9 列出了创建 JScrollBar 滚动条对象的构造方法。

表 11.9　JScrollBar 类的构造方法

构 造 方 法	功 能 说 明
JScrollBar( )	按默认方式创建一个滚动条对象(垂直滚动条)
JScrollBar(int orientation)	按指定方向创建一个滚动条，包括 Scrollbar.VERTICAL(垂直)和 Scrollbar.HORIZONTAL(水平)
ScrollBar(int orientation,int value,int extent,int minimum, int maximum)	使用指定的方向、初始值、滚动块的大小、最小值和最大值创建一个滚动条

在 JScrollBar 的构造方法中，参数 orientation 的值可为 JScrollbar.VERTICAL 或 JScrollbar.HORIZONTAL，用于指定滚动条的方向；value 值用于指定滚动块的初始值，默认为 0，表示开始时滚动块就设置在这个位置上；extent 值用于指定滚动块的位移区域，当用户在滚动块与滚动箭头之间点击时，将由这个值来确定滚动块应移动的位置；minimum 值用于指定滚动槽的最小值(默认值为 0)；maximum 值用于指定滚动槽的最大值(默认值为 100)。在实际使用中，如果 value 值小于 minimum 值，那么 value 值被设置成等于 minimum 值；如果 value 值大于 maximum 值，那么 value 值就设置成等于 maximum 值。若设 extent=20，minimum=0，maximum=100，则滚动块的位移范围为 0～80。

2．JScrollBar 类的常用成员方法

表 11.10 列出了 JScrollBar 类的常用成员方法。

表 11.10　JScrollBar 类的常用成员方法

成 员 方 法	功 能 说 明
getOrientation( )	获取滚动条的方向
setOrientation(int orientation)	设置滚动条的方向
getValue( )	获取滚动条的当前值
setValue(int value)	设置滚动条的值
getMinimum( )	返回滚动条的最小值
setMinimum(int newMinimum)	设置滚动条的最小值
getMaximum( )	获取滚动条的最大值
setMaximum(int newMaximum)	设置滚动条的最大值
setVisibleAmount(int extent)	设置滚动条的 extent
setUnitIncrement(int v)	设置滚动条的单位增量
setBlockIncrement(int v)	设置滚动条的块增量
getBlockIncrement( )	获取滚动条的块增量
setValues(int value,int extent,int minimum,int maximum)	设置滚动条的各项值
addAdjustmentListener(AdjustmentListener l)	添加指定的监听者对象
removeAdjustmentListener(AdjustmentListener l)	删除指定的监听者对象

11.5.3　AdjustmentEvent 事件应用举例

JScrollBar 对象接收 AdjustmentEvent 事件。例如，在 C11_4.java 中创建了一个 JScrollBar 类的 sbr 的对象，引用了 JScrollBar 类的 addAdjustmentListener( )方法，将 AdjustmentListener 监听器对象添加到组件中，即为组件注册了监听器(AdjustmentListener)对象，以接收发自组件的调整事件。为了处理组件的调整事件，在监听器的 adjustmentValueChanged( )方法中编写了事件的处理程序。因此，当改变滚动块位置时就会触发调整事件，监听器会调用它的方法对该数据进行处理。

🖬【示例程序 C11_4.java】 设计一个标签、三个滚动条，三个滚动条分别代表红、绿、蓝三种颜色，改变滑块的值，从而改变标签背景的颜色。

```
import java.awt.*;
import java.awt.event.*;
import javax.swing.*;
public class   C11_4 implements AdjustmentListener
{
    int r=0,g=0,b=0;
    String s,s1=" ",s2=" ",s3=" ";
    JScrollBar sbr,sbg,sbb;   //声明建立滚动条引用变量
```

```java
JPanel pa1,pa2,pa3;
JLabel lb1= new JLabel("刻度： "), lb2=new JLabel(" 标签 "), lb3=new JLabel("  调色版  "),
        lbr=new JLabel("红色"),     lbg=new JLabel("绿色"),   lbb=new JLabel("蓝色");
public   C11_4( )
{    JFrame f = new JFrame("JScrollBar");
     Container cp=f.getContentPane( );
     Box baseBox=Box.createVerticalBox( );
     cp.add(baseBox);
     Box box1=Box.createHorizontalBox( );
     box1.add(lb1);   box1.add(lb2);   baseBox.add(box1);
     Box box3=Box.createVerticalBox( );
     baseBox.add(box3);
     lb3.setBackground(new Color(0,0,0));   //设置标签颜色
     lb3.setBorder(BorderFactory.createEtchedBorder( ));   //设置标签边框
     lb3.setOpaque(true);   //让组件变为不透明，使标签颜色显示出来
     lb3.setMaximumSize(new Dimension(450,200));
     box3.add(lb3);
     sbr=new JScrollBar(JScrollBar.HORIZONTAL,10,10,0,260);  //创建水平方向滚动条对象
     sbr.setUnitIncrement(5);   //设置此滚动条拖动滚动块时的单位增量
     sbr.setBlockIncrement(10);    //设置鼠标在滚动条上点击时滚动块的块增量
     sbr.addAdjustmentListener(new Dj( ));    //注册监听器对象
     box3.add(lbr); box3.add(sbr);
     sbg=new JScrollBar(JScrollBar.HORIZONTAL,10,10,0,260);
     sbg.setUnitIncrement(5);      sbg.setBlockIncrement(10);
     sbg.addAdjustmentListener(new Dj( ));
     box3.add(lbg); box3.add(sbg);
     sbb=new JScrollBar(JScrollBar.HORIZONTAL,10,10,0,260);
     sbb.setUnitIncrement(5);
     sbb.setBlockIncrement(10);
     sbb.addAdjustmentListener(new Dj( ));
     box3.add(lbb);box3.add(sbb);
     f.pack( );       f.setVisible(true);
     f.addWindowListener(new WinLis( ));
}
class WinLis extends WindowAdapter
{
     public void windowClosing(WindowEvent e) { System.exit(0); }
}
class Dj implements AdjustmentListener
```

```
                {
                    public void adjustmentValueChanged(AdjustmentEvent e)
                    {   if ((JScrollBar)e.getSource( )==sbr)
                        {   r=e.getValue( ); s1="red: ";}
                        if ((JScrollBar)e.getSource( )==sbg)
                        { g=e.getValue( ); s2="green: ";}
                        if ((JScrollBar)e.getSource( )==sbb)
                        { b=e.getValue( ); s3="blue: ";}
                        s=s1+r+" "+s2+g+" "+s3+b;
                        lb2.setText(s);
                        lb3.setBackground(new Color(r,g,b));
                    }
                }
                public static void main(String[ ] arg)
                {    C11_4 c=new C11_4( );        }
            }
```

该程序的运行结果如图 11.5 所示。

图 11.5 程序 C11_4 的运行结果

☞ 11.6 JTabbedPane 容器

11.6.1 JTabbedPane 容器简介

当界面上需要放置的组件很多时，可以使用的另一种容器是 JTabbedPane。JTabbedPane 容器与我们日常使用的卡片盒类似，它由多个称为标签框架的卡片和表明该框架的标签组成。每个标签框架和标签都自成一个系统(也可称为一张卡片)，我们可以在标签框架中加入各式各样的组件及功能。由于这些卡片被叠放在一起，为了使用方便，卡片上的标签在顶行或底部排成一行(也可以在左边或右边排成一列)，当用鼠标点击某一个标签时，这个标签所在的卡片(标签框架窗口)就会被翻到最上面，显示出此框架的内容。

JTabbedPane 类的继承关系如下：

  java.lang.Object
    java.awt.Component
     java.awt.Container
        javax.swing.JComponent
        javax.swing.JTabbedPane

使用下述两个构造方法之一即可创建 JTabbedPane 类的对象。

(1) JTabbedPane( )方法：创建一个空的 JTabbedPane 对象。

(2) JTabbedPane(int tapposition)方法：创建一个指定标签位置的空 JTabbedPane 对象。标签的位置可以用 TOP、BOTTOM、LEFT 或 RIGHT 来指定。

11.6.2　应用举例

📁【示例程序 C11_5.java】　建立带多个卡片的窗口。

```java
import java.awt.event.WindowAdapter;
import java.awt.event.WindowEvent;
import javax.swing.*;
public class C11_5 extends JFrame
{   //创建 JTabbedPane 对象，并指定标签显示在上方
    JTabbedPane jtab=new JTabbedPane(JTabbedPane.TOP);
    JScrollPane sp;    //声明 JScrollPane 的引用变量
    public static void main(String args[ ])
    {   C11_5 f=new C11_5( );
        f.setTitle("JTabbedPane 对象的应用");
        f.setSize(300,300);          f.setVisible(true);
    }
    public   C11_5( )
    {   JLabel lb[ ]=new JLabel[6];   //声明 JLabel 数组
        Icon pic;   //声明图片对象的引用变量
        String title;   //声明标签名称对象的引用变量
        String p;
        for(int i=1;i<=5;i++)
        {   p="/image/"+"00"+i+".jpg";
            pic=new ImageIcon(getClass().getResource(p)); //获得图片
            lb[i]=new JLabel( );   //创建 JLabel 对象
            lb[i].setIcon(pic);   //设定 JLabel 图标
            title = "第 "+ String.valueOf(i) +" 页";   //设定标签名称
            jtab.add(title,lb[i]);   //将 JLabel 对象加入 jtab 的对象中
        }
        getContentPane( ).add(jtab);   //将 jtab 的对象加入到窗口中
        int v=ScrollPaneConstants.VERTICAL_SCROLLBAR_AS_NEEDED;
        int h=ScrollPaneConstants.HORIZONTAL_SCROLLBAR_AS_NEEDED;
        sp=new JScrollPane(jtab,v,h);   //创建 JScrollPane 对象，并加载 jtab 的对象
        getContentPane( ).add(sp);   //将 sp 加入窗口中
        addWindowListener(new WinLis( ));
    }
    class WinLis extends WindowAdapter
    {    public void windowClosing(WindowEvent e){ System.exit(0);      }
    }
}
```

该程序的运行结果如图 11.6 所示。

图 11.6　程序 C11_5 的运行结果

☞ 11.7　菜 单 设 计

菜单和工具可提供简单明了的指示说明，使用户顺利地完成软件的操作。菜单是非常重要的 GUI 组件，是软件中必备的组件之一，利用菜单可以将程序功能模块化。Java 语言中提供了多种样式的菜单，如一般式、复选框式、快捷键式及弹出式等。这里仅介绍一般式菜单。

在 Java 中，一个一般式菜单由如图 11.7 所示的菜单栏(JMenuBar)、菜单(JMenu)和菜单项(JMenuItem)三类对象组成。

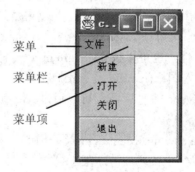

图 11.7　菜单的组成

JMenuBar 类、JMenu 类和 JMenuItem 类的继承关系如下：

```
java.lang.Object
    java.awt.Component
        java.awt.Container
            javax.swing.JComponent
                javax.swing.JMenuBar
                javax.swing.AbstractButton
                    javax.swing.JMenuItem
                        javax.swing.JMenu
```

11.7.1　菜单栏

菜单栏(JMenuBar)用来封装与菜单相关的各项操作，它只用来管理菜单，不参与交互式操作。Java 应用程序中的菜单都包含在一个菜单栏对象之中。创建 JMenuBar 类对象的构造方法只有一个，即：

　　　　JMenuBar( )

JMenuBar 需要结合至少一个以上的 JMenu 组件才会在画面上显现出视觉效果。

11.7.2　菜单

菜单(JMenu)是用来存放和整合菜单项(JMenuItem)的组件，它是构成一个菜单栏不可或缺的组件之一。菜单可以是单一层次的结构，也可以是一个多层次的结构，具体使用何种形式的结构则取决于界面设计的需要。创建菜单对象可使用 JMenu 类的下述构造方法之一。

(1) JMenu( )方法：创建一个空标签的 JMenu 对象。

(2) JMenu(String text)方法：使用指定的标签创建一个 JMenu 对象。

(3) JMenu(String text，Boolean b)方法：使用指定的标签创建一个 JMenu 对象，并给出此菜单是否具有下拉式的属性。

(4) JMenu(Action a)方法：创建一个支持 Action 的 JMenu 对象。

11.7.3　菜单项

菜单项(JMenuItem)用来封装与菜单项相关的操作，它是菜单系统中最基本的组件。从前面列出的继承关系可以看出，菜单项 JMenuItem 继承 AbstractButton 类。因此，JMenuItem 具有许多 AbstractButton 的特性，也可以说 JMenuItem 是一种特殊的按钮，它支持许多在按钮上好用的功能。例如，加入图标(Icon)以及当我们在菜单中选择某一项时就如同按下按钮的操作一样会触发 ActionEvent 事件。我们可以通过 ActionEvent 的机制来针对不同的 JMenuItem 编写其对应的程序代码。

创建菜单项对象使用 javax.swing.JMenuItem 类的构造方法列于表 11.11 中。此外，还可以通过调用成员方法开放或禁止菜单项等。限于篇幅，有关 JMenuItem 类的成员方法请读者查阅 Java 手册或系统帮助。

表 11.11　JMenuItem 类的构造方法

构 造 方 法	功 能 说 明
JMenuItem( )	使用空标签构造一个菜单项对象
JMenuItem(Action a)	创建一个支持 Action 的菜单项对象
JMenuItem(String text)	使用指定的标签创建一个菜单项对象
JMenuItem(Icon icon)	创建一个指定图标的菜单项对象
JMenuItem(String text, Icon icon)	创建一个指定标签和图标的菜单项对象
JMenuItem(String text, int mnemonic)	创建带有指定文本和键盘助记符的菜单项对象

11.7.4　制作菜单的一般步骤

制作一个可用的菜单系统，一般需要经过以下几个步骤：

(1) 创建一个 JMenuBar 对象并将其放置在一个 JFrame 中；

(2) 创建 JMenu 对象；

(3) 创建 JMenuItem 对象并将其添加到 JMenu 对象中；

(4) 把 JMenu 对象添加到 JMenuBar 中。

当然，上面的这几步主要是创建菜单的结构，如果要使用菜单所指出的功能，则必须为菜单项注册监听者，并在监听者提供的事件处理程序中写入相应的代码。

下面通过程序示例来说明如何创建菜单的结构。

11.7.5　菜单设计应用举例

【示例程序 C11_6.java】　创建菜单结构。

```java
import javax.swing.*;
import java.awt.event.*;
public class    C11_6 extends JFrame
{
    JTextArea tf=new JTextArea( );
    JMenuBar bar=new JMenuBar( );                    //创建 JMenuBar 对象
    JMenu menu=new JMenu("文件");                    //创建 JMenu 对象
    JMenuItem newf=new JMenuItem("新建");           //创建 JMenuItem 对象
    JMenuItem open=new JMenuItem("打开");
    JMenuItem close=new JMenuItem("关闭");
    JMenuItem quit=new JMenuItem("退出");
    public    C11_6( )
    {
        super("C11_6");                              //设定 JFrame 的标签
        getContentPane( ).add(new JScrollPane(tf));  //创建 JFrame 的容器对象
        tf.setEditable(false);          //设置文本区域不可编辑
        bar.setOpaque(true);            //设置 bar 为不透明，若设置 bar 为透明，则在选择菜单时
                                        //会有残影存留在 JMenuBar 上
        setJMenuBar(bar);               //加入 bar 到 JFrame 中
        menu.add(newf);                 //加入 JMenuItem 对象到 menu 中
        menu.add(open);       menu.add(close);
        menu.addSeparator( );           //在 JMenu 中加入一分隔线
        menu.add(quit);
        bar.add(menu);                  //将 menu 加载到 bar 上
        newf.addActionListener(new Ac( )); //注册监听器对象
```

```
            open.addActionListener(new Ac( ));
            close.addActionListener(new Ac( ));
            quit.addActionListener(new Ac( ));
            addWindowListener(new WinLis( ));
        }
        class Ac implements ActionListener
        {
            public void actionPerformed(ActionEvent e)
            {
                if(e.getSource( )==newf)tf.setText("新建");
                if(e.getSource( )==open)tf.setText("打开");
                if(e.getSource( )==close)tf.setText("关闭");
                if(e.getSource( )==quit)System.exit(0);
            }
        }
        class WinLis extends    WindowAdapter
        {   public void windowClosing(WindowEvent e){ System.exit(0); } }
        public static void main(String[ ] args)
        {   JFrame f = new    C11_6 ( );
            f.setSize(400,200);     f.setVisible(true);
        }
    }
```

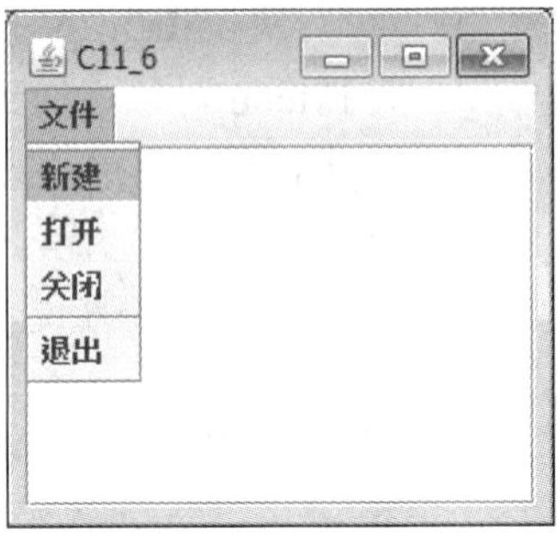

图 11.8　程序 C11_6 的运行结果

该程序的运行结果如图 11.8 所示。

☞ 11.8　对话框设计

顾名思义，对话框(Dialog)是向用户显示信息并获取程序继续运行所需数据的窗口，可以起到与用户交互的作用。从本质上讲，对话框是一种特殊的窗体，它通过一个或多个组件与用户交互。与 JFrame 一样，对话框是有边框、有标题且独立存在的容器，并且不能被其他容器所包容，但是对话框不能作为程序的最外层容器，也不能包含菜单条，此外，Java 的对话框上没有最大化和最小化按钮。

Java 提供了 JDialog 与 JOptionPane 两类对话框组件。JOptionPane 提供了许多现成的对话框样式供用户选择使用。如果 JOptionPane 提供的样式无法满足我们的需求，就需要使用 JDialog 来自行设计。

此外，对话框可分为模态和非模态两种类型。在程序的运行过程中，模态对话框一旦出现在屏幕上，就要求用户必须对该对话框作出响应，且关闭对话框后才能回到原来的应用程序中继续执行。非模态对话框则无上述要求。使用 JOptionPane 对象所得到的对话框都是模态对话框，而使用 JDialog 设计的对话框则可根据实际需要进行选择。

11.8.1　JOptionPane 概述

JOptionPane 类提供了许多现成的对话框样式，用户只需使用该类提供的静态方法，指定方法中所需要的参数，JOptionPane 对话框就能轻易地显示出来。利用 JOptionPane 类来制作对话框不仅简单快速，而且程序代码简洁清晰。JOptionPane 类的继承关系如下：

java.lang. Object
　　java.awt.Component
　　　　java.awt.Container
　　　　　　javax.swing. JComponent
　　　　　　　　javax.swing.JOptionPane

使用表 11.12 列出的构造方法可以创建 JOptionPane 类的对象。

表 11.12　JOptionPane 的构造方法

构　造　方　法	说　　　明
JOptionPane( )	创建一个显示测试信息的 JOptionPane 组件
JOptionPane(Object message)	创建一个显示特定信息的 JOptionPane 组件
JOptionPane(Object message,int messageType)	创建一个显示特定信息的 JOptionPane 组件，并设置信息类型
JOptionPane(Object message,int messageType, int optionType)	创建一个显示特定信息的 JOptionPane 组件，并设置信息与选项类型
JOptionPane(Object message,int messageType, int optionType,Icon icon)	创建一个显示特定信息的 JOptionPane 组件，并设置信息与选项类型，且可以显示出图案
JOptionPane(Object message,int messageType, int optionType,Icon icon,Object[ ] options)	创建一个显示特定信息的 JOptionPane 组件，并设置信息与选项类型，且可以显示出图案。选项值是一个 ObjectArray，可用作更改按钮上的文字
JOptionPane(Object message,int messageType, int optionType,Icon icon,Object[ ] options, Object initialValue)	创建一个显示特定信息的 JOptionPane 组件，并设置信息与选项类型，且可以显示出图案。选项值是一个 ObjectArray，可用作更改按钮上的文字，并设置默认按钮

实际上，利用 JOptionPane 类来产生对话框，通常不用 new 创建 JOptionPane 对象，而是使用 JOptionPane 类所提供的一些静态方法产生对话框。根据对话框的用途，可将 JOptionPane 类的对话框分为 4 种类型，分别是只给出提示信息的 Message Dialog、要求用户进行确认的 Confirm Dialog、可输入数据的 Input Dialog 和由用户自己定义类型的 Option Dialog。系统分别为这 4 种类型的对话框提供了足够多的静态方法，下面分别予以说明。

11.8.2　Message Dialog

Message Dialog 是提示信息对话框。这种对话框中通常只含有一个"确定"按钮，例如，安装完某个软件时通常会跳出一个对话框告知安装已经成功。创建这种对话框的静态方法列于表 11.13 中。

表 11.13　Message Dialog 的静态方法

Message Dialog 的静态方法	参 数 说 明
void showMessageDialog(Component parentComponent, Object message)	parentComponent：是指产生对话框的组件类型，通常是指 Frame 或 Dialog 组件； message：是指要显示的组件，通常是 String 或 Label 类型； title：对话框标题上显示的文字； messageType：指定信息类型(图标及字符串)； icon：自定义的图标
void showMessageDialog(Component parentComponent, Object message,String title,int messageType)	
void showMessageDialog(Component parentComponent, Object message，String title,int messageType,Icon icon)	
void showInternalMessageDialog(Component parentComponent, Object message)	
void showInternalMessageDialog(Component parentComponent, Object message,String title,int messageType)	
void showInternalMessageDialog(Component parentComponent, Object message,String title, int messageType, Icon icon)	

表 11.3 中的 messageType 共有 5 种类型，分别用下述字符常量表达：ERROR_MESSAGE，INFORMATION_MESSAGE，WARNING_MESSAGE，QUESTION_ MESSAGE，PLAIN_MESSAGE。指定 messageType 后，对话框中就会出现相应的图标及提示字符串，使用 PLAIN_MESSAGE 则没有图标。

11.8.3　Confirm Dialog

Confirm Dialog 称为确认对话框，这类对话框通常会询问用户一个问题，要求用户作 YES/NO 的回答。例如，当我们修改了某个文件的内容却没存盘就要关闭此文件时，系统通常都会弹出一个确认对话框，询问我们是否要保存修改过的内容。Confirm Dialog 的静态方法列于表 11.14 中。

表 11.14　Confirm Dialog 的静态方法

int showConfirmDialog(Component parentComponent,Object message)
int showConfirmDialog(Component parentComponent,Object message,String title,int optionType)
int showConfirmDialog(Component parentComponent,Object message,String title,int optionType, int messageType)
int showConfirmDialog(Component parentComponent,Object message,String title,int optionType, int messageType,Icon icon)
int showInternalConfirmDialog(Component parentComponent,Object message)
int showInternalConfirmDialog(Component parentComponent,Object message,String title,int optionType)
int showInternalConfirmDialog(Component parentComponent,Object message,String title,int optionType, int messageType)
int showInternalConfirmDialog(Component parentComponent,Object message,String title,int optionType, int messageType,Icon icon)

确认对话框的静态方法中共有 6 个参数，其中 parentComponent、message、title、messageType 和 icon 等 5 个参数的含义与提示信息对话框(Message Dialog)中的相同，新增的一个 optionType 参数用于指定按钮的类型，可有 4 种不同的选择，分别是 DEFAULT_OPTION、YES_NO_OPTION、YES_NO_CANCEL_OPTION 与 OK_CANCEL_ OPTION。

这些方法的返回值是一个整数，依用户按下的按钮而定：YES、OK=0，NO=1，CANCEL=2，CLOSED=-1(当用户直接关掉对话框时)。

11.8.4　Input Dialog

Input Dialog 称为输入对话框，这类对话框可以让用户输入相关的信息，当用户完成输入并按下确定按钮后，系统会得到用户所输入的信息。输入对话框不仅可以让用户自行输入数据，也可以提供 ComboBox 组件让用户选择相关信息，避免用户输入错误。Input Dialog 的静态方法列于表 11.15 中。

表 11.15　Input Dialog 的静态方法

String showInputDialog(Object message)
String showInternalInputDialog(Object message)
String showInputDialog(Component parentComponent, Object message)
String showInternalInputDialog(Component parentComponent, Object message)
String showInputDialog(Component parentComponent, Object message, String title, int messageType
String showInternalInputDialog(Component parentComponent, Object message, String title, int messageType)
Object showInputDialog(Component parentComponent,Object message,String title,int messageType, Icon icon, Object[ ] selectionValues, Object initialselectionValue)
Object showInternalInputDialog(Component parentComponent, Object message, String title, int messageType, Icon icon, Object[ ]selectionValues, Object initialselectionValue)

输入对话框的静态方法中共有 7 个参数，其中 parentComponent、message、title、messageType 和 icon 等 5 个参数的含义与提示信息对话框(Message Dialog)中的相同，另外两个参数中的 selectionValue 给用户提供了可能的选择值(数组)，这个数组中的数据会以 ComboBox 方式显示出，而 initialSelectionValue 是对话框初始化时所显示的值。

当用户按下确定按钮后会返回用户输入的信息，若按下取消按钮则返回 null。

11.8.5　Option Dialog

Option Dialog 称为选择对话框，这类对话框可以让用户自己定义对话框的类型。它的最大好处是可以改变按钮上的文字，对于不懂英文的用户，使用这种对话框则较为理想。Option Dialog 的静态方法列于表 11.16 中。

表 11.16　Option Dialog 的静态方法

int showOptionDialog(Component parentComponent,Object message,String title,int optionType,int messageType,Icon icon,Object[ ] options,Object initialValue)
int showInternalOptionDialog(Component parentComponent,Object message,String title,int optionType,int messageType,Icon icon,Object[ ] options,Object initialValue)

选择对话框的静态方法中共有 8 个参数,这些参数中的 7 个与输入对话框(Input Dialog)中的完全相同,新增的参数 options 对象数组是为用户提供设置按钮上文字的项。选择对话框返回值的类型及其具体值也与输入对话框相同。

上面我们列出了 JOptionPane 类所提供的 4 类对话框,下面通过两个例子来说明这些对话框的使用方法。

11.8.6　JOptionPane 应用举例

【示例程序 C11_7.java】 编程实现提示信息对话框(Message Dialog)。

```java
import java.awt.*;
import javax.swing.*;
import java.awt.event.*;
public class    C11_7    implements ActionListener
{    JFrame f = null;
    public    C11_7 ( )
    {     f = new JFrame("OptionPane Demo");
        Container cp= f.getContentPane( );
        cp.setLayout(new GridLayout(2,2));
        JButton bt=new JButton("Show Error Icon");
        bt.addActionListener(this);
        cp.add(bt);
        bt=new JButton("Show Warning Icon");
        bt.addActionListener(this);
        cp.add(bt);
        bt= new JButton("Show Plain Icon");
        bt.addActionListener(this);
        cp.add(bt);
        bt= new JButton("Show User Define Icon");
        bt.addActionListener(this);
        cp.add(bt);
        f.pack( );
        f.setVisible(true);
        f.addWindowListener(new WinLis( ));
```

```
        }
        class WinLis extends WindowAdapter
        {
            public void windowClosing(WindowEvent e)
            { System.exit(0); }
        }
        public static void main(String[ ] args)
        {      new    C11_7 ();     }
        public void actionPerformed(ActionEvent e)
        {
            String cmd = e.getActionCommand( );
            String title = "Message Dialog";              //设置对话框标题名
            String message ="";
            int type = JOptionPane.PLAIN_MESSAGE;         //指定信息类型
            if(cmd.equals("Show Error Icon"))
            {    type = JOptionPane.ERROR_MESSAGE;
                message = " Error Message";               //指定对话框内显示的信息
            } else if(cmd.equals("Show Warning Icon"))
            {    type = JOptionPane.WARNING_MESSAGE;
                message = " Warning Message";
            } else if(cmd.equals("Show Plain Icon"))
            {
                type = JOptionPane.PLAIN_MESSAGE;
                message = " Plain Message";
            } else if(cmd.equals("Show User Define Icon"))
            {    type = JOptionPane.PLAIN_MESSAGE;
                message = " User Define Message";
                JOptionPane.showMessageDialog(f, message, title,
                            type, new ImageIcon("g1.gif"));    //输出设置图标的信息对话框
                return;
            }
            JOptionPane.showMessageDialog(f,message,title,type);   //输出未设图标的信息对话框
        }
    }
```

程序运行后首先出现如图 11.9(a)所示的界面，在此界面中点击"Show Error Icon"按钮，则出现图 11.9(b)所示的信息对话框，按"确定"按钮后返回图 11.9(a)所示的界面；点击"Show Warning Icon"按钮，则出现图 11.9(c)所示的信息对话框；点击"Show Plain Icon"按钮，则出现图 11.9(d)所示的信息对话框；点击"Show User Define Icon"按钮，则出现图 11.9(e)所示的信息对话框。

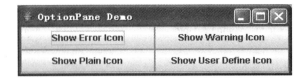

(a)

(b)　　　　　　　　　　　　　　　　　　　　(c)

(d)　　　　　　　　　　　　　　　　　　　　(e)

图 11.9　程序 C11_7 的运行结果

【示例程序 C11_8.java】　编程实现可输入数据的对话框(Input Dialog)。

```java
import java.awt.*;
import javax.swing.*;
import java.awt.event.*;
public class   C11_8    implements ActionListener
{   JFrame f=null;
    JLabel lb=null;
    public   C11_8 ( )
    {    f = new JFrame("OptionPane Demo");
         Container cp=f.getContentPane( );
         JPanel pa=new JPanel( );
         pa.setLayout(new GridLayout(2,1));
         JButton bt=new JButton("Show Text Input");
         bt.addActionListener(this);
         pa.add(bt);
         bt=new JButton("Show ComboBox Input");
         bt.addActionListener(this);
         pa.add(bt);
         lb= new JLabel(" ",JLabel.CENTER);
         cp.add(lb,BorderLayout.NORTH);
         cp.add(pa,BorderLayout.CENTER);
         f.pack( );
```

```
            f.setVisible(true);
            f.addWindowListener(new WinLis( ));
    }
    class WinLis extends    WindowAdapter
    {
            public void windowClosing(WindowEvent e) { System.exit(0); }
    }
    public static void main(String[ ] args)
    {   new    C11_8 ( );   }
    public void actionPerformed(ActionEvent e)
    {   String cmd = e.getActionCommand( );
        String title = "Input Dialog";
        String message ="您最熟悉哪一种程序语言？";
        int messageType = JOptionPane.QUESTION_MESSAGE;
        String[ ] values = {"VB","C++","JAVA","ASP","PHP"};
        String result ="";
        if(cmd.equals("Show Text Input")) {
                result = JOptionPane.showInputDialog(f, message,
                            title, messageType);
            } else if(cmd.equals("Show ComboBox Input")) {
                result = (String)JOptionPane.showInputDialog(f, message,
                            title, messageType,null,values,values[0]);
            }
            if (result == null)     lb.setText("您取消了对话框");
            else    lb.setText("您输入："+result);
    }
}
```

程序运行后首先出现图 11.10(a)所示的界面，在此界面中点击"Show Text Input"按钮，则出现图 11.10(b)所示的输入对话框。在图 11.10(b)所示对话框中输入"JAVA"，按"确定"按钮后将输入值返回到第一个界面上，如图 11.10(c)所示，在此界面上，再点击"Show ComboBox Input"按钮，则出现图 11.10(d)所示的输入对话框，在此对话框中点击"VB"，按"确定"按钮后又将输入值返回到第一个界面上。

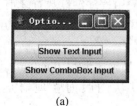　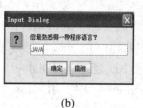　　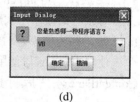

(a)　　　　　　　　(b)　　　　　　　　(c)　　　　　　　　(d)

图 11.10　程序 C11_8 的运行结果

11.8.7　JDialog 对话框

如果 JOptionPane 提供的样式无法满足我们的需求，就需要使用 JDialog 来自行设计对话框。用 JDialog 来制作对话框时，必须制作对话框中的每一个组件，所以比较麻烦。但是，当我们想要了解对话框的更多细节时，还是有必要学习用 JDialog 来制作对话框的过程的。事实上，当使用 JOptionPane 时，系统会自动产生 JDialog 组件，并将 JOptionPane 的内容放入 JDialog 的 ContentPane 中，而不需要我们介入。

JDialog 是 java.awt.Dialog 的子类，其继承关系如下：

　　　　java.1ang.Object
　　　　　　java.awt.Component
　　　　　　　　java.awt.Container
　　　　　　　　　　java.awt.Window
　　　　　　　　　　　　java.awt.Dialog
　　　　　　　　　　　　　　javax.swing.JDialog

制作 JDialog 对话框必须创建 JDialog 对象，它的构造方法见表 11.17。

表 11.17　JDialog 的构造方法

方　　法	说　　明
JDialog( )	建立一个空的对话框
JDialog(Dialog owner)	建立一个空的、没有对话框标题、属于 Dialog 组件的对话框
JDialog(Dialog owner,boolean modal)	使用指定的 Dialog 组件创建一个无标题的模态对话框
JDialog(Dialog owner,String title)	使用指定的组件创建一个有标题的非模态对话框
JDialog(Dialog owner,String title, boolean modal)	使用指定的组件创建一个有标题的模态对话框
JDialog(Frame owner)	使用指定的 Frame 组件创建一个无标题的非模态对话框
JDialog(Frame owner,boolean modal)	使用指定的 Frame 组件创建一个无标题的模态对话框
JDialog(Frame owner,String title)	使用指定的 Frame 组件创建一个有标题的非模态对话框
JDialog(Frame owner,String title, boolean modal)	使用指定的 Frame 组件创建一个有标题的模态对话框

表中的 modal 是对话框的操作模式，可分为模态和非模态两种，用 modal 参数的 true 与 false 表示。当 modal 为 true 时，称为模态对话框，它要求用户在应用程序继续执行之前必须对该对话框作出响应，关闭对话框后才能回到原来的应用程序继续执行。当 modal 为 false 时，称为非模态对话框，非模态对话框则无上述要求。

使用 JDialog 与使用 JFrame 非常类似，要加入组件到 JDialog 上必须先取得 JDialog 的 ContentPane，然后再把组件加到此 ContentPane 中。JDialog 默认的版面管理器是 BorderLayout，它是不可见的，可以使用 show( )方法显示它。

下面我们用示例程序来说明它的制作与使用方法。

11.8.8 JDialog 应用举例

🖫【示例程序 C11_9.java】 JDialog 的制作与使用。

```java
import javax.swing.*;
import javax.swing.border.*;
import java.awt.*;
import java.awt.event.*;
public class  C11_9  implements ActionListener
{   String s1=" ";
    JFrame f=null;
    JLabel lb=new JLabel("对话框示例  ");
    JTextField tf1,tf2;            //声明对话框中的文本框引用变量
    JDialog dialog;                //声明对话框引用变量
    public  C11_9 ()
    {  f=new JFrame("对话框示例");
       Container cp=f.getContentPane( );
       JPanel pa=new JPanel(new GridLayout(3,1));
       pa.add(lb);
       JButton bt=new JButton("进入对话框");
       bt.addActionListener(this);
       pa.add(bt);
       bt=new JButton("结束");
       bt.addActionListener(this);
       pa.add(bt);
       pa.setBorder(BorderFactory.createTitledBorder(
       BorderFactory.createLineBorder(Color.blue,3),
           "对话框示例",TitledBorder.CENTER,TitledBorder.TOP));
       cp.add(pa,BorderLayout.CENTER);
       f.pack( );
       f.setVisible(true);
       f.addWindowListener(new WinLis( ));
    }
    public void actionPerformed(ActionEvent e)
    {    String cmd=e.getActionCommand( );
         if (cmd.equals("进入对话框"))
         {     dial( ); }            //在该方法中创建对话框
         else if (cmd.equals("结束"))
         {     System.exit(0);    }
        //对话框中的按钮事件
```

```java
        if (cmd.equals("确定"))
        {    }
        else if(cmd.equals("返回"))
        {
            s1=tf1.getText( );
            s1=s1+tf2.getText( );
            lb.setText(s1);dialog.dispose( );
        }
    }
    class WinLis extends WindowAdapter
    {    public void windowClosing(WindowEvent e)
        { System.exit(0); }
    }
    public static void main(String[ ] args)
    { new    C11_9 (); }
    public void dial( )
    {
        dialog=new JDialog(f,"进入对话框",true);       //创建对话框对象
        Container diacp=dialog.getContentPane( );       //创建对话框的容器对象
        diacp.setLayout(new FlowLayout( ));             //设置所创建对话框的容器的布局
        JLabel lb1=new JLabel("输入学号: ");
        JLabel lb2=new JLabel("输入姓名: ");
        JPanel pa1=new JPanel(new GridLayout(3,2));     //面板布局为 3 行 2 列
        tf1=new JTextField(8);
        tf2=new JTextField(8);
        pa1.add(lb1);
        pa1.add(tf1);
        pa1.add(lb2);
        pa1.add(tf2);
        JButton bt1=new JButton("确定");
        pa1.add(bt1);
        bt1= new JButton("返回");
        bt1.addActionListener(this);
        pa1.add(bt1);
        diacp.add(pa1);                                 //对话框的容器上放入面板
        dialog.setBounds(150,150,200,150);             //设置对话框的容器的大小
        dialog. setVisible(true);                       //将对话框变为可见
    }
}
```

在上面的示例程序中有一个 JFrame 窗口和一个对话框。在 JFrame 窗口中定义了一个
标签组件(lb)、两个按钮组件(bt)，如图 11.11 所示。在对话框中定义了两个标签(lb1,lb2)、
两个文本框(tf1,tf2)、两个按钮组件(bt1,bt2)，如图 11.12 所示。程序运行时首先出现图 11.11
所示的界面，当点击这个界面的"进入对话框"按钮后则出现图 11.12 所示的对话框，在
这个对话框中输入学号和姓名，然后按"返回"按钮则出现图 11.13 所示的画面，它实际
上是图 11.11 所示界面中的标签文本接受了我们在对话框中输入的信息后的再现。

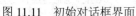
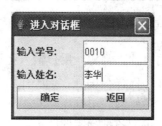

图 11.11　初始对话框界面　　　　图 11.12　进入对话框界面　　　　图 11.13　单击图 11.12 中"确定"
后的界面

习　题　11

11.1　编写程序，实现用鼠标画一个矩形框，并在矩形框中写入一个文字。

11.2　改写示例程序 C11_1.java 为 Application 程序，用 JFrame 完成。

11.3　改写示例程序 C11_5.java，使 JTabbedPane 类对象的标签显示在左侧。

11.4　编写 Application 程序，使用 JScrollPane 容器设计一个带有滚动条的文本区域。

11.5　自己设计一个界面，使用 JScrollBar 组件的功能。

11.6　将习题 11.3 改写为 JFrame 程序，用 JPanel 作为容器，实现布局功能。

11.7　制作菜单需要哪几步来完成？

11.8　改写示例程序 C11_6.java，增加一个编辑菜单(JMenu)，JMenuItem 对象由自己
设计，并增加引发事件。

异 常 处 理

异常是指发生在正常情况以外的事件，例如，用户输入错误、除数为零、需要的文件不存在、文件打不开、数组下标越界、内存不足等。程序在运行过程中发生这样或那样的错误及异常是不可避免的。然而，一个好的应用程序，除了应具备用户要求的功能外，还应具备能预见程序执行过程中可能产生的各种异常的能力，并把处理异常的功能包括在用户程序中。也就是说，我们设计程序时，要充分考虑到各种意外情况，不仅要保证应用程序的正确性，而且还应该具有较强的容错能力。这种对异常情况给予恰当处理的技术就是异常处理。

用任何一种程序设计语言设计的程序在运行时都可能出现各种意想不到的事件或异常，计算机系统对于异常的处理通常有两种办法：

(1) 计算机系统本身直接检测程序中的错误，遇到错误时终止程序执行。

(2) 由程序员在程序设计中加入处理异常的功能。它又可进一步区分为没有异常处理机制的程序设计语言中的异常处理和有异常处理机制的程序设计语言中的异常处理两种。

在没有异常处理机制的程序设计语言中进行异常处理，通常是在程序设计中使用像if-else 或 switch-case 语句来预设我们所能设想到的错误情况，以捕捉程序中可能发生的错误。在使用这种异常处理方式的程序中，对异常的监视、报告和处理的代码与程序中完成正常功能的代码交织在一起，即在完成正常功能的程序的许多地方插入了与处理异常有关的程序块。这种处理方式虽然在异常的发生点就可以看到程序如何处理异常，但它干扰了人们对程序正常功能的理解，使程序的可读性和可维护性下降，并且会由于人的思维限制，而常常遗漏一些意想不到的异常。

Java 语言的特色之一是异常处理机制(Exception Handling)。Java 语言采用面向对象的异常处理机制。通过异常处理机制，可以预防错误的程序代码或系统错误所造成的不可预期的结果发生，并且当这些不可预期的错误发生时，异常处理机制会尝试恢复异常发生前的状态或对这些错误结果做一些善后处理。通过异常处理机制，减少了编程人员的工作量，增加了程序的灵活性，增强了程序的可读性和可靠性。

☞ 12.1　Java 的异常处理机制

Java 的异常处理机制用于及时有效地处理程序运行中的异常错误。按照这种机制，人们在程序中监视可能发生异常的程序块，一个程序中的所有异常被收集起来放到程序的某一段中处理。这就使人们不必在被监视的程序块中多处插入处理异常的代码，使完成正常功能的程序代码与进行异常处理的程序代码分开。

12.1.1　异常处理机制的结构

Java 中引入了异常和异常类，并且定义了很多异常类。每个异常类代表一类运行错误，类中包含了该运行错误的信息和处理错误的方法等内容。每当 Java 程序运行过程中发生一个可识别的运行错误时，系统都会产生一个相应异常类的对象，并由系统中相应的机制来处理，以确保不会产生死机、死循环或其他对操作系统有损害的结果，从而保证了整个程序运行的安全性。

在 Java 程序中，当程序运行过程中发生异常时，可采用如图 12.1 所示的两种方式处理异常：一是由 Java 异常处理机制的预设处理方法来处理，即一旦程序发生异常，程序就会被终止并显示一些错误信息给用户；二是使用 Java 语言提供的 try-catch-finally 语句自行处理异常。第二种方式的优点很多，其中最主要的优点是将处理异常的代码与程序代码的主线分离开来，增强了程序的可读性；其次是可减少中途终止程序运行的可能性。

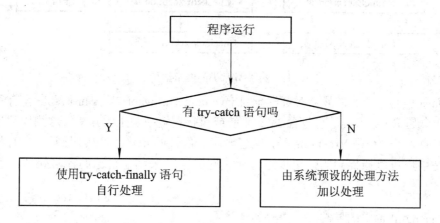

图 12.1　异常处理机制结构

🔲【**示例程序 C12_1.java**】　系统自动抛出异常。

```java
public class C12_1
{
    public static void main(String[] args)
    {
        int a,b,c;
        a=67; b=0;
        c=a/b;
        System.out.println(a+"/"+b+"="+c);
    }
}
```

该程序在 NetBeans 环境下的运行结果如下：

Exception in thread "main" java.lang.ArithmeticException: / by zero

　　　at　C12_1.main(C12_1.java:6)

Java Result: 1

12.1.2　异常类的继承关系

　　Java 中定义了很多异常类，每个异常类都代表了一类运行错误，类中包含了该运行错误的信息和处理错误的方法等内容。这些异常类的继承结构如图 12.2 所示。

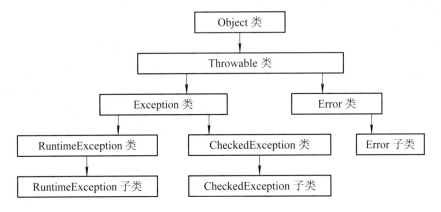

图 12.2　异常类的继承结构

　　在 Java 语言中所有的异常类都继承自 java.lang.Throwable 类。Throwable 类有两个直接子类：一个是 Error 子类，它包含 Java 系统或执行环境中发生的异常，这些异常是用户无法捕捉到的；另一个是 Exception 类，它包含了一般性的异常，如 I/O 异常、SQL 异常，这些异常是用户可以捕捉到的，可以通过产生它的子类来创建自己的异常处理。下面分别论述。

　　(1)　java.util 包中的异常。

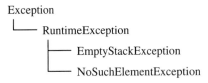

　　(2)　java.io 包中的异常。

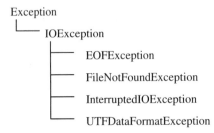

(3) java.awt 包中的异常。

Exception
└── AWTException

(4) java.net 包中的异常。

Exception
└── IOException
    ├── MalformedURLException
    ├── ProtocolException
    ├── SocketException
    ├── UnknownHostException
    └── UnknownServiceException

(5) 系统定义的运行异常 Exception 类。

Exception
├── ClassNotFoundException
├── ClassNotSupportedException
├── IllegalAccessException
├── InstantiationException
├── InterruptedException
├── NoSuchMethodException
└── RuntimeException
    ├── ArithmeticException
    ├── ArrayStoreException
    ├── ClassCastException
    ├── IllegalArgumentException
    │   ├── IllegalThreadStateException
    │   └── NumberFormatException
    ├── IllegalMonitorStateException
    ├── IndexOutOfBoundsException
    │   ├── ArrayIndexOutOfBoundsException
    │   └── StringIndexOutOfBoundsException
    ├── NegativeArraySizeException
    ├── NullpointerException
    └── SecurityException

(6) 系统定义的运行异常 Error 类。

在系统定义的运行异常 Error 类中，除 AWTError 类在 java.awt 包中外，其余的全部在 java.lang 包中。

java.lang 包中的 Error 类如下：

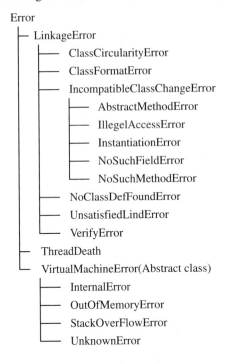

```
Error
  ├─ LinkageError
  │    ├── ClassCircularityError
  │    ├── ClassFormatError
  │    ├── IncompatibleClassChangeError
  │    │      ├── AbstractMethodError
  │    │      ├── IllegelAccessError
  │    │      ├── InstantiationError
  │    │      ├── NoSuchFieldError
  │    │      └── NoSuchMethodError
  │    ├── NoClassDefFoundError
  │    ├── UnsatisfiedLindError
  │    └── VerifyError
  ├─ ThreadDeath
  └─ VirtualMachineError(Abstract class)
       ├── InternalError
       ├── OutOfMemoryError
       ├── StackOverFlowError
       └── UnknownError
```

☞ 12.2　Java 的异常处理语句

Java 语言的异常处理是通过 try、catch、finally、throw 和 throws 语句来实现的。

12.2.1　try-catch-finally 语句

在大多数情况下，系统预设的异常处理方法只会输出一些简单的信息到显示器上，然后结束程序的执行。这样的处理方式在许多情况下并不符合我们的要求。为此，Java 语言为我们提供了 try-catch-finally 语句，使用该语句可以明确地捕捉到某种类型的异常，并按我们的要求加以适当处理，这才是发挥异常处理机制的最佳方式。try-catch-finally 的结构如图 12.3 所示。

try-catch-finally 组合语句用来实现抛出异常和捕获异常的功能。其格式如下：

```
try
{
    statements    //可能发生异常的程序代码
}
catch (ExceptionType1    ExceptionObject)
{
```

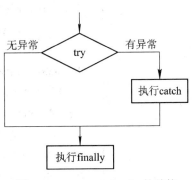

图 12.3　try-catch-finally 的结构

```
    Exception Handling    //处理异常的程序代码 1
}
catch(ExceptionType2    ExceptionObject)
{
    Exception Handling    //处理异常的程序代码 2
}
⋮
finally
{
    Finally   Handling
 //无论是否发生异常都要执行的程序代码
}
```

其中：

(1) try：将可能出现错误的程序代码放在 try 块中，对 try 块中的程序代码进行检查，可能会抛出一个或多个异常。因此，try 后面可跟一个或多个 catch。

(2) catch：其功能是捕获异常。参数 ExceptionObject 是 ExceptionType 类的对象，这是由前面的 try 语句生成的。ExceptionType 是 Throwable 类中的子类，它指出 catch 语句中所处理的异常类型。在用 catch 捕获异常的过程中，要将 Throwable 类中的异常类型和 try 语句抛出的异常类型进行比较，若相同，则在 catch 中进行处理。

(3) finally：是这个组合语句的统一出口，一般用来进行一些 "善后" 操作，例如释放资源、关闭文件等。它是可选的部分。

🖫【示例程序 C12_2.java】 使用 try-catch-finally 语句自行处理异常。

```
public   class   C12_2
{
    public   static   void   main(String   args[])
    {   int a,b,c;
        a=67;   b=0;
    try
    {   int x[]=new int[−5];    //错
        c=a/b;
        System.out.println(a+"/"+b+"="+c);
     }
    catch(NegativeArraySizeException e)
    {   System.out.println("exception: " + e.getMessage());
        e.printStackTrace();
    }
    catch(ArithmeticException e)
    {    System.out.println("b=0: " + e.getMessage());    }
```

```
        finally
        {        System.out.println("end");        }
        }
    }
```

该程序的运行结果如下：

```
java.lang.NegativeArraySizeException
        at    C12_2.main(C12_2.java:7)
exception: null
end
```

12.2.2　嵌套 try-catch-finally 语句

Java语言的try-catch-finally语句可以嵌套，即在try块中可以包含另外的try-catch-finally语句。

📖【示例程序 C12_3.java】　使用嵌套的 try-catch-finally 语句自行处理异常。

```java
public    class    C12_3
{
    static    int    a,b,c;
    public    static    void    main(String    args[])
    {
        try
        {    a=10;
            b=0;
            try
            {    c=a/b;
                System.out.println("a/b = " + c);
            }
            catch(IndexOutOfBoundsException E)
            {        System.out.println("捕捉超出索引异常…");        }
            finally
            {
                System.out.println("嵌套内层的 finally 区块");
            }
        }
        catch(ArithmeticException E)
        {        System.out.println("捕捉数学运算异常：b="+b);        }
        finally
        {    System.out.println("嵌套外层的 finally 区块");
            if(b == 0)
```

```
        System.out.println("程序执行发生异常!");
    else
        System.out.println("程序正常执行完毕!");
    }
  }
}
```

该程序的运行结果如下:

> 嵌套内层的 finally 区块
>
> 捕捉数学运算异常: b=0
>
> 嵌套外层的 finally 区块
>
> 程序执行发生异常!

12.2.3　抛出异常的 throw 语句与 throws 语句

Java 的异常是系统在程序运行时抛出的,但编程员也可以根据实际情况在程序中抛出一个异常。在 Java 语言中,可以使用 throw 语句和 throws 语句抛出异常。

1. throw 语句

throw 语句用来明确地抛出一个异常。throw 语句的作用是改变程序的执行流程,使程序跳到相应的异常处理语句中执行。throw 语句的格式如下:

```
throw exceptionObject
```

【示例程序 C12_4.java】　使用 throw 语句抛出异常。

```java
public    class    C12_4
  {
    public static void main(String [] args)
    {
        try
        {    throw new NullPointerException("自编异常");    }
        catch(NullPointerException e)
        {    System.out.println("exception:"+e);    }
    }
  }
```

该程序的运行结果如下:

> exception: java.lang.NullPointerException:　自编异常

2. throws 语句

在有些情况下,不需要一个方法本身来处理异常,而是希望把异常向上移交给调用这个方法的方法来处理。此时,可以通过 throws 语句来处理。

throws 语句的格式如下:

```
returnType methodName(para1,para2,…) throws exceptionList
```

【示例程序 C12_5.java】　使用 throws 语句抛出异常。

```
import java.awt.Graphics;
import java.awt.Graphics2D;
import javax.swing.JApplet;
public class C12_5 extends JApplet
{
    static void throwOne( ) throws IllegalAccessException
      {  throw new IllegalAccessException("自编异常"); }
    public void paint(Graphics g)
    {
        Graphics2D g2=(Graphics2D)g;
        try{ throwOne( ); }
        catch(IllegalAccessException e)
          {  g2.drawString("发生异常："+e,20,20);        }
    }
}
```

该程序的运行结果见图 12.4。

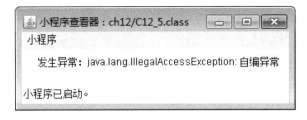

图 12.4　程序 C12_5 的运行结果

习　题　12

12.1　什么是异常？列出五个常见的异常实例。

12.2　为什么异常处理技术优于传统的程序处理技术？

12.3　Java 程序运行过程中发生异常时，可以采用哪两种方式进行处理？

12.4　Throwable 类有两个直接子类，即 Error 类和 Exception 类。简述这两个类的功能，并说明用户可以捕捉的异常是哪个类的异常。

12.5　说明 try-catch-finally 结构的执行次序。

12.6　若 try 块未发出异常，try 块执行后，控制转向何处？

12.7　如果发生了一个异常，但没有找到适当的异常处理程序，则会发生什么情况？

12.8　若 try 语句中有多个 catch 子句，这些 catch 子句的排列次序与程序的执行效果有关吗？为什么？

12.9　使用 finally 程序块的关键理由是什么？

12.10 若同时有几个异常处理程序都匹配同一类型的引发对象，则会发生什么情况？

12.11 若在一个 catch 处理程序中不使用异常类的继承，那么如何处理具有相关类型的错误？

12.12 若一个程序引发了一个异常，并执行了相应的异常处理程序，在该异常处理程序中又引发了一个同样的异常，这会导致无限循环吗？为什么？

12.13 编写一个程序，包含一个 try 块和两个 catch 块，两个 catch 子句都有能力捕捉 try 块发出的异常。说明两个 catch 子句在排列次序不同时程序将产生怎样的输出。

12.14 说明 throw 语句与 throws 语句有什么不同。

12.15 编写程序，说明引发一个异常是否一定会导致程序终止。

12.16 编写程序，说明在一个 catch 处理程序中引发一个异常时会发生什么情况。

12.17 编写用 catch(Exception e)捕捉具有各种不同异常的 Java 程序。

第13章

多 线 程

线程本是操作系统的一个重要概念。多线程是指程序中同时存在着好几个执行体，它们按几条不同的执行路线共同工作，独立完成各自的功能而互不干扰。以往我们所开发的程序，大多是单线程的，即一个程序只有一条从头至尾的执行路线。而现在在只有一个 CPU 的个人计算机上，我们在听着美妙音乐的同时，还可用键盘输入文本、用打印机打印文件、从网络上接收电子邮件等，这便是计算机操作系统为我们提供的多线程并发机制的功劳。

大多数程序设计语言并不提供这种并发机制，它们一般只提供几种简单的控制结构。利用这些控制结构一次只能执行一个动作，只有前一个动作完成后，才能开始执行下一个动作。这类程序设计语言中的并发机制通常是用操作系统的"原语操作"来实现的，而这些"原语操作"只有经验丰富的编程人员才能使用。Java 语言是平台无关的语言，为了实现这一重要特性，Java 将操作系统的并发原语操作等纳入了程序设计语言中。编程人员利用 Java 提供的多线程机制，可在应用程序中加入多个线程，每个线程都可完成某一部分独立的功能，并且可以与其他线程并发执行，从而在应用程序中实现多线程并发操作。

☞ 13.1 Java 中的多线程实现技术

多线程机制是 Java 语言的又一重要特征，使用多线程技术可以使系统同时运行多个执行体，这样就可以加快程序的响应时间，提高计算机资源的使用效率。正确使用多线程技术可提高整个应用系统的性能。

13.1.1 线程的生命周期

每个 Java 程序都有一个缺省的主线程。对于 Application，主线程是 main( )方法执行的线索。对于 Applet，主线程指挥浏览器加载并执行 Java 小程序。要想实现多线程，必须在主线程中创建新的线程对象。

Java 语言使用 Thread 类及其子类的对象来表示线程。新建的线程在它的一个完整的生命周期中通常要经历新生、就绪、运行、阻塞和死亡等五种状态,这五种状态之间的转换关系和转换条件如图 13.1 所示。

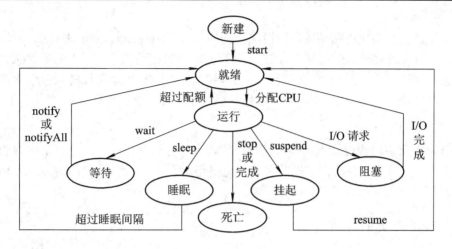

图 13.1 线程的生命周期

1．新生状态

当用 new 关键字和某线程类的构造方法创建一个线程对象后，这个线程对象处于新生状态，此时它已经有了相应的内存空间，并已被初始化。处于该状态的线程可通过调用 start( )方法进入就绪状态。

2．就绪状态

处于就绪状态的线程已经具备了运行的条件，但尚未分配到 CPU 资源，因而它将进入线程队列排队，等待系统为它分配 CPU。一旦获得了 CPU 资源，该线程就进入运行状态，并自动地调用自己的 run 方法。此时，它脱离创建它的主线程，独立开始了自己的生命周期。

3．运行状态

进入运行状态的线程执行自己的 run 方法中的代码。若遇到下列情况之一，将终止 run 方法的执行：

(1) 终止操作。调用当前线程的 stop 方法或 destroy 方法进入死亡状态。

(2) 等待操作。调用当前线程的 join(millis)方法或 wait(millis)方法进入阻塞状态。当线程进入阻塞状态时，在 millis(毫秒)内可由其他线程调用 notify 或 notifyAll 方法将其唤醒，进入就绪状态。在 millis 内若不唤醒，则需等待到当前线程结束。

(3) 睡眠操作。调用 sleep(millis)方法来实现。当前线程停止执行后，会处于阻塞状态，睡眠 millis(毫秒)之后重新进入就绪状态。

(4) 挂起操作。通过调用 suspend 方法来实现。将当前线程挂起，进入阻塞状态，之后当其他线程调用当前线程的 resume 方法后，才能使其进入就绪状态。

(5) 退让操作。通过调用 yield 方法来实现。当前线程放弃执行，进入就绪状态。

(6) 当前线程要求 I/O 时，则进入阻塞状态。

(7) 若分配给当前线程的时间片用完，则当前线程进入就绪状态。若当前线程的 run 方法执行完，则线程进入死亡状态。

4．阻塞状态

一个正在执行的线程在某些特殊情况下，如执行了 suspend、join 或 sleep 方法，或等待 I/O 设备的使用权，那么它将让出 CPU 并暂时中止自己的执行，进入阻塞状态。阻塞时它不能进入就绪队列，只有当引起阻塞的原因被消除时，线程才可以转入就绪状态，重新进到线程队列中排队等待 CPU 资源，以便从原终止处开始继续运行。

5．死亡状态

处于死亡状态的线程将永远不再执行。线程死亡有两个原因：一是正常运行的线程完成了它的全部工作；二是线程被提前强制性地终止了。例如，通过执行 stop 或 destroy 方法来终止线程。

13.1.2　Thread 类的方法

Thread 类(线程类)是 java.lang 包中的一个专门用来创建线程和对线程进行操作的类。Java 在 Thread 类中定义了许多方法，这些方法可以帮助我们运用和处理线程。这些方法可分为四组：

(1) 构造方法。该方法用于创建用户的线程对象。表 13.1 列出了 Thread 类的构造方法。

表 13.1　java.lang.Thread 类的构造方法

构 造 方 法	说　　明
Thread( )	构造一个新线程，用此方式创建的线程必须覆盖 run( )方法
Thread(Runnable target)	构造一个新线程，使用指定对象 target 的 run( )方法
Thread(ThreadGroup group,Runnable target)	在指定的线程组 group 中构造一个新的线程，使用指定对象 target 的 run( )方法
Thread(String name)	用指定字符串名 name 构造一个新线程
Thread(ThreadGroup group,String name)	在指定的线程组 group 中用指定字符串名 name 构造一个新线程
Thread(Runnable target,String name)	用指定字符串名 name 构造一个新线程，使用指定对象 target 的 run( )方法
Thread(ThreadGroup group,Runnable target,String name)	在指定的线程组 group 中使用字符串名 name 构造一个新线程，并使用指定对象 target 的 run( )方法

(2) run( )方法。该方法用于定义用户线程所要执行的操作。

(3) 改变线程状态的方法，如 start( )、sleep( )、stop( )、suspend( )、resume( )、yield( ) 和 wait( )方法等。这是最常用的一组方法。

(4) 其他方法，如 setPriority( )、setName( )等。

表 13.2 列出了 Thread 类的后三组方法。

表 13.2　java.lang.Thread 类的常用方法

常 用 方 法	说 明
void run( )	线程的线程体,在启动该线程后调用此方法。可以通过使用 Thread 类的子类来重载此方法
void start( )	启动线程的执行,此方法引起 run( )方法的调用,调用后立即返回。如果已经启动此线程,就抛出 IllegalThreadedState Exception 异常
static Thread currentThread( )	返回当前处于运行状态的 Thread 对象
static void yield( )	使当前执行的 Thread 对象退出运行状态,进入等待队列
static void sleep(long millis)	使当前执行的线程睡眠 millis(毫秒)。如果另一个线程已经中断了此线程,则抛出 InterruptedException 异常
static void sleep(long millis,int nanos)	使当前执行的线程睡眠毫秒数加纳秒数。如果另一个线程已经中断了这个线程,则抛出 InterruptedException 异常
void stop( )	停止线程的执行
void stop(Throwable o)	通过抛出对象停止线程的执行。正常情况下,用户应该在调用 stop 方法时不用任何参数。但是,在某些特殊环境下,通过 stop 方法来结束线程时,可抛出另一个对象
void interrupt( )	中断一个线程
static boolean interrupted( )	询问线程是否已经被中断
boolean isInterrupted( )	询问另一个线程是否已经被中断
void destroy( )	销毁一个线程
boolean isAlive( )	测试线程是否处于活动状态
void suspend( )	挂起这个线程的执行
void resume( )	恢复这个线程的执行,此方法仅在使用 suspend( )后才有效
void setPriority(int newPriority)	更改线程的优先级
int getPriority( )	返回线程的优先级
void setName(String name)	设置该线程名为 name
String getName( )	返回此线程名
Thread Group getThreadGroup( )	返回该线程所属的线程组
static int activeCount( )	返回此线程组中当前活动的线程数量
static int enumerate(Thread tarray[ ])	将当前线程的线程组及其子组中的每一个活动线程复制到指定的数组中
void join(long millis)	等待该线程终止的时间最长为毫秒
void join(long millis, int nanos)	等待该线程终止的时间最长为毫秒 + 纳秒
void join( )	等待该线程终止
void check Access( )	判定当前运行的线程是否有权修改该线程
String toString( )	返回该线程的字符串表示形式,包括线程名称、优先级和线程组

在 Java 语言中创建线程对象有两种途径：一是以创建 Thread 类的子类为途径，二是以实现 Runnable 接口为途径。用实现 Runnable 接口的方式创建线程与用继承 Thread 类的方式创建线程无本质差别，但是，由于 Java 不支持多继承，因此任何类如果已经继承了某一类时，就无法再继承 Thread 类，这时只能通过实现接口 Runnable 的方式创建线程对象。例如，因为小应用程序已经继承了 Applet 类，所以不能再继承 Thread 类，而只能通过 Runnable 接口实现多线程。

13.1.3　通过继承 Thread 类方式创建线程

　　前已述及，在 Java 语言中创建线程对象的途径之一是创建 Thread 类的子类。创建 Thread 类的子类时，首先应声明子类的构造方法，其次应用自己定义的 run( )方法去覆盖 Thread 类的 run( )方法，即将自己要执行的程序区块写入 run( )方法中。

　　🖫【示例程序 C13_1.java】　用 Thread 类的子类创建两个线程对象。

```java
import java.util.Calendar;
class  C13_1   extends   Thread {
    int   pauseTime;
    String   name;
    public   C13_1(int   hTime, String   hStr)
    {
        pauseTime = hTime;
        name = hStr;
    }
    public   void   run( )
    {
        Calendar   now;   // Calendar 是 Java 系统提供的日期时间类的类型标识符
        int   year,month,date,hour,minute,second;
        for(int i=1;i<10;i++) {
            try {
                now=Calendar.getInstance( );                    //取系统时间
                year=now.get(Calendar.YEAR);                    //取年值
                month=now.get(Calendar.MONTH)+1;                //取月值
                date=now.get(Calendar.DATE);                    //取日期值
                hour=now.get(Calendar.HOUR_OF_DAY);             //取小时值
                minute=now.get(Calendar.MINUTE);                //取分值
                second=now.get(Calendar.SECOND);                //取秒值
                System.out.println("   "+name+"时间: "+year+" 年 "+month+" 月 "+
                date+" 日 "+ hour+" 小时 "+minute+" 分 "+second+" 秒");   //显示时间
                Thread.sleep(pauseTime);
            }
```

```
            catch(Exception e)
            {
                System.out.println("线程错误: "+e);
            }
        }
    }
    static   public   void   main(String   args[ ])
    {
        C13_1 myThread1 = new    C13_1(2000, "线程 A");   // A 线程执行一次后睡眠 2000 毫秒
        myThread1.start( );
        C13_1 myThread2 = new    C13_1(1000, "线程 B");   // B 线程执行一次后睡眠 1000 毫秒
        myThread2.start( );
    }
}
```

执行这个程序后, 可得到如下运行结果(读者上机运行时与这里列出的具体时间不同):

线程 A 时间: 2012 年 8 月 19 日 9 小时 7 分 2 秒
线程 B 时间: 2012 年 8 月 19 日 9 小时 7 分 2 秒
线程 B 时间: 2012 年 8 月 19 日 9 小时 7 分 3 秒
线程 A 时间: 2012 年 8 月 19 日 9 小时 7 分 4 秒
线程 B 时间: 2012 年 8 月 19 日 9 小时 7 分 4 秒
线程 B 时间: 2012 年 8 月 19 日 9 小时 7 分 5 秒
线程 A 时间: 2012 年 8 月 19 日 9 小时 7 分 6 秒
线程 B 时间: 2012 年 8 月 19 日 9 小时 7 分 6 秒
线程 B 时间: 2012 年 8 月 19 日 9 小时 7 分 7 秒
线程 A 时间: 2012 年 8 月 19 日 9 小时 7 分 8 秒
线程 B 时间: 2012 年 8 月 19 日 9 小时 7 分 8 秒
线程 B 时间: 2012 年 8 月 19 日 9 小时 7 分 9 秒
线程 A 时间: 2012 年 8 月 19 日 9 小时 7 分 10 秒
线程 B 时间: 2012 年 8 月 19 日 9 小时 7 分 10 秒
线程 A 时间: 2012 年 8 月 19 日 9 小时 7 分 12 秒
线程 A 时间: 2012 年 8 月 19 日 9 小时 7 分 14 秒
线程 A 时间: 2012 年 8 月 19 日 9 小时 7 分 16 秒
线程 A 时间: 2012 年 8 月 19 日 9 小时 7 分 18 秒

13.1.4　通过实现 Runnable 接口方式创建线程

创建线程对象的另一个途径是实现 Runnable 接口, 而 Runnable 接口只有一个方法 run( ), 用户新建线程的操作就由这个方法来决定。run( )方法必须由实现此接口的类来实现。定义好 run( )方法之后, 当用户程序需要建立新线程时, 只要以这个实现了 run( )方法的类

为参数创建系统类 Thread 的对象，就可以把用户实现的 run( )方法继承过来。

　　🔖【示例程序 C13_2.java】　通过创建两个线程实现"Java Now!"与矩形框在屏幕上呈相反方向的不停走动。

　　该程序由图 13.2 所示的三个程序组成：① 实现屏幕上的字符"Java Now!"走动的线程程序 CString.java；② 实现屏幕上矩形框走动的线程程序 CSquare.java，③ 主程序 C13_2.java。

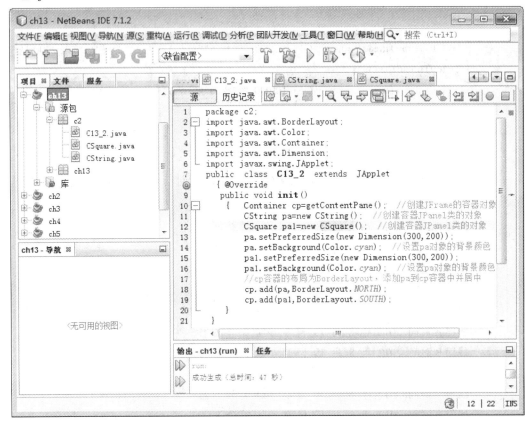

图 13.2　示例程序位置图

　（1）主程序 C13_2.java：

```
package c2;

import java.awt.BorderLayout;

import java.awt.Color;

import java.awt.Container;

import java.awt.Dimension;

import javax.swing.JApplet;

public   class   C13_2   extends   JApplet

{    @Override

    public void init( )

    {    Container cp=getContentPane( );   //得到窗口容器对象
```

```
        CString pa=new CString( );              //创建 JPanel 类的对象
        CSquare pa1=new CSquare( );           //创建 JPanel 类的对象
        pa.setPreferredSize(new Dimension(300,150));
        pa.setBackground(Color.cyan);          //设置 pa 的对象背景颜色
        pa1.setPreferredSize(new Dimension(300,150));
        pa1.setBackground(Color.cyan);         //设置 pa1 的对象背景颜色
        // cp 容器的布局为 BorderLayout，添加 pa 及 pa1 的对象到 cp 容器中
        cp.add(pa,BorderLayout.NORTH);
        cp.add(pa1,BorderLayout.SOUTH);
    }
}
```

(2) CString.java 程序：

```
package c2;
import java.awt.Font;
import java.awt.Graphics;
import java.awt.Graphics2D;
import javax.swing.JPanel;
public class CString extends   JPanel   implements   Runnable
{
    int x=10,y=50;
    String Message="Java Now!";                     //创建字符串对象
    Font f=new Font("TimesRoman",Font.BOLD,24);     //创建字体对象
    Thread th1=new Thread(this);
    public   CString( )
    {   start( );   }
    private   void   start( )
    {    th1.start( ); }
    @Override
    public   void   run( )
    {
        while(true)
        {   x=x-5;
            if(x==0)x=300;
            repaint( );    //repaint( )方法调用 paint( )方法重画字符串
            try
            {   Thread.sleep(500);   }          //使 th1 线程睡眠 500ms
            catch(InterruptedException e){          };
        } // while
    } //run
```

```
    @Override
    public  void  paint(Graphics g)
    {   super.paint(g);
        Graphics2D g2=(Graphics2D)g;
        g2.setFont(f);   //设置字体
        g2.drawString(Message,x,y);
    }

}
```

(3) CSquare.java 程序：

```
    package c2;
    import java.awt.Graphics;
    import java.awt.Graphics2D;
    import java.awt.geom.Rectangle2D;
    import javax.swing.JPanel;
    public class CSquare extends   JPanel   implements   Runnable
    {
        int   x1,y1,w1,h1;
        Thread th2=new Thread(this);
        public   CSquare( )
        {   x1=5; y1=100; w1=40;   h1=40;
            start( );
        }
        private   void   start( )
        {   th2.start( );       }
        @Override
        public  void  run( )
        {
            while(true)
            {   x1=x1+5;
                if(x1==250)x1=0;
                repaint( );    //repaint( )方法调用 paint( )方法重画矩形框
                try
                {   Thread.sleep(500);   }   //使 th2 线程睡眠 500ms
                catch(InterruptedException e){       };
            } // while
        }//run
        @Override
        public  void  paint(Graphics g)
        {   super.paint(g);
```

```
        Graphics2D g2=(Graphics2D)g;
        Rectangle2D.Double rec1=new Rectangle2D.Double(x1,y1,w1,h1);
        g2.draw(rec1);
    }
}
```

该程序的运行结果如图 13.3 所示。

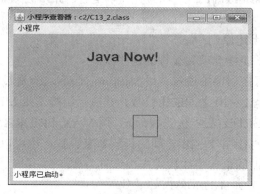

图 13.3　程序 C13_2 运行中的一个瞬间

☞ 13.2　多线程的管理

13.2.1　线程调度

在单 CPU 的计算机上运行多线程程序，或者当线程数多于处理机的数目时，势必存在多个线程争用 CPU 的情况，这时需要提供一种机制来合理地分配 CPU，使多个线程有条不紊、互不干扰地工作，这种机制称为调度。在 Java 运行系统中，由线程调度器对线程按优先级进行调度。线程调度器中写好了相应的调度算法，当有多个线程在同一时刻处于就绪状态时，线程调度器会选择优先级最高的线程运行。但是，如果发生下列情况之一，调度器就会终止此线程的运行：

(1) 本线程的线程体中调用了 yield( )方法，从而让出了对 CPU 的占有权；

(2) 本线程的线程体中调用了 sleep( )方法，使线程进入睡眠状态；

(3) 本线程由于 I/O 操作而进入阻塞状态；

(4) 另一个具有更高优先级的线程从睡眠状态被唤醒，或其 I/O 操作完成而返回就绪状态。

Java 的线程调度算法可分为两种：一种是优先抢占式调度；另一种是轮转调度。

当线程的优先级不同时，为保证优先级最高的线程先运行而采用优先抢占式调度算法，即优先级高的线程优先抢占 CPU。例如，在程序的运行过程中若设置线程 A 具有最高优先级，则线程 A 将立即取代正在运行的其他线程，直到线程 A 处于阻塞状态或运行结束。

当若干个线程具有相同的优先级时，可采用队列轮转调度算法，即当一个线程运行结束时，该优先队列中排在最前面的线程运行。如果某个线程由于睡眠或 I/O 阻塞成为一个等待再次运行的线程，那么当它恢复到可运行状态后，即被插入到该队列的队尾，必须等到其他具有相同优先级的线程都被调度过一次后，才有机会再次运行。

13.2.2　线程优先级

在 Java 系统中，运行的每个线程都有优先级。设置优先级是为了在多线程环境中便于系统对线程进行调度，优先级高的线程将优先得以运行。Java 线程的优先级是一个在 1～10 之间的正整数，数值越大，优先级越高，未设定优先级的线程其优先级取缺省值 5。Java 线程的优先级设置遵从下述原则：

(1) 线程创建时，子线程继承父线程的优先级。

(2) 线程创建后，可在程序中通过调用 setPriority( )方法改变线程的优先级。

(3) 线程的优先级是 1～10 之间的正整数，并用标识符常量 MIN_PRIORITY 表示优先级为 1，用 NORM_PRIORITY 表示优先级为 5，用 MAX_PRIORITY 表示优先级为 10。其他级别的优先级既可以直接用 1～10 之间的正整数来设置，也可以在标识符常量的基础上加一个常数。例如，下面的语句将线程优先级设置为 8。

```
setPriority(Thread.NORM_PRIORITY+3);
```

🔲【示例程序 C13_3.java】　创建三个线程 A、B、C，根据优先级确定线程的执行顺序。

```
class   C13_3
{
    public static void main(String args[ ])
    {   Thread   First=new   MyThread("A");           //创建 A 线程
        First.setPriority(Thread.MIN_PRIORITY);         // A 线程优先级为 1
        Thread   Second=new   MyThread("B");           //创建 B 线程
        Second.setPriority(Thread.NORM_PRIORITY+1);     // B 线程优先级为 6
        Thread   Third=new   MyThread("C");            //创建 C 线程
        Third.setPriority(Thread.MAX_PRIORITY);         // C 线程优先级为 10
        First.start( );
        Second.start( );
        Third.start( );
    }
}
class   MyThread   extends   Thread
{
    String   message;
    MyThread(String message)
        { this.message= message;}
    public   void   run( )
    {   for (int i=0;i<2;i++)
```

```
                    System.out.println(message+"   "+getPriority( ));
          }
     }
```

该程序的运行结果如下：

　　　　　A　1　C　10　C　10　B　6　B　6　A　1

从程序的运行结果可以看出，虽然线程 C 在程序中最后调用 start( )方法进入就绪状态，但由于它的优先级是三个线程中最高的，因此可先执行。

13.2.3　线程同步

由于 Java 支持多线程，具有并发功能，从而大大提高了计算机的处理能力。在各线程之间不存在共享资源的情况下，几个线程的执行顺序可以是随机的。但是，当两个或两个以上的线程需要共享同一资源时，线程之间的执行次序就需要协调，并且在某个线程占用这一资源时，其他线程只能等待。例如生产者和消费者的问题，只有当生产者生产出产品并将其放入货架后，消费者才能从货架上取走产品进行消费。当生产者没有生产出产品时，消费者是没法消费的。同理，当生产者生产的产品堆满货架时，应该暂停生产，等待消费者消费。在程序设计中，可用两个线程分别代表这里的生产者和消费者，可将货架视为任意时刻只允许一个线程访问的临界资源。在这个问题中，两个线程要共享货架这一临界资源，需要在某些时刻(货空/货满)协调它们的工作，即货空时消费者应等待，而货满时生产者应等待。为了不发生混乱，还可进一步规定：当生产者往货架上放货物时不允许消费者取货物，当消费者从货架上取货物时不允许生产者放货物。这种机制在操作系统中称为线程间的同步。在同步机制中，将那些访问临界资源的程序段称为临界区。

在 Java 系统中，临界区程序段是用关键字"synchronized"来标注，并通过一个称为监控器的系统软件来管理的。当执行被冠以 synchronized 的程序段即临界区程序时，监控器将这段程序(访问的临界资源)加锁，此时，称该线程占有临界资源，直到这段程序执行完，才释放锁。只有锁被释放后，其他线程才可以访问这些临界资源。用关键字 synchronized 定义临界区的语句形式是：

　　　　　synchronized　(expression)　statement

其中，expression 代表类的名字，是可选项；statement 可以是一个方法，也可以是一个语句或一个语句块，最常见的是一个方法。下面通过一个例子来说明线程的同步问题。

【示例程序 C13_4.java】　生产者与消费者的同步问题。

```
     public   class   C13_4
     {
          public   static   void   main(String [ ]   args)
          {
               HoldInt h=new HoldInt( );   //h 为监控器
               ProduceInt  p=new   ProduceInt(h);
               ConsumeInt  c=new   ConsumeInt(h);
               p.start( );
```

```
            c.start( );
        }
    }
class HoldInt
{   private int sharedInt;
    private boolean writeAble=true;    //writeAble=true 表示生产者线程能生产新数据
    public synchronized void set(int val)    //临界区程序段，也称为同步方法
    {    while(!writeAble)
        { //生产者线程不能生产新数据时进入等待
            try {wait( );}
            catch(InterruptedException e){ }
        } //生产者被唤醒后继续执行下面的语句
        writeAble=false;
        sharedInt=val;
        notify( );
    }
    public synchronized int get( )    //同步方法
    {    while(writeAble)
        { //消费者线程不能消费数据时进入等待状态
            try {    wait( );    }
            catch(InterruptedException e){ }
        } //消费者被唤醒后继续执行下面的语句
        writeAble=true;
        notify( );
        return sharedInt;
    }
}
//ProduceInt  是生产者线程
class ProduceInt extends Thread {
    private HoldInt hi;
    public ProduceInt(HoldInt hiForm)
    { hi=hiForm; }
    public void run( )
    {    for(int i=1;i<=4;i++)
        {    hi.set(i);
            System.out.println("产生的新数据是: "+ i);
        }
    }
}
```

```
//ConsumeInt 是消费者线程
class ConsumeInt extends Thread {
    private HoldInt hi;
    public ConsumeInt(HoldInt hiForm)
    { hi=hiForm; }
    public void run( )
    {    for(int i=1;i<=4;i++)
        {   int val=hi.get( );
            System.out.println("读到的数据是: "+ val);
        }
    }
}
```

在这个程序中，共享数据 sharedInt 的方法 set( )和 get( )头部的修饰符 synchronized 使 HoldInt 的每个对象都有一把锁。当 ProduceInt 对象调用 set( )方法时，HoldInt 对象就被锁定。当 set( )方法中的数据成员 writeAble 值为 true 时，set( )方法就可以向数据成员 sharedInt 中写入一个值，而 get( )方法不能从 sharedInt 上读出值。如果 set( )方法中的 writeAble 的值为 false，则调用 set( )方法中的 wait( )方法，把调用 set( )方法的 ProduceInt 对象放到 HoldInt 对象的等待队列中，并将 HoldInt 对象的锁打开，使该对象的其他 synchronized 方法可被调用。这个 ProduceInt 对象将一直在等待队列中等待，直到被唤醒使它进入就绪状态，等待分配 CPU。当 ProduceInt 对象再次进入运行状态时，HoldInt 对象就被隐含地锁定，而 set( )方法将继续执行 while 循环中 wait( )方法后面的语句。在本例中，wait( )方法后面无其他语句，因此将进入下一次循环，判断 while 条件。

ConsumeInt 对象调用 get( )方法的情况与 ProduceInt 对象调用 set( )方法的情况类似，这里不再赘述。

该程序的运行结果如下：

```
产生的新数据是: 1
读到的数据是: 1
产生的新数据是: 2
读到的数据是: 2
产生的新数据是: 3
产生的新数据是: 4
读到的数据是: 3
读到的数据是: 4
```

13.2.4 线程组

Java 系统的每个线程都属于某一个线程组。采用线程组结构以后，可以对多个线程进行集中管理。比如，可以同时启动、挂起或者终止一个线程组中的全部线程。Java 系统专门在 java.lang 包中提供了 ThreadGroup 类来实现对线程组的管理功能。

大多数情况下，一个线程属于哪个线程组是由编程人员在程序中指定的，若编程人员没有指定，则 Java 系统会自动将这些线程归于"main"线程组。main 线程组是 Java 系统启动时创建的。一个线程组不仅可以包含多个线程，而且线程组中还可以包含其他的线程组，构成树形结构。一个线程可以访问本线程组的有关信息，但无法访问本线程组的父线程组。有关线程组的更详细的内容请查阅 Java 手册，本书不再赘述。

习 题 13

13.1 举例说明什么是多线程。

13.2 简述线程的生命周期。

13.3 下面几种终止线程的方法有什么区别？

(1) 忙等待 (2) 睡眠 (3) 挂起

13.4 在 Java 语言中创建线程对象有两种途径：一种是创建 Thread 类的子类，另一种是实现 Runnable 接口。试说明这两种创建方式有何区别。

13.5 说明 Java 语言中线程调度的功能。

13.6 优先抢占式调度和轮转调度的区别是什么？Java 怎样使用这两种调度策略？

13.7 Java 线程的优先级设置遵循什么原则？

13.8 举例说明线程同步的概念。

13.9 填空：

(1) C 和 C++ 是_____线程的语言，而 Java 则是一个_____线程的语言。

(2) _____方法用于终止一个 Thread 的执行。一个线程不能运行(即被阻塞)的四个原因是_____、_____、_____和_____。

(3) 一个线程进入停止状态的两个原因是_____和_____。

(4) 一个线程的优先级可以用_____方法进行修改。

(5) 一个线程可以通过调用_____方法将处理器让给另一个优先级相同的线程。

(6) 一个线程在等待一段时间之后再恢复执行，应调用_____方法。

(7) 通过调用 resume 方法，可以使_____线程重新被激活。

(8) _____方法用于使等待队列中的第一个线程进入就绪状态。

13.10 判断下面句子的对错。如果有错请说明原因。

(1) 如果一个线程停止了，则它是不可运行的。

(2) 在 Java 中，一个具有较高优先级的可运行线程将抢占处理器资源。

(3) 一个线程可以将处理器让给优先级较低的线程。

(4) 当一个线程睡眠时，sleep 方法不消耗处理器时间。

(5) Java 提供了多继承机制。

13.11 编写一个龟兔赛跑的多线程程序，在点击按钮后龟兔开始赛跑。

13.12 编写一个程序，让一个小球在 JFrame 中滚动，当撞到边缘时，则选择一个角度反弹回去。

第 14 章

输入与输出

使用任何语言编写的程序都会涉及到输入/输出操作。常见的情况是输入来自键盘，而输出到显示器。在 Java 语言中，输入/输出的操作是使用流来实现的。流(Stream)是指数据在计算机各部件之间的流动，它包括输入流与输出流。输入流(Input Stream)表示从外部设备(键盘、鼠标、文件等)到计算机的数据流动；输出流(Output Stream)表示从计算机到外部设备(屏幕、打印机、文件等)的数据流动。Java 的输入/输出类库 java.io 包提供了若干输入流类和输出流类。利用输入流类可以建立输入流对象，利用输入流类提供的成员方法可以从输入设备上将数据读入到程序中；利用输出流类可以建立输出流对象，利用输出流类提供的成员方法可以将程序中产生的数据写到输出设备上。

☞ 14.1 基本输入/输出流类

流是数据的有序序列，它既可以是未加工的原始二进制数据，也可以是经过一定编码处理后的符合某种规定格式的特定数据，如字节流序列、字符流序列等。数据的性质、格式不同，则对流的处理方法也不同。因此，Java 的输入/输出类库中有不同的流类来对应不同性质的输入/输出流。在 java.io 包中，基本输入/输出流类可按读/写数据的不同类型分为两种：字节流和字符流。

字节流用于读/写字节类型的数据(包括 ASCII 表中的字符)。字节流类可分为表示输入流的 InputStream 类及其子类，表示输出流的 OutputStream 类及其子类。

字符流用于读/写 Unicode 字符。它包括表示输入流的 Reader 类及其子类，表示输出流的 Writer 类及其子类。

下面我们将针对这四个类及其派生子类做进一步的介绍。

14.1.1 InputStream 类

InputStream 类是用于读取字节型数据的输入流类，该类的继承及派生结构如下：

　　java.lang.Object

　　　　java.io.InputStream

　　　　　　java.io.FileInputStream

　　　　　　java.io.PipedInputStream

　　　　　　java.io.ObjectInputStream

　　　　　　java.io.SequenceInputStream

java.io.ByteArrayInputStream

java.io.StringBufferInputStream

java.io.FilterInputStream

　　java.io.DataInputStream

　　java.io.PushbackInputStream

　　java.io.BufferedInputStream

　　java.io.LineNumberInputStream

1. InputStream 类的成员方法

表 14.1 列出了 InputStream 类的成员方法，其中最主要的方法是 read。

表 14.1　InputStream 类的成员方法

成 员 方 法	说　　明
abstract int read( )	自输入流中读取数据的下一个字节
int read(byte b[ ])	将输入的数据存放在指定的字节数组 b 中
int read(byte b[ ],int offset,int len)	自输入流中的 offset 位置开始读取 len 个字节到 byte 数组
void reset( )	将读取位置移至输入流标记处
long skip(long n)	从输入流中跳过 n 个字节
int available( )	返回输入流中的可用字节个数
void mark(int readlimit)	在输入流当前位置加上标记
boolean markSupported( )	测试输入流是否支持标记(mark)
void close( )	关闭输入流，并释放占用的所有资源

2. DataInputStream 类的成员方法

由于 InputStream 是抽象类，因而不能直接创建对象。程序中创建的输入流一般是 InputStream 类的某个子类的对象，由这个对象来实现与外设的连接。为此，下面介绍 InputStream 的子类 DataInputStream 类和 BufferedInputStream 类的使用方法。表 14.2 列出了 DataInputStream 类的成员方法。

表 14.2　DataInputStream 类的成员方法

成 员 方 法	说　　明
int read(byte b[ ])	从输入流中将数据读取到数组 b 中
int read(byte b[ ], int offset,int len)	从输入流中读取 len 个字节的数据到数组 b 中，在数组中从 offset 位置开始存放
void readFully(byte b[ ])	读取输入流中的所有数据到数组 b 中
void readFully(byte b[ ],int offset,int len)	读取输入流中的所有数据到数组 b 中,在数组 b 中从 offset 位置开始存放 len 个字节

续表

成 员 方 法	说　明
int skipBytes(int n)	读操作跳过 n 个字节，返回真正跳过的字节数
boolean readBoolean( )	读一个布尔值
byte readByte( )	读一个字节
int readUnsignedByte( )	读取一个 8 位无符号数
short readShort( )	读取 16 位短整型数
int readUnsignedShort( )	读取 16 位无符号短整型数
char readChar( )	读一个 16 位字符
int readInt( )	读一个 32 位整数数据
Long readLong( )	读一个 64 位长整数数据
float readFloat( )	读一个 32 位浮点数
Double readDouble( )	读一个 64 位双字长浮点数
String readLine( )	读一行字符
String readUTF( )	读 UTF(UnicodeTextFormat) 文本格式的字符串，返回值即该字符串内容
DataInputStream(InputStream in)	在一个已经存在的输入流基础上构造一个过滤流 DataInputStream

【示例程序 C14_1.java】 键盘输入数据的读取。

```
import    java.io.BufferedInputStream;
import    java.io.DataInputStream;
import    java.io.IOException;
public   class   C14_1
{
    public   static   void   main(String args[ ])
    {
        int   count;   byte b[ ] = new byte[256];
        String   str;
        BufferedInputStream   bis=new   BufferedInputStream(System.in);   //输入缓冲区流对象
        DataInputStream   in=new   DataInputStream(bis);   //字节流输入对象
        try {
            if(in.markSupported( ))   //判断当前输入流是否支持 mark 和 reset 方法
            {
                System.out.println("支持 mark");
                System.out.print("输入字符串,按 Enter 结束  ");
```

```
        in.mark(256);          //在输入流的当前位置上设置标记，并保留 256 位
        count=in.read(b);      //读键盘输入的数据存入 b 数组，count 得到 b 数组的长度
        System.out.println("读入字符数: " + count);
        str=new String(b,0,count);          //将 b 数组转换为字符串
        System.out.print("输入的字符串为: "+str);
        in.reset( );                         //重新回到标记处读取数据
        in.read(b,0,2);                      //读前两个字符
        str=new String(b,0,2);
        System.out.println("字符串的前两个: "+str);
        in.reset( );           in.skip(count/2);
        in.read(b,0,count/2);
        str=new String(b,0,count/2);
        System.out.println("字符串的后半段: "+str);
    }
    else
    {    System.out.println("不支持 mark");    }
    bis.close( );
    in.close( );
}
catch(IOException E)
{    System.out.println("发生 I/O 错误!");          }
    }
}
```

该程序的运行过程如图 14.1 所示，其结果如下：

```
支持 mark
输入字符串,按 Enter 结束  123456789
读入字符数: 10
输入的字符串为: 123456789
字符串的前两个: 12
字符串的后半段: 6789
```

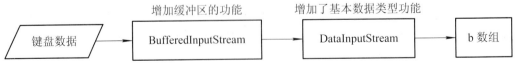

图 14.1 输入流的执行过程

创建缓冲区 BufferedInputStream 输入流类 bis 的对象的构造方法中的参数"System.in"是 InputStream 类的标准输入流，表示从键盘上读入数据到 bis 的对象中。

创建 DataInputStream 输入流类 in 的对象的构造方法中的参数是 bis 的对象,表示从 bis 的对象中读入数据到 in 的对象中。

当建立好输入流的通道后,输入流的执行过程是:在程序中通过 in.read(b)方法,将键盘数据读到缓冲区对象中,然后,从缓冲区取出数据到 in 的对象中,最后,从 in 的对象中读数据到 b 数组中。

有了输入缓冲区,可以将一批数据从外部设备送入缓冲区,然后其他输入流从缓冲区读数据。当缓冲区数据读完后再请求操作系统将数据成批送入缓冲区,这样就可避免每读一个数据需要外部设备动作一次的情况,从而提高了 I/O 的速度。

14.1.2　OutputStream 类

OutputStream 类是用于输出字节型数据的输出流类,该类的继承及派生结构如下:

　　java.lang.Object
　　java.io.OutputStream
　　　　java.io.FileOutputStream
　　　　java.io.PipedOutputStream
　　　　java.io.ObjectOutputStream
　　　　java.io.ByteArrayOutputStream
　　　　java.io.FilterOutputStream
　　　　　　java.io.PrintStream
　　　　　　java.io.DataOutputStream
　　　　　　java.io.BufferedOutputStream

1. OutputStream 类的成员方法

OutputStream 类是一个抽象类,它的成员方法列于表 14.3 中。

表 14.3　OutputStream 类的成员方法

成 员 方 法	说　　　明
abstract void write(int b)	写一个字节
void write (byte b[ ])	写一个字节数组
void write (byte b[ ],int offset,int len)	将字节数组 b 中从 offset 位置开始的长度为 len 个字节的数据写到输出流中
void flush( )	写缓冲区内的所有数据
void close( )	关闭输出流,并释放占用的所有资源

2. DataOutputStream 类的成员方法

由于 OutputStream 是抽象类,因此程序中创建的输出流对象隶属于 OutputStream 类的某个子类。表 14.4 列出了 OutputStream 的子类 DataOutputStream 类的成员方法。

表 14.4　DataOutputStream 类的成员方法

成　员　方　法	说　　　明
void write(int b)	向输出流写一个字节
void write(byte b[ ], int offset,int len)	将字节数组 b[ ] 从 offset 位置开始的 len 个字节写入输出流
void writeBoolean(boolean v)	将指定的布尔数据写入输出流
void writeByte(int v)	将指定的 8 位字节写入输出流
void writeShort(int v)	将指定的 16 位短整数写入输出流
void writeChar(int v)	将指定的 16 位 Unicode 字符写入输出流
void writeInt(int v)	将指定的 32 位整数写入输出流
void writeLong(long v)	将指定的 64 位长整数写入输出流
void writeFloat(float v)	将指定的 32 位实数写入输出流
void writeDouble(double v)	将指定的 64 位双精度数写入输出流
void writeBytes(String s)	将指定的字符串按字节数组写入输出流
void writeChars(String s)	将指定的字符串作为字符数组写入输出流
void writeUTF(String str)	将指定的字符串按 UTF 格式的字符数组写入输出流
int size( )	返回所写的字节数
void flush( )	将缓冲区的所有字节写入输出流

下面通过两个例子来说明 OutputStream 的子类 DataOutputStream 类、BufferedOutputStream 类及 PrintStream 类的使用方法。

【示例程序 C14_2.java】　从键盘读入字符串并由屏幕输出。

```java
package ch14;
import  java.io.*;
public  class  C14_2
{
    public  static  void  main(String  args[ ])
    {
        int  count;
        byte b[ ]=new byte[256];
        BufferedInputStream  in=new  BufferedInputStream(System.in);    //输入缓冲区流对象
        BufferedOutputStream bout=new  BufferedOutputStream(System.out);//输出缓冲区流对象
        DataOutputStream  out=new  DataOutputStream(bout);              //输出流对象
        PrintStream  p=new  PrintStream(System.out);                   //输出流对象
        try
        {
            p.print("请输入字符串: ");
```

```
        count=in.read(b);   //从键盘读入数据给 b 数组，count 得到 b 的长度
        in.close( );
        p.println("读入字符数: " + count);
        p.print("输入的字符串为: ");
        out.write(b,0,count); //将 b 数组中从 0 位置开始的 count 长度的字节写到 out 的对象中
        bout.flush( );        //将缓冲流缓冲区中的数据输出到屏幕上
        p.close( );
        out.close( );
    }
    catch(IOException E)
    {   System.out.println("发生 I/O 错误!");    }
    }
}
```

该程序的运行过程如图 14.2 所示，其结果如下：

```
    请输入字符串: 123456789
    读入字符数: 10
    输入的字符串为: 123456789
```

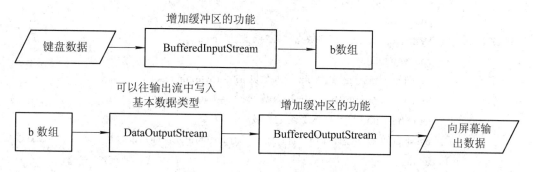

图 14.2　输入/输出流的执行过程

创建 BufferedInputStream 输入缓冲区流类 in 的对象的构造方法中的参数 "System.in" 是 InputStream 类的标准输入流，表示从键盘上读入数据到 in 的对象中。程序中通过 in.read(b) 方法将 in 的对象数据写到 b 数组中。

创建 BufferedOutputStream 输出缓冲流类 bout 的对象的构造方法中的参数"System.out" 是 OutputStream 类的标准输出流，表示向屏幕输出。

创建 DataOutputStream 输出流类 out 的对象的构造方法中的参数"bout"，表示将 out 的对象与 bout 的对象组合成输出流链，这样可以实现动态地增加输出流的功能。

程序的运行过程是通过 out.write(b,0,count)方法，将 b 数组的数据输出到 out 的对象中，再通过组合输出流链将 out 的对象的数据输出到 bout 的对象中，当引用 bout.flush( )方法时，系统自动将缓冲输出流的数据写到屏幕上。

PrintStream 类是打印输出流。Java 的标准输出 System.out 是 PrintStream 类的子类，通过引用 print( )方法或 println( )方法可向屏幕输出不同的数据。

【示例程序 C14_3.java】　利用流 PipedInputStream 和 PipedOutputStream 实现管道通信，利用流 ByteArrayInputStream 与 ByteArrayOutputStream 实现存储器读/写。

```java
import   java.io.ByteArrayInputStream;
import   java.io.ByteArrayOutputStream;
import   java.io.PipedInputStream;
import   java.io.PipedOutputStream;
public   class   C14_3
{   public   static   void   main(String   args[ ])
    {    byte a1=25,a2=67;
         byte b[ ]={'T',' ','L','O','V','E',' ','J','A','V','A','!'};
         try{
          PipedInputStream pin=new PipedInputStream( );
          PipedOutputStream pout=new PipedOutputStream(pin);   //建立 pin 与 pout 的连接
          //创建 ByteArrayInputStream 类 bin 的对象，并与 b 数组绑定
          ByteArrayInputStream bin = new ByteArrayInputStream(b);
          ByteArrayOutputStream bout = new ByteArrayOutputStream( );
          System.out.println("PipedInputStream 和 PipedOutputStream");
          System.out.println("\t 将数据 "+a1+" 送到 pout ");
          pout.write(a1);
          System.out.println("\t 将数据 "+a2+" 送到 pout ");
          pout.write(a2);
          System.out.println("\t 由 pin 读入数据 a1 "+(byte)pin.read( ));
          System.out.println("\t 由 pin 读入数据 a2 "+(byte)pin.read( ));
          int n=b.length;   //获取 b 数组的长度
          bin.skip(n/2);   //使读操作指针位于字节流的中间位置，即从数组 b 下标的中间位置读起
          int m;
          //将 bin 的对象数据写入 ByteArrayOutputStream 中
          while(bin.available( )>0)   //bin.available( )返回输入流中的可读字节数
          { //从 bin 中读一个字节的数据送到 bout 中，然后读指针与写指针后移一个字节位置
              bout.write(bin.read( ));
          }
          System.out.print("读写一半的数据 ");
          bout.writeTo(System.out);   //输出到屏幕上
          bin.reset( );            //设读操作指针到流的开头
          bout.reset( );           //设写操作指针到流的开头
          m=b.length;
          byte   rb[ ]=new   byte[m];
          bin.read(rb,0,10);       //从数据流取 10 个字节放入数组 rb[ ]
          bout.write(rb,0,10);     //将数组 rb[ ]从 0 开始的 10 个字节写到输出流
          System.out.println("\n 输出读/写所有数据"+bout.toString( ));
```

```
            }
        catch(Exception e)
        {   System.out.println("发生 I/O 错误!");   }
    }
}
```

该程序的运行过程如图 14.3 所示，其结果如下：

将数据 25 送到 pout

将数据 67 送到 pout

由 pin 读入数据 a1 25

由 pin 读入数据 a2 67

读写一半的数据 JAVA!

输出读/写所有数据 I LOVE JAV

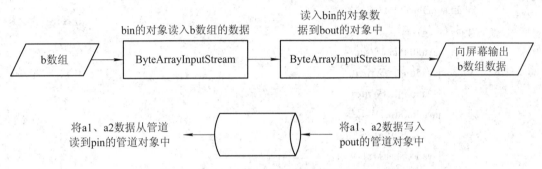

图 14.3 两个不同线程之间的管道通信

ByteArrayInputStream 输入类包含一个内部缓冲区，该缓冲区包含从流中读取的字节。内部计数器跟踪 read( )方法要提供的下一个字节。

ByteArrayOutputStream 输出类实现了一个输出流，其中的数据被写入一个 byte 数组。缓冲区会随着数据的不断写入而自动增长。

创建 ByteArrayInputStream 类的 bin 的对象的构造方法中指定的参数是"b"，表示将 b 数组的数据装入 bin 的对象中。

创建 ByteArrayOutputStream 类的 bout 的对象，并通过 bout.write(bin.read( ))方法将 bin 的对象的数据写到 bout 的对象中。最后，利用 bout.writeTo(System.out)方法和 System. out.println("\n 输出读/写所有数据"+bout.toString( ))方法，输出到屏幕上。

PipedInputStream 类和 PipedOutputStream 类可用于两个不同线程之间的管道通信。本程序中创建了 PipedInputStream 类 pin 的对象和 PipedOutputStream 类 pout 的对象，并使 pin 和 pout 的对象建立连接，这样就可以通过 pout.write(a1)方法和 pout.write(a2)方法把 a1、a2 数据写入管道，再利用 pin.read()方法去读管道的 a1、a2 数据，从而完成管道通信。

14.1.3 Reader 类和 Writer 类

与用于读/写字节流的 InputStream 类和 OutputStream 类相对应，Java 还提供了用于读/写 Unicode 字符的字符流的 Reader 类和 Writer 类。Reader 类和 Writer 类的继承结构如下：

```
java.lang.Object
  java.io.Reader
      java.io.PipedReader
      java.io.StringReader
      java.io.FilterReader
          java.io.PushbackReader
      java.io.BufferedReader
          java.io.LineNumberReader
      java.io.CharArrayReader
      java.io.InputStreamReader
          java.io.FileReader
  java.lang.Object
    java.io.Writer
        java.io.PipedWriter
        java.io.PrintWriter
        java.io.FilterWriter
        java.io.StringWriter
        java.io.BufferedWriter
        java.io.CharArrayWriter
        java.io.OutputStreamWriter
            java.io.FileWriter
```

表 14.5 和表 14.6 分别列出了 Reader 类和 Writer 类的常用成员方法。需要注意的是：由于 Reader 类和 Writer 类是抽象类，因此程序中创建的输入流或输出流应该是 Reader 类的某个子类的对象或 Writer 类的某个子类的对象，由这些对象来实现与外设的连接。

表 14.5　Reader 类的常用成员方法

成 员 方 法	说　　　明
abstract void close( )	关闭输入流，并释放占用的所有资源
void mark(int readlimit)	在输入流当前位置加上标记
boolean mark Supported( )	测试输入流是否支持标记(mark)
int read( )	自输入流中读取一个字符
int read(char cbuf[ ])	将输入的数据存放在指定的字符数组中
abstract int read(char cbuf[ ],int offset,int len)	自输入流中的 offset 位置开始读取 len 个字符，并存放在指定的数组中
void reset( )	将读取位置移至输入流标记处或起始位置
long skip(long n)	从输入流中跳过 n 个字节
boolean ready( )	测试输入流是否准备好等待读取

表 14.6 Writer 类的常用成员方法

成 员 方 法	说　　明
abstract void close( )	关闭输出流，并释放占用的所有资源
void write(int c)	写一个字符
void write(char cbuf[ ])	写一个字符数组
abstract void write(char cbuf[ ],int offset,int len)	将字符数组 cbuf 中从 offset 位置开始的 len 个字符写到输出流中
void write(String str)	写一个字符串
void write(String str,int offset,int len)	将字符串从 offset 位置开始的长度为 len 个字符数组的数据写到输出流中
abstract void flush( )	写缓冲区内的所有数据

🖫【示例程序 C14_4.java】 利用 InputStreamReader 类、BufferedReader 类、OutputStreamWriter 类实现从键盘输入字符串，再输出到屏幕上。利用 CharArrayReader 类、CharArrayWriter 类实现存储器读/写操作。

```java
import  java.io.*;
public  class  C14_4
{  public  static  void  main(String args[ ])
   {  char    c1[ ],c2[ ];
      String str;
      CharArrayReader cin;
      CharArrayWriter cout;
      //将键盘上输入的数据放入到 BufferedReader 类 in 的对象中
      InputStreamReader  sin=new  InputStreamReader(System.in);
      BufferedReader  in=new   BufferedReader(sin);
      OutputStreamWriter  out=new   OutputStreamWriter(System.out);   //屏幕输出
      try
      {  System.out.print("请输入一个字符串，请按 Enter 结束  ");
         str=in.readLine( );            //读入字符串
         c1=str.toCharArray( );         //将字符串转换成字符数组
         //创建 CharArrayReader 类 cin 的对象，并与输入流 c1 数组绑定
         cin=new CharArrayReader(c1);
         cout=new CharArrayWriter( );
         //读 cin 的对象数据内容到 cout 的对象中
         while(cin.ready( ))            //(cin.ready( ))返回输入流是否可读信息
         { //读 cin 中的一个字符并写到 cout 中，读/写指针后移一个字符位置
            cout.write(cin.read( ));
         }
         System.out.print("c2=");
```

```
        c2=cout.toCharArray( );                    //将 cout 的对象数据写到字符数组 c2 中
        System.out.print(new String(c2));          //用 c2 字符数组创建字符串对象并打印
        System.out.print("\n 将 cout 的对象数据写入 out 的对象中，并输出: ");
        cout.writeTo(out);                         //将 cout 的对象数据写入 out 的对象中
        out.flush( );                              //强制输出 out 中的数据到屏幕
    }
    catch(IOException E)
    {    System.out.println("I/O 错误!");    }
    }
}
```

该程序的运行结果如下：

请输入一个字符串,请按 Enter 结束   12345abc

c2=12345abc

将 cout 的对象数据写入 out 的对象中，并输出: 12345abc

BufferedReader 和 InputStreamReader 类都是 Reader 的子类。但由于 InputStreamReader 类的对象每读一次都要用 read( )方法进行字节和字符的转化，效率较低；而 BufferedReader 类是具有缓冲功能的字符输入流类，可实现字符、数组和行的高效读取。若要用 readLine( ) 方法一次一行地读取输入，需要将 System.in 包装成 BufferedReader 来使用，此时必须用 InputStreamReader 把 System.in 转化成 Reader。

创建 InputStreamReader 类 sin 的对象的构造方法的参数是"System.in"，创建 BufferedReader 类 in 的对象的构造方法的参数是"sin"，这表示建立 sin 的对象与 in 的对象 的组合式链接通道。

程序运行过程是将键盘上输入的数据放入到 sin 的对象中进行字节到字符的转化，并 输入到 in 对象中，再通过"str=in.readLine( );"语句，实现将 in 的对象的数据按行读取并 放入 str 中。

CharArrayReader 和 CharArrayWriter 类可以将字符数组当作字符数据输入或输出的来 源。根据这个特性，可以将文本文件的内容读入字符数组，对字符数组作随机存取，然后 写回文本。

writeTo( )方法不能直接将结果输出到屏幕上，本书借助 OutputStreamWriter 类来完成。

OutputStreamWriter 类是字符流到字节流的转换桥梁，它的方法可以将字符转换为字节 再写入字节流，从而实现屏幕输出。

☞ 14.2 文件的输入/输出

在计算机系统中，需要长期保留的数据是以文件的形式存放在磁盘、磁带等外部存储设 备中的。程序运行时常常要从文件中读取数据，同时也要把需要长期保留的数据写入文件中， 所以文件操作是计算机程序中不可缺少的一部分。而目录是管理文件的特殊机制，同类文件 保存在同一目录下可以简化文件的管理，提高工作效率。本节介绍 Java 的文件与目录管理。

14.2.1　File 类

Java 语言的 java.io 包中的 File 类是专门用来管理磁盘文件和目录的。每个 File 类的对象表示一个磁盘文件或目录，其对象属性中包含了文件或目录的相关信息，如文件或目录的名称、文件的长度、目录中所含文件的个数等。调用 File 类的方法可以完成对文件或目录的常用管理操作，如创建文件或目录，删除文件或目录，查看文件的有关信息等。

java.io.File 类的父类是 java.lang.Object。用于创建 File 类对象的构造方法有三种：

(1) File(String path);使用指定路径构造一个 File 对象。

(2) File(String path,String name);使用指定路径和字符串构造一个 File 对象。

(3) File(File dir,String name,);使用指定文件目录和字符串构造一个 File 对象。

File 类的常用成员方法见表 14.7。

表 14.7　File 类的常用成员方法

成 员 方 法	说　　明
boolean canRead( )	测试应用程序是否能从指定的文件读
boolean canWrite( )	测试应用程序是否能写指定的文件
boolean delete( )	删除此对象指定的文件
boolean exists( )	测试文件是否存在
string getAbsolutePath( )	获取此对象表示的文件的绝对路径名
string getCanonicalPath( )	获取此文件对象路径名的标准格式
string getName( )	获取此对象代表的文件名
string getParent( )	获取此文件对象的路径的父类部分
string getPath( )	获取此对象代表的文件的路径名
boolean isDirectory( )	测试此文件对象代表的文件是否是一个目录
boolean isFile( )	测试此文件对象代表的文件是否是一个"正常"文件
long length( )	获取此文件对象代表的文件长度
string[ ] list(Filename filter)	获取在文件指定的目录中满足指定过滤器的文件列表
string[ ] list( )	获取在此文件对象指定的目录中的文件列表
boolean mkdir( )	创建一个目录，其路径名由此文件对象指定
boolean mkdirs( )	创建一个目录，其路径名由此文件对象指定并包括必要的父目录
boolean renameTo(File dest)	将此文件对象指定的文件换名为由文件参数给定的文件名
string toString( )	获取此对象的字符串表示

下面通过几个例子来说明这些方法的应用。

【示例程序 C14_5.java】　获取文件的文件名、长度、大小等特性。

```
import java.io.BufferedReader;
import java.io.File;
import java.io.IOException;
import java.io.InputStreamReader;
```

```
import java.util.Date;
public    class    C14_5
{   public static    void    main(String    args[ ])
    {
        String    Path;
        InputStreamReader din=new    InputStreamReader(System.in);    //键盘输入
        BufferedReader in=new BufferedReader(din);
        try{
            System.out.print("请输入相对或绝对路径:    ");
            Path=in.readLine( );           //读取输入
            File f = new    File(Path);
            System.out.println("路径: "+f.getParent( ));
            System.out.println("档案: "+f.getName( ));
            System.out.println("绝对路径: "+f.getAbsolutePath( ));
            System.out.println("文件大小: "+f.length( ));
            System.out.println("是否为文件: "+(f.isFile( )?"是":"否"));
            System.out.println("是否为目录: "+(f.isDirectory( )?"是":"否"));
            System.out.println("是否为隐藏: "+(f.isHidden( )?"是":"否"));
            System.out.println("是否可读取: "+(f.canRead( )?"是":"否"));
            System.out.println("是否可写入: "+(f.canWrite( )?"是":"否"));
            System.out.println("最后修改时间: "+new Date(f.lastModified( )));
        }
        catch(IOException E)
        { System.out.println("I/O 错误!");    }
    }
}
```

该程序运行时的输入(用绝对路径)及运行结果如图 14.4 所示。

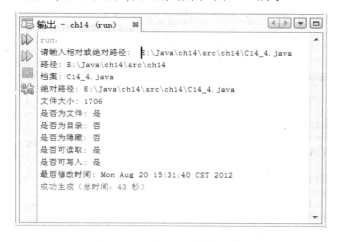

图 14.4　程序 C14_5 的运行结果

🖳【示例程序 C14_6.java】　显示"E:/Java"文件夹的内容。

```java
import java.io.*;
import java.util.*;
public class   C14_6
{
    public static void main(String args[ ])
    {
        File ListFile[ ];
        long totalSize=0;
        int    FileCount=0,DirectoryCount=0;
        File f=new File("E:/Java");        //生成 File 对象
        System.out.println("目录: "+f.getParent( )+"\n");
        if(f.exists( ) != true)            //若文件不存在则结束程序
        {
            System.out.println(f.getPath( )+"不存在!");
            return;
        }
        if(f.isDirectory( ))               //若路径为目录
        {
            ListFile=f.listFiles( );        //取得文件列表
            for(int i=0;i<ListFile.length;i++)
            {
                System.out.print((ListFile[i].isDirectory( )?"D":"X") + "   ");
                System.out.print(new Date(ListFile[i].lastModified( )) + "   ");
                System.out.print(ListFile[i].length( ) + "   ");
                System.out.print(ListFile[i].getName( ) + "\n");
                if(ListFile[i].isFile( ))FileCount++;          //计算文件数
                else    DirectoryCount++;                      //计算目录数
                totalSize =totalSize+ListFile[i].length( );    //计算文件总字节数
            }
            System.out.println("\n\t\t 目录数: "+DirectoryCount);
            System.out.println("\t\t 文件数: "+FileCount);
            System.out.println("\t\t 总字节: "+totalSize);
        }
        else       //路径为文件时
        {
            System.out.print((f.isDirectory( )?"D":"X")+"   ");
            System.out.print(new Date(f.lastModified( ))+"   ");
            System.out.print(f.length( )+"   ");
```

```
        System.out.print(f.getName( )+"\n");
        FileCount++;
        totalSize=totalSize+f.length( );
        System.out.println("\n\t\t 目录数: "+DirectoryCount);
        System.out.println("\t\t 文件数: "+FileCount);
        System.out.println("\t\t 总字节: "+totalSize);
    }
  }
}
```

该程序的运行结果如图 14.5 所示。

```
输出 - ch14 (run)                              %
 D  Sun Aug 19 17:30:36 CST 2012    0  ch14
 D  Wed Aug 15 19:03:59 CST 2012    0  ch2
 D  Wed Aug 15 19:37:09 CST 2012  4096  ch3
 D  Thu Aug 16 08:50:42 CST 2012  4096  ch4
 D  Sat Aug 18 16:06:10 CST 2012  4096  ch5
 D  Fri Aug 17 08:49:59 CST 2012    0  ch6
 D  Fri Aug 17 19:38:17 CST 2012    0  ch7
 X  Wed Aug 15 11:16:03 CST 2012  165273456  jdk-6u33-nb-7_1_2-windows-ml.exe
 D  Wed Aug 15 11:24:06 CST 2012  4096  jdk1.6.0_33
 D  Wed Aug 15 11:27:22 CST 2012  4096  NetBeans 7.1.2

              目录数: 13
              文件数: 1
              总字节: 165310320
成功生成（总时间: 0 秒）
```

图 14.5　程序 C14_6 的运行结果

14.2.2　FileInputStream 类和 FileOutputStream 类

程序中经常会用到文件的读/写操作。例如，从已经存在的数据文件中读入数据，或者将程序中产生的大量数据写入磁盘文件中。这时就需要使用文件输入/输出流类。Java 系统提供的 FileInputStream 类是用于读取文件中的字节数据的字节文件输入流类；FileOutputStream 类是用于向文件写入字节数据的字节文件输出流类。表 14.8 列出了 FileInputStream 类和 FileOutputStream 类的构造方法，表 14.9 列出了这两个类的常用成员方法。

表 14.8　FileInputStream 类和 FileOutputStream 类的构造方法

构　造　方　法	说　　　明
FileInputStream(String name)	使用指定的字符串创建一个 FileInputStream 对象
FileInputStream(File file)	使用指定的文件对象创建一个 FileInputStream 对象
FileInputStream(FileDescriptor fdObj)	使用指定的 FileDescriptor 创建一个 FileInputStream 对象
FileOutputStream(String name)	使用指定的字符串创建 FileOutputStream 对象
FileOutputStream(File file)	使用指定的文件对象创建 FileOutputStream 对象
FileOutputStream(FileDescriptor fdObj)	使用指定的 FileDescriptor 创建 FileOutputStream 对象

表 14.9 FileInputStream 类和 FileOutputStream 类的常用成员方法

成 员 方 法	说 明
int read( )	自输入流中读取一个字节
int read(byte b[ ])	将输入数据存放在指定的 b 字节数组中
int read(byte b[ ],int offset,int len)	自输入流中的 offset 位置开始读取 len 个字节并存放在指定的 b 数组中
int available( )t	返回输入流中的可用字节个数
long skip(long n)	从输入流中跳过 n 个字节
void write(int b)	写一个字节
void write (byte b[ ])	写一个字节数组
void write (byte b[ ],int offset,int len)	将 b 字节数组从 offset 位置开始的 len 个字节数组的数据写到输出流中
void close( )	关闭输入/输出流，释放占用的所有资源
final FileDescriptor getFD( )	获取与此流关联的文件描述符

14.2.3 字节文件输入/输出流的读/写

利用字节文件输入/输出流完成磁盘文件的读/写，首先要利用文件名字符串或 File 对象创建输入/输出流对象，其次是从文件输入/输出流中读/写数据。从文件输入/输出流中读/写数据有以下两种方式。

1．用文件输入/输出类自身的读/写功能完成文件的读/写操作

FileInputStream 类和 FileOutputStream 类自身的读/写功能是直接从父类 InputStream 和 OutputStream 那里继承来的，并未做任何功能的扩充。如前面介绍过的 read( )、write( )等方法，都只能完成以字节为单位的原始二进制数据的读/写。

2．配合其他功能较强的输入/输出流完成文件的读/写操作

以 FileInputStream 和 FileOutputStream 为数据源，完成与磁盘文件的映射连接后，再创建其他流类的对象，如 DataInputStream 类和 DataOutputStream 类，这样就可以从 File Input Stream 和 FileOutputStream 对象中读/写数据了。利用 DataInputStream 类和 DataOutputStream 类提供的成员方法(见表 14.2 和表 14.4)，可以方便地从文件中读/写不同类型的数据。其使用方式如下：

```
File f=new File("TextFile");
DataInputStream din=new DataInputStream(new FileInputStream(f));
DataOutputStream dout=new DataOutputStream(new FileOutputStream(f));
```

🖿【示例程序 C14_7.java】 直接利用 FileInputStream 类和 FileOutputStream 类完成从键盘读入数据写入文件中，再从写入的文件中读出数据打印到屏幕上的操作。

```
package ch14;
import   java.io.*;
```

```
public  class  C14_7
{   public  static  void  main(String [ ]  args)
    {
        char   c;
        int    c1;
        File   filePath=new   File("temp");          //在当前目录下建目录，也可用绝对目录
        if(!filePath.exists( ))filePath.mkdir( );     //若目录不存在，则建之
        File fl=new File(filePath,"d1.txt");          //在指定目录下建文件类对象
        try {
            FileOutputStream   fout=new   FileOutputStream(fl);
            System.out.println("请输入字符，输入结束按# :");
            while((c=(char)System.in.read( ))!='#')    //将从键盘输入的字符写入磁盘文件
            {   fout.write(c);    }
            fout.close( );
            System.out.println("\n 打印从磁盘读入的数据");
            FileInputStream fin=new FileInputStream(fl);
            while((c1=fin.read( ))!=-1)                //磁盘文件读入程序
                System.out.print((char)c1);           //打印从磁盘读入的数据到屏幕上
            fin.close( );
        }                        //try 结束
        catch(FileNotFoundException e) {   System.err.println(e); }
        catch(IOException e){   System.err.println(e);    }
    }                            //main( )结束
}                                //class C14_7 结束
```

该程序运行前的文件位置如图 14.6 所示，运行后的文件位置及结果如图 14.7 所示。可以看出，运行后生成了一个新的目录"temp"，在此目录下生成了一个新文件 d1.txt。打开 d1.txt 文件，可以看到：第一行的结果是"12345"，第二行的结果是"abcd"。

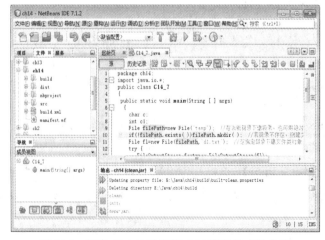

图 14.6　程序 C14_7 运行前 ch14 项目的文件位置

图 14.7 程序 C14_7 运行后 ch14 项目的文件位置

🔲【示例程序 C14_8.java】 利用 FileInputStream 和 FileOutputStream 输入/输出流，再套接上 DataInputStream 类和 DataOutputStream 类输入/输出流完成文件的读/写操作。本程序是将程序中的数据写入"t1.txt"文件，再从该文件中读出，输出到屏幕上。

```java
import java.io.*;
public class C14_8
{
    public static void main(String args[ ])
    {
        boolean lo=true;
        short si=-32768;
        int i=65534;
        long l=134567;
        float f=(float)1.4567;
        double d=3.14159265359;
        String str1="ABCD";
        String str2="Java 语言教学";
        try
        {
            FileOutputStream fout=new FileOutputStream("t1.txt");
            DataOutputStream out=new DataOutputStream(fout);        //文件输出流对象为参数
            FileInputStream fin=new FileInputStream("t1.txt");
            DataInputStream in=new DataInputStream(fin);            //文件输入流对象为参数
            //将数据写入 t1.txt 文件
```

```
            out.writeBoolean(lo); out.writeShort(si);
            out.writeByte(i);        out.writeInt(i);
            out.writeLong(l);        out.writeFloat(f);
            out.writeDouble(d);      out.writeBytes(str1);
            out.writeUTF(str2);
            out.close( );
        //将 t1.txt 文件的数据读出，并输出到屏幕
            System.out.println("Boolean lo="+in.readBoolean( ));
            System.out.println("Short si="+in.readShort( ));
            System.out.println("Byte i="+in.readByte( ));
            System.out.println("Int i="+in.readInt( ));
            System.out.println("Long l="+in.readLong( ));
            System.out.println("Float f="+in.readFloat( ));
            System.out.println("Double d="+in.readDouble( ));
            byte b[ ]=new byte[4];
            in.readFully(b);
            System.out.print("str1=");
            for(int j=0;j<4;j++)System.out.print((char)b[j]);
            System.out.println( );
            System.out.println("str2="+in.readUTF( ));
            in.close( );
        }
        catch(IOException E)
        {
            System.out.println(E.toString( ));
        }
    }
}
```

该程序的运行结果如下：

```
Boolean lo=true      Short si=−32768
Byte i=−2            Int i=65534
Long l=134567        Float f=1.4567
Double d=3.14159265359
str1=ABCD            str2=Java 语言教学
```

14.2.4　FileReader 类和 FileWriter 类

　　FileReader 类和 FileWriter 类用于读取文件和向文件写入字符数据。表 14.10 列出了 FileReader 类和 FileWriter 类的构造方法。

表 14.10　FileReader 类和 FileWriter 类的构造方法

构 造 方 法	说　　明
FileReader(String fileName)	使用指定的文件名创建一个 FileReader 对象
FileReader(File file)	使用指定的文件对象创建一个 FileReader 对象
FileReader(FileDescriptor fd)	使用指定的文件描述符创建一个 FileReader 对象
FileWriter(String fileName)	使用指定的文件名创建一个 FileWriter 对象
FileWriter(File file)	使用指定的文件对象创建一个 FileWriter 对象
FileWriter(FileDescriptor fd)	使用指定的文件描述符创建一个 FileWriter 对象

　　FileReader 类和 Filewriter 类的成员方法是直接从父类 Reader 类和 Writer 类那里继承来的(请参阅表 14.5 和表 14.6)。下面通过例子来说明其应用。

　　⊞【示例程序 C14_9.java】　复制文件。

```java
package ch14;
import java.io.*;
public class C14_9
{
    public static void main(String args[ ])
    {
        String temp;
        File sourceFile,targetFile;   //创建 File 对象
        BufferedReader source;
        BufferedWriter target;
        try
        {
            InputStreamReader din = new InputStreamReader(System.in);
            BufferedReader in = new BufferedReader(din);
            System.out.print("请输入来源文件路径: ");
            sourceFile = new File(in.readLine( ));
            source = new BufferedReader(new    FileReader(sourceFile));
            System.out.print("请输入目的文件路径: ");
            targetFile = new File(in.readLine( ));
            target = new BufferedWriter(new    FileWriter(targetFile));
            System.out.print("确定要复制?(y/n) ");
            if((in.readLine( )).equals("y"))
            {
                while((temp=source.readLine( )) != null)
                {   target.write(temp);
                    target.newLine( );
                    target.flush( );
```

```
            }
            System.out.println("复制文件完成!!!");
        }
        else
        {   System.out.println("复制文件失败!!!");
            return;
        }
        din.close( );
        in.close( );
    }
    catch(IOException E)
    {
        System.out.println("I/O 错误!");
    }
  }
}
```

在程序运行前，先在图 14.8 所示的 temp 目录下建立 data1.txt 文件。程序运行后如图
14.9 所示，输入的源文件路径为"temp//data1.txt"，输出的目的文件路径为"temp//data2.txt"，
运行的结果是将 data1.txt 复制到 data2.txt 中。

图 14.8　程序 C14_9 运行前 ch14 项目的文件位置

图 14.9　程序 C14_9 运行后 ch14 项目的文件位置及结果

程序中使用了 FileReader 类输入流链接 BufferedReader 类缓冲区输入流、FileWriter 类输出流链接 BufferedWriter 类缓冲区输出流的策略，加快了复制文件的速度。

14.2.5　RandomAccessFile 类

前面介绍的文件存取方式属于顺序存取，即只能从文件的起始位置向后顺序读/写。java.io 包提供的 RandomAccessFile 类是随机文件访问类，该类的对象可以引用与文件位置指针有关的成员方法，读/写任意位置的数据，实现对文件的随机读/写操作。文件的随机存取要比顺序存取更加灵活。

1. java.io.RandomAccessFile 类的构造方法

java.io.RandomAccessFile 类的构造方法有两种。

(1) RandomAccessFile(String name,String mode)：使用指定的字符串和模式参数创建一个 RandomAccessFile 类对象。

(2) RandomAccessFile(File f,String mode)：使用指定的文件对象和模式参数创建一个 RandomAccessFile 类对象。

在 RandomAccessFile 类的构造方法中，除了指定文件的路径外，还必须指定文件的存取模式。存取模式有读模式和读/写模式两种："r"代表以只读方式打开文件；"rw"代表以读/写方式打开文件，这时用一个对象就可以同时实现读和写两种操作。

需要注意的是，创建 RandomAccessFile 对象时，可能产生两种异常：当指定的文件不存在时，系统将抛出 FileNotFoundException 异常；若试图用读/写方式打开具有只读属性的文件或出现了其他输入/输出错误时，则会抛出 IOException 异常。

2. RandomAccessFile 类中的常用成员方法

RandomAccessFile 类中的常用成员方法见表 14.11。

表 14.11　RandomAccessFile 类中的常用成员方法

成　员　方　法	说　　　明
long getFilePointer( )	取得文件的指针
long length( )	以字节为单位获取文件的大小
int read( )	自输入流中读取一个字节
int read(byte b[ ])	将输入的数据存放在指定的 b 字节数组中
int read(byte b[ ],int offset,int len)	自输入流的 offset 位置开始读取 len 个字节并存放在指定的 b 数组中
void write(int b) throws IOException	写一个字节
void write(byte b[ ])	写一个字节数组
void write(byte b[ ],int offset,int len)	将 b 字节数组中从 offset 位置开始的长度为 len 个字节的数据写到输出流中
void close( )	关闭数据流
void seek(long pos)	将文件位置指针置于 pos 处，pos 以字节为单位

3. 对文件位置指针的操作

RandomAccessFile 类的对象可以引用与文件位置指针有关的各种成员方法，在任意位置实现数据读/写。RandomAccessFile 类对象的文件位置指针遵循以下规则：

(1) 新建的 RandomAccessFile 类对象的文件位置指针位于文件的开头。

(2) 每次读/写操作之后，文件位置指针都后移相应个读/写的字节数。

(3) 利用 seek( )方法可以移动文件位置指针到一个新的位置。

(4) 利用 getPointer( )方法可获得本文件当前的文件位置指针。

(5) 利用 length( )方法可得到文件的字节长度。利用 getPointer( )方法和 length( )方法可以判断读取的文件是否到文件尾部。

下面通过例子来说明其应用。

🖳【示例程序 C14_10.java】　从键盘输入五个整数并写入文件 temp\t2.txt 中，再从这个文件中随机读出其中的某个数(由键盘输入确定)，将它显示在屏幕上，同时允许用户对这个数进行修改。

```java
package ch14;
import   java.io.BufferedReader;
import   java.io.InputStreamReader;
import   java.io.RandomAccessFile;
public   class   C14_10
{
    public   static void   main(String[ ]   args)
    {
        int   num,a;
        long fp;
        try
        {
            InputStreamReader   din=new   InputStreamReader(System.in);   //键盘输入
            BufferedReader   in=new   BufferedReader(din);
            //建立随机存取文件
            System.out.println("args="+args[0]);
            RandomAccessFile   rf=new   RandomAccessFile(args[0],"rw");
            System.out.println("请输入五个整数");
            int b[ ]=new int[5];
            for(int i=0;i<5;i++)
            {
                System.out.print("第" + (i+1)+"个数        ");
                b[i]=Integer.parseInt(in.readLine( ));
                rf.writeInt(b[i]);            //写入文件
            }
```

```
    while(true)
    {
        rf.seek(0);        //移动文件指针到文件头
        System.out.print("请输入要显示第几个数(1-5)：");
        num=Integer.parseInt(in.readLine( ));    //读入序号
        num=num-1;
        fp=(num)*4;       //每个整数 4 个字节，计算移动位数
        rf.seek(fp);        //移动文件指针到要显示数的首位
        a=rf.readInt( );
        System.out.println("第"+(num+1)+"个数是: "+a);
        System.out.print("改写此数");
        b[num]=Integer.parseInt(in.readLine( ));
        fp=num*4; rf.seek(fp);
        rf.writeInt(b[num]);                   //写入文件
        System.out.print("继续吗?(y/n) ");
        if((in.readLine( )).equals("n")) break;
    }
    rf.close( );
}
catch(Exception E)
{    System.out.println("I/O 错误!");    }
    }
}
```

在"项目属性→运行"对话框中输入的内容如图 14.10 所示。先单击菜单栏的"运行"→"设置为主项目"→"ch14"，再单击菜单栏的"运行"→"清理并生成主项目"，最后单击菜单栏的"运行"→"运行主项目"。该程序文件的位置与输入/输出结果如图 14.11 所示。

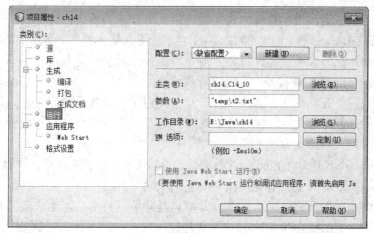

图 14.10　"ch14 项目属性"的"运行"对话框

图 14.11　程序 C14_10 文件的位置及输入/输出结果

习　题　14

14.1　解释字节流、字符流、字节输入流、字符输出流、字节文件输入流和字符文件输出流的含义。

14.2　编写程序：用字节流方式从键盘输入英语短文，将此短文中两个或多个连续的空格删除，使句子与句子之间只保持一个空格或无空格，将修改后的短文用字节流方式输出到屏幕上。

14.3　修改 14.2 题，用字符流方式实现该短文的输入和输出。

14.4　计算 Fibonacii 数列的前 20 项，并用字节流方式输出到一个文件，要求每 5 项 1 行。

14.5　将 14.4 题写入的文件读出，并用字符流方式输出到屏幕上。

14.6　使用 try-catch 块编写一个程序，实现当用户输入的文件名不存在时，可以重新输入，直到输入一个正确的文件名后，打开这个文件并将文件的内容输出到屏幕上。

14.7　建立一个文本文件，输入英语短文。编写一个程序，统计该文件中英文字母的个数，并将结果写入一个文本文件。

14.8　编写一个程序，将 Fibonacii 数列的前 20 项写入一个随机访问文件，然后从该文件中读出第 1、3、5 等奇数位置上的项并将它们依次写入另一个文件。

14.9　建立一个学生成绩文本文件，其中包括学号、姓名、年龄、英语和计算机成绩字段及 5 个学生的记录(自己设计)。编写程序读入学生成绩文件，并将第三个学生的成绩进行修改，再将修改后的学生表输出到另一个文本文件中。

14.10 使用 File 对象编写显示用户指定目录及其子目录中文件的程序。

14.11 建立一个文本文件，输入学生三门课的成绩。编写一个程序，读入这个文件中的数据，输出每门课的成绩的最小值、最大值和平均值。

14.12 如果忘记关闭文件，将发生什么情况?

14.13 二进制文件和文本文件的差别是什么?

14.14 判断下面的陈述是否正确。若不正确，请说明原因。

(1) 编程人员必须从外部创建 System.in、System.out 和 System.err。

(2) InputStream 类是输入流类，是所有字符输入流类的父类。

(3) 在一个顺序存取文件中，如果文件位置指针要指向一个文件开始位置以外的地方，就必须关闭该文件，然后重新打开它并从文件开始位置读。

(4) FileOutputStream 类是文件输出流类，用于输出字符数据。

(5) 在随机访问文件中，不用搜索全部记录就可以找到一个指定的记录。

(6) 随机访问文件中所有记录的长度都必须一致。

(7) BufferedOutputStream 类是 FileOutputStream 类的父类。

(8) seek 方法必须搜索相对于文件开始位置的位置。

网 络 编 程

Java 语言能够风靡全球的重要原因之一就是它和网络的紧密结合。作为网络编程语言，Java 可以很方便地将 Applet 嵌入网络的主页中，也可以实现客户端和服务器端的通信，并且通信可以是多客户的。为了实现客户端和服务器端的通信，Java 语言使用了基于套接字的网络通信方式。这种套接字的网络通信方式分为流套接字和数据报套接字两种。流套接字网络通信方式使用的协议是传输控制协议(Transmission Control Protocol，TCP)，它提供一种面向连接的高可靠性的传输。利用它进行通信，首先需要建立连接，如同我们打电话，接通电话后才能说话。数据报套接字网络通信方式使用的协议是 UDP(User Datagram Protocol)，它是一种无连接、高效率但不十分可靠的协议，利用它进行通信如同寄信，无需建立连接就可以进行。

Java 语言通过软件包 java.net 实现三种网上通信模式：URL 通信模式(在使用 URL 通信模式时，它的底层仍使用流套接字方式)、Socket 通信模式(也称为流套接字通信模式)及 Datagram 通信模式(也称为数据报套接字通信模式)。下面我们逐一介绍。

☞ 15.1 URL 通信

URL(Uniform Resource Locator，统一资源定位器)表示 Internet/Intranet 上的资源位置。这些资源可以是一个文件、一个目录或一个对象。当我们使用浏览器浏览网络上的资源时，首先需要键入 URL 地址，才可以访问相应的主页。例如：

http://www.xahu.edu.cn:80/index.html

http://www.hotmail.com/index.html

file:///c:/ABC/xx.java

每个完整的 URL 由四部分组成，这四部分的划分及其含义如表 15.1 中所示。

表 15.1　URL 地址的组成

示　　例	含　　义
http	传输协议
www.xahu.edu.cn	主机名或主机地址
80	通信端口号
index.html	文件名称

一般的通信协议都已经规定好了开始联络时的通信端口，例如，HTTP 协议的缺省端口号是 80，FTP 协议的缺省端口号是 21 等。URL 使用协议的缺省端口号时，可以不写出缺省端口号。所以，一般的 URL 地址只包含传输协议、主机名和文件名就足够了。

网络通信中，我们常常会碰到地址(Address)和端口(Port)的问题。两个程序之间只有在地址和端口方面都达成一致时，才能建立连接。这与我们寄信要有地址、打电话要有电话号码一样。两个远方程序建立连接时，首先需要知道对方的地址或主机名，其次是端口号。地址主要用来区分计算机网络中的各个计算机，而端口的定义可以理解为扩展的号码，具备一个地址的计算机可以通过不同的端口来与其他计算机进行通信。

在 TCP 协议中，端口被规定为一个在 0~65 535 之间的 16 位的整数。其中，0~1023 被预先定义的服务通信占用(如 FTP 协议的端口号是 21，HTTP 协议的端口号为 80 等)。除非我们需要访问这些特定服务，否则就应该使用 1024~65 535 这些端口中的某一个来进行通信，以免发生端口的冲突。

15.1.1 URL 类

要使用 URL 进行网络编程，就必须创建 URL 对象。创建 URL 对象要使用 java.net 软件包中提供的 java.net.URL 类的构造方法。

1. 创建 URL 对象

URL 类提供的用于创建 URL 对象的构造方法有 4 个：

(1) URL(String spec)方法。根据 String 表示形式创建 URL 对象。例如：

  URL file=new URL("http://www.xahu.edu.cn/index.html");

这种以完整的 URL 创建的 URL 对象称为绝对 URL，该对象包含了访问该 URL 所需要的全部信息。

(2) URL(String protocol,String host,String file)方法。根据指定的 protocol、host、port 号和 file 创建 URL 对象。其中的 protocol 为协议名，host 为主机名，file 为文件名，端口号使用缺省值。例如：

  "http","www.xahu.edu.cn","index.html"

(3) URL(String protocol,String host,String port,String file)方法。这个构造方法与构造方法(2)相比，增加了 1 个指定端口号的参数。

(4) URL(URL context,String spec)方法。通过在指定的上下文中用指定的处理程序对给定的 spec 进行解析来创建 URL。例如：

  URL base=new URL("file: ///c:/ABC/xx.java");
  URL gk=new URL(base,"gg.txt");

中的 URL 对象 gk 是相对 URL 对象。javac 在使用对象 gk 时会从对象 base 中查出文件 gg.txt 所在的位置：本地主机是 c:/ABC/。对象 gk 指明的资源也就是 file: ///c:/ABC/gg.txt。

如果在程序中不访问 xx.java，那么在创建 base 的构造方法中则略去 xx.java。创建 gg 的方法不变，gg 指明的资源仍不变。

2．URL 类的常用成员方法

创建 URL 对象后，可以使用 java.net.URL 类的成员方法对创建的对象进行处理。java.net.URL 的常用成员方法如表 15.2 所示。

表 15.2　URL 类的常用成员方法

成　员　方　法	说　　　明
int getPort( )	获取 URL 的端口号
String getProtocol( )	获取 URL 的协议名
String getHost( )	获取 URL 的主机名
String getFile( )	获取 URL 的文件名
boolean equals(Object obj)	与指定的 URL 对象 obj 进行比较
string toString( )	将此 URL 对象转换成字符串形式

15.1.2　利用 URL 类访问网上资源示例程序

🔲【示例程序 C15_1.java】　获取某个 URL 地址的协议名、主机名、端口号和文件名。

```java
package ch15;
import    java.net.MalformedURLException;
import    java.net.URL;
public    class C15_1
{
    public static void main(String args[ ])
    {
        URL    MyURL=null;
        try
        {   MyURL=new URL("http://netbeans.org/kb/docs/java/quickstart.html"); }
        catch (MalformedURLException e)
        {   System.out.println("MalformedURLException: " + e);        }
        System.out.println("URL String: "+MyURL.toString( ));      //获取 URL 对象转换成字符串
        System.out.println("Protocol: "+MyURL.getProtocol( ));     //获取协议名
        System.out.println("Host: "+MyURL.getHost( ));             //获取主机名
        System.out.println("Port: "+MyURL.getPort( ));             //获取端口号
        System.out.println("File: "+MyURL.getFile( ));             //获取文件名
    }
}
```

该程序的运行结果如图 15.1 右下窗口所示。

图 15.1　程序 C15_1 的运行结果

【示例程序 C15_2.java】　使用 URL 类的 openStream()成员方法获取 URL 指定的网上信息。

```
package ch15;
import    java.io.*;
import    java.net.MalformedURLException;
import    java.net.URL;
public    class C15_2
{   public   static   void   main(String[ ]   args)
    {
        String Str;      InputStream st1;
        //String ur="http://netbeans.org/kb/docs/java/quickstart.html";      //获取远程网上的信息
        String   ur="file:///E:/Java/ch15/src/ch15/C15_1.java";           //获取本地网上的信息
        try
        {   URL   MyURL=new   URL(ur);
            st1=MyURL.openStream( );
            InputStreamReader ins=new InputStreamReader(st1);
            BufferedReader in=new   BufferedReader(ins);
            while((Str=in.readLine( ))!= null)         //从 URL 处获取信息并显示
            {   System.out.println(Str); }
        }
        catch(MalformedURLException e)           //创建 URL 对象可能产生的异常
        {   System.out.println("Can't get URL: " ); }
        catch (IOException e)
        {   System.out.println("Error in I/O:" + e.getMessage( ));    }
    }
}
```

由于 URL 的 openStream( )成员方法返回的是 InputStream 类的对象,因此只能通过 read( )方法逐个字节地去读 URL 地址处的资源信息。这里利用 BufferedReader 对原始信息流进行了包装和处理,以提高 I/O 效率。运行的结果是显示出 C15_1.java 程序的内容。

15.1.3　使用 URLConnection 类访问网上资源

上面介绍的方法只能读取远程计算机节点的信息,如果希望在读取远程计算机节点的信息时还可向它写入信息,则需要使用 java.net 软件包中的另一个类 URLConnection。

1.　创建 URLConnection 类的对象

要创建 URLConnection 对象必须先创建一个 URL 对象,然后调用该对象的 openConnection( )方法就可以返回一个对应其 URL 地址的 URLConnection 对象。例如:

```
URL MyURL=new URL("http://www.xahu.edu.cn/index.html");
URLConnection con= MyURL.openConnection( );
```

2.　建立输入/输出数据流

读取或写入远程计算机节点的信息时,要建立输入或输出数据流。我们可以利用 URLConnection 类的成员方法 getInputStream( )和 getOutputStream( )来获取输入和输出数据流。例如,下面的两行语句用于建立输入数据流:

```
InputStreamReader ins=new InputStreamReader(con.getInputStream( ));
BufferedReader in=new BufferedReader(ins);
```

下面的语句行用于建立输出数据流:

```
PrintStream out=new PrintStream(con.getOutputStream( ));
```

3.　读取远程计算机节点的信息或向其写入信息

要读取远程计算机节点的信息,可调用 in.readLine( )方法;向远程计算机节点写入信息时,可调用 out.println(参数)方法。

URLConnection 类是一个抽象类,它是代表程序与 URL 对象之间建立通信连接的所有类的超类,此类的一个实例可以用来读/写 URL 对象所代表的资源。出于安全性的考虑,Java 程序只能对特定的 URL 进行写操作,这种 URL 就是服务器上的 CGI(Common Gateway Interface,公共网关接口)程序。CGI 是客户端浏览器与服务器进行通信的接口。下面通过一个例子来说明 URLConnection 类是如何使用的。

【示例程序 C15_3.java】　使用 URLConnection 类从远程主机获取信息。

```
package   ch15;
import   java.io.*;
import   java.net.*;
class   C15_3
{   public   static   void   main(String[ ] args)
    {
        try {
            String ur="http://www.chd.edu.cn";          //获取远程网上的信息
```

```
        // String ur="file:///E:/Java/ch15/src/ch15/C15_1.java" ;      //获取本地网上的信息
        URL   MyURL=new   URL(ur);
        String   str;
        URLConnection   con=MyURL.openConnection( );
        InputStreamReader   ins=new   InputStreamReader(con.getInputStream( ));
        BufferedReader   in=new   BufferedReader(ins);
        while ((str=in.readLine( ))!=null) {   System.out.println(str); }
        in.close( );
        }
    catch (MalformedURLException mfURLe)
    { System.out.println("MalformedURLException: " + mfURLe);    }
    catch (IOException ioe)
    {   System.out.println("IOException: " + ioe);        }
        }
    }
```

该程序的运行结果如图 15.2 所示。

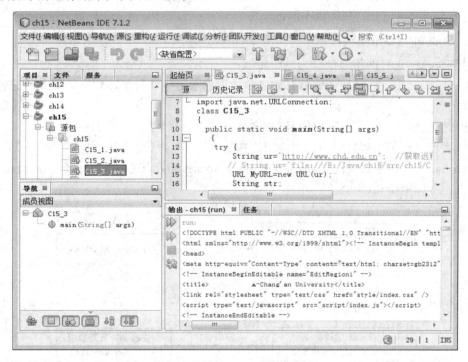

图 15.2　程序 C15_3 的运行结果

☞　15.2　Socket 通信

Socket 套接字是应用于网络通信中的重要机制。Socket 最初是加利福尼亚大学 Berkeley 分校为 UNIX 操作系统开发的网络通信接口。随着 UNIX 操作系统的广泛使用，套接字成为当前最流行的网络通信应用程序接口之一。Java 语言中采用的 Socket 通信是一种流式套接字通信，它采用 TCP 协议，通过提供面向连接的服务，实现客户/服务器之间双向、可靠的通信。java.net 包中的 Socket 类与 ServerSocket 类为流式套接字通信方式提供了充分的支持。

15.2.1 Socket 的概念及通信机制

1．Socket 的概念

Socket 称为"套接字"，也有人称为"插座"。在两台计算机上运行的两个程序之间有一个双向通信的链接点，而这个双向链路的每一端就称为一个 Socket。

建立连接的两个程序分别称为客户端(Client)和服务器端(Server)。客户端程序申请连接，而服务器端程序监听所有的端口，判断是否有客户程序的服务请求。当客户程序请求和某个端口连接时，服务器程序就将"套接字"连接到该端口上，此时，服务器与客户程序就建立了一个专用的虚拟连接。客户程序可以向套接字写入请求，服务器程序处理请求并把处理结果通过套接字送回。通信结束时，再将所建的虚拟连接拆除。

一个客户程序只能连接服务器的一个端口，而一个服务器可以有若干个端口，不同的端口使用不同的端口号，并提供不同的服务。

2．Socket 通信机制

利用 Socket 进行网络通信分为三个步骤：

(1) 建立 Socket 连接。在通信开始之前由通信双方确认身份，建立一条专用的虚拟连接通道。

(2) 数据通信。利用虚拟连接通道传送数据信息进行通信。

(3) 关闭。通信结束时将所建的虚拟连接拆除。

利用 java.net 包中提供的 Socket 类和 ServerSocket 类及其方法，可完成上述操作。

Socket 通信机制如图 15.3 所示。

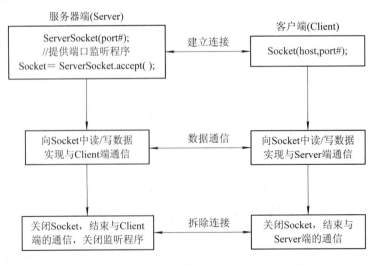

图 15.3 Socket 通信机制

从图 15.3 中可以看到,服务器端的程序首先选择一个端口(port)注册,然后调用 accept( ) 方法对此端口进行监听,等待其他程序的连接申请。如果客户端的程序申请和此端口连接, 那么服务器端就利用 accept( )方法来取得这个连接的 Socket。客户端的程序建立 Socket 时 必须指定服务器的地址(host)和通信的端口号(port#),这个端口号必须与服务器端监听的端 口号保持一致。

15.2.2 Socket 类与 ServerSocket 类

java.net 中提供了两个类,即 ServerSocket 类和 Socket 类,它们分别用于服务器端和客 户端的 Socket 通信,进行网络通信的方法也都封装在这两个类中。

1. ServerSocket 对象与 Socket 对象的构造方法

Java 在软件包 java.net 中提供了 ServerSocket 类和 Socket 类对应的双向链接的服务器 端和客户端,包含的主要构造方法如表 15.3 所示。

表 15.3 ServerSocket 类与 Socket 类的构造方法

构 造 方 法	功 能
ServerSocket(int port)	在指定的端口创建一个服务器 Socket 对象
ServerSocket(int port, int backlog)	利用指定的 backlog 创建服务器套接字并将其绑定到指定的 本地端口号
Socket(InetAddress address,int port)	创建一个流套接字并将其连接到指定 IP 地址的指定端口号
Socket(String host,int port)	创建一个流套接字并将其连接到指定主机上的指定端口号

2. 异常处理

在建立 Socket 对象的同时要进行异常处理,以便程序出错时能够及时做出响应。

(1) 服务器端:在建立 ServerSocket 类的对象和取得 Socket 类的对象时都要进行异常 处理,例如下面语句中的 try-catch 语句。

```
ServerSocket server;
Socket socket;
try{ server=new ServerSocket(3561);}
catch(Exception e){ System.out.println("Error occurred:  "+e);}
try{ socket=server.accept( );}
catch(Exception e){ System.out.println("Error occurred:  "+e);}
```

(2) 客户端:在建立 Socket 类的对象时要进行异常处理,例如下面的 try-catch 语句。

```
Socket socket;
try{ socket=new Socket("Server Name",3561);}
catch(Exception e){ System.out.println("Error occurred:  "+e);}
```

3. 获取输入/输出流

建立 Socket 连接后,就可以利用 Socket 类的两个方法 getInputStream( )和 getOutputStream( )分别获得向 Socket 类的对象读/写数据的输入/输出流。此时同样要进行异常处理，因此，通常将读/写数据的输入/输出流语句写在 try-catch 块中。例如：

```
try{
    InputStream  ins=socket. getInputStream( );
    OutputStream  outs=socket. getOutputStream( );
}
catch(Exception e){
    System.out.println("Error occurred:"+e);
}
```

4．读/写数据流

获取 Socket 类的对象的输入/输出流后，为了便于进行读/写，需要在这两个流对象的基础上建立易于操作的数据流对象，如 InputStreamReader 类、OutputStreamReader 类或 PrintStream 类的对象。建立数据流的对象可采用如下语句：

```
InputStreamReader  in=new InputStreamReader(ins);
BufferedReader  inn=new  BufferedReader(in);
OutputStreamReader  out=new InputStreamReader(outs);
PrintStream  out=new PrintStream(outs);
```

要读入一个字符串并将其长度写入输出流中，可以使用如下语句：

```
String  str=inn.readLine( );
Out.println(str.length( ));
```

5．断开连接

无论是编写服务器程序还是客户端程序，通信结束时，必须断开连接并释放所占用的资源。Java 提供了 close( )方法来断开连接。

(1) 关闭 Socket 对象：socket.close( )。

(2) 关闭 Server Socket 对象：server.close( )。

15.2.3　流式 Socket 通信的示例程序

综合前面介绍的内容，这里给出几个示例程序作为总结。

【示例程序 C15_4.java】　利用 InetAddress 类的对象来获取计算机主机信息。

```
package  ch15;
import  java.net.InetAddress;
import  java.net.UnknownHostException;
public class C15_4
{
    public  static void main(String args[ ])
    {
        try {
            if(args.length==1)
```

```
        {   //调用 InetAddress 类的静态方法，利用主机名创建对象
            InetAddress   ipa=InetAddress.getByName(args[0]);
            System.out.println("Host name: "+ipa.getHostName( ));    //获取主机名
            System.out.println("Host IP Address: "+ipa.toString( ));    //获取 IP 地址
            System.out.println("Local Host: "+InetAddress.getLocalHost( ));
        }
        else
            System.out.println("输入一个主机名");
    }
    catch(UnknownHostException e)    //创建 InetAddress 对象可能发生的异常
    {   System.out.println(e.toString( ));    }
}//end of main( )
    }
```

运行时先在 "ch15 项目属性" 对话框的 "主类" 后的文本框中输入 "ch15.C15_4"，在 "参数" 后的文本框中输入 "localhost"。然后，选择菜单栏中的 "运行" → "设置主项目" → "ch15"，再单击菜单栏中的 "运行" → "清理并生成主项目"。最后，单击菜单栏中的 "运行" → "运行主项目"。程序运行后就会输出如下的运行结果：

```
Host name: localhost
Host IP Address: localhost/127.0.0.1
Local Host: EKKIVWZMWR79BJH/192.168.1.100
```

下面的示例程序 C15_5.java 和 C15_6.java 是一个完整的实现 Socket 通信的 Java 程序，分别为服务器端程序和客户端程序。在这个 Socket 通信程序中，服务器等待与客户端连接。当连接建立后，客户端向服务器端发送一条信息，服务器端收到后再向客户端发送一条信息。若客户端发送 end 结束消息传递，服务器端同意，则客户端拆除与服务器端的连接。

【示例程序 C15_5.java】 Socket 通信的服务器端程序。

```java
package ch15;
//Socke 服务器端程序
import    java.io.*;
import    java.net.ServerSocket;
import    java.net.Socket;
public    class    C15_5
{
    public static final int port=8000;
    public static void main(String args[ ])
    {
        String str;
        try
        {   //在端口 port 注册服务
            ServerSocket server=new ServerSocket(port);    //创建当前线程的监听对象
```

```
            System.out.println("Started:   "+server);
            Socket socket=server.accept( );              //负责 C/S 通信的 Socket 对象
            System.out.println("Socket:   "+socket);
            //获得对应 Socket 的输入/输出流
            InputStream fIn=socket.getInputStream( );
            OutputStream fOut=socket.getOutputStream( );
            //建立数据流
            InputStreamReader isr=new InputStreamReader(fIn);
            BufferedReader in=new BufferedReader(isr);
            PrintStream out=new PrintStream(fOut);
            InputStreamReader userisr=new InputStreamReader(System.in);
            BufferedReader userin=new BufferedReader(userisr);
            while(true){
                System.out.println("等待客户端的消息…");
                str=in.readLine( );                       //读客户端传送的字符串
                System.out.println("客户端:"+str);          //显示字符串
                if(str.equals("end"))break;               //如果是 end，则退出
                System.out.print("给客户端发送:");
                str=userin.readLine( );    out.println(str);   //向客户端发送消息
                if(str.equals("end"))break;
            } //while
            socket.close( );       server.close( );
        } //try
        catch(Exception e){       System.out.println("异常:"+e);   }
    }
}
```

📖【示例程序 C15_6.java】 Socket 通信的客户端程序。

```
package ch15;
//Socket 客户端程序
import   java.io.*;
import   java.net.InetAddress;
import   java.net.Socket;
public   class   C15_6
{
    public static void main(String[ ] args)
    {
        String str;
        try{
            InetAddress   addr=InetAddress.getByName("127.0.0.1");
            //InetAddress addr=InetAddress.getByName("198.198.1.68");
```

```
                Socket socket=new Socket(addr,8000);
                System.out.println("Socket: "+socket);
                //获得对应 socket 的输入/输出流
                InputStream fIn=socket.getInputStream( );
                OutputStream fOut=socket.getOutputStream( );
                //建立数据流
                InputStreamReader isr=new InputStreamReader(fIn);
                BufferedReader in=new BufferedReader(isr);
                PrintStream out=new PrintStream(fOut);
                InputStreamReader userisr=new InputStreamReader(System.in);
                BufferedReader userin=new BufferedReader(userisr);
                while(true){
                    System.out.print("发送字符串:");
                    str=userin.readLine( );              //读取用户输入的字符串
                    out.println(str);                    //将字符串传给服务器端
                    if(str.equals("end"))break;          //如果是 end，就退出
                    System.out.println("等待服务器端消息…");
                    str=in.readLine( );                  //获取服务器发送的字符串
                    System.out.println("服务器端字符:"+str);
                    if(str.equals("end"))break;
                }
                socket.close( );    //关闭连接
            }
            catch(Exception e)
            {    System.out.println("异常:"+e);    }
        }
    }
```

服务器端程序的运行情况如图 15.4 所示，客户端程序的运行情况如图 15.5 所示。

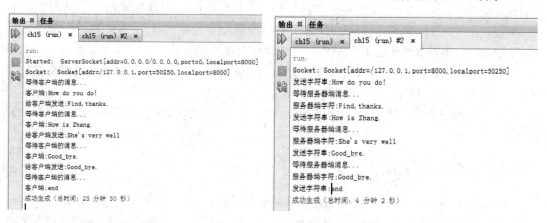

图 15.4　服务器端程序输出窗口(ch15(run))　　　　图 15.5　客户端程序输出窗口(ch15(#2))

程序运行时，首先运行服务器程序 C15_5.java，然后运行客户端程序 C15_6.java 建立两端的连接。输出窗口有两个，如图 15.4 和图 15.5 所示。先在客户端输出窗口给服务器发送信息，例如"How do you do!"，单击服务器窗口，当看到服务器收到信息并输出后，再给客户端发信息，例如"Find,thanks."，客户端收到信息并输出后，再给服务器发送信息，直到客户端给服务器发"end"则结束通信。

15.2.4　URL 通信与 Socket 通信的区别

　　URL 通信与 Socket 通信都是面向连接的通信，它们的区别在于：Socket 通信方式为主动等待客户端的服务请求方式，而 URL 通信方式为被动等待客户端的服务请求方式。

　　利用 Socket 进行通信时，在服务器端运行了一个 Socket 通信程序，不停地监听客户端的连接请求，当接到客户端请求后，马上建立连接并进行通信。利用 URL 进行通信时，在服务器端常驻有一个 CGI 程序，但它一直处于睡眠状态，只有当客户端的连接请求到达时它才被唤醒，然后建立连接并进行通信。

　　在 Socket 通信方式中，服务器端的程序可以打开多个线程与多个客户端进行通信，并且还可以通过服务器使各个客户端之间进行通信，这种方式适合于一些较复杂的通信。而在 URL 通信方式中，服务器端的程序只能与一个客户进行通信，这种方式比较适合于 B/S 通信模式。

☞　15.3　UDP 通信

　　URL 和 Socket 通信是一种面向连接的流式套接字通信，采用的协议是 TCP 协议。在面向连接的通信中，通信的双方需要首先建立连接再进行通信，这需要占用资源与时间。但是在建立连接之后，双方就可以准确、同步、可靠地进行通信了。流式套接字通信在建立连接之后，可以通过流来进行大量的数据交换。TCP 通信被广泛应用在文件传输、远程连接等需要可靠传输数据的领域。

　　UDP 通信是一种无连接的数据报通信，采用的协议是数据报通信协议 UDP(User Datagram Protocol)。按照这个协议，两个程序进行通信时不用建立连接；数据以独立的包为单位发送，包的容量不能太大；每个数据报需要有完整的收/发地址，可以随时进行收/发数据报，但不保证传送顺序和内容准确；数据报可能会被丢失、延误等。因此，UDP 通信是不可靠的通信。由于 UDP 通信速度较快，因此常常被应用在某些要求实时交互，准确性要求不高，但传输速度要求较高的场合。

　　java.net 软件包中的类 DatagramSocket 和类 DatagramPacket 为实现 UDP 通信提供了支持。

15.3.1　UDP 通信机制

　　利用 UDP 通信时，服务器端和客户端的通信过程如图 15.6 所示。服务器端的程序有一个线程不停地监听客户端发来的数据报，等待客户的请求。服务器只有通过客户发来的数据报中的信息才能得到客户端的地址及端口。

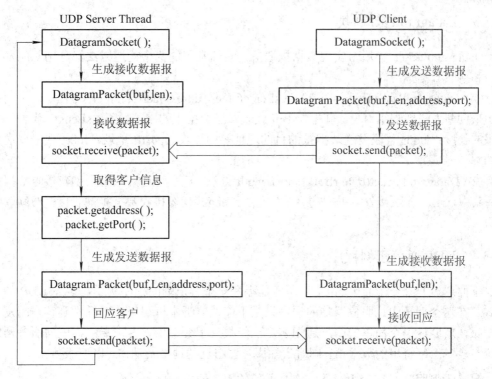

图 15.6　UDP 通信机制

15.3.2　DatagramSocket 类

DatagramSocket 类用于收/发数据报。其构造方法如下：

(1) DatagramSocket( )方法。

(2) DatagramSocket(int port)方法。

(3) DatagramSocket(int port,InetAddress iaddr)方法。

其中，第一个构造方法将 Socket 连接到本机的任何一个可用的端口上；第二个将 Socket 连接到本机的 port 端口上；第三个则将 Socket 连接到指定地址的 port 端口上。

这里需要注意两点：一是规定端口时不要发生冲突；二是在调用构造方法时要进行异常处理。

receive( ) 和 send( )是 DatagramSocket 类中用来实现数据报传送和接收的两个重要成员方法，其格式如下：

(1) void receive(DatagramPacket packet)方法。

(2) void send(DatagramPacket packet)方法。

receive( )方法将使程序中的线程一直处于阻塞状态，直到从当前 Socket 中接收到信息后，将收到的信息存储在 receive()方法的参数 packet 的对象中。由于数据报是不可靠的通信，因此 receive( )方法不一定能读到数据。为防止线程死掉，应该设置超时参数(timeout)。

send( )方法将 DatagramPacket 类的 packet 的对象中包含的数据报文发送到所指定的 IP 地址主机的指定端口。

15.3.3　DatagramPacket 类

DatagramPacket 类用来实现数据报通信，它的常用的两个构造方法，分别对应发送数据报和接收数据报：

(1) DatagramPacket(byte sBuf[ ],int sLength,InetAddress iaddr,int iport)方法。这个构造方法用来创建发送数据报对象。其中，sBuf 代表发送数据报的字节数组；sLength 代表发送数据报的长度；iaddr 代表发送数据报的目的地址，即接收者的 IP 地址；iport 代表发送数据报的端口号。

(2) DatagramPacket(byte rBuf[ ],int rLength)方法。这个构造方法用来创建接收数据报对象。其中，rBuf 代表接收数据报的字节数组；rLength 代表接收数据报的长度，即读取的字节数。

15.3.4　UDP 通信示例程序

下面通过建立一个简单的 UDP 服务器端和一个客户端的程序例子，讲述 UDP 的工作方式。在这个例子中，服务器端的程序只是不停地监听本机端口，一旦收到客户端发来的数据报，就回应一个简单的信息通知客户已经收到了数据报。客户端的程序向服务器发送一个包含一个字符串的数据报，同时告知服务器自己的地址及端口，以便服务器做出回应。

【示例程序 C15_7.java】 UDP 通信的服务器端程序。

```java
package ch15;
//UDP 服务器端程序
import   java.net.DatagramPacket;
import   java.net.DatagramSocket;
import   java.net.InetAddress;
class   UDPServerThread extends Thread
{    //启动服务器线程的主程序
    private DatagramPacket packet;
    private DatagramSocket socket;
    static final int sport=1777;
    UDPServerThread()
    {   try{
            //将 Socket 连接到本机的一个可用端口上
            socket=new DatagramSocket(sport);
            System.out.println("Listening on port:"+socket.getLocalPort());
        }
        catch(Exception e){    System.out.println("Error："+e); }
    }
    public void run( )
    {    //线程的主要操作
```

```
        if(socket==null)return;
        while(true)
        {   try{
            InetAddress address;        int cport;
            byte[ ] buf1=new byte[1000],buf2=new byte[1000];
            String s="Your packet is received";
            packet=new DatagramPacket(buf1,buf1.length);        //生成一个接收数据报
            socket.receive(packet);                             //接收数据报
            String s1=new String(packet.getData( ));
            System.out.println("Received from client: "+s1);    //打印数据报的内容
            address=packet.getAddress( );
            cport=packet.getPort( );                            //获得数据报的源地址与端口
            buf2=s.getBytes( );
            packet=new DatagramPacket(buf2,buf2.length,address,cport);   //生成发送的数据报
            socket.send(packet);                                //发送数据报给客户
        }
        catch(Exception e){     System.out.println("Error："+e);        }
    }
}
protected void finalize( )
{   if(socket!=null){
        socket.close( );    //关闭 Socket
        System.out.println("Socket Closed."); }
    }
}
public class   C15_7
{   public static void main(String[ ] args){
        UDPServerThread    server=new    UDPServerThread();
        server.start( );}
}
```

🖫【示例程序 C15_8.java】 UDP 通信的客户端程序。

```
package ch15;
//UDP 客户端程序
import java.net.DatagramPacket;
import java.net.DatagramSocket;
import java.net.InetAddress;
class   C15_8{
    public static void main(String[ ] args)
```

```
    {   DatagramSocket socket;      //用于发送/接收 UDP
        DatagramPacket packet;      //用于保存 UDP 的内容
        InetAddress address;         int port;
        byte[ ] buf1=new byte[1000], buf2=new byte[1000];
        String s="Hello,server!",s2;
        if(args.length<3)
        {   System.out.println("输入本地端口号, 服务器名, 服务器端口号 ");
            System.exit(0);
        }
        try {
            socket=new DatagramSocket(Integer.parseInt(args[0]));
            address=InetAddress.getByName(args[1]);
            port=Integer.parseInt(args[2]);        buf1=s.getBytes( );
            packet=new DatagramPacket(buf1,buf1.length,address,port);
            socket.send(packet);                           //向服务器发送 packet
            packet=new DatagramPacket(buf2,buf2.length);   //生成接收的 packet
            socket.receive(packet);                        //接收服务器传来的 packet
            s2= new String(packet.getData( ));
            System.out.println("Received from server: "+s2);   //打印 packet 内容
            socket.close( );                               //关闭 Socket
        }
        catch(Exception e)
        {   System.out.println("Error:"+e);   }
    }
}
```

运行时先在"ch15 项目属性"对话框的"主类"后的文本框中输入 ch15.C15_8，在"参数"后的文本框中输入 "2777" "127.0.0.1" "1777"。然后选择菜单栏中的"运行"→"设置主项目"→"ch15"，再单击菜单栏中的"运行"→"清理并生成主项目"，最后单击菜单栏中的"运行"→"运行主项目"。

服务器端输出窗口的结果如下：

　　Listening on port: 1777

　　Received from client: Hello,server!

客户端输出窗口的结果如下：

　　Received from server:　Your packet is received

习　题　15

15.1　Java 语言提供了哪几种网上通信模式？

15.2 Java 语言中的套接字网络通信方式分为哪几种？

15.3 什么是面向连接的网络服务？什么是面向无连接的网络服务？

15.4 一个完整的 URL 地址由哪几部分组成？

15.5 什么是网络通信中的地址和端口？

15.6 说明如何通过一个 URL 连接从服务器上读取文件。

15.7 利用 URL 类和 URLConnection 类访问网上资源有何异同？

15.8 简述 Socket 通信机制。

15.9 说明客户端如何同服务器连接。

15.10 说明一个客户端如何从服务器上读取一行文本。

15.11 说明服务器如何将数据发送到客户端。

15.12 一台服务器如何在一个端口上监听连接请求？

15.13 简述如何利用一台服务器接收单个客户提出的基于流的连接请求。

15.14 采用套接字的连接方式编写一个程序，允许客户向服务器发送一个文件的名字，如果文件存在就把文件内容发送回客户，否则指出文件不存在。

15.15 修改示例程序 C15_4.java、C15_5.java 和 C15_6.java 为 GUI 界面，实现网上通信。

15.16 简述 UDP 通信机制。

15.17 简述 URL 通信与 Socket 通信的区别。

15.18 修改示例程序 C15_7.java 和示例程序 C15_8.java 为 GUI 界面，实现网上通信。

15.19 填空：

(1) Java 中有关网络的类都包含在____包中。

(2) URL 代表_____。

(3) 一个_____类的对象包含一个 Internet 的地址。

(4) 在关闭一个套接字时，如果出现一个 I/O 错误，则引发一个_____异常。

(5) 对于不可靠的数据报传输，使用_____类来创建一个套接字。

(6) 如果一个 DatagramSocket 的构造方法不能正确设置它的对象，将引发_____异常。

(7) 如果客户端不能解析一个服务器的地址，将引发_____异常。

(8) 构成 WWW 的关键协议是_____协议。

15.20 判断下列叙述是否正确，如果不正确，请说明为什么。

(1) 一个 URL 对象一旦创建便不能改变。

(2) UDP 是一种面向连接的协议。

(3) 服务器在每一个端口上等待客户的连接请求。

(4) 数据报的传输是可靠的，可以保证数据包有序地到达。

(5) Web 浏览器常常约束一个 Applet，使得它仅能同下载它的机器进行通信。

JDBC 连接数据库

数据库是指长期存储在计算机内的、有组织的、可共享的数据集合。在当今这个信息爆炸的时代，数据库可以说是"无所不在"。无论在现实世界中还是在计算机领域里，如何将数以万计的数据高效地存储并方便取用，一直是一个重要的研究课题。在这方面，可以说数据库管理技术是目前公认的最有效的工具。从 20 世纪 60 年代中期数据库技术产生到现在有 50 多年的历史，已经造就了 C.W.Bachman、E.F.Codd 和 James Gray 三位图灵奖获得者，这足以说明数据库技术的重要性及价值所在。

关系型数据库使用被称为第四代语言(4GL)的 SQL 语言对数据库进行定义、操纵、控制和查询。Java 程序与数据库的连接是通过 JDBC(Java Data Base Connectivity)来实现的。本章将简要介绍数据库的基本概念和 SQL 语言，进而讲述如何在 Java 程序中连接数据库和存取数据库中的数据。

☞ 16.1 关系型数据库与 SQL

SQL(Structured Query Language,结构化查询语言)作为关系型数据库管理系统的标准语言，其主要功能是同各种数据库建立联系并进行操作。SQL 最初是由 IBM 公司提出的，其主要功能是对 IBM 自行开发的关系型数据库进行操作。由于 SQL 结构性好，易学且功能完善，于是 1987 年美国国家标准局(ANSI)和国际标准化组织(ISO)以 IBM 的 SQL 语言为蓝本，制定并公布了 SQL-89 标准。此后，ANSI 不断改进和完善 SQL 标准，于 1992 年又公布了 SQL-92 标准。虽然目前数据库的种类繁多，如 SQL Server、Access、Visual FoxPro、Oracle、Sybase 和 MySQL 等，并且不同的数据库有着不同的结构和数据存放方式，但是它们基本上都支持 SQL 标准，我们可以通过 SQL 来存取和操作不同数据库的数据。

16.1.1 关系型数据库的基本概念

数据库技术是计算机科学与技术领域的一个重要分支，其理论和概念比较复杂，这里扼要介绍一下本章中涉及到的数据库的有关概念。首先，顾名思义，数据库(Database)是存储数据的仓库，用专业术语来说它是指长期存储在计算机内的、有组织的、可共享的数据集合。在关系型数据库中，数据以记录(Record)和字段(Field)的形式存储在数据表(Table)中，若干个数据表又构成一个数据库。数据表是关系数据库的一种基本数据结构。如图 16.1 所示，数据表在概念上很像我们日常所使用的二维表格(关系代数中称为关系)。数据表中的一行称为一条记录，一列称为一个字段，字段有字段名与字段值之分。字段名是表的结构部分，由它确定该列的名称、数据类型和限制条件。字段值是该列中的一个具体值，它与第 2 章介绍的变量名与变量值的概念类似。

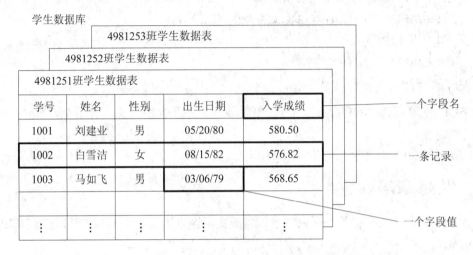

图 16.1　学生数据库的组成及相关名词

SQL 的操作对象主要是数据表。依照 SQL 命令操作关系型数据库的不同功能，可将 SQL 命令分成数据定义语言(Data Definition Language，DDL)、数据操纵语言(Data Manipulation Language，DML)、数据查询语言(Data Query Language，DQL)和数据控制语言(Data Control Language，DCL)四大类。这里只介绍前三类。

16.1.2　数据定义语言

数据定义语言提供对数据库及其数据表的创建、修改、删除等操作。属于数据定义语言的命令有 CREATE、ALTER 和 DROP。

1. 创建数据表

在 SQL 中，使用 CREATE TABLE 语句创建新的数据库表格。CREATE TABLE 语句的使用格式如下：

　　CREATE TABLE　表名(字段名 1　数据类型[限制条件]，

　　　　　字段名 2　数据类型[限制条件]，…，字段名 n　数据类型[限制条件])

说明：

(1) 表名是指存放数据的表格名称；字段名是指表格中某一列的名称，通常也称为列名。表名和字段名都应遵守标识符命名规则。

(2) 数据类型用来设定某一个具体列中数据的类型。

(3) 所谓限制条件，就是当输入此列数据时必须遵守的规则。这通常由系统给定的关键字来说明。例如，使用 UNIQUE 关键字限定本列的值不能重复；NOT NULL 用来规定该列的值不能为空；PRIMARYKEY 表明该列为该表的主键(也称主码)，它既限定该列的值不能重复，也限定该列的值不能为空。

(4) [ ]表示可选项(下同)。例如，CREATE 语句中的限制条件便是一个可选项。

2．修改数据表

修改数据表包括向表中添加字段和删除字段。这两个操作都使用 ALTER 命令，但其中的关键字有所不同。添加字段使用的格式如下：

　　　　ALTER TABLE　表名　ADD　字段名　数据类型　[限制条件]

删除字段使用的格式如下：

　　　　ALTER TABLE　表名　DROP　字段名

3．删除数据表

在 SQL 中使用 DROP TABLE 语句删除某个表格及表格中的所有记录，其使用格式如下：

　　　　DROP TABLE　表名

16.1.3　数据操纵语言

数据操纵语言用来维护数据库的内容。属于数据操纵语言的命令有 INSERT、DELETE 和 UPDATE。

1．向数据表中插入数据

SQL 使用 INSERT 语句向数据库表格中插入或添加新的数据行，其格式如下：

　　　　INSERT INTO　表名(字段名 1，…，字段名 n) VALUES(值 1，…，值 n)

说明：命令行中的"值"表示对应字段的插入值。在使用时要注意字段名的个数与值的个数要严格对应，二者的数据类型也应该一一对应，否则就会出现错误。

2．数据更新语句

SQL 使用 UPDATE 语句更新或修改满足规定条件的现有记录，使用格式如下：

　　　　UPDATE　表名　SET　字段名 1　新值 1 [，字段名 2　新值 2…] WHERE　条件

说明：关键字 WHERE 引出更新时应满足的条件，即满足此条件的字段值将被更新。在 WHERE 从句中可以使用所有的关系运算符和逻辑运算符。

3．删除记录语句

SQL 使用 DELETE 语句删除数据库表格中的行或记录，其使用格式如下：

　　　　DELETE FROM　表名　WHERE　条件

说明：通常情况下，由关键字 WHERE 引出删除时应满足的条件，即满足此条件的记录将被删除。如果省略 WHERE 子句，则删除当前记录。

16.1.4　数据查询语言

数据库查询是数据库的核心操作。SQL 提供了 SELECT 语句进行数据库的查询，并以数据表的形式返回符合用户查询要求的结果数据。SELECT 语句具有丰富的功能和灵活的使用方式，其一般的语法格式如下：

　　　　SELECT [DISTINCT] 字段名 1 [，字段名 2，…] FROM　表名　[WHERE　条件]

其中：DISTINCT 表示不输出重复值，即当查询结果中有多条记录具有相同的值时，只返

回满足条件的第一条记录值；字段名用来决定哪些字段将作为查询结果返回。用户可以按
照自己的需要返回数据表中的任意字段，也可以使用通配符"*"来表示查询结果中包含所
有字段。

☞ 16.2　使用 JDBC 连接数据库

　　JDBC(Java Data Base Connectivity)是 Java 程序连接和存取数据库的应用程序接口
(API)。此接口是 Java 核心 API 的一部分。JDBC 由一群类和接口组成，它支持 ANSI SQL-92
标准，因此，通过调用这些类和接口所提供的成员方法，我们可以方便地连接各种不同的
数据库，进而使用标准的 SQL 命令对数据库进行查询、插入、删除、更新等操作。

16.2.1　JDBC 结构

　　用 JDBC 连接数据库实现了与平台无关的客户机/服务器的数据库应用。由于 JDBC 是
针对"与平台无关"设计的，因此只要在Java数据库应用程序中指定使用某个数据库的JDBC
驱动程序，就可以连接并存取指定的数据库了。而且，当要连接几个不同的数据库时，只
需修改程序中的 JDBC 驱动程序，无需对其他的程序代码做任何改动。JDBC 的基本结构由
Java 程序、JDBC 管理器、驱动程序和数据库四部分组成，如图 16.2 所示。在这四部分中，
根据数据库的不同，相应的驱动程序又可分为四种类型。

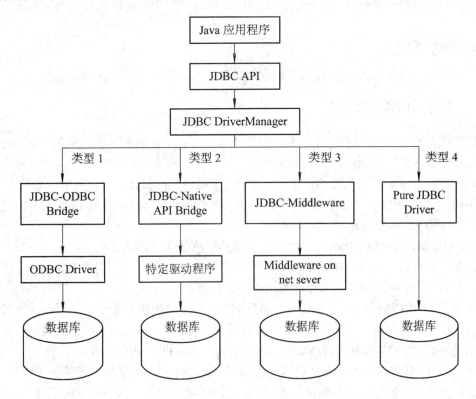

图 16.2　JDBC 驱动程序存取结构

1. Java 应用程序

Java 程序包括 Java 应用程序和小应用程序，主要功能是根据 JDBC 方法实现对数据库的访问和操作。完成的主要任务有：请求与数据库建立连接，向数据库发送 SQL 请求，为结果集定义存储应用和数据类型，查询结果，处理错误，控制传输，提交及关闭连接等。

2. JDBC 管理器

JDBC 管理器为我们提供了一个"驱动程序管理器"，它能够动态地管理和维护数据库查询所需要的所有驱动程序对象，实现 Java 程序与特定驱动程序的连接，从而体现 JDBC 的"与平台无关"这一特点。它完成的主要任务有：为特定数据库选择驱动程序，处理 JDBC 初始化调用，为每个驱动程序提供 JDBC 功能的入口，为 JDBC 调用执行参数等。

3. 驱动程序

驱动程序处理 JDBC 方法，向特定数据库发送 SQL 请求，并为 Java 程序获取结果。在必要的时候，驱动程序可以翻译或优化请求，使 SQL 请求符合 DBMS 支持的语言。驱动程序可以完成下列任务：建立与数据库的连接，向数据库发送请求，用户程序请求时执行翻译，将错误代码格式化成标准的 JDBC 错误代码等。

JDBC 是独立于数据库管理系统的，而每个数据库系统均有自己的协议与客户机通信，因此，JDBC 利用数据库驱动程序来使用这些数据库引擎。JDBC 驱动程序由数据库软件商和第三方的软件商提供，因此，编程所使用的数据库系统不同，所需要的驱动程序也有所不同。

4. 数据库

这里的数据库是指 Java 程序需要访问的数据库及其数据库管理系统。

16.2.2　四类 JDBC 驱动程序

尽管存在数据库语言标准 SQL-92，但由于数据库技术发展的原因，各公司开发的 SQL 也存在着一定的差异。因此，当我们想要连接数据库并存取其中的数据时，选择适当类型的 JDBC 驱动程序是非常重要的。目前，JDBC 驱动程序可细分为四种类型，如图 16.2 所示。不同类型的 JDBC 驱动程序有着不一样的特性和使用方法。下面将说明不同类型的 JDBC 驱动程序之间的差异。

类型 1：JDBC-ODBC Bridge。这类驱动程序的特色是必须在计算机上事先安装好 ODBC 驱动程序，然后通过 JDBC-ODBC Bridge 的转换，把 Java 程序中使用的 JDBC API 转换成 ODBC API，进而通过 ODBC 来存取数据库中的数据。

类型 2：JDBC-Native API Bridge。同类型 1 一样，这类驱动程序也必须在计算机上事先安装好特定的驱动程序(类似 ODBC)，然后通过 JDBC-Native API Bridge 的转换，把 Java 程序中使用的 JDBC API 转换成 Native API，进而存取数据库中的数据。

类型 3：JDBC-Middleware。使用这类驱动程序时不需要在计算机上安装任何附加软件，但是必须在安装数据库管理系统的服务器端加装中介软件(Middleware)，这个中介软件会负责所有存取数据库中的数据时必要的转换。

类型 4：Pure JDBC Driver。使用这类驱动程序时无需安装任何附加的软件(无论是计算机还是数据库服务器端)，所有存取数据库中数据的操作都直接由 JDBC 驱动程序来完成。

由以上的简单陈述可以知道，最佳的 JDBC 驱动程序类型是类型 4，因为使用类型 4 的 JDBC 驱动程序不会增加任何额外的负担，而且类型 4 的 JDBC 驱动程序是由纯 Java 语言开发而成的，因此拥有最佳的兼容性。反观类型 1 和类型 2 的 JDBC 驱动程序，它们都必须事先安装其他附加的软件，若有 30 台计算机就必须安装 30 次附加软件，这将使 Java 数据库程序的兼容性大打折扣。使用类型 3 的 JDBC 驱动程序也是不错的选择，因为类型 3 的 JDBC 驱动程序也是由纯 Java 语言开发而成的，并且中介软件也仅需要在服务器上安装。因此，建议最好以类型 3 和类型 4 的 JDBC 驱动程序为主要选择，类型 1 和类型 2 的 JDBC 驱动程序为次要选择。

16.2.3　JDBC 编程要点

在 Java 中使用数据库进行 JDBC 编程时，Java 程序中通常应包含下述几部分内容。

(1) 在程序的首部用 import 语句将 java.sql 包引入程序。使用语句：

　　　import java.sql.*;

(2) 使用 Class.forName( )方法加载相应数据库的 JDBC 驱动程序。若以加载 JDBC-ODBC Bridge 为例，则相应的语句格式如下：

　　　Class.forName("sun.jdbc.odbc.JdbcOdbcDriver");

(3) 定义 JDBC 的 URL 对象。例如：

　　　String conURL="jdbc:odbc:TestDB";

其中，TestDB 是我们设置的要创建的数据源。

(4) 连接数据库。例如：

　　　Connection s=DriverManager.getConnection(conURL);

(5) 使用 SQL 语句对数据库进行操作。

(6) 使用 close( )方法解除 Java 与数据库的连接并关闭数据库。例如：

　　　s.close( );

16.2.4　常用的 JDBC 类与方法

JDBC API 提供的类和接口在 java.sql 包中定义。JDBC API 所包含的类和接口非常多，这里只介绍几个常用的类和接口及它们的成员方法。

1．DriverManage 类

java.sql.DriverManager 类是 JDBC 的管理器，负责管理 JDBC 驱动程序，跟踪可用的驱动程序并在数据库和相应驱动程序之间建立连接。如果要使用 JDBC 驱动程序，必须加载 JDBC 驱动程序并向 DriverManage 注册后才能使用。加载和注册驱动程序可以使用 Class.forName()方法来完成。此外，java.sql.DriverManager 类还处理如驱动程序登录时间限制及登录和跟踪消息的显示等事务。

java.sql.DriverManager 类提供的常用成员方法如下：

(1) static Connection getConnection(String url)方法。这个方法的作用是使用指定的数据

库 URL 创建一个连接，使 DriverManager 从注册的 JDBC 驱动程序中选择一个适当的驱动程序。

(2) static Connection getConnection(String url, Properties info)方法。这个方法使用指定的数据库 URL 和相关信息(用户名、用户密码等属性列表)来创建一个连接，使 DriverManager 从注册的 JDBC 驱动程序中选择一个适当的驱动程序。

(3) static Connection getConnection(String url, String user,String password)方法。它使用指定的数据库 URL、用户名和用户密码创建一个连接，使 DriverManager 从注册的 JDBC 驱动程序中选择一个适当的驱动程序。

(4) static Driver getDriver(String url)方法。它定位在给定 URL 下的驱动程序，让 DriverManager 从注册的 JDBC 驱动程序选择一个适当的驱动程序。

(5) static void deregisterDriver(Driver driver)方法。这个方法的作用是从 DriverManager 列表中删除指定的驱动程序。

(6) static int getLoginTimeout( )方法。它用来获取连接数据库时驱动程序可以等待的最大时间，以秒为单位。

(7) static void println(String message)方法。它用于将一条消息打印到当前 JDBC 日志流中。

2. Connection 接口

java.sql.Connection 接口负责建立与指定数据库的连接。在连接上下文中执行 SQL 语句并返回结果。Connection 接口提供的常用成员方法如下：

(1) Statement createStatement( )方法。它用来创建 Statement 的对象，该对象将生成具有给定类型和并发性的 ResultSet 的对象。

(2) Statement createStatement(int resultSetType, int resultSetConcurrency)方法。它用来按指定的参数创建 Statement 的对象，该对象将生成具有给定类型和并发性的 ResultSet 的对象。

(3) PreparedStatement prepareStatement(String sql)方法。它用来创建 PreparedStatement 的对象，该对象将生成具有给定类型、并发性和可保存性的 ResultSet 的对象。关于该类对象的特性在后面介绍。

(4) void commit( )方法。它用来提交对数据库执行的添加、删除或修改记录等操作。

(5) void rollback( )方法。它用来取消对数据库执行的添加、删除或修改记录等操作，将数据库恢复到执行这些操作前的状态。

(6) void close( )方法。它用来立即释放此 Connection 的对象的数据库和 JDBC 资源，而不是等待它们被自动释放。

(7) boolean isClosed( )方法。它用来测试是否已关闭 Connection 的对象与数据库的连接。

3. Statement 接口

java.sql.Statement 接口用于执行静态 SQL 语句并返回它所生成结果的对象。在默认情况下，同一时间每个 Statement 的对象只能打开一个 ResultSet 的对象。Statement 接口提供的常用成员方法如下。

（1）ResultSet executeQuery(String sql)方法。它用来执行给定的 SQL 语句，该语句返回单个 ResultSet 的对象。

（2）int executeUpdate(String sql)方法。它用来执行给定的 SQL 语句，该语句可能为 INSERT、UPDATE 或 DELETE 语句，或者不返回任何内容的 SQL 语句(如 SQL DDL 语句)。

（3）boolean execute(String sql)方法。它用来执行给定的 SQL 语句，该语句可能返回多个结果。

（4）ResultSet getResultSet( )方法。它用于以 ResultSet 的对象的形式获取当前结果。

（5）int getUpdateCount( )方法。它用于以更新计数的形式获取当前结果；如果结果为 ResultSet 的对象或没有更多结果，则返回 –1。

（6）void clearWarnings( )方法。它用来清除在此 Statement 的对象上报告的所有警告。

（7）void close( )方法。它用于立即释放此 Statement 的对象的数据库和 JDBC 资源，而不是等待该对象自动关闭时发生此操作。

4．PreparedStatement 接口

java.sql.PreparedStatement 接口可以表示预编译的 SQL 语句的对象，它是 Statement 接口的子接口。由于 SQL 语句可以被预编译并存储在 PreparedStatement 接口的对象中，所以，可以使用此对象多次高效地执行该语句。

PreparedStatement 的对象继承了 Statement 的对象的所有功能，另外还增加了一些特定的方法。PreparedStatement 接口提供的常用成员方法如下。

（1）ResultSet executeQuery( )方法。在此 PreparedStatement 的对象中执行 SQL 查询，并返回该查询生成的 ResultSet 的对象。

（2）int executeUpdate( )方法。在此 PreparedStatement 的对象中执行 SQL 语句，该语句必须是一个 SQL 数据操纵语言(DML)语句，如 INSERT、UPDATE 或 DELETE 语句，或者是无返回内容的 SQL 语句，如 DDL 语句。

（3）void setDate(int parameterIndex,Date x)方法。使用运行应用程序的虚拟机的默认时区，将指定参数设置为给定的 java.sql.Date 值。

（4）void setTime(int parameterIndex,Time x)方法。指定参数设置为给定的 java.sql.Time 值。

（5）void setDouble(int parameterIndex,double x)方法。指定参数设置为给定的 Java double 值。

（6）void setFloat(int parameterIndex,float x)方法。指定位置的参数设定为浮点型数值。

（7）void setInt(int parameterIndex,int x)方法。指定参数设置为给定的 Java int 值。

（8）void setNull(int parameterIndex,int sqlType)方法。指定参数设置为 SQL NULL。

5．ResultSet 接口

java.sql.ResultSet 接口表示数据库结果集的数据表,通常通过执行查询数据库的语句生成。ResultSet 的对象具有指向其当前数据行的光标。最初光标被置于第一行之前。next( )方法将光标移动到下一行；因为该方法在 ResultSet 的对象没有下一行时返回 false，所以可以在 while 循环中使用它来迭代结果集。ResultSet 接口提供的常用成员方法如表 16.1 所示。

表 16.1　ResultSet 接口的常用成员方法

成　员　方　法	功　能　说　明
boolean absolute(int row)	将光标移动到此 ResultSet 的对象的给定行编号
boolean first( )	将光标移动到此 ResultSet 的对象的第一行
void beforeFirst( )	将光标移动到此 ResultSet 的对象的开头，位于第一行之前
boolean last( )	将光标移动到此 ResultSet 的对象的最后一行
void afterLast( )	将光标移动到此 ResultSet 的对象的末尾，位于最后一行之后
boolean previous( )	将光标移动到此 ResultSet 的对象的上一行
boolean next( )	将光标从当前位置向后移一行
void insertRow( )	将插入行的内容插入到此 ResultSet 的对象和数据库中
void updateRow( )	修改数据表中的一条记录
void deleteRow( )	从此 ResultSet 的对象和底层数据库中删除当前行
void update 类型(int ColumnIndex,类型 x)	使用给定类型 x 更新指定列
int get 类型(int ColumnIndex)	以 Java 编程语言中类型的形式获取此 ResultSet 的对象的当前行中指定列的值

16.2.5　安装 ODBC 驱动程序示例

尽管在四类 JDBC 驱动程序中以选择类型 3 和类型 4 的 JDBC 驱动程序为最佳，但为了入门的方便，本节以 Microsoft Access 数据库为例来说明创建 ODBC 用户数据源的步骤。

(1) 在 Windows 的"控制面板"页面中，单击"管理工具"选项，在弹出的如图 16.3 所示的"管理工具"对话框中找到"数据源(ODBC)"图标并双击之，弹出如图 16.4 所示的"ODBC 数据源管理器"对话框。

图 16.3　"管理工具"对话框

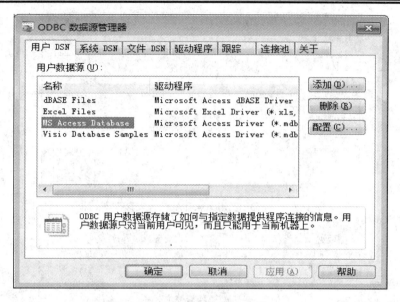

图 16.4　"ODBC 数据源管理器"对话框

(2) 在"用户 DSN"选项卡的"用户数据源"列表中选中"MS Access Database"选项，然后单击"添加"按钮，将弹出如图 16.5 所示的"创建新数据源"对话框。

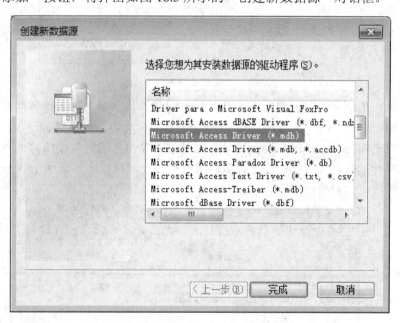

图 16.5　"创建新数据源"对话框

(3) 在图 16.5 中选中"Microsoft Access Driver"项，然后单击"完成"按钮，将弹出如图 16.6 所示的"ODBC Microsoft Access 安装"对话框。在此对话框中，输入数据源名称后，单击"创建"按钮，将弹出如图 16.7 所示的"新建数据库"对话框。如果事先已经建好了数据库，在图 16.6 的对话框中也可单击"选择"按钮，进而指明数据库的存放路径。

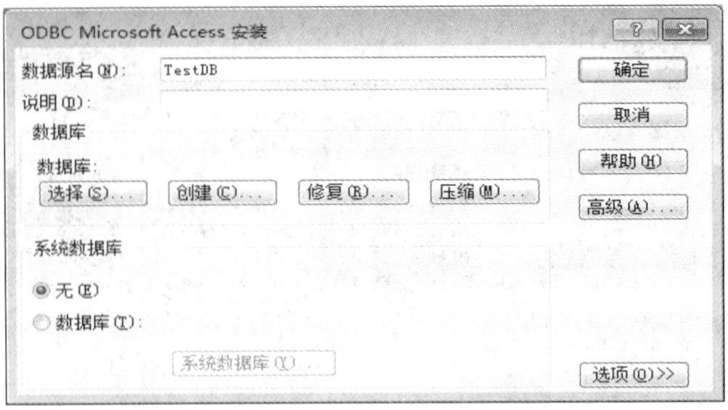

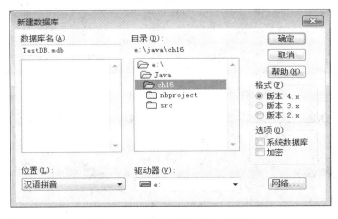

图 16.6　"ODBC Microsoft Access 安装"对话框

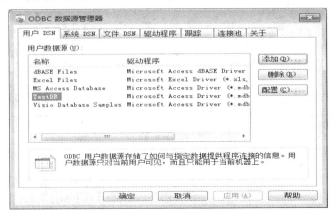

图 16.7　"新建数据库"对话框

（4）在图 16.7 所示的"新建数据库"对话框中输入数据库名，选择驱动器以及目录，然后单击"确定"按钮，返回"ODBC Microsoft Access 安装"对话框。

（5）在"ODBC Microsoft Access 安装"对话框中单击"确定"按钮，返回"ODBC 数据源管理器"对话框，新添加的用户数据源将出现在此对话框中，如图 16.8 所示。此时，单击"确定"按钮，新用户数据源创建完成。

图 16.8　安装完成后的"ODBC 数据源管理器"对话框

创建好用户数据源后，便可以对这个数据源进行数据表的创建和修改，记录的添加、修改和删除等数据库操作。

☞　16.3　JDBC 编程实例

本节以前面建立的用户数据源为例，讲述 Java 应用程序中使用 SQL 语言进行数据库操作的具体问题。

16.3.1　创建数据表

【示例程序 C16_1.java】创建学生表 student。此表有三个字段：学号(id)、姓名(name)及成绩(score)。

```java
package    ch16;
import    java.sql.Connection;
import    java.sql.DriverManager;
import    java.sql.SQLException;
import    java.sql.Statement;
public    class    C16_1{
    public static void main(String[ ] args) {
        String    JDriver = "sun.jdbc.odbc.JdbcOdbcDriver";    //声明 JDBC 驱动程序的对象
        String    conURL="jdbc:odbc:TestDB";                  //定义 JDBC 的 URL 的对象
        try {
            Class.forName(JDriver);                           //加载 JDBC-ODBC 桥驱动程序
        }
        catch(java.lang.ClassNotFoundException e) {
            System.out.println("ForName :" + e.getMessage( ));
        }
        try {
            Connection con=DriverManager.getConnection(conURL);  //连接数据库 URL
            Statement s=con.createStatement( );                  //创建 Statement 的对象
            String query = "create table student ( " + "id char(10),"
                    + "name char(15)," + "score integer"
                    + ")";              //创建一个含有三个字段的学生表 student
            s.executeUpdate(query);     //执行 SQL 命令
            s.close( );                 //释放 Statement 所连接的数据库及 JDBC 资源
            con.close( );               //关闭与数据库的连线
        }
        catch(SQLException e){ System.out.println("SQLException: " +e.getMessage( ));   }
    }
}
```

其中，"create table student(id char(10),name char(15),score integer);"这个 SQL 语句表示建立一个名为 student 的表，包含 id(字符型，宽度为 10)、name(字符型，宽度为 15)与 score(数字型)三个字段。

这段程序的操作结果是创建了 TestDB.mdb 数据库中的 student 表的结构，表中还没有任何记录。该程序的运行结果见数据库文件 TestDB.mdb。

16.3.2　向数据表中插入数据

【示例程序 C16_2.java】　在上例创建的 student 数据表中插入三个学生的记录。

```java
package ch16;
import  java.sql.Connection;
import  ava.sql.DriverManager;
import  java.sql.SQLException;
import  java.sql.Statement;
public  class C16_2
{   public static void main(String[ ] args)
    {
        String JDriver = "sun.jdbc.odbc.JdbcOdbcDriver";
        String conURL="jdbc:odbc:TestDB";
        try
        {      Class.forName(JDriver);    }              //注册驱动程序
        catch(java.lang.ClassNotFoundException e)
        {   System.out.println("ForName :" + e.getMessage( ));        }
        try {
            Connection con=DriverManager.getConnection(conURL);   //建立与数据库的连接
            Statement s=con.createStatement( );         //创建 Statement 的对象
            String r1="insert into student values("+"'0001','王明',80)";
            String r2="insert into student values("+"'0002','高强',94)";
            String r3="insert into student values("+"'0003','李莉',82)";
            //使用 SQL 的 insert 命令插入三条学生记录到表中
            s.executeUpdate(r1);                      //执行 SQL 命令
            s.executeUpdate(r2);
            s.executeUpdate(r3);
            s.close( );                  //释放 Statement 所连接的数据库及 JDBC 资源
            con.close( );                //关闭与数据库的连接
        }
        catch(SQLException e) { System.out.println("SQLException: " +e.getMessage( ));    }
    }
}
```

由于数据库中输入的记录内容有时是汉字，而 NetBeans 平台的默认编码是 UTF-8 码。因此，本书在 ch16 项目属性对话框中选择的"编码"是 GB2312(如图 16.9 所示)。该程序运行后，如果用 Microsoft Access 打开 student 数据表，就会看到如图 16.10 所示的结果。

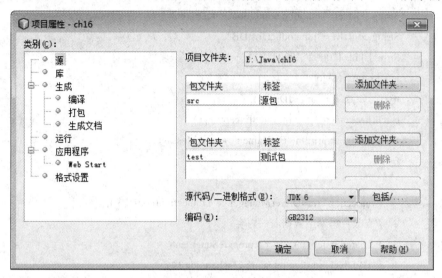

图 16.9　"ch16 项目属性"对话框

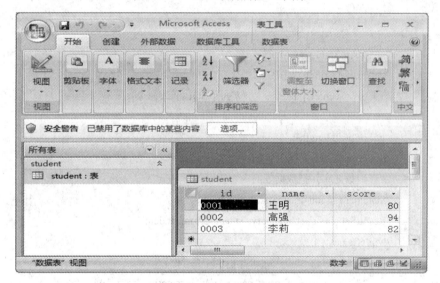

图 16.10　程序 C16_2 的运行结果

16.3.3　更新数据

　　🖫【示例程序 C16_3.java】　修改上例数据表中的第二条和第三条记录的学生成绩字段值，并把修改后的数据表的内容输出到屏幕上。

```
package ch16;
import java.sql.*;
public class C16_3
```

```java
{
    public static void main(String[ ] args)
    {
        String JDriver="sun.jdbc.odbc.JdbcOdbcDriver";
        String conURL="jdbc:odbc:TestDB";
        String[ ] id={"0002","0003"};
        int[ ] score={89,60};
        try {   Class.forName(JDriver); }
        catch(java.lang.ClassNotFoundException e)
        {   System.out.println("ForName :" + e.getMessage( ));     }
        try
        {
            Connection con=DriverManager.getConnection(conURL);
            //修改数据库中数据表的内容
            PreparedStatement ps=con.prepareStatement(
              "UPDATE student set score=? where id=? ");
            int i=0;
            do
            {
                ps.setInt(1,score[i]);
                ps.setString(2,id[i]);
                ps.executeUpdate( );        //执行 SQL 修改命令
                ++i;
            }while(i<id.length);
            ps.close( );
            //查询数据库并把数据表的内容输出到屏幕上
            Statement s=con.createStatement( );
            ResultSet rs=s.executeQuery("select * from student");
            while(rs.next( )){
                System.out.println(rs.getString("id") +"\t" +
                        rs.getString("name")+"\t" + rs.getInt("score"));
            }
            s.close( );
            con.close( );
        }
        catch(SQLException e)
        {   System.out.println("SQLException: " +e.getMessage( )); }
    }
}
```

在这个程序中使用了 PreparedStatement 接口，它提供了一系列的 set 方法来设定位置。请注意程序中 PreparedStatement( )方法中的参数 "?"。程序中的语句

```
PreparedStatement ps=con.prepareStatement("UPDATE student set score=? where id=? ");
ps.setInt(1,score[i]);     //将 score[i]的值作为 SQL 语句中第一个问号所代表参数的值
ps.executeUpdate( );
```

中，"UPDATE student set score=? where id=? "这个 SQL 语句中各字段的值并未指定，而是以 "?"表示。程序必须在执行 "ps.executeUpdate( );"语句之前指定各个问号位置的字段值。例如，用 "ps.setInt(1,score[i]);"语句中的参数 1 指出这里的 score[i]的值是 SQL 语句中第一个问号位置的值。当前面两条语句执行完后，才可执行 "ps.executeUpdate( );"语句，完成对一条记录的修改。

程序中用到的查询数据库并把数据表的内容输出到屏幕的语句是：

```
ResultSet rs=s.executeQuery("select * from student");
while(rs.next( )) {
    System.out.println(rs.getString("id") +
            "\t" + rs.getString("name")+
            "\t" + rs.getInt("score"));
}
```

其中，executeQuery( )返回一个 ResultSet 接口 rs 的对象，代表执行 SQL 查询语句后所得到的结果集，之后再在 while 循环中使用 rs 的对象的 next( )方法将返回的结果一条一条地取出，直到 next( )为 false 时为止。

该程序的运行结果如下：

```
0001        王明         80
0002        高强         89
0003        李莉         60
```

16.3.4　删除记录

🖥【示例程序 C16_4.java】　删除表中的第二条记录，然后把数据表的内容输出。

```
package ch16;
import    java.sql.*;
public class    C16_4
{
    public static void main(String[ ] args)
    {
        String JDriver="sun.jdbc.odbc.JdbcOdbcDriver";
        String conURL="jdbc:odbc:TestDB";
        try
        {   Class.forName(JDriver);    }
        catch(java.lang.ClassNotFoundException e)
```

```
{    System.out.println("ForName :" + e.getMessage( ));    }
try
  {
        Connection con=DriverManager.getConnection(conURL);
        Statement s=con.createStatement( );
        //删除第二条记录
        PreparedStatement ps=con.prepareStatement("delete from student where id=?");
        ps.setString(1,"0002");
        ps.executeUpdate( );          //执行删除操作
      //查询数据库并把数据表的内容输出到屏幕上
        ResultSet rs=s.executeQuery("select * from student");
        while(rs.next( ))
        {
            System.out.println(rs.getString("id")+"\t"+
                        rs.getString("name")+"\t"+rs.getString("score"));
        }
        s.close( );
        con.close( );
  }
catch(SQLException e)
  {
        System.out.println("SQLException: " +e.getMessage( ));
  }
  }
  }
```

该程序的运行结果如下：

0001	王明	80
0003	李莉	60

习　题　16

16.1　解释下列名词：
　　　　数据库、关系型数据库、Field、Record、SQL、DDL、DML、DCL、JDBC
16.2　简述数据定义语言的功能。
16.3　简述数据操纵语言的功能。
16.4　简述数据库查询语言的功能。
16.5　简述四类 JDBC 驱动程序的特点。
16.6　在 Java 中进行 JDBC 编程要注意什么？

16.7　编写程序创建一个职工数据表，结构和内容如下表所示。

职 工 号	姓　名	性　别	工　资	职　称
1002	张小华	男	600	助工
1007	李莉	女	1000	工程师
1001	丁卫国	男	650	助工
1005	黄菊	女	1200	工程师
1003	宁涛	男	2500	高工

16.8　编写程序将习题 16.7 所建立的职工表从数据库读出并显示到屏幕上，再将每人的工资加 50 元后存入原表中。

16.9　编写程序读习题 16.8 修改后的表，按职工号从小到大排序并显示到屏幕上，再存入另一个表中。

16.10　编写程序读习题 16.9 的职工表，在该表第二条记录后插入一条新记录(由自己设计)，并显示插入后的表的内容。

16.11　编写程序读习题 16.10 的职工表，从表中删除 1001 和 1005 号职工的记录，并输出删除记录后的表。